本书系教育部人文社会科学 研究专项任务项目（中国特色社会主义理论体系研究）"人类命运共同体理念的中西对话与国家形象建构研究"（项目编号：20JD70022）阶段成果、福建省高校人文社会科学研究基地"中华文化传播研究中心"建设成果、福建省学位办研究生导师团队"华夏文明传播研究团队"建设成果、福建省本科高校教育教学改革项目"华夏文明传播的理论体系、教学模式与实践探索综合改革研究"成果、福建省教育厅课程思想"华夏传播概论"建设成果、厦门大学研究生课程思政"中国传播理论研究"课程建设成果、厦门大学一流本科课程、课程思政课程"华夏传播概论"建设成果

华夏传播学文丛之二

华夏礼乐传播论

谢清果　等著

九州出版社 JIUZHOUPRESS | 全国百佳图书出版单位

图书在版编目（CIP）数据

华夏礼乐传播论 / 谢清果等著. -- 北京 : 九州出版社，2021.8

（"圣贤文化传承与华夏文明创新研究"丛书 / 管国兴主编）

ISBN 978-7-5225-0455-1

Ⅰ．①华… Ⅱ．①谢… Ⅲ．①礼乐－文化研究－中国 Ⅳ．①K892.9

中国版本图书馆CIP数据核字(2021)第179524号

华夏礼乐传播论

作　　者	谢清果　等著
责任编辑	郝军启
出版发行	九州出版社
地　　址	北京市西城区阜外大街甲 35 号（100037）
发行电话	(010)68992190/3/5/6
网　　址	www.jiuzhoupress.com
印　　刷	北京九州迅驰传媒文化有限公司
开　　本	720 毫米×1020 毫米　16 开
印　　张	20.5
字　　数	420 千字
版　　次	2021 年 10 月第 1 版
印　　次	2021 年 10 月第 1 次印刷
书　　号	ISBN 978-7-5225-0455-1
定　　价	72.00 元

序　一

中国本土传播学研究的发展之思
——以华夏礼乐传播论为考察中心

放眼四海之内，华夏民族素有"泱泱大国，礼仪之邦"的盛誉。从"礼"的广度一面观照华夏整个文化系统，可以称为"礼乐型的文化系统"，并"以与西方的宗教型的文化系统相区别"[①]。可以说，礼乐制度是华夏文化的突出内容和形象代表，"'礼'是整个中国人世界里一切习俗行为的准则，标志着中国的特殊性"[②]，自古至今彰显着民族文化品牌的功能。唐代孔颖达有云："中国有礼仪之大，故称夏；有服章之美，谓之华。华、夏一也。"[③] 也就是说，华夏文化绵延不断的承传与礼乐文化传播密切相关，"中国之所以成为民族，就因为'礼'为全中国人民树立了社会关系的准则"[④]。从华夏民族衣食住行的习惯与个体修身的要求、家庭家族风气建设与各类社会活动的风俗，上升到家国情怀与民族心理的积淀，华夏民族对中华文明的特殊情感、思想认知及历史价值，很大程度上源自礼乐文化的认同。

因此，研究华夏文化自然要以礼乐为重，而随着传播学在我国扎根并迅猛发展，从传播学角度研究中国文化，发掘中国文化传统中的传播观念、行为及价值，自然走进了学人的视界。像文学、哲学、社会学等诸多学科一样，传播学研究在较长的时间内也是生活在西方学术的话语体系中，习惯性地运用西方传播学来解释中国古代传播活动，构建中国当代传播学理论框架。当然，与此相呼应，传播学本土化、本土传播学以及中国特色传播学的建设呼声亦日益高涨。施拉姆弟子香港中文大学余也鲁于1977年首次明确提出"传播学研究中国化"这一论题，得

---

①　牟宗三：《历史哲学》全1册第9版增订，台北：台湾学生书局，1988年，第166页。

②　钱穆回答邓尔麟的话，见邓尔麟《钱穆与七房桥世界》，北京：社会科学文献出版社，1995年，第7页。

③　左丘明传，杜预注，孔颖达疏：《春秋左传正义》卷五十六，阮元校刻：《十三经注疏》下册，北京：中华书局，1980年影印本，第2148页。

④　钱穆回答邓尔麟的话，见邓尔麟《钱穆与七房桥世界》，北京：社会科学文献出版社，1995年，第7页。

到了徐佳士、郑学檬、孙旭培、关绍箕、黄星民、陈国明、邵培仁、吴予敏、尹韵公、李彬、贾文山等一批海内外华人学者响应①。有了这一批前辈学者开疆拓土，伴随着中国发展的进程，中国学人研究华夏传播学的自信心、自豪感和自主性不断增强。可以说，在华夏传播学研究如火如荼的氛围中，即将付梓的《华夏礼乐传播论》昭示着以礼乐传播为主要内容的华夏传播研究进入了新的阶段，呈现出华夏传播研究的新理念，必将唤起华夏传播研究的新格局。

一

从借鉴西方传播学视角阐释华夏礼乐文化，探究华夏文明中的传播智慧，经黄星民明确提出"礼乐传播"这个话题，到首部以"华夏礼乐传播"冠名的专著出版，历经 70 年左右。重温这段旅程，内心盈起的除了"光荣与梦想"，还有暖暖的感恩与信心。1966 年，历史学家张玉法出版了他的硕士论文《先秦时代的传播活动及其对文化与政治的影响》②，将先秦文化传播活动归纳为"朝聘会盟""行人""游士""游学""商旅""战争与游民"等六种方式，尤其是前三种即是在礼乐制度背景下阐释的传播活动。如："朝是诸子对天子的隶属关系，包括送贡物，五年一朝。聘是诸子每岁必做的，三年一大聘。天子即位，小国朝之，大国聘之，以继好结信。会是诸子相会，交流情报。盟是订立誓约或条约。"③诸如此类，实则指出礼乐制度对传播活动的直接影响。在中国大陆学界，一度强调从"宣传"角度阐释传统文化的思想和现象④。比较而言，较早地以"礼仪"为主要内容探讨华夏传播学的，当属 1988 年出版的吴予敏的《无形的网络》。该著正如其副题所言"从传播学的角度看中国的传统文化"，而其所理解的中国传统文化的主体即是礼仪文化。作者有两个基本问题，即"为什么传统中国是以'礼义之邦'著称，为什么在各级家族、行会、乡社、团体组织中有那么多的礼仪性活动"⑤。于是，该著除了在探讨家族、乡社、职业社团、信仰社团等中国古代社会组织及传播方式，阐释包括儒家在内的各学派的传播理念等话题直接以礼仪文化为重点对象，还有以基于"历史—民俗"思维下的礼仪文化为背景，分析中国古代口语、文字及非

---

① 可进一步参阅谢清果等著《光荣与梦想：传播学中国化研究四十年：1978—2018》，北京：九州出版社，2018 年。

② 张玉法：《先秦时代的传播活动及其对文化与政治的影响》，台北：嘉新水泥公司文化基金会，1966 年。按：该著"印行不多，流传不广"，1993 年又以《先秦的传播活动及其影响》为名由台湾商务印书馆重新出版。部分学者在梳理华夏传播学研究史时，常以后者为重。

③ 戴元光：《传学札记：心灵的诉求》，上海：复旦大学出版社，2004 年，第 138 页。

④ 如郭志坤《先秦诸子宣传思想论稿》，福州：福建人民出版社，1985 年。

⑤ 吴予敏：《无形的网络——从传播学的角度看中国的传统文化》，北京：国际文化出版公司，1988 年，第 214 页。

语言传播媒介，直至综论中国社会传播结构与传统文化模式，自始至终，该著的核心思想都是从传播学角度探寻华夏文化的内聚力。可以说，这是一本未署华夏礼乐传播之名而实则以"礼文化传播"为主要内容的专著，开启了华夏礼乐传播研究的高起点。

此后"大陆学者逐渐重视传播学研究的中国化，从中国文化中发掘思想和素材，来丰富和扩充现有的传播学"①。如沙莲香主编《传播学——以人为主体的图象世界之谜》这部具有传播学概论性质的著作，不仅专题阐释了文化与传播的关系，而且设专章论析了"中国的传播方式及特点"②。部分研究者进而关注了中国文化中礼乐文明的传播特点及价值。1993 年，何庆良撰有博士论文《先秦诸子传播思想研究》，专门讨论"儒家：政教派"及其孔子、孟子、荀子等人"教化"传播思想。其中多论及儒家重视礼乐文化的独特传播功能，认为孔子等率众弟子周游列国游说行教，就是宣传"仁政""礼治"，他们循循善教、诵《诗》执礼又念念为政求仕，"儒家的传播实践是将为政与施教合而为一"③。1994 年，台湾关绍箕《中国传播理论》正是针对"唯西方学术马首是瞻"这个背景，尝试"传播研究中国化"的成果。该著本着"特定的时空环境形成了中国传播理论的独有特色"④，将中国传播理论划分为语文传播、传播规范、人际传播、人际关系、民意与报刊五大理论范畴；进而重视道德规范、强调"观人""知人""五伦"等关乎礼乐文化的阐释，成为该著核心思想之一。大陆较早真正以传播史命名的是李敬一的《中国传播史：先秦两汉卷》，该著除了绪论集中讨论了关于传播学中国化的思考，重点便在探讨先秦两汉时期的传播方式及传播思想。其中不乏从传播学角度讨论礼乐功能的内容，尤其是在分析儒家传播观念时，明确指出儒家认为的"传播就是通过对伦理道德的规范，来达到维系人际的等级关系，恢复和巩固社会秩序的目的"，反映在舆论与社会控制上，就是"一方面强调以'礼义'来调整社会关系、磨合社会矛盾，一方面强调以诛杀的办法来压制反动的舆论，从而达到社会的安定"⑤。

20 世纪末香港回归之年，孙旭培主编《华夏传播论：中国传统文化中的传播》的出版，对于华夏传播研究来说具有丰富的象征意义。一则，这是余也鲁、徐佳士、郑学檬、孙旭培等前辈学者 20 年前共同倡议传播学研究中国化，以中国本土传播学为研究对象的成果问世；二则，这是海峡两岸的学者（撰稿人 27 位）共同

---

① 孙旭培：《中国大陆传播研究的回顾与前瞻》，《新闻与传播研究》1994 年第 1 期。
② 沙莲香主编：《传播学——以人为主体的图象世界之谜》，北京：中国人民大学出版社，1990 年。
③ 何庆良：《先秦诸子对传播功能的认识与应用》，《新闻与传播研究》1995 年第 1 期。
④ 关绍箕：《中国传播理论》，台北：正中书局，1994 年，第 11、18—19 页。
⑤ 李敬一：《中国传播史：先秦两汉卷》，武汉：武汉大学出版社，1996 年，第 6 页。

著述并冠名"华夏传播"的一本书,"华夏传播"由此得以正名;三则,在传播学研究路径备受争议的学术氛围下,该著指导思想明确,方法论意识清晰,这就是"中国源远流长的历史,不曾中断过的华夏文明,会为传播学研究提供取之不竭的资料","'传播学研究中国化'的目的,通俗地说,就是通过研究中国的传播历史和现状,为传播学的丰富和发展做出贡献,使传播学不至于只是'西方传播学'"①。由于该著的"概论性""多人合作"等原因,致使体例、内容表述不够圆融,但以礼乐文化为主要内容的华夏传播论的特色还是极其鲜明的。其中,该著从政治礼仪、日常生活礼仪两个层面专论了"礼仪与传播"这个话题,从"交际者言辞容貌服饰体态举止,器物'道具',加上行事程序"②三种因素,分析了礼仪在人际传播中的功能和作用方式。在第三章"中国传统文化中传播的若干特性"中,更是将礼乐制度视为"定于一尊"的传播机制、"止于至善"的传播取向、"东方智慧"的传播技巧及"汉语独特神韵"的传播媒体等华夏传播特性的文化背景和依据。由此,不仅指出在中国传统文化中,"'仁'和'礼'是传统社会中两个最重要的德行,同时也是传播活动的最基本的规范和价值准则","'礼'是传播行为的最高规范"③,而且指出在传统中国德性文化的大背景下,儒家经典《大学》开宗明义指出的"三纲领"尤其是"'止于至善'正是中国古代传播活动价值追求的目标指向,使其有别于西方古代传播"④。进而,该著在"华夏传播"这个概念下,多次强调中国素有"礼仪之邦"之称,以及"各种社会生活中,各种不同的交际场合,礼节、礼数都多得惊人"的认识,成为解析华夏传播活动、媒介、行为及观念的基本共识,兹不再赘叙。

二

新世纪伊始,对华夏传播中"礼乐传播"这个话题而言,《新闻与传播研究》2000年第1期发表了黄星民《礼乐传播初探》一文,同样具有"生新"的象征意义。该文在前人多从"中国儒家已经认识到并自觉利用礼乐的传播功能""主要侧重传播文化的研究"的基础上,首次较为全面地解释了"礼乐传播"这个术语,认识到"礼乐传播这一中国历史上极有特色的重要传播活动""它表现出我们的先辈克服传播技术落后的高度传播智慧""礼乐传播的内容还表现出我们先辈的高度

---

① 孙旭培主编:《华夏传播论:中国传统文化中的传播·序言》,北京:人民出版社,1997年,第3、4页。

② 孙旭培主编:《华夏传播论:中国传统文化中的传播》,北京:人民出版社,1997年,第168页。

③ 孙旭培主编:《华夏传播论:中国传统文化中的传播》,北京:人民出版社,1997年,第39页。

④ 孙旭培主编:《华夏传播论:中国传统文化中的传播》,北京:人民出版社,1997年,第38页。

传播道德"，并较早地从传播学者拉斯韦尔的传者、内容、渠道、受者和效果五个W"传播的过程对礼乐活动作了新的观察"。由此，该文对"礼乐传播"做出了自己的定义："我们所谓的'礼乐传播'，指的是中国儒家自觉地利用礼乐这一传播形式向全社会广泛地传播自己的思想观念的传播活动。"这个定义除了将"礼乐"合称，并将此限定在儒家文化的范畴之内，还从传播学角度指出"礼乐"是"传播形式"，"礼乐传播"是"传播活动"，由此在之前有关"礼乐"传播功能论的基础上，拓展了"礼乐传播"研究的内涵与外延。可以说，"礼乐传播"是基于传播学视野下对传统"礼教"概念的新表述，它不能等价于华夏传播抑或儒家文化传播这些概念，但无疑是对它们研究的深化。同时，该文在研究思路及方法上，中西对照，古今转化，表达了诸多新见。如儒家"礼乐传播"中的"化"字以及"教化""风化"，就其发挥的历史作用而言，"这相当于今天的'大众传播'的观念"。由此顿悟，《礼记·曲礼》中所谓"礼不下庶人"并非说"礼"就与庶人无关，虽说"与士以上的各阶层相比，庶人直接参与礼乐活动是非常有限的"，但他们可以"观众的形式成为礼乐传播的受众"。换句话说，鉴于"礼"的等级性质，贵族、庶人各有其"礼"，贵族之"礼"不必全数下达于庶人，对庶人也不必求贵族之全礼，或许才是"礼不下庶人"的正解。同年，《新闻与传播研究》第 9 期所刊发的黄星民《从礼乐传播看非语言大众传播形式的演化》一文，正是立足于前文关于"礼乐是个完整的大众传播过程，甚至还包括效果反馈这一环节"的判断，以中国礼乐传播为主线，追溯大众传播中口语传播时期的原始礼仪、文字传播初期的古代礼仪、文字传播后期的戏曲、印刷与电子传播时期的电影广播电视网络等非语言符号传播形式的演化过程。于是，从"礼乐"是大众传播形式这个基本认识，宏观考察了礼乐传播的媒介发展历史，两文"合看将对礼乐传播有一个较完整的印象"。至此，黄星民在新世纪初年为"礼乐传播"真正完成了"制名""正名"工作[①]。

在随后的 20 年间，"华夏礼乐传播"这个话题在学界时有呼应。除了相关中国传播史研究回顾类文章，部分期刊论文、学位论文也偶尔出现"礼乐传播"这个术语，或在这些文章的学术史梳理部分中提及。除此，陈新玲《儒家传播思想与当代新闻传播》是较早的一篇延展之文。该文在承认"礼乐传播"具备完整的"5W"传播过程这个认识的前提下，进一步分析了"风草说"等传播效果理论、

[①] 关于"礼乐传播"这个术语，其实，黄星民与熊华丽于 1984 年向第一届上海国际传播学学术会议提交"Rites-music cmmmunication"一文已有，该文认为"中国古代的礼乐传播实际上就是一种大众传播"（黄星民《"大众传播"广狭义辨》，《新闻与传播研究》1999 年第 1 期）。1986 年，黄星民硕士学位论文即为《初探礼乐传播》。

"中道而立""民贵君轻"等传播原则、"善教得民心""化道"等传播功能观①。随后直接关联的还有张金萍《儒家传播思想与当代新闻传播》等文，以及陈谦《中国古代政治传播思想研究》等著作。后者讨论先秦儒家的政治传播思想时，便将"礼"视为传播活动的原则。第四部分"面向民众的信息规范控制思想"专设"礼乐：教化内容的传播形式与媒介"一章，依次分析了"制礼作乐""古代的礼乐传播活动"及"礼乐的政治伦理意义"等话题②。进而，谢清果编著的《华夏文明与传播学本土化研究》在"名实之辨：华夏传播符号的意义网络"一章讨论"非语言符号"时，从"作为一种仪式传播的礼乐文化"出发，分析了"礼乐传播的意义传达"③；谢清果编著的《华夏传播学引论》在"礼乐与媒介：华夏大众传播的独特样式"一章，从仪式传播观视角，强化"礼乐传播"的媒介功能，基于华夏大众传播媒介的发展历程，提出了"礼乐传播：华夏大众传播的基本形态"④的论点，并专论了"面子""关系"等话题；吉峰所著《中华传统文化传播研究举隅》在"主体论：先秦文化的传播主体"一章，从传播主体角度讨论了"礼乐传播"的话题，依次分析了采诗者、教育者、贵族阶层、瞽等西周时期文化传播主体⑤。

　　在此期间，值得一说的是几篇深入推进"礼乐传播"话题研究的论文。谢清果、林凯在《礼乐协同：华夏文明传播的范式及其功能展演》中，指出礼和乐作为华夏文明传播的两种符号形式，二者是协同关系，如此"准确而有效地传递着'仁义'等中华文化的核心思想"，足见"礼乐协同是华夏文明传播的一种范式"⑥，强化了通过"礼乐"合一来研究华夏礼乐传播的思维路径。兰甲云、艾冬丽在《孔子的道德理想与礼乐文化传播》一文中，既尊重礼乐合称之道，又指出"礼乐相对而言，礼为阴，乐为阳"的区分；既强调礼乐文化贯穿于儒家道统、学统、宗统、政统之中的核心地位，又针对之前"礼乐传播"系大众传播之说，指出"礼乐传播是在礼乐制度的规定范围内定向传播，礼乐传播以礼典礼仪为核心平台传播，受到一定时间空间与参与人员的限制"⑦，增强了华夏礼乐传播研究的辩证分析法。田杰在《西周礼乐传播的核心精神及其秩序建构》一文中，以西周礼乐传播为对象，重点考察了其建构的礼乐传播秩序及观念，提出了"尚德主敬""追求和

　　① 陈新玲：《儒家传播思想与当代新闻传播》，《杭州师范学院学报》(社会科学版)2003 年第 2 期。

　　② 陈谦：《中国古代政治传播思想研究：以监察、谏议与教化为中心》，北京：中国社会科学出版社，2009 年。

　　③ 谢清果编著：《华夏文明与传播学本土化研究》，北京：九州出版社，2016 年，第 261 页。

　　④ 谢清果编著：《华夏传播学引论》，厦门：厦门大学出版社，2017 年，第 197 页。

　　⑤ 吉峰：《中华传统文化传播研究举隅》，北京：九州出版社，2019 年，第 92 页。

　　⑥ 谢清果、林凯：《礼乐协同：华夏文明传播的范式及其功能展演》，《新闻与传播评论》2018 年第 6 期。

　　⑦ 兰甲云、艾冬丽：《孔子的道德理想与礼乐文化传播》，《伦理学研究》2019 年第 1 期

谐"以及秩序与意义的统一"文化世界"等论点①，强化了华夏礼乐传播研究的理论视域。

三

新世纪以来，无论从话题选择、研究视野、分析方法、阐释思路，还是研究动机及目的，乃至研究团队的构成、学术活动的开展及学术研究的氛围上，可以说，以华夏传播研究为主要特色的中国本土传播学研究不断发展，彰显出新的理念，呈现出新的态势。兹从礼乐文化传播研究角度略做概述，进一步丰富对未曾使用"礼乐传播"之名而实则有深化意义的这方面研究成果的认识。

（一）各类传播史著述夯实了华夏礼乐传播论的历史逻辑

作为大陆较早的一部从史前期到晚清，描述中国文化传播史的通史著作，周月亮《中国古代文化传播史》内容极为丰富，然与之前对儒家礼乐文化与传播话题的讨论多着力于先秦时期不同，这部著作从先秦时期如《周礼》"教为鼓，而辨其声用"的"声用说"、周王朝"教化"说、孔子的传播思想及实践（附儒家），经过汉代"儒学复兴与经典教育"、宋代"儒学大传播"、明代"权力与教化输出""书院传儒脉"，到清代"唯独对理学格外着迷"现象，基本搭建了儒家以礼乐文明为主的文化传播学小史。鉴于该著"为了追求'史'的知识型面孔"②的写作特点，作者原初"一部文明演进史就是一部文化传播史"的判断，试图"不要只是在写文化的传播史，更要写出传播的文化史"这个"顽固的意欲"③的实施情况来看，未能完全满足读者的阅读期待。不过，此番研究文化传播史的方法论带给华夏礼乐传播等本土传播学研究一个深刻的启示，即我们不仅要研究礼乐文化的传播史（所以然），还要探寻礼乐传播的文化史（之所以然）。事实亦如此，该著有关礼乐传播的一些说法，仍值得后人系统深入地探讨。如谈到声音媒介时说的"从自然的'声咏'到自觉的'声用'，到后来的铸大钟、制铜鼓，成为关乎朝野、上下之间，关乎礼仪、民俗的多重功能的传播机制"④；论及孔子传播思想及实践时说的"让礼的概念系统如仁、忠恕、中庸来规范人际传播，来统驭人们的日常传播行为，使信息成为信念"⑤；分析汉代儒学复兴与经典教育时提出的"儒学自

① 田杰：《西周礼乐传播的核心精神及其秩序建构》，《北京印刷学院学报》2020年第4期。
② 周月亮：《中国古代文化传播史》，北京：北京广播学院出版社，2000年，第329页。
③ 周月亮：《中国古代文化传播史》，北京：北京广播学院出版社，2000年，第6页。
④ 周月亮：《中国古代文化传播史》，北京：北京广播学院出版社，2000年，第50页。
⑤ 周月亮：《中国古代文化传播史》，北京：北京广播学院出版社，2000年，第108页。

身以师生链为组织形式，以整理经典为理论形式，以讲学为传播方式""靠着自身的传播力量保持下来本身就是传播史上的奇观"① 等。

同样在 2000 年出版的台湾关绍箕《中国传播思想史》也是一部由先秦到清代的通史。正如书名所示，该著侧重"思想""观念"层面，故而所讨论的话题以专人、专书为主。作者不仅较为全面地研究了包括儒家在内的中国历史著名学人的传播思想，还专门讨论了含《礼记》《大戴礼记》等在内的各类典籍的传播思想。如认为："《礼记》触及的传播范畴共有语文传播、传播规范、人际规范、人际关系与民意五类。其中，对传播规范着墨最多。""《礼记》论及了一般规范、语言规范与行貌规范三个层面，触角甚广。这也凸显了《礼记》是一部注重'规范'的典籍"②，较早地从传播学角度概括了《礼记》的思想及特色。该书颇重视史料，"传播思想"深度剖析不足，但这种传统的学术史撰写体例还是值得华夏传播研究者们借鉴与拓展的。

随后李敬一本着"研究中国传播的历史和现状，研究西方传播理论的发展方向，目的在于建立有中国特色的传播理论体系"③ 这个鲜明立场，在其《中国传播史论》中讨论了采诗观风、书院传播、儒家教化等与礼乐传播有关的传播方式、实践、观念等内容。其中，他从舆论控制角度，考察了孔子等儒家人物的传播观念，指出儒家认为"人的一切传播行为，不能不以'礼'为标准""坚持以'礼'来形成舆论、引导舆论、控制舆论就会名正言顺"④ 等主张颇有新意。就礼乐与文化传播关系而言，孙顺华《中华文化与传播》是值得关注的一部著作。该著"不是一本传统学科意义上的中国文化史论著，也不是一本传播学意义上的中国传播史论著"，而是"从文化与传播互动关系的视角阐释独具特色的中华传统文化的形成、发展和影响，探讨中国历史上和现实中种种传播现象的本质和规律"⑤。在作者看来，"中国传统文化是道德文化和礼乐文化，道德和礼乐贯穿于传播的各个方面"，基于对中华文化这个形态特点的认识，包括"礼乐文化的兴起与传播""中华文化的社会学传播""中华文化的非文字传播（尤其是建筑、服饰等）"等与礼乐传播直接相关的话题在内，主要遵循了"文化是传播的内容""文化为传播提供语境""文化为传播提供了方法、模式与结构"⑥ 等思路，分析了文化对传播影响。研究思路的变化，自然带来了研究结论的不同。譬如在考察儒学在汉代转型时，

---

① 周月亮：《中国古代文化传播史》，北京：北京广播学院出版社，2000 年，第 146 页。
② 关绍箕：《中国传播思想史》，台北：正中书局，2000 年，第 83、84 页。
③ 李敬一：《中国传播史论》，武汉：武汉大学出版社，2003 年，第 294 页。
④ 李敬一：《中国传播史论》，武汉：武汉大学出版社，2003 年，第 191、192 页。
⑤ 孙顺华：《中华文化与传播·前言》，北京：新华出版社，2003 年，第 1 页。
⑥ 孙顺华：《中华文化与传播》，北京：新华出版社，2003 年，第 15 页。

便发现儒学的传播形态的系列变化，其中一大特点就是"'礼'的渗透应该是儒家'真理话语'的最有利证据，儒家的思想学说通过'礼'渗透、影响到整个社会"①，同时借助传播的力量，以道德文化和礼乐文化为主要内容的中华文化，既增强了华夏民族的内聚力，也扩散形成"东亚文化圈"、流播西方世界。

2005年金冠军、戴元光主编《中国传播思想史》四册出版，构建了中国古代、近代、现代较为完整的传播思想史，令时人有眼前一亮之感。其中，在多维视野、全景架构中对"礼乐与传播"多有关注。如古代卷在分析上古技术传播时指出的"巫术中融伦理的思想"是值得注意的现象，三代时期"政治垄断和文化控制的'刑礼'互补传播"，孔子将"礼乐教化注入传播并落实到现实的传播角色意识中，具体化为'仁'"②，以及上古教育思想转播与建制、明代书院及其传播思想、清代帝王政治文化传播思想等话题中，均认识到礼乐文化在中国传播思想史上的独特价值。需要特别强调的，该著除了提及政治传播、教育传播、文化传播等概念，还有"礼仪传播"这个术语。像作为我国古代伟大的传播理论家和传播实践家的孔子，就是"曾为中国古代的礼仪传播制度提出过系统的构想"③；"三礼"则充分展示出中国古代礼仪传播的思想，"《周礼》中实现政治传播的官僚机构和制度"，"《礼仪》中实现礼仪教化的传播思想"，"《礼记》中以伦理为核心传播的封建礼制"④；而作为最早的国别史《国语》除了"在礼仪传播上，主张维护'先王之制'"，部分内容则"充分反映了在社会转型时期权力传播体制与礼仪传播体制之间出现的矛盾和冲突"⑤……诸如此类，既为华夏礼乐传播研究提供了广阔的文化背景，梳理了历史演变脉络，相关专题也深入探讨了礼乐文化传播的方法、模式与结构。

（二）各类传播思想著述提升了华夏礼乐传播论的理论逻辑

首先，在探寻华夏传播理论传统视野下对礼乐文化或传播的重点关注。在此领域，最具有自觉意识且成果突出的是谢清果及其团队。除了冠名"华夏文明（传播）"的系列成果，如《华夏文明与传播学本土化研究》（北京：九州出版社，

① 孙顺华：《中华文化与传播》，北京：新华出版社，2003年，第108页。
② 金冠军、戴元光主编，余志鸿著：《中国传播思想史·古代卷》（上），上海：上海交通大学出版社，2005年，第67、90页。
③ 金冠军、戴元光主编，余志鸿著：《中国传播思想史·古代卷》（上），上海：上海交通大学出版社，2005年，第141页。
④ 金冠军、戴元光主编，余志鸿著：《中国传播思想史·古代卷》（上），上海：上海交通大学出版社，2005年，第116—123页。
⑤ 金冠军、戴元光主编，余志鸿著：《中国传播思想史·古代卷》（上），上海：上海交通大学出版社，2005年，第307、310页。

2016 年）、《华夏传播学引论》（厦门：厦门大学出版社，2017）、《华夏文明与舆论学中国化研究》（北京：九州出版社，2018 年）、《华夏传播研究：媒介学的视角》（北京：社会科学文献出版社，2019 年）、《华夏文明研究的传播学视角》（厦门：厦门大学出版社，2019 年）等，还有《和老子学传播：老子的沟通智慧》（北京：宗教文化出版社，2010 年）、《中国科学文化与科学传播研究》（厦门：厦门大学出版社，2011 年）、《中庸的传播思想》（北京：九州出版社，2018 年）、《〈论语〉的传播思想》（北京：九州出版社，，2020 年）等专论，无不有意识地构建了系统全面的新颖体系。据笔者来看，这本身就值得专门分析，故而此处不再细说，仅就其他研究情况予以梳理。

毛峰在强化中华文化要义阐释的基础上，以文明传播的秩序为对象着力发掘中国人的智慧。在他看来，中华"文明传播的法则是自然生态与人类活动的良性平衡"，有了这个理论判断，进而指出中华民族历经两千余年的建设，"创造出一种独特的、融政治、经济、伦理、宗教、文化为一体的'礼乐'制度"①。可以说，"'礼乐'制度是中华民族在文明的独特发展中摸索出来的、不以武力和强制达成社会合作、融洽与统一的伟大制度"与"高级伦理制度"。简言之，"中国者，礼仪之国，道德之国也"②。至此，"中国价值观（世界观）的外在形式体系是'礼'、'乐'"，这不仅是"中华文明得以维系之道德秩序"，也是对外文明传播的秩序，"世界人文主义之开山纲领，中国礼乐教化之根本大法"③。从传播学角度说，"传播的第一要义在于'传承文化遗产'"，而"孔子之社会理想，本其一贯之人道主义，要让人人承担社会责任'礼'"④。通过孔子论文明传承、播撒等文化传播实践，彰显了"培育礼乐精神""德教立国""世界大同"等发扬中华文化传播智慧的主张，以及"生生之仁"（仁爱万物，包容天下；遵循传播秩序，促进天人和谐）等传播原则。

仝冠军博士学位论文《先秦诸子传播思想研究》（北京大学 2005 年，该文后于 2014 年出版）认为实现传播学研究的本土化，至少有通过研究中国当下传播现状或中国古代传播史构建自己的理论体系两条基本途径⑤。该著采取了后一种路

---

① 毛峰：《文明传播的秩序：中国人的智慧》，北京：中国传媒大学出版社，2005 年，第 13、63 页。
② 毛峰：《文明传播的秩序：中国人的智慧》，北京：中国传媒大学出版社，2005 年，第 64、91 页。
③ 毛峰：《文明传播的秩序：中国人的智慧》，北京：中国传媒大学出版社，2005 年，第 102、103 页。
④ 毛峰：《文明传播的秩序：中国人的智慧》，北京：中国传媒大学出版社，2005 年，第 158 页。
⑤ 仝冠军：《先秦诸子传播思想研究》，北京：中国书籍出版社，2014 年，第 12 页。

径，指出"先秦诸子的传播思想主要以人际传播为中心展开，而人际传播又是大众传播、组织传播的基础，是人类最普遍、最常见的传播形式"①。基于人际传播这个中心考察中国古代社会，自然就将"礼"上升为中国古代文化的传播理念。于是，与其他著述不同，该著比较全面地考察了先秦诸子对"礼"文化传播的认识与实践。像孔子提出了"'和而不同'的传播理念，其具体表现为'仁'和'礼'的统一"、孟子"更加重视孔子所提出的'仁'，而对'礼'有所忽视"、荀子"发扬了孔子学说中的'礼'这一向度，而对'仁'关注不多"，至于同样熟悉"礼"的老子却主张取消"礼教"②，但"老子所反对的乃是儒家所倡导的礼教，认为那是一种病态的文明，反对的是人的异化、传播活动的异化"，而并不反对"人们自然而然生发的仁、义等传播秩序（例如对子女的慈爱、对老人的尊敬等人际关系和秩序）"③。这些论题不仅分析细微，关键是拓展了华夏礼乐传播研究的范围，展示出华夏文化对礼乐价值判断的辩证眼光，而不是将其局限于儒家文化的范围之内，守着某种"独尊"的意识。

同样针对传播学研究的本土化建设中出现的种种质疑，郝朴宁等著《民族文化传播理论描述》立足于"传播学"与"民族文化学"这一交叉学科，从文化与传播互动关系研究包括民族文化传播介质在内的中华民族文化传播理论。该著一大原创就是在全面观照中国56个民族文化差异和融合的视野下，关注了少数民族文化传播理论，特别是对"生活在红土高原的云南25个少数民族原传介质进行了梳理研究"④。通过考察作为一种历史行为的传播活动，理论上认识到风俗习惯、道德规范、法律规范和宗教规范等，不仅"对跨文化交流有所影响，也是跨文化交流中引起误会和冲突的一个重要因素"⑤。由此整体来看，"中国传统文化的最大特点是浓厚的道德色彩"，诗和音乐"作为传播道德信息的载体"存在，孔子所说的"正名""一方面将人际传播纳入到礼制的社会道德体系，另一方面又通过'礼'这种符号系统中的象征性角色扮演来加强社会的道德体系，使仁和礼的观念深入到社会的每个角落，深入到人们的日常言行，深入人心"⑥。于是，该著在考察少数民族语言文学、歌舞介质、听觉介质（鼓声、口哨、口弦、乐器等）、视觉介质（服饰、图案、图画、体饰、文身等）、实物介质（礼器等）、仪式介质（出生、命名、婚嫁、丧葬等）等，均将这种广义的"礼乐文化"贯穿其中。如云"纳西古

① 仝冠军：《先秦诸子传播思想研究》，北京：中国书籍出版社，2014年，第17页。
② 仝冠军：《先秦诸子传播思想研究》，北京：中国书籍出版社，2014年，第325、326、329页。
③ 仝冠军：《先秦诸子传播思想研究》，北京：中国书籍出版社，2014年，第240页。
④ 郝朴宁等：《民族文化传播理论描述·导论》，昆明：云南大学出版社，2007年，第2—3页。
⑤ 郝朴宁等：《民族文化传播理论描述》，昆明：云南大学出版社，2007年，第35页。
⑥ 郝朴宁等：《民族文化传播理论描述》，昆明：云南大学出版社，2007年，第40页。

乐是作为一种礼乐，得以在丽江纳西族中确立了它的地位""在纳西族人的眼里，音乐传统与儒学传统是一致的，儒学是一个是乐，一个是礼。礼乐相辅相成，缺一不可"①。既立足中华民族文化整体，以汉族礼乐文化为轴心，又融合少数民族"礼乐""习俗"文化，该著无疑为华夏礼乐传播研究范围的拓展提供了有力的支撑。

从理论上探讨华夏传播学终归要有形而上的思辨，从文化哲学层面思考、提炼并予以系统建构就是最佳路径之一。邵培仁等在华人本土传播理论研究上的成果，便展示出这一方面的力度。邵先生进入传播学领域研究伊始，即对宏观思考传播模式、传播学研究的中国特色等话题充满兴趣，其中"为何要有中国特色""怎样叫作有中国特色""怎样才有中国特色"三问，以及"既有中国特色又有通用性质的整体互动模式"的目标②，貌似平易，然至今仍是中国传播理论探索的问题。经过"中国古代受众的信息接受特色"及"中国传播学界需要学术寻根"等华夏传播学等话题的探索③，2013年发表了《寻根主义：华人本土传播理论的建构》一文。作者明确表示"面对本土传播研究理论贫乏的局面，我们提出'寻根主义'作为本土理论建构的突破口"，建构了"传播思想：阴阳和合的传播哲学""传播原则：情理交融的传播伦理""物我融通的传播意识"等华人本土传播理论的观念结构，认为这些均是影响中国传播的文化"基因"。以此观照华夏礼乐传播，也必将从思想观念层面对其有清晰的把握，像"儒家思想作为两千年来中国的正统意识形态，其构建的'仁—礼'伦理结构长期作用着中国人的传播行为"④即是。继而，作者另撰文章从传播模式论角度，以《论语》为考察中心，对儒家构建的"仁—礼"伦理结构进行了专论。作者指出，《论语》文本蕴含了"以仁释礼，情在理中"价值传播的"内化"模式、"众星共辰，风行草偃"的道德传播的"情感"模式、"忠恕为仁，推己及人"人际传播的"外推"模式、"不愤不启，不悱不发"知识传播的"情境"模式，并进一步提炼儒家传播思维。此文明确指出"因为'仁'仅仅停留在知识建构层面，虽然其中蕴含了便于传播的因素，但要真正进入传播过程，必须依赖一种实践性的规则，即'礼'"⑤，此论实则从学理上为

① 郝朴宁等：《民族文化传播理论描述》，昆明：云南大学出版社，2007年，第438、439页。
② 邵培仁：《关于传播模式的思考与构想》，《淮阴师专学报》（哲学社会科学版）1991年第3期；《论传播学研究的中国特色》，《徐州师范学院学报》1995年第3期等文。
③ 邵培仁：《论中国古代受众的信息接受特色》，《杭州大学学报》（哲学社会科学版）1998年第3期；《中国传播学界需要学术寻根》，《当代传播》2012年第1期。
④ 邵培仁、姚锦云：《寻根主义：华人本土传播理论的建构》，《新疆师范大学学报》（哲学社会科学版）2013年第4期。
⑤ 邵培仁、姚锦云：《传播模式论：〈论语〉的核心传播模式与儒家传播思维》，《浙江大学学报》（人文社会科学版）2014年第4期。

礼乐传播"正名"。邵培仁等后来发表的《传播理论的胚胎：华夏传播十大观念》等文，均为华夏礼乐传播研究提供理论支撑，自然亦提升了礼乐传播研究的思想内涵。

值得一说的，杨瑞明等主编的《文明传播的哲学视野》为当代中国文明传播提出了战略建议。在探索中华文明传播原理中，认为"亲缘、地缘、业缘、物缘和神缘"等"五缘关系"构成了中华谱系文化和信仰传播的核心，建构了"中国传统文化的根本特征是伦理政治性"[①]的传播基因。诸如，"亲亲"是中华文化"一种群体意识的传播和行为规则"，"血缘"是中华文化"最为重要的人际传播路径"，"礼乐文明"在世界文明史上"独立无二"等[②]。由此，"中国者，不侵略之国，不掠夺之国也""中国者，礼义之国、道德之国也""中国者，中道之国、人道之国也"等[③]，均为解读华夏礼乐传播提供了理论上、方法论上的启示。进而，观照当今中国，在纵向传播方面，"如何继承中国悠久博大的传统文化并使之在全中国人心目中生根开花"的"道德教育"，创造性地诠释儒家人文主义思想尤其是孔子"仁""义""礼"等基本观念，是弥补"文化断裂"的重要议题。于是，在"文明传播学"主题列举中，与"礼乐"相关的内容成为最重要的话题。[④]

其次，在探寻传播学亚洲学派乃至全球化传播学视野下对礼乐文化或传播的重点关注。陈国明主编的《中华传播理论与原则》是"华人社会首见的传播理论建构合集"，由中华文化出发，探讨中华式传播形态与行为，"旨在探究以文化特殊性建立传播理论的可能性"[⑤]，有着鲜明的"将庞杂的论述抽象化"这个理论建构意识。于是，该论集在认识到传播是人类社会普遍性行为的基础上，"其目的并非在寻找普世性的传播理论"，而是要从中华文化的角度，来探讨所谓中华式或本土性的传播形态或行为，以资与其他文化的传播型态或行为有所区别"[⑥]。除了"总论""分论"中辑录的文章如中华传播理论与方法、华人组织传播、儒家思想对组织传播的影响等话题涉及华夏礼乐文化传播的内容，"细论"部分更是

---

① 杨瑞明、张丹、季燕京主编：《文明传播的哲学视野》，北京：中国社会科学出版社，2012 年，第 285、173 页。

② 杨瑞明、张丹、季燕京主编：《文明传播的哲学视野》，北京：中国社会科学出版社，2012 年，第 191、200、223 页。

③ 杨瑞明、张丹、季燕京主编：《文明传播的哲学视野》，北京：中国社会科学出版社，2012 年，第 224—226 页。

④ 杨瑞明、张丹、季燕京主编：《文明传播的哲学视野》，北京：中国社会科学出版社，2012 年，第 486、493—494 页。

⑤ 陈国明主编：《中华传播理论与原则》，台北：五南图书出版股份有限公司，2004 年，封底。

⑥ 陈国明主编：《中华传播理论与原则·前言》，台北：五南图书出版股份有限公司，2004 年，第 1、2 页。

从"脸面""和谐""关系""礼""报（报答、报恩……）""客气""缘（有缘、缘分……）""风水"等诸多礼文化活动、行为、心理现象解读了华人的沟通行为，可谓华夏礼文化传播形态或行为伦理建构走向深入的尝试。其中，张惠晶撰写的《台湾人际传播理论的重建：多面性架构理论的分析》一文，特别指出了目前华人人际传播理论研究存在的一种思维定式，这就是"通常将传统文化，特别是以孔子为代表的儒家文化，视为此等行为的主因""亦即，儒家的礼教约束，及以五伦规范的亲疏远近的人际差序格局（费孝通，1948），导致华人明显区分所谓的'自己人'与'外人'"。这种基于个人主义与集体主义、东西方文化等二分化的阐释思路，带来诸如忽视个人主义、鲜有提及传播人的情感因素、视华人的传播行为为被动且单调的等关于华人人际传播的认识偏向[①]。客观地说，这一判断对在全球化背景下的华夏礼乐传播研究来说，也是一个重要的提醒。怎么办？该文指出"我们必须跳脱单一因果模式的东西文化二分法"，改变当前研究"把重点放在儒家的影响上"这个偏颇的取向，基于深度分析，寻求华夏文化的特质的"多面性的架构"以及"在现代社会生根发芽"[②]的建构意识与路径。

赵晶晶等基于传播理论的亚洲中心学派形成这个既成事实，编译《传播理论的亚洲视维》共收研究亚洲文化与传播学的国际学者 18 篇文章。赵晶晶在《前言》中明确指出"亚洲中心的学者们发现除了佛教、伊斯兰教等深层思想结构之外，渗透贯穿于亚洲五个地区传播行为中的儒学思想是最重要的、具有共性的贯穿线索之一"，因此"作为华人，我们也不能以儒学为中国独家所拥有"，因为儒学"传入朝鲜、日本、越南等国，对塑造东亚社会的精神产生了重要影响"[③]。从这个意义上说，"华夏礼乐传播"研究范围理当包括"对外交流与传播"等话题，抑或即便从儒家文化角度说，华夏礼乐传播也只是"礼乐传播"的类型之一。赵晶晶在《前言》中所言，也是该论文集中其他学者的共识。三池贤孝《对人性、文化和传播的重新思考：亚洲中心的评论与贡献》一文从亚洲中心的角度提出了人类传播研究五个命题，可以说均不同程度地与"礼乐文化或传播"相关，尤其是第五个命题"传播是我们将宇宙道德化、和谐化的过程"，即"亚洲人强调社会秩序及终极的宇宙秩序"堪为评价人类传播行为的亚洲标准[④]。早在 1988 年，琼·奥克·尤姆便发表了《儒家思想对东亚人际关系及传播模式的影响》一文，"探讨儒

---

　　① 陈国明主编：《中华传播理论与原则》，台北：五南图书出版股份有限公司，2004 年，第171—172 页。

　　② 陈国明主编：《中华传播理论与原则》，台北：五南图书出版股份有限公司，2004 年，第195—196 页。

　　③ 赵晶晶编译：《传播理论的亚洲视维》，杭州：浙江大学出版社，2008 年，第 12 页。

　　④ 赵晶晶编译：《传播理论的亚洲视维》，杭州：浙江大学出版社，2008 年，第 31 页。

家人文主义及其强调的'仁'与'礼'跨越文化界线的可能性"①。该论文集所收琼·奥克·尤姆《儒家思想与传播：仁、礼和乌班图 (Ubuntu)》（英文发表于 2007年）一文，便是上述思想的专论，认为"要想对东亚传播模式加以理解，最恰当的办法就是对'仁'与'礼'共同产生的影响加以研究"，甚至说对此"任怎么高估都不为过"②。在她看来，孔子对于"仁"与"礼"之间关系的看法，一般有两种解读，或是工具性解读，认为恪守"礼"是培养与表达"仁"的手段；或是阐释性解读，认为"礼"独立于"仁"；而无论哪种解读方法"都指向了在理解东亚人对恰当传播的重视时'礼'的重要性"③。进而，该文将"仁"与"礼"原则由东亚传播模式提升至亚洲传播模式，并延伸至与拉丁美洲、非洲等相关观念对照研究。值得关注的还有罗纳德·D.戈登《二十一世纪的亚洲传播学者》一文，在强调"传播"这个国际性学科建设中需要亚洲学人的贡献时，尤其期待中国的力量。这主要因为"中国的传播学者们可以帮助我们重新发现传播在东方文化中的古老根茎及其现代行为 / 潜力"，因此"在把我们对人类传播的理解真正'国际化'（实现此词最准确最恰当的含义）的过程中"，需要"中国的学者们首当其冲"④。

　　谈到传播在中国文化乃至东方文化中的"古老根茎及其现代行为"，那就不得不提及探寻华夏礼乐传播的另一种研究路径——不是从古至今的"参古定法"，而是古今互动中"追根溯源""望今制奇"。杨美慧曾于 20 世纪 80 年代和 20 世纪 90 年代对大陆都市进行了关系学实践的田野调查，其目的在于"把关系学的伦理和逻辑系统放在当代中国更广的历史和社会经济的背景和联系之中来观察"，分析中国在进入现代性的过程中"关系学的历史性复苏"⑤。从华夏文化传统来说，"关系学的另一个关键概念，更与一种大众化的儒家伦理有关，这就是'礼'或者'礼仪'的概念"，有"社会礼仪""伦理""礼节"等含义⑥。作者沿着古代关系学的谱系，追踪到清代之前儒家伦理制度，认为"儒家强调人际关系的伦理，孝、悌、仁、义、信、恕、报，这不仅适用于家庭和家族，而且也适用于政府……于是家

---

　　① 赵晶晶编译：《欧美传播与非欧美传播中心的建立》，杭州：浙江大学出版社，2009 年，第82 页。

　　② 赵晶晶编译：《传播理论的亚洲视维》，杭州：浙江大学出版社，2008 年，第 228、218 页。

　　③ 赵晶晶编译：《传播理论的亚洲视维》，杭州：浙江大学出版社，2008 年，第 220 页。

　　④ 赵晶晶编译：《传播理论的亚洲视维》，杭州：浙江大学出版社，2008 年，第 319、320 页。

　　⑤ 杨美惠：《礼物、关系学与国家：中国人际关系与主体建构》，赵旭东、孙珉译，台北：南天书局有限公司，2005 年，中文版前言，第 11 页。

　　⑥ 杨美惠：《礼物、关系学与国家：中国人际关系与主体建构》，赵旭东、孙珉译，台北：南天书局有限公司，2005 年，第 64 页。按：该书在大陆由江苏人民出版社 2009 年出版社。

庭、社会生活、政府在儒家话语中都有了明确的制度化的空间"①。于是,通过伦理、计策及礼仪诸方面考察关系学中的"艺术",通过亲属制度、朋友关系以及其他的私人关系分析关系的基础,通过义气、感情和人情揭示当代中国人的"情意"以及对比分析古代中国的仪式伦理与当代中国的国家理性,分析中国根茎式的关系网和民间组织等话题,均围绕关系学"传统的形式和历史的再现"②来展开。虽说此项田野调查着重于礼物经济(关系、人情和面子等),未能全面深入反映当代中国人际关系伦理的真相,部分表述也因作者对当代中国社会变迁比较陌生而带有意识偏向,但这种田野调查与文献研究相结合的文化学研究路径,非常值得华夏礼乐传播研究者们学习和借鉴。

(三)各类专题研究彰显了华夏礼乐传播论的学术内涵

这类研究成果无疑是极其丰富的,除了运用传播仪式观理论分析华夏礼乐传播这种中西对照研究,基于华夏礼乐传播的视角,还有几个现象值得评述。首先,儒家教化或文化传播、中国古代政治传播等传统话题的进一步延续。如廖声武站在中国古代传播史上,充分肯定了儒家的传播方式"首开先例、卓有成效"的特点及地位,揭示儒家在宣传"仁政""礼治"中对传播功能具有双面效应的认识有独到的见解③。崔炼农全面系统地对孔子思想做了传播学诠释,尤其在分析孔子"仁者"的政治传播学时,将"礼"作为孔子确定言行规范的传播尺度:"礼"的作用重在教化,重在君子之德的传播;"礼"是防范道德过失的堤防,一种传播区界的设定;"礼"囊括一切社会关系,构成一整套传播符号体系;"礼"是人们"视听言动"必须遵循的普遍规范,是一种"制中"的传播尺度;"礼"将社会关系条理化、稳固化,建构出一种超稳定的传播秩序;"礼""政"互融,完成教化的使命。同时,在对"刑"做出强制言行入轨的传播控制阐释中,又指出"刑"为罚而"礼"为法,"刑"以"礼"为依归,"教而后刑"才能从源头杜绝"恶(德)"的传播④。诸如此类,诚如孟泽在该著《代序》中说的,"传播学的视角也未必是审视孔子思想的最恰当的视角",但作者"所给出的说法,便至少是一种有意思甚至有意义的

① 杨美惠:《礼物、关系学与国家:中国人际关系与主体建构》,赵旭东、孙珉译,台北:南天书局有限公司,2005年,第199页。

② 杨美惠:《礼物、关系学与国家:中国人际关系与主体建构》,赵旭东、孙珉译,台北:南天书局有限公司,2005年,第131页。

③ 廖声武:《论先秦时期儒家的传播思想》,《新闻与传播研究》2000年第3期。

④ 崔炼农:《孔子思想的传播学诠释》,长沙:湖南大学出版社,2008年,第110—120、130—134页。

说法，并不辱没孔子，也不辱没自以为清明者的智力"①，此番评价实则肯定了该著的学术分量。杨柏岭在阐释孔子的文化传播实践及现代意义中，指出孔子主张用"礼"来统一思想、引导舆论，特别重视"礼"在文化传播中的作用。同时，孔子"以诗、书、礼、乐教弟子"（《史记·孔子世家》）过程中，基本延续了西周以"六艺"为核心的教学内容。孔子的初衷不在开启言论自由，而是扩大受众面，以唤起更多的人对周代文化的认同与自信。如此，才能真正把握孔子提倡私人讲学这个传播媒介的历史价值。② 郝雨、田栋认为孔子的思想传播和实践活动以整体的伦理秩序和"礼"的思维为基础，构成了具有自我脉络和结构的传播实践活动，推动了中国早期传播秩序的塑造。③

谢清果团队开创性地探讨儒家经典《中庸》的传播思想，紧扣"慎独"揭示"中庸"具有内向传播观念的特征，并从"仁"与"礼"、"义"与"利"、"和"与"变"、"中"与"度"等四个基本关系，阐释了《中庸》"敦厚崇礼"这个关于人际传播纲领的主张，进而提出了中庸之道对解决现代人际传播问题的价值。④ 从政治传播角度关注礼乐文化传播，从某种意义上说是儒家"教化"观、"宣传"观等话题，在西方学界转译而来的政治传播学研究视野下的新发展。其中，董大川以"乐"为对象，揭示了先秦政治传播所彰显出的"政治意义的宣化"观念。从传播学角度说，作者认为在上古中国社会，作为先秦时期的基本文化形态的"乐"，既是上古先民政治意识形态的精神载体、道德伦理观念的表征，也是中国上古教育的核心内容，更是人类最古老的表达方式，一种非常重要的"非语文传播"方式⑤。关于华夏礼乐传播研究，人们多关注"礼"，因此，此文的意义不言自明。除此，中国古代政治传播除了前文已提及的陈谦《中国古代政治传播思想研究：以监察、谏议与教化为中心》，还有如贾兵《先秦诸子政治传播观念研究》（2011年，博士论文）、白文刚所著《中国古代政治传播研究》等诸多成果。后者鉴于"从根本上来说，礼乐制度还是更深层、更核心的政治文化的外在表现""对媒介的理解不应该只局限于技术性或物质性的层面"⑥ 等原因，将礼乐制度视为中国古代王朝主要教化媒介之一。

① 崔炼农：《孔子思想的传播学诠释》，长沙：湖南大学出版社，2008年，代序，第6页。
② 杨柏岭：《孔子的文化传播实践及现代意义——兼论"媒介，人的延伸"》，《学术界》2016年第12期。
③ 郝雨、田栋：《孔子与中国早期传播秩序的建构》，方勇主编：《诸子学刊》第15辑，上海：上海古籍出版社，2017年，第46页。
④ 谢清果等著：《中庸的传播思想》，北京：九州出版社，2018年。
⑤ 董大川：《"乐"：政治意义的宣化——先秦政治传播观念研究》，吉林大学博士论文，2009年。
⑥ 白文刚：《中国古代政治传播研究》，北京：中国社会科学出版社，2014年，第153页。

其次，"礼文化传播"概念提出并得以进一步开展。2003 年，历史学者胡克森发表了《春秋争霸与中原"礼"文化传播之特征》一文 ①，不过，此文不是探讨"礼"作为媒介的传播活动，也不是那种将"礼"视为传播对象的教化活动，而是对中原"礼"文化向四夷传播的历史考察。2010 年，刘宏丽发表《中国传统礼文化与敬谦语传播关系研究》一文，较为明确地提及了"礼文化传播"这个说法。该文立足于中国传统礼文化，以敬谦语为对象，既关注作为载体（媒介）的敬谦语，也探究作为礼文化的敬谦语，阐释了礼文化传播的规律。② 不过，自觉建构"礼文化传播"这个概念的是张兵娟及其团队。她以"中国礼文化传播与认同建构研究"为题获得国家社科项目立项（2016 年），在《中华文化与传播研究》2018年第 1 期"中国礼文化传播"栏目主持人语说："在中国，礼文化是以礼治为核心，由礼仪、礼制、礼器、礼乐、礼教、礼学、礼俗、礼义等诸方面的内容融汇而成的一个文化丛，它就是中国文化的代表。今天'礼文化'仍深深影响着我们的生活的各个方面，有必要从传播学的角度进行整体深入的挖掘，以此推进中国本土传播学的研究。"张兵娟等进一步概括了中国礼文化传播特点，即"润物细无声"的渗透性、"身体力行"的实践性、"风行草偃"的示范性等 ③。由此清晰的认识，首届"礼文化与华夏传播研究"工作坊（2019 年）顺利举办。除了青年学者礼文化研讨、博士生礼文化论坛等会议主题，本次工作坊就"礼文化传播"等主题，还专门安排了邵培仁、谢清果、潘祥辉、余仁洪等学者专家的学术访谈。其中邵培仁"中国礼文化传播既是华夏文化传播的重要内容，也是中华文化复兴系统工程的一部分"的主张及其"建构中国礼文化传播的理论体系"④ 的呼吁，代表了学界关于"礼文化传播"这个提法的认可与成果期待。

再次，礼乐传播"深描"方法运用及其研究路径的拓展。探索华夏礼乐传播论既需要理论逻辑和历史逻辑相结合的"鸟瞰式"研究以及遵循实践逻辑的田野调查，也需要在对礼乐传播文献"深描"基础上的细化、深化。或如王秀臣将《诗》视为载体、媒介，将"典礼"视为信息对象，考察了《诗》的礼典属性及其传播与接受机制的发生 ⑤；或如朱红林基于睡虎地秦简《法律答问》与《周礼》比

① 胡克森：《春秋争霸与中原"礼"文化传播之特征》，《贵州社会科学》2003 年第 1 期。

② 刘宏丽：《中国传统礼文化与敬谦语传播关系研究》，《河南大学学报》（社会科学版）2010 年第 5 期。

③ 张兵娟、刘佳静：《中国礼的教化传播思想及当代价值》，《郑州大学学报》（哲学社会科学版）2019 年第 3 期。

④ 刘佳静：《坚守中国文化自信心与学术主体意识，建构中国礼文化传播的理论体系——访浙江大学传媒与国际文化学院邵培仁教授》，《中华文化与传播研究》2019 年第 2 期。

⑤ 王秀臣：《〈诗〉的礼典属性及其传播与接受机制的发生》，《北方论丛》2006 年第 1 期。

较研究，考察了战国时期国家法律的传播①；或如韩高年等从明堂这种礼仪性建筑的功能入手探讨周代仪式乐歌、礼仪之文、典礼诵辞等生成语境与传播方式②……相对而言，潘祥辉以"传播考古学"为研究路径，关注古代中国的传播媒介、社会习俗中的传播行为以及日常生活中的传播现象等，成为其中的异军突起者。在其系列论著中，诸如《传播史上的青铜时代：殷周青铜器的文化与政治传播功能考》（《新闻与传播研究》2015 年第 2 期）、《"歌以咏政"：作为舆论机制的先秦歌谣及其政治传播功能》（《新闻与传播研究》2017 年第 6 期）、《"秦晋之好"：女性作为媒介及其政治传播功能考》（《国际新闻界》2018 年第 1 期）、《瞽矇传诵：先秦"盲媒"的传播考古学研究》[《西北师大学报》(社会科学版)2019 年第 2 期]、《先秦谥法与一种中国特色的人物品评机制》（《华夏文化论坛》2019 年第 1 期）等，正如其本人所言，从治国理政到衣食住行都属于"礼"的范围，像"对天发誓""青铜时代""秦晋之好""这些都是中国历史上非常古老的媒介或传播现象""玉器和青铜器就是礼的重要载体"③。可以说，上述成果均植根于华夏文化土壤，滋养于中国传统考据学，讲求"无征不信"，从方法论上拓展了中国本土传播学的研究路径。

四

在中国本土传播学研究中，厦门大学自始至终都是重镇。以"礼乐传播"为例，20 世纪 80 年代初期，黄星民便提出了这个术语，至本世纪初《礼乐传播初探》一文正式发表。如今，又一个 20 年，谢清果团队首部《华夏礼乐传播论》专著即将付梓，如此学术坚守，不得不令人感慨动容。在该著之前，我们在不同场合常听到谢清果教授要传承并深掘"礼乐传播"这口深井的倡议："厦门大学的华夏传播研究团队也将继续在'礼乐传播'方面用力，力争打造出反映中国文明传播理论的独特样态之一——礼乐传播论。"④而在阅读这部书稿的过程中，各章节撰稿人同样彰显出以传承与发展为学术自信的凝聚力。这一点是这部书稿带给我的最大震撼，也是留给我的最深印象。学术团队对任何学科的建设都很重要，然

① 朱红林：《战国时期国家法律的传播——竹简秦汉律与〈周礼〉比较研究》，《法制与社会发展》2009 年第 3 期。

② 韩高年、马睿：《人类学视野中的明堂与周代礼文政典的传播》，《西北民族研究》2019 年第 2 期。

③ 王闰：《扎根华夏传播土壤 构建礼文化现代认同——访南京大学新闻传播学院潘祥辉教授》，《中华文化与传播研究》2019 年第 2 期。

④ 李阳：《在古今中外的视域中审思中国礼文化传播问题——访厦门大学新闻传播学院谢清果教授》，《中华文化与传播研究》第 6 辑，北京：九州出版社，2019 年，第 75 页。

对那种并不被时下看好而又十分必要的研究领域来说，其"意义"就不是"重要"二字所能评定的——就中国学派的传播学建设来说，以华夏传播为主的中国本土传播学研究正是这样的一个领域。在感慨之余，回到这部书稿本身，一言以概之，《华夏礼乐传播论》满足了我这个中途转道行走者沿途欣赏风景时的种种阅读期待。

（一）"礼乐（传播）"文本的历史考释

"华夏礼乐传播"是个新的概念，然其根茎则藏于华夏文明的历史土壤之中。即便如此，作为从现代意义的传播学角度观照历史存在的术语，其命名的学理性何在？是"望今制奇"还是"参古定法"①，抑或兼而有之，必然是读者们所关注的问题。传播学传入中国，带来了视野、方法等诸多方面的新启示，我们也发现，在以学术创新为时代精神的当下，凭借新眼光在旧领地挖掘宝藏的风气，成为我们这个时代非常突出的学术风尚。然而，这里又存在"占山头"与"攻堡垒"两种路径的区别。前者，概念、术语"飞舞"，只求"插旗""留痕"；后者貌似前者，然实则聚焦重点、深耕易耨。植根于华夏文化背景，"礼乐传播"这个概念，历经近40年得以揭橥，带给我们的不仅是"创新"启示这么简单。这就是外来的理论或观念在遭遇泱泱五千年的东方中华文化时，我们如何既可以被"外化"美景所吸引却不被牵引，又不陷入"中体外化"而难以超越、创新的窠臼，进而在"创造性转化、创新性发展"方针下开展我们的学术活动，是民族文化发展中的"全代"②责任。

感喟如此，从传播学角度审视华夏文化，揭示华夏传播核心命题，"礼乐传播"命名合理性、价值性能否经得起考验，仍是一个话题。在笔者看来，关心可以，然过度质疑实无必要。因为"礼乐是中国传统文化的主干，华夏文明也被冠以'礼乐文明'之称"③，这是人们的共识，从传播学角度探讨华夏礼乐文化，通过前文的学术史梳理，也得到学界的一致认可。问题的焦点在于华夏传播研究界除了"礼乐传播"，还有"'礼'传播""'乐'传播"等提法。其实，无论哪种，各自均遵循着"礼乐协同"这个华夏文化的本色性，故而对各种命名本无可非议。只是不熟悉这个前提的读者会有误解，于是，针对"礼和乐作为华夏文明传播的两种符号形式"（32页），本书稿针对"有观点认为，礼是处于主导地位，而乐则是一种附属，没有独立地位"这个认识，依据《通志·乐略》记载的"礼乐相须以为用，

---

① 王利器：《文心雕龙校证》，上海：上海古籍出版社，1980年，第199页。
② 使用"全代"一词，两层意思，既指空间意义上的领域、范围、类型"代表"意涵，也指时间意义上持续不断的代际相传之意。
③ 谢清果等：《华夏礼乐传播论》书稿，第14页。以下凡引自该书稿，只在行文中注明页码。

礼非乐不行，乐非礼不举"①，专门讨论了"以乐观礼""礼乐协同"的话题，在华夏文化根基上为"礼乐传播"寻找学理依据，明确指出"'相须以为用'的礼与乐，经历氏族社会到夏商周三代的不断接合、发展、演进，才逐渐形成中华礼乐文化的基本形态"（14 页），特别强调了"礼和乐地位是等同的""二者在协同运作中准确而有效地传递着'仁义'等中华文化的核心思想"，上升为"礼乐协同是华夏文明传播的一种范式……是华夏文明传播的本质特征"（32 页），直至"华夏文明传播本质上就是华夏礼乐传播，因为礼乐传播是华夏文明传播最鲜明的特色"（33 页）。鉴于上述考虑，可以说"礼乐协同"堪为本书稿高频率的关键词之一。

当然，传播学毕竟是外来学科概念、学术理论，"华夏传播研究"进路如何，或者说诸如传播学研究"为何本土化""何以本土化"等疑问，均难有明确答案。无论何如，传播是人类普遍存在的行为，以人的传播实践为考察对象乃是天经地义之事。至于依据何种理论来解释，那是学术视野与方法运用的话题，至关重要的问题在于"话题"本身是否源自本土，遴选是否恰切，其次才是阐释思路及研究结论的问题（后文分析）。在阅读《华夏礼乐传播论》过程中，这个问题在期待中逐渐得以释然。一则，在传播学视野下观照"礼乐"，然对"礼乐"本身的把握是否全面、深刻，是弄清楚华夏礼乐传播研究内涵逻辑起点的前提。从全面性来看，除了"乐"有专论，第十八、十九专论《诗经》这个首部乐歌总集等，就"礼"而言，本书稿基本涵盖了《周礼·大宗伯》所言吉礼、凶礼、宾礼、军礼、嘉礼等"五礼"，各章节对此多有涉及。其中，第九章以祭礼为主要考察对象分析了"缘情制礼"的话题，第十七章以黄帝祭祀仪式为例阐释"祭礼"；第十章通过"丧服"考察了丧礼；"嘉礼"最多，第十四章、第十五章、第十六章均通过"婚礼"予以揭示。二则，华夏礼乐传播研究自然以华夏民族传播实践为本，然毕竟是历史研究，因此如何植根于华夏礼乐传播文献开展研究，就是本话题是否具有学术知识体系生产力的文化根基之所在。正如前文指出的，探索华夏礼乐传播论既需要理论逻辑和历史逻辑相结合的"鸟瞰式"研究以及遵循实践逻辑的田野调查，也需要在对礼乐传播文献"深描"基础上的细化、深化。无论哪种路径，均须守住华夏民族传播实践这片沃土。可以说，细读、精读华夏经典文本的文献意识及其彰显出的历史研究法，是本书的一大特色。部分话题及其思想揭示更是就相关经典文本的专门分析，如第三章据《礼记·月令》分析礼乐传播中"时间"意义，第六章通观《礼记》四十九篇探讨礼乐传播形塑中外共同"天下一家"的意义世界，第八章专论作为"群经之首"的《周易》所展现的礼乐精神，第十四章

---

① 郑樵：《通志》（卷四十九），上海：商务印书馆，1935 年，第 625 页。

以《礼记·昏义》为基础探讨礼乐传播的宗法婚嫁制度，第十八、十九章则是《诗经》的专题等等。如此絮谈，不仅想说谢清果指导团队研究意识与能力提升的得力之法，还想表达的是文献意识与运用对于华夏礼乐传播这个亟待开疆拓土的"历史性"领域而言的意义，以及在大数据时代传统治学方法"更新"与"回归"的价值。

学者们多熟悉傅伟勋提出的"创造的诠释学"（分成"实谓""意谓""蕴谓""当谓""创谓"五个辩证的层次），邵培仁教授曾专门就此讨论了本土传播学研究方法的话题，并认为对中国传播学者来说，"其最为重要的工作实际在第四层次（'当谓'）和第五层次（'必谓'）"，因为"前三个层次有历代学者的'巨人接力'，各种工作已达致很高水平，进行一些用功极深的考证，已不是传播学者的任务，而是历史学、文字学等关注的内容"，因此，"传播学者的主要任务，一是深入传统文化的母体，梳理传统思想关于传播的表层结构，进而发掘深层结构；二是以此为基础，进行传统思想的创造性转化，即原创的本土传播理论的建构"①。邵先生所言极是，不过前三个层次"不是传播学者的任务"，主要是从原创的本土传播理论的建构角度说的，并不能说这三个层次真的不重要。在笔者看来，这些要成为从事中国本土传播学研究者基本的学术素养，否则难以胜任这个领域的研究。关于傅伟勋"创造的诠释学"模型，笔者曾就文学教学与研究予以了简化处理：一是文学语言层面的文本，在校勘基础上探问"原作者（或原典）实际上说了什么"；二是原作者层面的文本，结合作者传记、时代心理等，询问"原作者想要表达什么，他的真正意思是什么"；三是历史层面的文本，结合文学或文学思想史，进一步问"原作者可能想说什么？仍可能蕴涵那些意思意义"；四是读者层面的文本，联系当代，探询"由此文本我们能继承什么"，又"如何'救活'原典或原有思想"②。

现在看来，这同样适用于中国本土传播学的研究。正如谢清果所说，"礼乐"在传播中国文化上的思想内涵，"只有统合于中国特殊文化语境中才能传达特定的含义，发挥特定的社会功能"（46 页）。"礼乐"功能如此，关于礼乐传播的研究也应当如此。可以说，将所讨论的话题放置于历史文化语境及其传统中"求其原意"，而后从传播学角度予以创造性诠释，力图发掘"原创的本土传播理论或观念"，始终是本书坚守的研究路径。于是，在新的理论视野下，一旦尊重了文本的历史解

---

① 邵培仁、姚锦云：《传播模式论：〈论语〉的核心传播模式与儒家传播思维》，《浙江大学学报》（人文社会科学版）2014 年第 4 期。
② 杨柏岭：《文本·美育·文化——当前高校文学类课程教学的问题与思考》，《中国大学教学》2010 年第 9 期。

读，就拥有了通往创意的可能性。阅读中印象较深的，如"古人为何对金石打击音情有独钟，后世却鲜有提及"，作者通过典籍中有关"金石"音质等记载，认为"大型祭祀场合中，'通天'性应是古人乐器选择的重要依据，而打击乐恰可以确保先祖（神）'听到'后人'告知'祈愿，这或许是它被倚重的原因之一"（17—18 页）。这个判断既解释了中国文化史领域一个熟视无睹的问题，也强化了"乐器"等礼器以及"乐"这种文化样式特殊的媒介性质。又如，谢清果曾专门考析过儒家"修身为本"的内向传播①、老子的身体交往观等话题，本书稿在"在传播活动中，社会化的个体基于对自身和他人身体的认知、情感、意志、行动而展开的整体且系统的交往观念"②的基础上，依据《礼记》《论语》等儒家经典，通过"以身观礼"，指出"身体在儒家思想中具有重要意义"（145 页），阐释了礼乐传播的儒家身体观。这种以身体为媒，以传播学为介，观照儒家修身思想，角度颇为新颖。

（二）华夏礼乐传播论的内涵与外延

诚如谢清果所言，"从古至今，学界对礼乐的研究可谓汗牛充栋"（31 页），若想在礼乐研究上有所创新，这对研究者而言，着实是个难题。《华夏礼乐传播论》这部研究中国礼乐的专著，显然不是传统历史学、社会学、文化学等学科的著作。谢清果团队肆力于此，其本意也并非专门研究礼乐文化，而是"礼乐传播"的专论。其实，伴随着我国学科建设意识的提升，或是在新的理论视野下的主动自觉探索，或是因人事关系隶属学科调整而"被动"转型，这种跨学科研究在中国传统文化领域是个常见的现象。再撇开"中西结合"等是否融洽等话题，只就跨学科研究本身来说，不只是中国传播学领域所需要，同时也是当前中国文科建设亟待深入推进的话题。从某种意义上说，跨学科研究体现了文明发展的传播学属性，彰显出华夏文明发展的历史规律。很显然，谢清果团队对华夏传播的探索属于前者。不过，从黄新民开始提出"礼乐传播"这个术语，通过强化"礼乐"这个渠道的媒介性来阐释这个概念，那么，时隔 20 年后，"礼乐传播论"的内涵与外延是怎样的呢？这自然也是读者们要追问的关键话题。

全书除"绪论"外，共 21 章。细心揣摩这部书稿的结构特色，可以看出，著者基本上遵循了中国传统的"本末源流"思维模式设置了框架目录，由此呈现出对华夏礼乐传播论的理论体系的认识，彰显出鲜明的民族文化特色。含绪论在内

---

① 谢清果：《儒家"修身为本"的内向传播意蕴考析》，《吉林师范大学学报》（人文社会科学版）2018 年第 3 期。

② 谢清果，赵晟：《身体交往观视域下的老子思想新探》，《文化研究》2018 年第 2 期。

的前六个话题，整体上属于华夏礼乐传播论的本体论。其中，前三个话题，即绪论"中国礼乐教化传播智慧及当代价值"、第一章"以乐观礼"、第二章"礼乐协同"，在为华夏礼乐传播"正名"的同时，侧重于礼乐传播这个范式在华夏文化中的功能论。后三个话题，即第三章"与时偕行"从时间维度，第四章"礼通天地"从空间维度，第五章"天下一家"从时空合一维度（"天下一家"是中外共通这个时空合一的"意义世界"），阐释了华夏礼乐传播的时空论。第六章"风行草偃"、第七章"礼乐有德"主要从机制、秩序等角度重点讨论了华夏礼乐传播的效果论。第八章"物畜有礼"溯源《周易》，探讨礼乐制度成熟之前的制作情况；第九章"缘情制礼"重在"制礼作乐"的动因及目标，总体上属于华夏礼乐传播的制作论。同时，这两章在整个目录系统中处在"本末源流"思维进程中的过渡阶段。第十一章"以身观礼"、第十二章"男女有别"基于传播学视野，依次从身体、性别议题，揭示华夏礼乐传播实践的属"人"性，可以称为华夏礼乐传播论的人性论。第十三章"尊礼择色"（"色彩……是社会文化的符号与媒介"，169页）、第十四章"序和合同"（"善用传播符号以成夫妇之'和'"，189页）、第十五章"婚礼符码"、第十六章"象征隐喻：礼乐传播的婚礼仪式符号释义"以及之前的第十章"亲亲尊尊：周代丧服制度的符号建构与传播"这六章属于华夏礼乐传播论的符号论。第十七章"炎黄子孙"、第十八章"君子如玉"、第十九章"引诗论政"，则属于礼乐仪式与典籍专论。第二十章"名教自然"、第二十一章"黔中屯堡"，属于承传论。至此，我们从功能、时空、效果、制作、符号、典籍、承传等方面解读了这部书稿的结构逻辑，可能并不符合著者的初衷，但至少能让读者了解到这部书稿关于华夏礼乐传播论的大致内容，能为后继者进一步探索"原创的本土传播理论"提供一种借鉴的可能。

黄星民曾"从传播过程的角度着重讨论了礼乐传播这一中国历史上极有特色的重要传播活动"[1]。谢清果进一步通过对"文明"的解释，从传播学层面为"礼乐传播"这个概念提供了学理依据。所谓"'文明'自身就是个传播观念，因为文明本质上是探讨人如何与自然、社会以及自身身心、国家与国家之间如何和谐共处的问题，文明就是人意识到人应当以人的方式来对待这个世界的一切，因此'文明'正是'人的方式'的标识和结晶"。这么说，一切文明均是如此，何况作为"华夏文明传播本质上就是华夏礼乐传播，因为礼乐传播是华夏文明传播最鲜明的特色"（33页）。同时，"礼乐传播"作为一个整体的传播活动而存在，"礼乐（制度、形式、样态、文化等）"既是传播对象，也是传播媒介，甚至可以说"礼乐"

---

① 黄星民：《礼乐传播初探》，《新闻与传播研究》2000年第1期。

本身就是由人参与的一个传播过程。不过，相对而言，出于彰显"礼乐传播"传播学特点的需要，黄星民等更青睐将"礼乐"视为媒介之一种，至这部《华夏礼乐传播论》，"媒介学"仍是最突出的观察视角。如第一章"以乐观礼"，"将'乐'视为一种礼制秩序（关系）形塑的'媒介'和礼文化生成的实在力量，以此重新审视古乐内涵（诗、歌、舞一体）与媒介属性（通天媒介性、沉浸式复合媒介性、信息阐释媒介性、社会整合媒介性、政治符号媒介性）的嬗变机制"，"我们只是希望，从'媒介学'的视角，探讨'乐'作为一种媒介下何以可能，又是如何承载礼之内涵"（31 页）。于是，在媒介学视角下，拓展为"符号学""仪式观"下的阐释路径。如云"礼和乐""作为华夏礼乐传播的符号"，"实际上可以将礼看成一套表征符号""乐也是一套能够配合礼，传达思想内涵，沟通传者与受者的符号系统"（35 页）。简言之，不仅"礼乐文化是一套符号系统"（203 页），而且"礼乐传播本身也是一种符号化的过程"（202 页）。至于仪式观，"礼乐传播作为一种仪式传播，也是一个具有时间偏向的、模式化的、利用象征行为交换意义的过程"（49 页）、"礼乐传播是通过'礼'和'乐'仪式与礼仪来传达儒家乃至中华文化中核心精神，本质上是一种仪式传播形态"（113 页），等等。再进一步，由"运作形式"到"文明传播范式"论，认为礼和乐协同这个"华夏礼乐传播的一种运作形式"（35 页）就是"华夏文明传播的一种范式"（32 页）。无论是媒介学，还是符号学、仪式观、范式论等，均为观照华夏礼乐传播提供了新的视角。如"礼乐传播中使用的海量符号，使得儒家思想和道德观念迅速普及化和大众化"（202 页），就是从符号学角度进一步思考了黄星民"礼乐传播已经是更成熟的大众传播"[1] 的判断。当然，比较而言，中国传统的"教化"概念，则更倾向于将"礼乐"视为传播的内容，而不仅仅是"媒介"或"形式"。这种将"礼乐"由内容到形式的认识，早在孔子那里就有了担忧，所谓子曰"礼云礼云，玉帛云乎哉？乐云乐云，钟鼓云乎哉"[2] 就是。这就是说，既从内容也从形式——即信息即媒介角度阐释"礼乐传播"，或许更能凸显由人参与的礼乐传播的主体性，从而全面把握住"礼乐传播"的内涵，探寻其演变的过程，挖掘华夏传播话语的历史规律。

不仅是以"华夏礼乐传播"为题的研究，包括一般意义上的礼乐与文化传播话题，关于礼乐传播的文化属性，大多都将此限定在儒家范畴之内。应该说，这部书稿对此有过反思，如认为黄星民为"礼乐传播"所下的定义，"在一定程度上限制了礼乐传播的范围，仅仅将其设定为以儒家为主体进行的传播活动"，然而实

---

① 黄星民：《从礼乐传播看非语言大众传播形式的演化》，《新闻与传播研究》2000 年第 9 期。
② 杨伯峻：《论语译注·阳货》，北京：中华书局，1980 年，第 185 页。

际上，"'礼乐文明'是华夏文明的别称，这意味着中国古代的许多传播活动都可视作'礼乐传播'的有机组成部分。因此，'礼乐传播'的定义可以扩展为华夏民族通过礼乐这一传播形式向全社会乃至全世界传播中华文化中的思想观念的传播活动"（115页）。我们在之前的学术史梳理中，也曾表达过类似的意思。从议题选择来说，华夏礼乐传播研究不仅要超越地域、民族等空间范围，也要由先秦走向数千年礼乐传播演变的时间之旅，更要立足于华夏礼乐传播实践活动。即便是儒家范围内的礼乐传播论，通过考察像道家、法家乃至其他学派对其态度，对深度解读华夏礼乐传播的观念等，也有着积极的意义。因此，我们不能将"礼乐传播"仅视为儒家文化的产物，或只是正面研究这个话题，而由此形成一种思维定式，必然会限制华夏礼乐传播论的研究内容、方法运用乃至观点的提炼等。当然，毕竟是首部华夏礼乐传播论著述，将重点仍放在儒家文化范畴之内有其必要性，也是可以理解的。作者们由此重点观照了"华夏礼乐传播"的特征、作为媒介的礼乐所传播的内容以及礼乐传播的功能等内容。这除了从21章所拈出的四字句标题中已经体察到作者们的学术匠心，还有对华夏礼乐传播特色、特征概括等一系列判断，也是新意不断，这些均是致力于"华夏礼乐传播"的内涵式建设上所反映出的精度、力度与厚度。

（三）"礼乐文化"传播论的华夏话语

从传播学角度诠释礼乐文化，抑或挖掘礼乐文化的传播学意涵，处理不当，必然造成"隔阂"，带给对礼乐文化熟悉的国人一种"陌生感"。可见，中国本土传播学的研究绝非基于传播学视野对华夏传播观念及实践做出新释那么简单，这除了话题的选择、理论体系及观点揭示的民族化与原创性，接下来非常关键的就是问题提出的方式、阐释的思路及其依据等"话语"方式民族化的问题。对此，谢清果教授认识极其深入，他在谈到华夏文明传播时说，"华夏文明传播是以中华文化精神为核心内容，以中国传统传播媒介或符号为载体，以吸纳社会各阶层、其他民族或地区为多元一体的文明共同体为目标，在交融、合作、传承中，以期达到教化、融通，从而构建起一个共存共生的和谐社会关系的信息传播过程"（34页），从精神、媒介、目标、过程等角度立体性地表达了对华夏文明传播研究的想法与建议。虽说这书稿中部分内容存在一定程度上"西体中用"的现象，导致华夏礼乐文献成了证明这些现代西方传播概念术语、理论体系的证据，但整体而言，本着制礼作乐"奠定了中国文化大传统的根本"（25页）这个原则性立场，追求华夏传播话语特色，是这部书稿的一大特色和意义的重要体现。

就当前中国本土传播学研究而言，难以摆脱西方传播学"观念先行"思想意识的研究者不在少数，因此，立足于华夏礼乐传播实践，恰当地提出具有原创性、学理性的问题是十分关键的。以第一章为例，"从'乐'的媒介性出发'以乐观礼'，检视中国古乐在'礼'文化滥觞期所处的地位和媒介功能，从而为阐明'礼乐协作'成为中国传统社会治理系统而完善的政治符号媒介，提供一种媒介学视角的思考向度"（14 页）。这种研究路径正是追求华夏礼乐传播本色性的精致思路的反映。那么，"乐"的媒介性依据何在？谢清果继而从文字学角度考察"礼"字，针对种种争议，在一番考证之后，依据方建军"礼就是以礼器（玉）与乐器（鼓）相互配合以事神致福，这可能就是礼的原初涵义"①的话，认为"这种说法是有一定'媒介学'依据的"，读来合情合理，其根据正是植根于"以中国传统传播媒介或符号为载体"这个要求。于是，随后提出并阐释诸如"'乐'是否可能发挥某种传播'中介''媒介'的效力？如果有，它的'媒介性'如何得到关联、凸显"（15 页）等话题，就是题中应有之义了。当然，毕竟是从传播学角度解读华夏礼乐文化，如何做到吸收西方传播学话语而又不显得突兀，则又关涉到构词方式及观点表述方式等技术性问题（实则也是观念认识）。从"以乐通神：乐作人神（祖）之间信息传递的通天媒介""百兽率舞：乐作引渡神性的沉浸式复合媒介""省风宣气：乐作解密'天启'信息的阐释媒介""制礼作乐：从'通天媒介'到'社会整合媒介'再到'政治符号媒介'的跨越"等揭示观点的标题来看，很明显，核心话题源自中国本土，阐释思路中西结合，而观点的揭示以中国为主，且力图做到了古今转换。

"礼乐文化"传播论华夏话语的彰显，还必须建立深刻揭示华夏礼乐传播的特征，掘发华夏礼乐传播的意义，尤其表现在对其价值的评价上。这部书稿无论是"礼乐传播是华夏文明传播的本质特征""礼乐协同是华夏文明传播的一种范式"（32 页）等整体判断，多个话题涉及以"情感取向"为主要特色传播方式，以及"强调人的主体性，并以建构、维系和升华人和社会其他主体关系为目标的整体传播活动"（33—34 页）、"以礼乐为媒介的仪式相较于西方的宗教等仪式，具有突出的伦理特征，并且注重成员间的情感互动"（96 页）、"和谐共通：礼乐传播的创设目标"（71）等系列主张，均是植根于华夏文化，在与西方文化对照中对华夏文明传播特征的表述。由此，亦可对礼乐传播作为一种大众传播的形式的判断有了进一步思考，认为"西方大众传播体制理论水土不服，宗法制下的礼乐传播自有其本土和时代的特色"（183 页）等。诸如此类，这对读者深入认识华夏礼乐传播乃至华夏文明传播的内涵意义极大。除了中西对照，这部书稿既重视阐释礼乐传

---

① 方建军：《音乐考古与音乐史》，北京：人民音乐出版社，2011 年，第 199 页。

播对中国古代社会的构建价值，也重视在古今关系中思考华夏礼乐传播研究的现代意义。如在思考礼乐传播的时间意义时，便认为"传播者通过对时间的神化来教导人们对时间、对自然要怀有敬畏之心"，而"这种敬畏体现在对生态伦理的认知与对自然环境的保护上，有利于维护自然与社会的秩序和谐，更有利于统治者对社会大众的管理"（56 页）；又如，礼乐传播中空间意义生产上已具有凝聚民族情感、强化文化认同以及延续礼乐文化的当代价值；谈及"天下一家"时，认为"礼乐传播"具有对社会治理的建议、内向传播关怀以及国际治理思考等现代意义，等等。全书一以贯之的理念，还在于将华夏礼乐传播价值论的核心落在"人"上，这一点可谓抓住了华夏礼乐传播乃是华夏文化的本质性。从某种意义上说，"礼""乐""不仅仅是一个客体，不是对象化的事物，而是人类参与的活动过程"，因此，与"人"一样，是个"活体"①。这部书稿亦持此论，其最基本的观点就是作为华夏文明传播的范式之一的"礼乐协同"运作形式，凸显对"人的主体性的重视，并以情感为传播媒介强化人的道德意识和引导人的行为，体现以人为本，彰显人的价值"（46 页）。可以说，"传播和践行礼乐协同所传递的这些核心思想的关键在于人"（32 页），主体性—情感—道德意识—人的价值这个思考模式，贯穿于大部分话题的讨论中，限于篇幅，不再例举。

五

接到清果教授要求我学习《华夏礼仪传播论》的任务后，压力一直很大，我到底能写出什么呢？虽说一直潜行于传统文化这片丛林之中，然华夏文明传播这个领域对于我来说，仍是个陌生的对象。后来转念一想，刚好乘着这个机会，为下一步在此领域思考做一做一些学术史梳理工作，于是便有了这样一个学习札记类的读后感。写完之后，我清醒地认识到，限于自己的学术视野、文献积累，无论是从华夏礼乐传播角度所做的中国本土传播学研究报告，还是就这部书稿所谈的学习收获，实乃门外之谈，疏漏、错误之处肯定不在少数，为识者嗤笑。

不过，对于个人来说，在爬梳文献的过程中，越来越感觉中国本土传播学研究的重要性。"当前，我国处于近代以来最好的发展时期，世界处于百年未有之大变局，两者同步交织、相互激荡"②。这个"最好"除了指当代中国"站起来""富起来""强起来"的发展现实，还有就是当代中国重新唤起的文化自信以及所倡导的文明交流互鉴观念。在此背景下，人们越来越清醒地认识"新文科"建设的必要性，从"提升综合国力需要新文科""坚定文化自信需要新文科""培养时代新

---

① 田丰：《身体思维与礼乐文明的现代转化》，苏州大学，2012 年博士学位论文，中文摘要。
② 习近平：《习近平谈治国理政》第三卷，北京：外文出版社，2020 年，第 428 页。

人需要新文科""建设高等教育强国需要新文科""文科教育融合发展需要新文科"等多个方面，达成了"新时代新使命要求文科教育必须加快创新发展"的共识，"推动形成哲学社会科学中国学派，创造光耀时代、光耀世界的中华文化"[①]已经内化为当代中国学人的学术使命。

不过，在此阶段，实现这个目标的动力，着实不是几句口号就能唤起的。于是，我联想到了郑永年的两句话，转引于此，是为结语。一是"中国要确立能够解释自己的国际行为的话语，就首先必须脱离西方的话语体系。用西方的话语来解释自己只是对西方的一种'迁就'，而非和西方的平等对话。国际话语并不是自说自话、闭门造车能够产生的，而是必须通过和西方、发展中国家的平等对话才能产生。如果不能产生一整套能够解释自己的概念和理论，就很难争取到和西方的平等对话权"。二是"要让西方了解中国，首要的任务是中国人自己要了解自己。如何了解？这就要建立中国自己的知识体系。这里对所谓的'本土化'要有一个正确的认识……提倡'本土化'的学者看到了不能用西方的概念和理论来解释中国，这一点不错。但是，问题是中国本来就没有类似西方的科学传统。本土化如果意味着简单地抵抗西方，那也很难建立自己的社会科学"[②]。

杨柏岭

2021 年 3 月 1 日

---

① 《新文科建设宣言》，中华人民共和国教育部网站，http://www.moe.gov.cn/jyb_xwfb/gzdt_gzdt/s5987/202011/t20201103_498067.html.

② 郑永年：《郑永年论中国：中国的知识重建》，北京：东方出版社，2018 年，第 98、180—181 页。

序　二

　　"华夏"一词意蕴深厚，不仅表示古代的地理概念，更是代表了中国源远流长的文化。《尚书》记载："华夏蛮貊，罔不率俾。"作为地域概念，华夏一带正是上古尧舜禹和商周秦各代相继据有的核心重地，被视为中土（中国），与"四方""四夷"相对。古人亦有云："中国有礼仪之大，故称夏；有服章之美，谓之华。"（《春秋左传正义》）以礼乐教化、衣冠服饰的文化特征来进行身份定位。"华夏"逐渐演变为具有民族特征的称呼，指代文化意义上的民族共同体。而且，随着中国一词外延的扩大，华夏的含义也逐渐变化，还可以进一步地指称中国各民族。

　　华夏民族被赞誉为"礼仪之邦"，"礼乐文化"是中国传统文化的核心，也是华夏文明的重要标志。《礼记·乐记》曰："乐者，天地之和也；礼者，天地之序也。"礼是天之经，地之义，是天地间最重要的秩序和仪则；乐是天地间的美妙声音，是道德的彰显，礼序乾坤，乐和天地。礼乐蕴含了中国传统文化的精髓，是中国区别于其他民族的独特标识。中国礼乐文化的内涵包罗万象，展现出博大精深的思想体系。其中就包括"为国以礼"（《论语·先进》）、"制度在礼，文为在礼"（《礼记·仲尼燕居》）的以礼治国之道。也包含了"和而不同"（《论语·子路》）、"宣德化而柔远人"（《礼记·中庸》）、"以和邦国"（《周礼》）、"万国咸宁"（周易）的礼尚往来之道。

　　《华夏礼乐传播论》从传播学视角切入，围绕"华夏""礼乐"探讨中国传统文化体系中的传播智慧，具有积极的学术价值。此书共有二十一章，研究中国传统礼乐文化的传播制度、传播观念、载体与符号、传播范式与功能、元典的传播学解读。深度挖掘礼乐文化的精神实质和思想内涵，阐释礼乐传播活动和传播思想，以及礼乐传播在当代的创造性转换。作者在全书中阐述的重要观点如下：

一、礼乐文化的传播制度。

　　礼文化的传播与国家制度的确立相互依赖，礼文化为封建统治和社会治理提供根本原则和基础观念，国家制度为礼文化价值内核和行为模式提供合法化路径。随着历史的更迭演变，礼的制度也在每朝每代不断变化。内容最完备、影响力最大的莫过于"五礼制度"。《周礼·春官·大宗伯》记载："以吉礼祀邦国之鬼神祇；以凶礼哀邦国之忧；以宾礼亲邦国；以军礼同邦国；以嘉礼亲万民。"《开元礼》是中国礼仪制度发展史上的一座里程碑，书中记载在吉礼其仪五十五项，凶礼其仪十八项，宾礼其仪六项，军礼其仪二十三项，嘉礼其仪五十项。许多古礼条陈冗杂、仪式烦琐，已逐渐消失在人们的生活中。但是，有些礼仪伴随着人们的生活保留至今，影响着人们的习俗、情感、行为和交往。

《华夏礼乐传播论》第十章《亲亲尊尊：礼乐传播的周代丧服制度符号建构》从凶礼制度入手，分析了丧礼、丧服的制度规定、仪式建构和符号表征。第十四章《序和合同：礼乐传播的宗法婚嫁制度》从嘉礼制度入手，分析了婚礼仪程、实质和目的，探讨宗法制度下礼乐文化在古代婚姻中的作用。第十七章《炎黄子孙：礼乐传播的黄帝祭祀组织演绎》从吉礼制度入手，分析了黄帝祭祀仪式的组织演绎、文化传承和政治价值。这三章内容选择与现代生活密切相关的丧礼、婚礼、祭祀之礼进行研究，为中国当代"礼乐文明"的复兴，寻找理论依据。

二、礼乐文化的传播观念

几千年来，礼文化的发展几经曲折，其理论诠释、思想流传、社会接受都经历了全方位、多层次的变革和重构。推动礼乐文化传播、传承的力量，是其背后的核心观念和价值体系。以儒家礼乐文化为核心，辅以道家等先秦思想而形成的中国传统文化观念，确保了中华文明在绵延五千年的悠久岁月中取得独步世界的辉煌成就，其尊崇爱护自然、力行道德教化、追求品格提升、万物和谐有序的文明模式，在世界其他文明盛衰不定的历史长河中，保障了中华民族的长期统一、稳定、繁荣。《华夏礼乐传播论》有五章内容分别四个维度梳理了礼乐文化的传播观念，观点新颖、见解独到，在中国礼乐文化传播的研究中另辟蹊径。

此书第十一章《以身观礼：礼乐传播的儒家身体观》在儒家文化中提炼出"身体传播思想"。《说文解字》释"礼"："礼，履也，所以事神致福也。"履就是践行的意义，而礼的本质也是实践，是道德实践和行为体系。修身立德、事必躬亲，以身体为载体表情达意、互通有无，是礼乐文化传播的实践观念和实用观念。第十二章《男女有别：礼乐传播的社会性别观》聚焦于古代男女的尊卑关系、空间位置、分工职责、社会期待，反思传统性别观念对女性的束缚和禁锢。通过李清照的诗词映射礼乐传播的性别观对古代女性的影响。第十三章《明礼择色：礼乐传播的儒家色彩观念》从色彩入手关联礼乐文化的象征内涵，不仅仅是从审美意象和视觉效果去看待色彩，而是从文化心理和修辞隐喻的角度解读色彩的独特之处。本书第三章《与时偕行：礼乐传播的时间意义与现代思考》从"四时"结构的时间意义，延展到礼乐文化时间偏向对现代生活的影响。第四章《礼通天地：礼乐传播的空间关系生产与运作》以《礼记》为研究对象，分析空间在礼乐活动中的重要作用。这两章内容建构了礼乐文化传播的时空观念，不仅顺应四季节气、伴随时间推移而发展，而且具有空间设定和方位意识。

三、礼乐文化的传播载体与符号

人类传播的历史离不开媒介，人类文明的进程同样离不开媒介。媒介的进步，一方面改变了信息传播的路径、人与人沟通的方式，另一方面带动了社会的变革、促进了文化的发展。礼文化的传播有独具特色的媒介体系。从人类传播发展的阶段来看，也伴随着礼文化传播的"媒介域"。史前传播时代，已有玉器、图腾等作为神人沟通的媒介。口语传播时代，歌、舞、乐相伴而来成了礼的媒介和载体。文字的产生、印刷术的兴起，礼经、礼典等文本流传于世。其他如饮食媒介、器物媒介、服饰媒介、建筑媒介，这些看似不是媒介的媒介，承载在礼乐文化的内涵、思想、意义，传递着制度文化、精神文化和物质文化。

本书第一章《以乐观礼：礼乐传播中"乐"的媒介功能》，论述了中国古乐的媒介功能。中国之乐是一个复合的概念，集诗歌、乐舞、音律为一体，作为神人沟通、社会整合、政治符号的媒介，具有沟通、阐释、教化的传播功能。第十五章《婚礼符码：礼乐传播的社会整合逻辑》，第十六章《象征隐喻：礼乐传播的婚礼仪式符号释义》，分析了婚礼过程中"三书六礼""纳采用雁""共牢合卺"等婚礼礼俗符号的象征隐喻，解析了婚礼仪式中的规则、操演、时空要素。《礼记·昏义》有云："婚礼者，将合两姓之好"，男女双方通过举行婚礼仪式，结为夫妻，就表示荣辱与共、休戚相关，婚礼能够强化角色伦理、推进社会整合。第二十一章《黔中屯堡：礼乐传播的社会符号表征》综合地考量贵州屯堡地区礼乐传播的符号体系。在礼乐文化的影响下，屯堡社会的地戏、祭祀、生活礼俗、古诗文等都有丰富的符号形式及其表征含义。

四、在华夏经典中释义礼乐传播

学者们曾一言以论之"六经皆礼"。在中国文化中，经典指具有极大权威和崇高地位的文献，它的确立不是先验的，而是在共同体的文化生活实践中历史实现和确立起来的，其中蕴含着非常丰富的礼文化传播思想。"三礼"（《周礼》《仪礼》《礼记》）中的传播思想，以及《尚书》《周易》《左传》《诗经》中的礼文化传播思想影响深远。经典中的礼逐渐传向了韩国、日本、越南，礼文化渗透在东亚及东南亚国家的饮食习惯、节庆风俗、言行举止、日常服饰、国民精神等方面。

此书第八章《物畜有礼：礼乐传播的周易探源》探微《周礼》与《周易》的关联。第十八章《君子如玉：礼乐传播的〈诗经〉玉器传播功能》和第十九章《引诗论政：礼乐传播的〈诗经〉舆论传播功能》都从《诗经》入手，发掘典籍中关于礼的阐述。在媒介学的视阈下，玉器承担了多重的媒介功能——祭祀之玉、献赐之玉、比德于玉。玉器传播与中国文明起源、崇玉情结与传承中华文明核心价值理念，以及作为"玉魄国魂"的玉器在表征、建构民族精神中所发挥的重要作用。从舆论学的视角来看，《诗经》成为先秦社会的舆论工具，体现了礼乐传播的舆论功能，具有公开性、公共性、广泛性的特征。通过舆论渠道，广行教化、建立规范、凝聚人心、鼓舞民众。

五、礼乐传播的文明范式与功能

在以往的学科发展中，中国传播学的研究沿袭西方的路径，按照实证主义、批判主义的思路和逻辑，缺乏自身的特色。本书第二章《礼乐协同：礼乐传播的文明范式及其功能展演》立足于中国礼乐文化的底蕴，探讨华夏文明传播的范式，为传播学研究提供了新的思路和视角。笔者认为，礼乐文化的传播是一种文化范式的表达、交往和传承，包含着媒介体系、表意体系和象征体系。礼文化的传播是一种现实得以生产、维系、修正、转变和共享的符号过程。在这个过程中，包含着主体实践、人际互动、代际传承、文化冲突和互鉴等传播活动。

礼乐文化具有积极的传播功能，具有很强的道德渗透力和巨大的心理影响力，它们的褒贬功能、评价功能，对中国人思想观念的形成以及塑造中华民族的文化性格起到了巨大的作用。

本书第五章到第八章，以及第二十章，分别从文明、教化、道德、情感、自然不同方面论述了礼乐文化传播的功能，审视礼乐文化的价值意义。综合来看，礼乐文化可以搭建融通中外、文明互鉴的桥梁，使"天下为一家"，建构人类整体传播学。对于个体而言，礼乐文化的传播是对个人德行的浸润，从个体自身的道德修养做起，逐步实现修身、齐家、治国、平天下的目标。对于社会而言，礼乐传播的道德秩序不仅与社会主义精神文明高度契合，对个体道德、家庭、职业、社会道德有重要的指示作用，还凭借其包容性屹立于世界文明之中，在人类命运共同体中构建起新的道德秩序。对于民族而言，通过情感的渲染与共享，以促进人际间情感的互动，从而构建群体认同，涵养家国情怀。

此书作为"华夏传播研究"的又一力作，不仅深入研究了华夏礼乐传播的积淀和智慧，也在积极探寻中国传统"礼"文化中具有可融入现代社会的元素。借鉴"礼"的内涵和特征，可用于当今的社会管理、安定社会秩序，提倡人与人之间相互尊敬礼让，防微杜渐、教化民风，维护国家团结，增强文化认同。综合来说，礼乐文化的传播值得深入、系统、全面的研究。此书运用中国所特有的经学、理学、训诂、考据的理论和方法，发展华夏传播学的研究范式。能够贯通古今、融通中外，为传播学的研究提供了不一样的视野和路径。《华夏礼乐传播论》一书的出版，会对传播学本土化的发展做出贡献。华夏传播研究的未来也一定是充满希望和光明的。

张兵娟

（郑州大学新闻与传播学院教授　华夏传播研究会副会长）

2021 年 3 月 20 日

目　录

绪论　中国礼乐教化传播智慧及当代价值

礼教是关于"礼"的意义传递、思想交流、情感互动的行为规范。礼的教化不仅包含教育观念、政治观念、文化观念，也体现出"传播的仪式观"。礼教传播是一种价值体系和行为规则的建构和实践。教化传播始终强调以"仁""礼"为本，通过人生之礼、祭祀之礼、生活之礼等传播仪式和形式，意图从个体的自身修养做起，最终达至个体德性与社会道德共同发展的目标。对于礼教思想，我们要去其糟粕，取其精华，解读、阐释礼文化中优秀的德育内涵，结合时代要求，进行创造性转化和创新性发展，为构建现代道德教育理论体系提供丰富的思想源泉。

中国古代的教化包含丰富的内容，《国语·楚语》中记载"教之《春秋》，而为之耸善而抑恶焉，以戒劝其心；教之《世》，而为之昭明德而废幽昏焉，以休惧其动；教之《诗》，而为之导广显德，以耀明其志；教之《礼》，使知上下之则；教之《乐》，以疏其秽而镇其浮；教之《令》，使访物官；教之《语》，使明其德，而知先王之务用明德于民也；教之《故志》，使知废兴者而戒惧焉；教之《训典》，使知族类，行比义焉。"教化传播思想在中国渊远流长，"教之礼"作为教化的一个方面，在伦理关系和道德实践中，培养人的性情、规范人的行为等方面具有重要的作用。

长期以来，人们对礼教存有刻板印象，理解和使用"礼教"一词存在着偏差。礼教思想在五四运动中受到了强烈的抨击。礼教被认为是束缚人思想和行为的枷锁，被冠以"封建礼教"的称呼。但是，一味的批判缺乏对历史理性的、辩证的审视和反思，忽略了礼教的合理性。古代的礼教，其实是指"以礼为教"，是关于礼的教化。礼的教化不仅包含教育观念、政治观念、文化观念，更是关于"礼"的意义传递、思想交流、情感互动，是价值体系和行为规则的建构和实践，这种"实质性传统"在当代仍然有着重要的价值及意义。

一、中国的礼与礼教

可以说，中国的"礼"，"乃是一个独特的概念。其他民族之'礼'，一般不出礼俗、礼仪、礼貌的范围。而中国之'礼'，则与政治、法律、宗教、思想、哲学、习俗、文学、艺术，乃至于经济、军事，无不结为一个整体，为中国物质文化和精神文化之总名"。① 因此，"礼"具有政治层面的含义。"为政先礼，礼其政之本也。"（《礼记·哀公问第二十七》）其核心观点就是"礼治"。"所谓'礼治'，简单地说就是通过'礼制''礼仪''礼器'等内容和手段，来维护和协调人伦、等级关系、从而达到社会的稳定和统治的牢固。"② 其次，"礼"具有伦理层面的含义。"在儒家看来，道德是在人与人交往的具体行为中实现的，这些行为的共同模式则为礼。礼是相互尊重的表达，也是人际关系的人性化形式。"③ "礼"决定着各种道德体系的原则和规范，也决定着各种道德活动的评判标准和取向。

关于"教化"，在中国古代的语境中包括智育和德育两个方面。"教化"的含义比"教育"都要广泛。教育重在知识的获得，而教化两者兼而有之并且更重视道德教育。"'教'需明示，'化'需熏陶；'教'是外部灌输，'化'为潜移默化。换言之，'教'主要通过道德教育来完成，'化'主要通过营造道德环境，辅以正确的道德评价为手段来实现。"④ "礼"与"教"本身就是密不可分、相互渗透的。"礼"本身就意味着教化，它是"依靠国家的权力机器、借助国家推行的教化，以及社会的制裁力和个人的道德修养共同来维持政治、社会秩序的一种治理架构，一个文明的制度体系"⑤。反观之，教化的手段也包括礼的仪式，"教化是运用各种政治的、经济的、道德的、礼仪的、教育的、宗教的以及各种社会组织手段，来影响人们的道德意识、思想行为的形成，从而建立起稳固的统治秩序。由于它具有刑罚所不可替代的巨大功效，故成为中国古代特别是封建社会政治统治的支柱"⑥。

二、中国礼的教化传播形式与内容

中国古代礼教有丰富的内涵和至高的价值追求，这些内在的信息需要一定的媒介来承载，同时也需要通过外显的形式来传播。也就是说，"教化与道德纲常之间是传播与信息的关系，而信息需要通过外显的形式来传播，这个'外显的形式

---

① 邹昌林：《中国礼文化》，北京：社会科学文献出版社，2000 年，第 14 页。
② 杨志刚：《中国礼仪制度研究》，上海：华东师范大学出版社，2001 年，第 2 页。
③ 陈来：《中华文明的核心价值》，北京：生活·读书·新知三联书店，2015 年，第 44 页。
④ 王保国：《教化的政治与政治的教化：传统中原政治文化传播模式探析》，《学术论坛》2008 第 1 期。
⑤ 彭林：《中国经学：第十八集》，桂林：广西师范大学出版社，2016 年，第 11 页。
⑥ 张惠芬：《中国古代教化史》，太原：山西教育出版社，2009. 年，第 3 页。

与媒介’之一就是所谓‘礼乐’”①。"我们所谓的‘礼乐传播’，指的是中国儒家自觉地利用礼乐这一传播形式向全社会广泛地传播自己的思想观念的传播活动。礼乐传播中的‘礼’，主要指的是在各种场合下举行的各种礼仪；礼乐传播中的‘乐’，不仅只是音乐，还包括诗歌、舞蹈等艺术形式。礼的举行离不开乐，乐是礼的重要组成部分，所以合称‘礼乐’"②。

（一）人生之礼的教化传播

"夫礼始于冠，本于昏，重于丧、祭，尊于朝、聘，和于射、乡：此礼之大体也。"（《礼记·昏义》）对于个人而言，冠礼、婚礼、丧礼是人生阶段的重大转折，通过仪式中的具体环节，强化责任感，促进身份角色的转化，引导心理层面的改变。人生之礼的教化传播媒介和内容，贯穿在《家礼》之中。"《家礼》从规定家长、父母、子弟、主妇、舅姑、仆妾等家族成员的日常行为规范，到一个人成人、结婚、死亡等重要时刻的礼仪，再到尊祖敬宗、报本反始的祭祀礼仪，囊括了一个人一生要实行的各种礼仪规范。"③

古代的男子到了年岁就要行冠礼，女子行笄礼。《仪礼·士冠礼》详细描述了冠礼的仪式，总结来看主要有"筮日""筮宾""加冠""取字""行拜礼""行醮礼"的流程，其中"三加冠"为仪式的核心。每一次加冠都有不同的祝祷内容，传达不同的教化内容。"始加，祝曰：‘令月吉日，始加元服。弃尔幼志，顺耳成德’。再加曰：‘吉月令辰，乃申尔服。敬尔威仪，淑慎尔德’。三加曰：‘以岁之正，以月之令，咸加尔服。兄弟具在，以成厥德。’"《礼记·冠义》论述了冠礼的重要意义，强调了男子成年之后，对于国家、宗族的责任。"成人之者，将责成人礼焉也。责成人礼焉者，将责为人子、为人弟、为人臣、为人少者之礼行焉。将责四者之行于人，其礼可不重与！"（《礼记·冠义》）。冠礼教化行礼之人摒弃童心，保持成人的威仪，以成人之德要求自己、约束自己。

"昏礼者，将合二姓之好，上以事宗庙，而下以继后世也，故君子重之。"由《仪礼·士昏礼》可知，仪式包括纳彩、问名、纳吉、纳征、请期、亲迎。婚礼是礼的根本，以此仪式建立夫妇道义、父子亲情、君臣关系。"敬慎、重正，而后亲之，礼之大体而所以成男女之别，而立夫妇之义也。男女有别，而后夫妇有义；夫妇有义，而后父子有亲；父子有亲，而后君臣有正。故曰‘昏礼者礼之本也’。"（《礼记·昏义》）男女双方经历婚礼、结为夫妻，就表示荣辱与共，休戚相关。男

———

① 陈谦：《中国古代政治传播思想研》，北京：社会科学出版社，2009 年，第 192 页。
② 黄星民：《礼乐传播初探》，《新闻与传播研究》2000 年第 1 期。
③ 周元侠：《朱子＜家礼＞的特质——基于社会教化的视角》，《中国哲学史》2019 年第 1 期。

子重在承担家国责任，肩负保家卫国、建功立业的使命。女子重在相夫教子、侍奉双亲、修德治家。如此一来，男女有别各司其职，家庭和睦，国家安定。

丧礼是中国礼文化中最为重要的礼仪，《礼记》《周礼》《仪礼》中都有相当多的篇幅记载丧礼的具体仪程。孝子在奔丧、发丧、守丧的阶段，以"事死如事生"的缅怀之心，向已故亲人表达"报本反始"的孝道。丧礼的制定一方面是以礼表达情感。《礼记·奔丧》中说："闻丧不得奔丧，哭尽哀，问故，又哭，尽哀。"另外一方面也以礼劝解人不宜过度悲伤，《礼记·檀弓下》中有言："丧礼，哀戚之至也。节哀，顺变也，君子念始之者也。"

（二）祭祀之礼的教化传播

《礼记·祭统》云："凡治人之道，莫急于礼；礼有五经，莫重于祭。"祭祀之礼是宗族和国家最为看重的仪式，以祭礼作为媒介进行传播，达到教化百姓"孝亲""尊君""崇圣"的目的。"夫祭之为物大矣。其兴物备矣。顺以备者也，其教之本欤！是故君子之教也，外则教之，以尊其君长；内则教之，以孝于其亲。是故明君在上，则诸臣服从；崇事宗庙社稷，则子孙顺孝。尽其道，端其义，而教生焉。"（《礼记·祭统》）这段话论述了祭祀与教化的关系。祭祀之礼是极为重要的，祭祀中所要进献的祭品也是非常完备的。按照礼仪准备物品举行祭祀，这是教化的根本。

无论是宗族祭祀、国家祭祀还是书院祭祀，都是一种群体性社会活动，需要群体成员在同一时空中参与。不同的祭礼时间有所不同，但整体来看，基本分为常规型祭祀和非常规型祭祀。"凡祭有四时：春祭曰礿，夏祭曰禘，秋祭曰尝，冬祭曰烝。"（《礼记·祭统》）这是讲古代一年四季都有国家祭祀。"凡学，春官释奠于其先师，秋冬亦如之。"（《礼记·文王世子》），这是讲释奠礼在秋天举行。常规性的祭祀在礼典中有所记载。但是如果遇到自然灾害、天象异常、天子亲征等特殊情况，也会通过占卜确定祭祀时间另行举办典礼。祭祀地点设于坛、庙、祠堂，空间选址、布置都具有象征意义，是一种"无声的媒介"。在这个特定的空间场域内，烘托庄严肃穆的祭祀环境和氛围。例如，在书院祭祀中，孔庙既是祭祀空间，又是传播媒介。"人类的思想活动依赖于媒介技术的记录、传递和储存，孔庙在中国古代所构成的'媒介域'，是'隐形的传承者'。从制度角度说，孔庙背后是中国祭孔礼制；从建筑角度说，孔庙是祭孔礼制的实体和传承儒家思想的场所；从仪式角度说，孔庙如同一个舞台，祭祀活动在其中举行，完成了对道统的传承。"[1]

---

① 张兵娟、王闯：《传播史上的孔庙祭祀礼制及其当代价值》，《现代传播》2018 年第 1 期。

其次，祭祀之礼有明确的对象：天地、先祖、君师。《荀子·礼论》有曰："礼有三本：天地者，性之本也；先祖者，类之本也；君师者，治之本也。无天地焉生？无先祖焉出？无君师焉治？三者偏亡，无安之人。故礼，上事天，下事地，宗事先祖，而宠君师，是礼之三本也。"以礼作为媒介，做到"事天、事地、事先祖、宠君臣"，传达对天地、先祖、君师的敬畏，从而教化民众知礼守礼。具体来看，孔子是书院祭祀对象，孔子既是万世师表，又是圣贤之人，不仅传道授业解惑，而且还为世人竖立了道德模范。一方面勉励学生见贤思齐，激发他们读书奋进的信念。另一方面，在庄严肃穆的仪式中整肃学风，表达"传道济民"的教育宗旨与"育德为先"的教育理念。

有了祭祀时空和对象，那么就要借助乐舞、祭服、祭品、祭文等具体的符号，共同表达对天地、祖先、君师的情感和祈愿，增强身份认同和情感认同。宗族和国家所倡导和组织的各种祭祀活动，也具有促进社会和谐、化解社会矛盾的教化作用。这也正是学者所指出的："祭祀礼仪能够使属于个人的宗教体验变成群体成员的共同体验，产生群体化的宗教情感，加强了信仰者与他信仰的神之间的联系，实际上同时也就加强了个人与他所从属的社会之间的联系，巩固和发展了群体的共同仪式。共同仪式的主要文化功能是集体效忠这种文化情感的再现与再确定，人们聚集在一起举行宗教仪式，是为了要显示进一步加强它们彼此认同与凝聚的意识。"①

（三）生活之礼的教化传播

生活之礼见于衣食住行的多个方面，可以说举手投足、言行举止之间都有礼的体现。生活之礼最贴近寻常百姓，最具有教化传播效果的媒介与形式。

"古者深衣，盖有制度。"（《礼记·深衣》）。服饰的礼仪一方面体现在服装，另一方面体现在装饰品。它们的颜色、材质、纹饰都与礼息息相关，成了"分亲疏、辨贵贱、明等威"的载体。服饰礼仪使得社会成员都能在不同场合中穿戴合适的衣裳，明确自己的身份，做到"合情饰貌"。正如周锡保所说："衣服形制确立后，人们都按照这种式样穿着去祀天地，祭鬼神，拜祖先。部族社会的人与人之间的活动得以较有秩序地进行，因而天下治。"②

"夫礼之初，始诸饮食。"（《礼记·礼运》）先民向神灵祖先祭献食物，表达敬意和祈愿，希望得到神灵保佑、祖先庇护。以食物作为祭品和人神沟通的媒介，

---

① 陈荣富：《宗教礼仪与文化》，北京：新华出版社，1992年，第31—32页。
② 周锡保：《中国古代服饰研史》，北京：中国戏剧出版社，1986年，第3页。

是原始祭祀中较为简单的仪式。饮食之礼在之后得到了丰富和细化，据史书记载，主要的饮食之礼有：祈谷，祭灶、乡饮酒礼、燕礼、觐礼。《礼记·月令》载："天子，乃以元旦，祈谷于上帝。"这是指祈求五谷丰登之礼。《礼记·礼器》载："夫奥者，老妇之祭也。成于盆，尊于瓶。"夫奥是指祭灶神，是老妇人举行的祭礼。《仪礼》有《觐礼》《燕礼》《乡饮酒礼》，《礼记》有《聘义》《燕义》《乡饮酒义》，文中涉及天子、诸侯、乡大夫主持的宴饮之礼。通过不同的礼仪形式，传达恭敬谦让、贵民重耕、节俭克己的思想。

此外，礼教的传播践行在古代君子的一言一行中，以容礼规范不同身份的人在不同场合的举止。"天子穆穆，诸侯皇皇，大夫济济，士跄跄，庶人僬僬。"就是描述容礼之貌。容礼包含六个方面："一曰祭祀之容，二曰宾客之容，三曰朝廷之容，四曰丧纪之容，五曰军旅之容，六曰车马之容。"（《周礼·地官》）具体来看，视听言辞之容、坐立行走之容、揖让拜跪之容等都有详细的规定。"君子之容舒迟，见所尊者齐遫，足容重，手容恭，目容端，口容止，声容静，头容直，气容肃，立容德，色容庄，坐如尸，燕居告温温。"（《礼记·玉藻》）通过容礼的教化，发挥行为有节、涵养德行的功能。培养古代君子的威仪，塑造"正身观"，使其言谈举止都能有威可畏，有仪可象。

三、礼的教化传播思想与价值追求

"礼教思想是中国传统社会关于个人伦理、家庭伦理、国家伦理、宇宙论里的一整套完备的道德教育理论体系，是中国传统社会特有的一种教育思想和教育模式。"[①]教化传播始终强调以"仁""礼"为本，孔子"释礼归仁"，提倡通过外显的"礼"，表达内心的"仁"。教化传播的价值追求，是从个体自身修养做起，最终达至个体德性与社会道德共同发展的目标。

（一）成圣、成贤、成人的传播思想与价值追求

《大学》《学记》是《礼记》中论述古代教化传播思想的重要篇章。《礼记·大学》有云"古之欲明明德于天下者，先治其国；欲治其国者，先齐其家；欲齐其家者，先修其身；欲修其身者，先正其心；欲正其心者，先诚其意；欲诚其意者，先致其知，致知在格物。物格而后知至，知至而后意诚，意诚而后心正，心正而后身修，身修而后家齐，家齐而后国治，国治而后天下平。"通过"格物""致知""诚意""正心""修身"的教化内容，提高个人的道德修养，以达到"内圣"

---

① 王晶，王凌皓：《"礼治秩序"建构视阈下的先秦儒家礼教思想价值》，《安徽师范大学学报（人文社会科学版）》2015年第8期。

的境界。在此基础上，实现"身修""家齐""国治""天下平"的价值追求，最终达成"外王"的境界。

《大学》所讲"格物、致知、诚意、正心、修身"是围绕"德"建立的修己治人的教化目标。一方面是内心的"德性"，另一方面是身体的"德行"。君子端正品行在于格除物欲、招致良知、意念真诚、内心端正、修养自身。以礼为媒介，传播以"仁"为核心的精神内涵，以"敬"为核心的行为准则，表达"成仁成圣"的个人伦理追求。

孔子用"刚毅木讷"作为"仁"的表现方面，以期君子的内心能够刚强、果敢、质朴、慎言。用"温良恭俭让"作为"礼"的态度，以期君子为人处事能够温和、真诚、恭敬、节俭、谦让。"刚毅木讷"与"温良恭俭让"互文，统一于君子品行之内。

从《论语》中的记载来看，"君子"一词出现的频率最高，君子人格是儒家德育所追求的具体的人格目标。以"三省吾身""克己复礼"的方法，塑造君子的内心和行为。还要时常慎思己过、自行内讼来审视自身的缺点。如此以往，当普通人达到一定道德评价标准，就会成为"君子""义夫""节妇""孝子"等，用这些称谓以示颂扬和推崇。

古人不仅将"君子形象"作为自我修养的目标，也将"君子之人"作为道德模范。"古之君子必有德，君子所为，百姓之所从。君所不为，百姓何从。"（《礼记·哀公问》）君子作为百姓的品行模范，以自身的德行去引导和感化百姓，塑造良好的社会道德风气。在社会各个阶层都达到"正身行，广教化，修礼乐，以美风俗，兼领而和一之，以合治安"（贾谊《新书》）的状态。

（二）仁爱、仁德、仁政的传播思想与价值追求

"爱"是"仁"的精神实质和价值核心。"樊迟问仁，子曰'爱人'。"《论语·颜渊》仁爱之心包括"亲亲而人民，人民而爱物"（《孟子·尽心》）。仁爱的基础和出发点是血缘亲情，由爱亲进而升华为爱众。正如孔子所说"弟子入则孝，出则悌，谨而言，泛爱众而亲仁"。仁爱之心由人及物，从父子、兄弟、夫妇、朋友、君臣之间的情感扩大到天地万物之爱。这就把仁爱的价值追求衍化为人性之道或人心本质，把以爱为中心的人生价值升华为人的当世之道，从而在逻辑上把人我、家庭、社会联为一个泛爱的整体。

基于仁爱之情的感通作用，建立起仁德的伦理体系。通过传播仁德的思想，追求民有民德、官有官德、君有君德的社会道德模式。对于百姓而言，"礼乐皆得，谓之有德，德者得也"（《礼记·乐记》）。只有把礼和乐的真谛都体悟到了，并且

践行了，才是有德之人。对于官员而言，"授有德，则国安"（《管子·牧民》）。为官者要"德义有闻，清慎明著，公平可称，恪勤匪懈"（《唐六典》）。只有依靠贤德的人，才能达到国家长治久安的目标。对于君王而言，有德之人就会有星辰环绕，"为政以德，譬如北辰，居其所而众星共之"（《论语·为政》）。"王如施仁政于民，省刑罚，薄税敛，深耕易耨；壮者以暇日修其孝悌忠信，入以事其父兄，出以事其长上，可使制梃以挞秦楚之坚甲利兵矣。"（《孟子·梁惠王上》）

官德和君德又是施行仁政的重要方面。君王、官员严于律己、勤政爱民，发自内心的实施仁政、践行德治，方能到达国泰民安。"古之为政，爱人为大；所以治爱人，礼为大；所以治礼，敬为大；敬之至矣。"（《礼记·哀公问》）法制与礼制，政教与乐教相结合才能体现仁政的道统，最终达到"礼、乐、刑、政，其极一也，所以同民心而出治道也"（《礼记·乐记》）的价值追求。

（三）仁义、正义、道义的传播思想与价值追求

"义"体现为人义，是人性与情义。"父慈、子孝、兄良、弟弟、夫义、妇听、长惠、幼顺、君仁、臣忠十者，谓之人义。"（《礼记·礼运》）人义强调的是个人与他人关系之间的责任和担当。《礼记·冠义》中强调："以正君臣，亲父子，和长幼。君臣正、父子亲、长幼和，而后礼义立。"《礼记·昏义》中强调："敬慎、重正，而后亲之，礼之大体而所以成男女之别，而立夫妇之义也。"《礼记·乡饮酒义》强调君子结交的情义："尊让，絜、敬也者，君子之所以相接也。君子尊让则不争，絜、敬则不慢，不慢、不争、则远于斗辨矣。"

义还体现为正义，是正直与义理。"政者，正也。君为正，则百姓从政矣。"（《礼记·哀公问》）"正"既强调自我品行端正，也强调人伦关系的端正，这两个方面都做好了，礼义的标准和规范自然也就确立了，城邦长治久安的礼义社会理想也就能够达成了。义理是具有理性原则的。"从伦理关系上看，义实际是一种在社会中处置个人与他人关系的价值准则，它要解决如何使行为符合正义（正当、应当）的道德原则问题。与仁相比，义更多的是一种外在的选择，即面对选择时如何使决策符合道德规范的约束。而仁则较多的是一种人内心的善性。所以孟子说：'仁，人心也；义，人路也；舍其路而弗由，放其心而不知求，哀哉！'孟子把仁当作人性，把义当作人路（行为规则），从而使义成为一种道义上的当然之则。"[①]

义也体现为道义，"义者天下之制也"（《礼记·表记》），"事得其宜谓之义"

---

① 白华：《儒家礼学价值观研究》. 博士学位论文，郑州：郑州大学，2004 年. 第 16 页。

（《法言·重黎》）。道义是做人做事的尺度，是一个广泛意义的道德规范和价值标准。儒家将"义"落实在君子的谈吐举止。"君子义以为质。"（《论语·卫灵公》）"君子义以为上。"（《论语·阳货》）道义的价值标准促使人在人情世故、进退辞让的日常活动中，能够合乎道德规范，处处"以义为上"，规范个人的视听言行，从而建立一个基于理性判断与价值判断的道德规范，这对社会整合与道德建构贡献极大。

（四）"以和为贵"、天下大同的传播思想与价值追求

教化传播由个体向家族，由家族向国家，再由国家向天下层层推进。儒家以"礼之用，和为贵，先王之道，斯为美"的传播思想，表达追求"天下大同"的价值理念。

"天下"一词具有多重含义。"第一，在地理学意义上，天下指整个大地，即人类可以居住的整个世界。第二，在社会学和心理学意义上，天下指所有土地上所有人的心思，即'民心'……第三，在政治学意义上，天下指的是世界政治制度。"①

"以和为贵"是指疆土、民生、政治、文化等多个方面的和平与和谐。《礼记·礼运》篇中对每个方面的具体目标："大道之行也，天下为公，选贤与能，讲信修睦。故人不独亲其亲，不独子其子，使老有所终，壮有所用，幼有所长，矜寡孤独废疾者，皆有所养；男有分，女有归；货恶其弃于地也，不必藏于己；力恶其不出于身也，不必为己。是故谋闭而不兴，盗窃乱贼而不作，故户外而不闭，是谓大同。"这段话描绘了一个理想中的世界图景，其基本特征是四海升平，富强民主，百姓相亲相爱、丰衣足食、安居乐业、人尽其才。

"以和为贵"的含义还包括律法、礼仪、乐律、制度、衣服等多个方面的平等和统一。天子管辖天下要巡视四方："天子五年一巡守。岁二月，东巡守，至于岱宗，柴，而望祀山川。觐诸侯，问百年者，就见之。命大师陈诗，以观民风。命市纳贾，以观民之所好恶，志淫好辟。命典礼考时月，定日，同律、礼、乐、制度、衣服，正之。"（《礼记·王制》）

为了实现"天下大同"的价值追求，儒家提出以礼治国的政治主张，礼乐刑政综合为治的社会管理制度，以及"仁政"和"德治"为内容的观念体系。有学者认为儒家提出的"天下大同"，是乌托邦式的理想社会。但这并不能否定儒家以此作为政治理想的深远意义。正如牟宗三先生所说，《礼运》篇是言礼之最高意

---

① 赵汀阳：《天下体系的一个简要表述》，《世界经济与政治》2008 年第 10 期。

及作用。"不但言礼本身之进化，而实是由礼之运以观历史之发展也。礼代表人之精神，理想以及人类之价值观念。如是，礼之运即是历史之精神表现观也。即以精神表现，价值实现，解析历史。'大同'实可说是在礼运之历史发展中要逐步实现之理想。"①

四、中国礼的教化传播特点

（一）润物细无声的渗透性

"经礼三百，曲礼三千。"（《礼记·礼器》）礼的纲领有三百条之多，具体的仪节有三千条之多，基本覆盖到古代生活的方方面面。围绕礼进行教化传播，基本付诸百姓生活的方方面面，这形成了教化传播的内容特点。教化内容有横向的拓展和纵向的延伸，潜移默化地形成一张教化传播的网络。

"教"字很准确地说明了传播过程的层次性特征，在《说文解字》中有"教（教）部"："教，上所施下所效也。从攴从孝。凡教之属皆从教。""上行下效"的过程本身就是一个传播的过程。由天子到庶人、由父代到子代、由老师到学生、由精英到平民，组成了自上而下的传播网络。教化的内容通过传播网络层层渗透，起到巩固国家统治、建构社会秩序的作用。

"化"字形象地说明传播过程的日常性特征。《说文解字》解释："化，教行也。从匕从人，匕亦声。呼跨切。"首先，传播过程涉及社会生活的多个方面。古代社会的教化传播包括政治、宗族、艺术、家庭、教育等。"入其国，其教可知也。其为人也温柔敦厚，《诗》教也；疏通知远，《书》教也；广博易良，《乐》教也；絜静精微，《易》教也；恭俭庄敬，《礼》教也；属辞比事，《春秋》教也。"其次，"化"表现为一种"润物细无声"式地传播过程。传播的途径蕴藏于日常生活中，使百姓在耳濡目染中受到熏陶，达到"移风易俗"的目标。正如《礼记·经解》所言："礼之教化也微，其正邪于无形，使人日徙善远罪而不自知也，是以先王隆之也。"

（二）"身体力行"的实践性

"礼，履也，所以事神致福也。"（《说文解字》）"礼，体也。言得事之体也。"（《荀子·礼论》）这些都突出了礼具有实践性。自古以来，在思想观念和身体礼仪的熏陶下，形成了言传身教的形式特点。不仅有典籍文本、诗词歌赋、圣谕诏令、乡约家训的熏陶，更是有君子圣贤、英雄勇士等作为模范的旌表激励。

---

① 　牟宗三：《政道与治道》，台北：学生书局，1987年，第12页。

言教和身教并举，使得身心合一，仁礼合一。孟子认为身体是内心道德、情感、良知的体现。君子的品质可通过躯体外显出来。"君子所性，仁义礼智根于心。其生色也，睟然见于面，盎于背，施于四体，四体不言而喻。"（《孟子·尽心上》）君子对人的教化是从自身做起，修身立德，才能顺乎情理。"是故君子之事君也，必身行之。所不安于上，则不以使下；所恶于下，则不以事上。非诸人，行诸己，非教之道也。是故君子之教也，必由其本；顺之至也，祭其是欤！故曰：'祭者教之本也已'。"（《礼记·祭统》）

根据历史记载，秦汉之后，历代皇帝都有表彰模范的例子，御赐匾额或修立牌坊，以彰显受表彰之人的德行。也会通过察举制，设立科目选任孝子廉吏。以这种的形式，在广大百姓心中形成了"孝行""廉政勤政"的评价标准和学习目标。彰显善行和德行，可以淳化风俗，安定民心，稳定社会。

（三）"风行草偃"的示范性

"君子之德风，小人之德草，草上之风，必偃。"（《论语·颜渊》）意思是说，上层执政者的道德品质就好比是风，平民百姓的道德品质就好比是草，当风吹到草上面的时候，草就会跟着风的方向倒。"风行草偃"以风、草为比喻，说明示范伦理的感染力和影响力，突出由"感"而"化"的过程，达到唤起内心情感使之心悦诚服的效果。"儒家伦理学究其本质而言，首先是一种'示范伦理学'而非'规范伦理学'，也就是说，它作为情感本位的德性伦理学，更多的是倾向于德性的'示范'而非规则的'规范'，德性的'教化'而非规范的'命令，德性的'范导'而非规则的'强制'。"[①]

有学者由此提出华夏传播的"风草论"，认为这是具有中国情感和道德特征的传播理论。"'风草论'传播观带有浓重的情感论色彩，它不是一种强压式的传播，而是一种巧妙利用受众主体性的传播。这种'风草论'的传播模式，既不是强大效果论，也不是有限效果论，而是'渐变效果论'，其强调的是一种循序渐进式的传播效果。"[②]

首先，礼的教化传播效果具有深度。"礼"与"情"相互融通，"礼"的教化传播是建立在"情"的基础上，最终达到主体情感对礼的深刻觉悟。"是故君子反情以和其志，广乐以成其教，乐行而民乡方，可以观德矣。德者性之端也。乐者德之华也。金石丝竹，乐之器也。诗言其志也，歌咏其声也，舞动其容也。三者

---

① 王庆节：《道德感动与儒家示范伦理学》，北京：北京大学出版社，2016年，第2—3页。
② 谢清果：《"风草论"建构中国本土化传播理论的尝试》，《现代传播》2015年第9期。

本于心，然后乐气从之。是故情深而文明，气盛而化神。和顺积中而英华发外，唯乐不可以为伪。"

其次，礼的教化传播效果具有广度。礼的教化传播不是机械性传授，也不是强制性灌输，而是在于自然而然地引导和规劝，形成广泛的传播效果。荀子有言"礼然而然，则是情安礼也。"（《荀子·修身》）"孰知夫礼义文理之所以养情也。"（《荀子·礼论》）无论是"以情安礼"，还是"以礼养情"，最终都要达到"感化"的境界。礼的教化传播效果由"化民成俗"到"化成天下"，意味着由个人德行的感化，进而发展到天下之人的感化。《荀子·性恶》："故圣人化性而起伪，伪起而生礼义，礼义生而制法度。"《礼记·学记》有言："君子如欲化民成俗，其必由学乎。"《易经·贲卦》有言："观乎天文，以察时变。观乎人文，以化成天下。"《礼记·中庸》有言："曲能有诚，诚则形，形则著，著则明，明则动，动则变，变则化。唯天下至诚为能化。"这些观点都指出了教化传播变化的规律性。

五、中国礼教传播的当代意义

（一）强化伦理道德的"德行"塑造

"圣人作，为礼以教人，使人以有礼，知自别于禽兽。"（《礼记·曲礼》）儒家制定礼来教育人，使人自知因有礼而与禽兽不同。礼关乎"人禽之辩""凡圣之别"。人从动物进化而来，经过智力、行为、生理等各方面的发展成了一个"凡人"，进而加以行为、道德、思想等方面的完善才能成为一个"圣人"。礼的作用就是通过"德化"过程培养圣贤之人，教化人们按照规范，正确处理君臣、父子、兄弟、夫妇等人之间的人伦关系，从而达成"天下有道"的良好社会秩序。

正如前文所说，儒家礼教的伦理教化思想，在现代衍变为"礼之用，和为贵"的道德传承。在身心和谐、人际和谐、社会和谐方面所形成的谦恭礼让、宽容善良、求同存异的民族品格是中华民族数千年来形成的。正是这种"德化"的培养过程长期影响和积淀的结果。如学者丁鼎所说，通过吸收先秦儒家礼乐文化中的积极、合理因素，从而实现传统与现代的对接，构建起符合社会主义伦理道德和现代人文精神的新型伦理道德规范和礼仪规范，并进而构建一个民主法治、公平正义、诚信友爱、充满活力、安定有序、人与人和谐相处、人与自然和谐共处的和谐社会①。

---

① 丁鼎：《儒家礼乐文化精神在中国传统文化中的地位及其现代意义》，《孔子研究》2008 年第6 期。

（二）注重人性情感的教化培育

"以五礼防万民之伪而教之中，以六乐防万民之情而教之和。"（《周礼·地官·司徒》）礼依托于乐以直观的表现形式，激发人的情感。"凡礼，事生，饰欢也；送死，饰哀也；祭祀，饰敬也；师旅，饰威也。是百王之所同，今之所一也。"[①]这里的"饰欢""饰哀""饰敬""饰威"都是指借助于不同的礼仪形式来表达和承载内心的情感。

现代社会的情感传承是对古代礼教的创新和超越。礼对人的情感、道德、思想能产生无法抗拒的感染力，这是类似宗教信仰中的情感张力。这种张力表明"一切宗教性都包含着无私的奉献与执着的追求、屈从与反抗、感官的直接性与精神的抽象性等的某种独特混合；这样便形成了一定的情感张力，一种特别真诚和稳固的内在关系，一种面向更高秩序的主体立场——主体同时也把秩序当作是自身内的东西"[②]。"礼"将这种情感张力涵化为主体自身的内在关系，建构更高层次的精神世界。中国传统礼教的情感源泉为一代又一代的华夏儿女提供了精神归依和心灵港湾，形成了持久、深厚、坚定的情感认同。

（三）追求"知行合一"的践行精神

"人有礼则安，无礼则危。故曰：礼者不可不学也。"（《礼记·曲礼上》）"不学礼，无以立。"（《论语·季氏》）这些都强调了学礼的重要性，一方面学礼意味着传授和学习礼乐理论知识，另一方面学礼强调在具体的礼仪活动中身体力行。人们在礼的教化中，能够学思结合、克己内省、慎独自律、知行合一。

先秦儒家重视在仪式中培育礼的精神、践行礼的规范。这给我们在当代实践传承提供了借鉴和启发，有助于建立新的德育实践体系。多元文化价值冲突的环境中，需要有与之相适应的德育理念和实践体系，重建中国优秀传统文化的地位。现代德育体系的根基在于礼，礼文化中具有悠久的礼乐教化传统，蕴含深厚的、有价值的德育精神。重新解读、阐释礼文化中优秀的德育内涵，结合时代的要求和调整，进行创造性转化、创新性发展，为构建现代道德教育理论体系提供丰富的思想源泉。

（作者：张兵娟　刘佳静）

---

① 陈戍国：《中国礼制史（先秦篇）》，长沙：湖南教育出版社，2002年，第13页。

② （德）格奥尔格·西尔美：《宗教社会学》，曹卫东译．上海：上海人民出版社，2003年，第6页。

第一章　以乐观礼：礼乐传播中"乐"的媒介功能

礼乐是中国传统文化的主干，华夏文明也被冠以"礼乐文明"之称。"相须以为用"的礼与乐，经历氏族社会到夏商周三代的不断接合、发展、演进，才逐渐形成中华礼乐文化的基本形态。本章试图从"乐"的媒介性出发"以乐观礼"，检视中国古乐在"礼"文化滥觞期所处的地位和媒介功能，从而为阐明"礼乐协作"成为中国传统社会治理系统而完善的政治符号媒介，提供一种媒介学视角的思考向度。

礼之滥觞，古今多有争论。司马迁在《史记·礼书》中曾言："缘人情而制礼，依人性而作仪。"认为礼出于"人情"。刘师培认为礼源于上古社会风俗①。郭沫若依据考古材料推测，"礼之起，起于祀神，……其后扩展而对人，更其后扩展而为吉、凶、军、宾、嘉的各种仪制。"②杨向奎则强调，古礼最早出于人们对上帝或自然恩惠的"还报"，其后这种"原始交往"关系转移到物物交换领域③。台湾学者何联奎在《中国礼俗研究》中，则将礼的诞生视为，"人类一种自然的表示，如磕头跪拜，打躬作揖，对神表示崇拜以及对人表示敬意。"④李泽厚则认为，礼是"由原始巫术而来的宇宙（天）—社会（人）的统一体的各种制度、秩序、规范，其中便包括对生死联系的人的喜怒哀乐的情感心理规范"⑤。可见，礼的起源本身就是一个复杂而难以遽断的问题。

语言是文化的"密码"，文字包含了先人认识事物的最初意象。或许，我们可以先从"礼"字入手讨论这一问题。《说文解字》："禮，履也，所以事神致福也；

---

① 刘师培：《古政原始论》卷十《礼俗原始论》，《刘师培全集》第 2 册，北京：中共中央党校出版社，1997 年，第 54 页。

② 郭沫若：《十批判书》，北京：东方出版社，1996 年，第 96 页。

③ 杨向奎：《礼的起源》，《孔子研究》1986 年第 1 期。

④ 何联奎：《中国礼俗研究》，台北：台湾中华书局，1973 年，导言第 2 页。

⑤ 李泽厚：《华夏美学》，桂林：广西师范大学出版社，2001 年，第 24 页。

从示从豊，豊亦声。"许慎训礼为履，而履有禄、福之意，例如《诗经·鸳鸯》中
"福禄绥之"，这即是说礼是"事神致福"祭祀中"承天之祜"的产物。但是，《说
文解字·豊部》："豊，行礼之器也，从豆象形。"豊作行礼之器几无异议，若作象
形解而从豆形，似乎就有些牵强了。王国维先生认识到这点，在《释礼》中，他
认为"𧯛"即礼字，上半部分𧯛乃"象二玉在器之形"，其内玨即珏（双玉），这
是由于"古者行礼以玉……盛玉以奉神人之器谓之𧯛若豊"。① 关于"豊"的下半
部分𧯛，王氏付之阙如，郭沫若先生释此为鼓，认为此"乃鼓之初文"。② 这种释
解得到裘锡圭先生的认可，豐字"本是一种鼓的名称"③。林沄先生在综合郭、裘之
说，声言"豐字原先确系从壴从珏无疑"，这"反映古代礼仪活动正是以玉帛、钟
鼓为代表物"。④ 如今，在文字学领域，郭、裘、林等人的解读已受到普遍认可。

文字学进路，给我们一个重要提示："礼"字造型或许表明，"乐（音）"在礼
之初具有某种重要职能和地位。我们姑且搁置礼之起源的种种争议，至少在两方
面应是各方所共识的：一是礼源于早期社会，二是礼的形成或依赖于某些原始神
秘力量的介入，此两者应是各方所共识的。这种"神秘"力量或许就包括乐（音），
如有学者所推测，"礼就是以礼器（玉）与乐器（鼓）相互配合以事神致福，这可
能就是礼的原初涵义"⑤。笔者以为，这种说法是有一定"媒介学"依据的。倘若
下此假设，我们就应进一步追问和验证："乐"何以在"礼"之初占据重要地位？
它在社会秩序与礼文化形成中充当何种角色？两者之间的勾连机制和嬗变逻辑是
什么？"乐"是否可能发挥某种传播"中介""媒介"的效力？如果有，它的"媒
介性"如何得到关联、凸显？笔者认为，要回答这些问题，需要将"乐"放置于
"礼"之滥觞与演变的早期氏族社会与夏商周三代的仪式活动中考察。

第一节 以乐通神：乐作人神（祖）之间信息传递的通天媒介

早期文明是一个巫术在人们意象思维、生产、祭祀等活动中占据主导作用的
时代，这是人类社会的普遍现象。在文字未出现的口传时代，声音是口传时代

---

① 王国维：《释礼》，《观堂集林：外二种》（上册），石家庄：河北教育出版社，2001年，第
177页。
② 郭沫若：《卜辞通纂》，《郭沫若全集·考古编》第二卷，北京：科学出版社，1983年，第
321—322页。
③ 裘锡圭：《甲骨文中的几种乐器名称》，《裘锡圭学术文集》第一卷《甲骨文卷》，上海：复旦
大学出版社，2012年，第41页。
④ 林沄：《豊豐辨》，《古文字研究》第十二辑，北京：中华书局，1985年，第183页。
⑤ 方建军：《音乐考古与音乐史》，北京：人民音乐出版社，2011年，第199页。

最主要的交流媒介，但声音本身往往具有一定的"神异色彩"，饶宗颐认为，古人对于声音的神秘联想有一种"原始崇拜"①。人类学家马林诺夫斯基（B.Mal—inowski），将声音视为与语言、仪式等同的巫力信仰的标准成分，具有"巫术地发动天上所代表的现象"的能力②。当声音被规律化的拣选、加工、定型为的乐音后，在特定场合下就易转化为可以被主观利用、具有普遍效力的"通神"媒介。考古发现，史前时期的乐就已经具备这种职能，比如，舞阳贾湖出土的乐器文物中有一种龟铃（又称龟响乐器），这种乐器一般用小石子装在龟甲壳内摇动进而产生音响，一些学者称："它的出现表明，古人以龟灵崇拜为特征的原始宗教萌生，因为龟铃是乐器和法器的结合。与之伴出的骨笛也有可能充当了通神的工具从而更具有法器的性质，由此可以推断，贾湖人已经形成了'以乐通神'的思想观念。"③

当乐在巫祝、祭祀、战争等仪式活动（如祭天、地、鬼的吉礼）中充当连通人神（祖）间的"灵媒"时，首先要考虑的是，仪式活动下信息传播渠道的通畅，即确保"下情上达"和"上情下达"，乐的传输能力是重要考量内容。史前文化遗址如贾湖文化、龙山文化、偃师二里头文化发现的骨笛、特磬、陶铃和青铜铃等古乐器，似乎都与神秘巫术活动有一定关系。④但这些乐器的拣选与使用，却存在迥异的偏好。比如，考古学界将骨笛而非打击乐器，视为最早的乐器。法国比利牛斯发现了一支旧石器时代的骨质笛管。中国河南舞阳贾湖遗址出土 25 支骨笛，最早可追溯至 7800—9000 年前，而我国出土的最早打击乐器中，大汶口遗址中的陶鼓和陶寺遗址中的特磬、木鼍鼓等，却只有约 5000 年的历史。⑤但是早期中国，以鼓、磬、玉等为主的打击乐乐器，在巫祝、典庆等仪礼活动中却始终是"主导性"的。这点，"禮"字造型中已有反映。另有，《礼记·礼运》："夫礼之初，始诸饮食。其燔黍捭豚，污尊而抔饮，蒉桴而土鼓，犹若可以致其敬于鬼神。"强调礼在萌发初期，人们是通过摆放饮食和击鼓的方式，传达对鬼神的崇敬之情，这里的选用的祭神礼器就是土鼓，而"击鼓"就有向神"告知"的意味。

这种仪式用乐对打击乐器的偏好，贯穿至商周。商中期的殷墟妇好墓中出土的乐器为 5 件石磬，但在更早期的龙山文化陶寺遗址中，却发现了木鼓与石磬同

---

　　① 饶宗颐：《古代听声之学与"协风成乐"说溯源》，载饶宗颐：《饶宗颐史学论著选》，上海：上海古籍出版社，1993 年，第 84—87 页。

　　② [英] 马林诺夫斯基：《巫术科学宗教与神话》，李安宅译，北京：中国民间文艺出版社，1986 年，第 56 页。

　　③ 夏静：《礼乐文化与中国文论早期形态研究》，北京：中华书局，2007 年，第 46 页。

　　④ 刘再生：《中国古代音乐史简述》，北京：人民音乐出版社，2006 年，第 23—32 页。

　　⑤ 王子初：《中国音乐考古学》，福州：福建教育出版社，2002 年，第 51、81 页。

出，这表明，商代或商以前，鼓和磬配合使用已经被用于祀礼之中。① 《礼记·郊特性》中记述："殷人尚声，臭味未成，三條荡其声，乐三阙，然后出迎牲。声音之号，所以昭告于天地之间也。"同时明确地指出，商人"尚声"作"乐"行礼的目的，就是一种信息传播——"昭告"。商代甲骨卜辞："辛亥卜，出贞：其鼓告于唐，九牛，一月"（《甲骨文合集》22749），说的就是"击鼓传音"祭于唐。到了周代，古乐器虽有长足进步，仅文献记载就达70多种，出现了依制作材料而分的"八音"乐器（《周礼·春官·大师》），即"金、石、土、革、丝、木、匏、竹"八类（比如，编钟、镈、钲、铃等金属制器被划归入"金"类，磬、编磬等用石或玉而作被归入"石"类，鼓、鼗鼓、健鼓等用动物皮革作为鼓膜，归入"革"类，琴、瑟等用丝线作为琴弦，归入"丝"类等）。然而，在郊祀、朝觐、锡命、聘问、飨燕等重大宫廷活动、贵族礼仪中，乐器的选择却有明显的层级划分，其中金石乐尤为显贵。周代乐官分类繁杂，职能各异，但最基本职责却是"掌凡乐事，播鼗，击颂磬、笙磬"（《周礼·眡瞭》）。《周礼·考工记》记载大量器物制作工艺，但涉及乐器却仅有钟、鼓、磬，显然在作者眼中，这三种才是"最重要的"。周代"五礼"最为隆重的吉礼（祭祀礼）用乐中，金石乐始终具有主导性，而"八音之中，金石为先"，也成为西周宫廷"雅乐"的基调。在具体使用中，金石打击乐器甚至被视为"重器"（礼器）而特殊对待，它将"放置在显要的位置……以显示主人的社会地位和权势"②。

乐在不同场合的选择显非偶然，而是历时弥久不断被人为"拣选"的结果。但是，古人为何对金石打击音情有独钟，后世却鲜有提及。孔颖达在疏《尚书·尧典》中，给出类似解释是："八音之音，石磬最清。"沈括在《梦溪笔谈》中，对古乐器多选铜而非铁，做出推测："铁性易缩，时加磨莹、铁愈薄而声愈下，乐器需以金石为准。"《孟子·万章下》："集大成也者，金声而玉振之也。"朱熹注："金，钟属。声，宣也，如声罪致讨之声。玉，磬也。振，收也，如振河海而不洩之振。"③ 这里"清""振""不洩"，表明打击乐音传输清远，具有强大的传播力和感召力。譬如，北京大钟寺内明代永乐皇帝敕造的"永乐大钟"，被称为中国的"钟王"，声音洪亮圆润，重击一次，钟声可持续三分钟，传数十里。此凡种种，均显示打击乐音得天独厚的传播优势。可以想象，大型祭祀场合中，"通天"性应是古

---

① 中国社会科学院考古研究所编：《殷墟妇好墓》，北京：文物出版社，1980年，第198页；中国社会科学院考古研究所山西工作队、临汾地区文化局：《1978—1980年山西襄汾陶寺墓地发掘简报》，《考古》1983年第1期。

② 伍国栋：《中国古代音乐》，北京：商务印书馆，1991年，第27—28页。

③ 朱熹：《四书章句集注》，北京：中华书局，2011年，第294页。

人乐器选择的重要依据，而打击乐恰可以确保先祖（神）"听到"后人"告知"祈愿，这或许是它被倚重的原因之一。

然而，作为一种通天媒介，"乐"不仅要确保传播渠道的通畅，还需传达"情意"旨要的妥帖合宜。这需要对乐之"信息性"进行区分、界定，或对乐器使用的表意，进行编排与限定。事实上，周代已有完备的"乐以饰情"系统，乐官鼓人"以雷鼓鼓神祀，以灵鼓鼓社祭，以路鼓鼓鬼享"（《周礼·鼓人》），即依祭祀对象的不同，而选择不同音色的鼓器。《周礼·大司乐》载：

> 凡乐，圜钟为宫，黄钟为角，大蔟为徵，姑洗为羽，雷鼓雷鼗，孤竹之管，云和之琴瑟，《云门》之舞，冬日至，于地上之圜丘奏之，若乐六变，则天神皆降，可得而礼矣。
>
> 凡乐，函钟为宫，大蔟为角，姑洗为徵，南吕为羽，灵鼓灵鼗，孙竹之管，空桑之琴瑟，《咸池》之舞；夏日至，于泽中之方丘奏之，若乐八变，则地示皆出，可得而礼矣。
>
> 凡乐，黄钟为宫，大吕为角，大蔟为徵，应钟为羽，路鼓路鼗，阴竹之管，龙门之琴瑟，《九德》之歌，《九韶》之舞；于宗庙之中奏之，若乐九变，则人鬼可得而礼矣！

在祭祀天神、地示、人鬼时，乐音亦是迥异。祀天神表演律吕，使用雷鼓、鼗鼓、孤竹之管、云和之琴瑟；祀地示，为灵鼓、灵鼗、孙竹之管，等等。其中，"乐六变"郑玄释为："变犹更也。乐成则更奏也。此谓大蜡索鬼神而致百物，六奏乐而毕……凡动物敏疾者，地祇高下之甚者易致，羽物既飞又走，川泽有孔窍者，蛤蟹走则迟，坟衍孔窍则小矣，是其所以舒疾之分。"（《周礼注疏》卷二十一）郑玄之意，"六变"指乐音的舒缓差异，天神因居高位而不易传达，故用最为缓慢的演奏（"第六变"）以求其能够听清。由此想到，《国语·周语》所言，只有"人神以数合之，以声昭之，数合声和"，"天神皆降"臻于人神和合的境界，才能"可得而礼矣"。当然，这些都建立在"乐"作为通天媒介的基础上。

第二节　百兽率舞：乐作引渡神性的沉浸式复合媒介

事实上，原始"乐"集诗、乐、舞于一体，并非仅是一种声音媒介。德国社会学家格罗塞（Ernst Grosse）针对原始声乐与舞蹈的关系时强调："他们从来没有歌而不舞的时候，也可以反过来说，从来没有舞而不歌的。"舞蹈、诗歌和音乐是"一个自然的整体"。① 中国古乐亦是如此。《吕氏春秋·古乐篇》："昔葛天氏之乐，三人操牛尾，投足以歌八阕。"《尚书·尧典》记述虞舜时代的典乐官夔"击石拊石，百兽率舞"。《诗·商颂·那》："猗与那与，置我鞉鼓。奏鼓简简，衎我烈祖。"商朝子孙祭祀成汤时，同样伴随着鼓声与舞蹈，两者相须相合，只是到了周代，在"大司乐"的辖制下乐舞才被定制，明确分化出羽舞、皇舞、旄舞、帗舞等多种样式。（《周礼·春官·大司乐》）

乐（音）、舞合一在宗教性巫觋仪式中的展演，或是基于"巫""舞"间存在着某种同源性。《说文解字》中的"巫"就是"以舞降神者"。郭沫若认为，甲骨文"巫"（𩒙）与"舞"（𣥔）一体，均指以双手持牛尾或鸟羽起舞的人。陈梦家比照甲骨文与金文，提出歌舞或起源于"求雨"巫术。② 刘师培在《舞法起于祭神考》中确言："古代乐官，大抵以巫官兼摄"，"掌乐之官，即降神之官"，"三代以前之乐舞，无一不源于祭神。钟师、大司乐诸职，盖均出于古代之巫官"③。另外，人类学与宗教学上也有这种说法。比如，土家族"梯玛"（巫师）意为领头跳舞之人，"萨满教"的"萨满"（Saman）一词在满语（通古斯语）中也意为"兴奋而狂舞的人"。④ 事实上，正是"巫""舞"间的连通性，为"乐"的"与神交通"媒介职能提供了合法性依据。庞朴先生敏锐地捕捉到了这点，他声称，早期社会正是通过组建"巫""无""舞"三位一体文化共通符号以实现天人联结，其中"舞"是沟通人（"巫"，即主体）与神（"无"—无形—客体）的中介手段。⑤ 倘若具体到古人日常祀礼和占卜等仪式活动中，乐（舞）并非仅是"天人"沟通媒介，它的展演更像是一种"人人"间的宣示手段，一场围绕神性降格者（巫师），多人参与、共享、共创意义空间的传播活动。笔者以为，祀礼仪式场域下的意义生产与流转，"乐"的参与至少应存有两重媒介特性：

其一，乐是一种既可聆听、又可观赏，集视听于一体的复合媒介。"听"的部分主要集中于上告诉求和下达神谕，譬如商代的卜人、贞人、占人就构筑了"上听下达"完备的信息传播闭合回路⑥。"视"的部分则体现在作为信息传递和神性降格中枢的巫师，伴随着声乐手舞足蹈式的展演，而这种仪式的推进往往会衍生出两重"观看"机制：向上渠道上，对以神明为主体的观看，有着"作用、影响、

---

① ［德］格罗塞：《艺术的起源》，蔡慕晖译，北京：商务印书馆，1984年，第214—215页。
② 陈梦家：《商代的神话与巫术》，《燕京学报》1936年第20期。
③ 刘师培：《舞法起于祭神考》，《刘申叔先生遗书》第53册《左庵外集》卷13。
④ 任继愈主编：《宗教词典》，上海：上海辞书出版社，1981年，第928页。
⑤ 庞朴：《说无》，载庞朴著，刘贻群编：《庞朴文集》第4卷《一分为三》，济南：山东大学出版社，2005年，第57—70页。
⑥ 巫称喜：《神权政治与商代信息传播》，《新闻与传播研究》2009年第8期。

强迫甚至主宰"的主动精神，目的是促使上天消灾赐福。向下渠道上，则是对仪式参与者观看下的神性"昭示"，带有政治加冕和确权之意。李泽厚提醒我们，巫术礼仪"是身心一体而非灵肉两分，它重活动过程而非重客观对象"，因此要关注"巫术礼仪"中"内外、主客、人神浑然一体"性。① "神性"被乐舞引渡与附裹至仪式场域中的焦点——巫师身上，制造了"身体的景观"，达致观看中的灵肉一体，这时的巫师必然具有某种超绝的地位。米歇尔·福柯（Michel Foucaul）将所有的"观看"，都转义为在场的权力"质询"②，这是一种对下的权力宣示机制，参与主体在进行一种"与神同在"式的自我心理规训。现实也确实如此，巫王合一就是早期中国政治赋权的常用手段，并持续到西周初年政治领袖（王）与宗教领袖（巫）的分离。③ 潘祥辉对早期社会的政治领袖进行"传播考古学"式的考察，认为圣人"克理斯玛"（Charisma）式的光环就来自某种"巫力"——具有巫师般超凡的"听力"，这是"圣"（聖）字造型从耳、从口的原因。④ 笔者以为，这种说法颇为新颖，但若仅偏私圣人的"耳听口传"的能力，或许就有遮蔽圣人非语言传播能力之嫌，倘若"圣力"确由"巫力"承袭而来，那么这种承袭方式也应是兼具视、听、感等多元传播渠道下共谋完成的。

其二，早期中国的古乐特性决定，它可充当一种"沉浸式媒介"⑤ 效力。仪式活动本身展演的意义在于促进集体意识与信仰的流转、体验与形塑，即偏向情感 /意识的沉浸（Flow）。这并非一种单向传递，而是泛众、弥散、共享式的，它不仅担当沟通天人的职能，还要发挥彰显神性、制造狂欢和形塑集体记忆等责任。乐的介入将所有参与者以"链条节点"式联结在一起，推动着共享意义的衍变与流转（传播）。这即是说，它是一种泛众式的仪式传播过程。无论是《周礼》中提及的黄帝、尧、舜、禹、汤的乐舞，还是《吕氏春秋·古乐》所载的葛天氏、阴康

---

① 李泽厚：《说巫史传统》，上海：上海译文出版社，2012 年，第 15—16 页。

② Michel Foucault.*Power: Knowledge: Selected Interviews and Other Writings 1972—1977*. Great Britain:The Harvester Press，1980，p152.

③ 童恩正：《中国古代的巫》，《中国社会科学》1995 年第 5 期。

④ 潘祥辉：《传播之王：中国圣人的一项传播考古学研究》，《国际新闻界》2016 年第 9 期。

⑤ "沉浸式媒介"（沉浸媒介），指具有沉浸传播特征的媒介形态的总称，具有以人为中心、无时不在、无处不在、无所不能的传播功能，传播者也是接受者，共同进入沉浸体验，是共创共享的泛众媒介。沉浸媒介中，人、媒介、环境互为彼此，互相交融。它具有四个特征：1.泛众式——全体大数据连接之上，以每个个人为中心；2.体验式——传播过程也是体验过程，没有体验就没有完整的传播；3.共享式——媒介内容和形式为所有人共有，是共享经济的媒介形态；4.共创式——媒介内容及传播形态，都由泛众共同创造。"沉浸媒介"的提出，是在 VR、人工智能等新技术冲击下的第三媒介时代下，传播学界对传统媒介形态的内涵与外延的重新思考。笔者以为，中国早期社会的古乐在媒介内涵、形态与作用上都具有"沉浸媒介"的影子，或可对两者进行关联式思考。（参见李沁：《沉浸媒介：重新定义媒介概念的内涵和外延》，《国际新闻界》2017 年第 8 期。）

氏、朱襄氏之乐，都体现了这点。这种群体性仪式活动的创造与维系，通常要诉诸两个步骤：首先，乐提供一种连接人神（鬼、祖）与生死之界的沟通平台，使主客体在交流中始终存续共通的传播渠道。"乐"的这种效力在原始世界具有普适性，例如，乌戈尔人和拉普兰人的萨满在对病人进行治疗时，便是"从击鼓以及弹奏六弦琴开始，直到进入迷幻状态。萨满的灵魂离开自己的身体后，直接进入冥界去寻找病人的灵魂。在那里他劝说死者让他将病人丢失的灵魂带回人间。"[①] 这里的"迷幻"状态，就是以"乐"为媒烘制而成的传播情境场域，仪式不止，传播渠道不息。其次，乐的介入影响了场域中的交流双方主客体的精神状态，"乐音"往往具有很强的目的性。加州大学的罗杰·沃尔什（Roger Walsh）通过实验法得出鼓音成为做法工具，至少在情绪、心理和脑电波三个层面上影响人们的意识。"巫术的目标越明确，……音乐节奏也就越具体，其表现也就越强烈。"[②] 在此仪式场域构筑一种萨满神力的集体氛围，始终是古代原始信仰活动追求的状态。美国音乐史学家 C.sachs 在 20 世纪 40 年代就已发现，"巫咒治病与祈求幸运的术士们所必需的精神状态，是通过早期音乐带来催眠与恍惚的"。[③] 张光直对此亦有生动描述："（他们是）使用占卜术而能知道神与祖先的意旨的；是使用歌舞和饮食而迎神的；是使用酒精，或其他兴奋药剂达到昏迷状况而与神界交往的。"[④] 在这种迷幻癫狂的氛围中，"鼓声与舞蹈并作，使他（巫觋）极度兴奋……并在迷昏中像鸟一样升向天界，或像驯鹿、公牛或熊一样降到地界"[⑤]。

梁漱溟先生声称，早期社会中的宗教活动，是原始礼仪萌发的基础："人类文化都是以宗教为开端，且每以宗教为中心。人群秩序以及政治，导源于宗教。"[⑥] 笔者以为，这种说法是有一定"媒介学"依据的，乐传播媒介依托材料的音高、音强、音长、音色和节奏结构的变化，共同构筑了音乐在实践中存在的物质基础，虽然乐在多大程度上参与并影响了早期社会秩序与道德（礼）的形成，或许很难界定，但它在仪式（秩序）场域中，发挥沟通天人、传递神性和创造"沉浸"氛围等作用，应是毋庸置疑。笔者以为，这种媒介力恰恰是催生出早期社会的基本制度萌芽的因素之一。涂尔干（Émile Durkheim）在《宗教生活的基本形式》中

① M.Eliade.*Shamanism*.Princeton：Princeton University Press，1964，p220.

② Roger N. Walsh，*The Spirit of Shamanism*，Los Angeles:Jeremy P.Tarcher，Inc，1990，pp.174—175.

③ C.sachs.*The Rise of music in the Ancient World*，New York：W.W. Norton & Company Inc，1943，p22.

④ 张光直：《考古学专题六讲》，北京：文物出版社，1986 年，第 99 页。

⑤ 张光直：《美术、神话与祭祀》，郭净译，沈阳：辽宁教育出版社，2002 年，第 48 页。

⑥ 梁漱溟：《中国文化要义》，上海：上海人民出版社，2005 年，第 86 页。

提出原始社会秩序形成依靠的"社会力"，很大程度上依赖于聚会时期的"集体欢腾"（collective effervescence）：个人情感的"出离"与共同情感的"汇合"形成社会的统一是道德良心显现与绞合的基础。① 中国古代的原始秩序（礼）往往是在漫长历史演变中潜移默化地逐步实现的，对此，葛兆光先生有非常精到的见解，他认为："当这些祭祀仪式与宗法制度渐渐被政治的权威与普通的民众确认之后，在这些仪式和制度中包含的一套技术，就可能被当作很实用的生活策略而普遍适用，而背后隐含的一套观念就被当作天经地义的东西而不必加以追问，人们在这些仪式中获得生活安定，也从这套制度中获得秩序（原始礼）的感觉。"②

第三节 省风宣气：乐作解密"天启"信息的阐释媒介

当仪式性的"欢腾"逐渐从狂热中冷却与抽离出来之时，取而代之的是对日常生活一般性知识的追逐与依赖，当然这种知识仍然带有深深的蒙昧色彩。人们相信神（祖）鬼主导世界运行的"神谕"与"警示"等"天启"信息，往往潜藏于自然界中易接近的普遍之物中，这是早期人类社会的共识。法国人类学家列维·布留尔（Lucien Lévy-Bruhl）称其为原始思维中的"集体表象"（Collective Rpresentations）："很容易由于凭空加上的神秘属性而具有神圣的性质。江、河、云、风也被认为具有这种神秘的能力"③。在中国古人眼中，风就是这样一个被"选中"和赋予某种神异色彩的"特殊"信息载体，它不仅携"天启"，更是上天"使者"。

《河图帝通纪》云："风者，天地之使。"《周礼·春官·保章氏》："以十有二风，察天地之和，命乖别之妖祥。"视"风"为祸福贞祥之兆，这在殷商时期已不鲜见。甲骨卜辞"于帝史（使）凤（风）二犬"，意为用两只犬祭祀上天的使者风神。④《甲骨文合集》14294 与 14295 版中收录了几段商武丁时期的卜辞，显示商人"求年"（祈求丰收）活动的中介和对象分别是"四方风"与"四方神"，据胡厚宣、陈梦家、于省吾、李学勤等人考证，商人信仰体系中四方、四风与四神之间关系紧密，风作为使者的中介性不仅具有"通神性"，也代表"社会生活的刻

---

① ［法］爱弥儿·涂尔干：《宗教生活的基本形式》，渠东、汲喆译，北京：商务印书馆，2011年，第504、576页。

② 葛兆光：《中国思想史第一卷：七世纪前中国的知识、思想与信仰世界》，上海：复旦大学出版社，2001年，第112—113页。

③ ［法］列维-布留尔：《原始思维》，丁由译，北京：商务印书馆，1986年，第30页。

④ 郭沫若：《卜辞通纂》，《郭沫若全集·考古编》第二卷，北京：科学出版社，1983年，第398页。陈梦家：《殷墟卜辞研究综述》，北京：中华书局，1988年，第575页。

度"。① 虽然到了周代，测卜对象开始由简单的四风转变为日月星辰，但这"未完全掩盖掉自古流传的四神、四方与四季的密切关系，……商周两代观（风）象授时制度的发展流变，其脉络是基本清晰的"②。

然而，风中携带信息却并非可以直接"显现"于凡世，它需有专门的媒介者（机构）通过一系列有序的操演仪式，才能将隐秘天机释读出来，而这种仪式活动在古代被命名为"省风"，早期的乐官（或圣王）就充当这种信息解密者角色。《国语·周语上》："瞽告有协风至。"韦昭解说："瞽乐太师知风声者也。"《左传·襄公二十一年》："天子省风以作乐，器以钟之，舆以行之。"笔者认为，所谓"省风"，其实就是天人融通下完备的信息传播活动，"乐"充当天人信息"阐释媒介"或"解密者"角色，其职能至少反映在三方面：

首先，在"吉礼"祭山林川泽时，乐媒介能捕获指导农业生产的"时令""节气"等信息，其功能是"化育万物"。又《国语·郑语》："虞幕能听协风，以成乐物生者也。"韦昭解说："虞幕，……言能听知和风，风时顺气，以成育万物，使之乐生。"这说明自上古虞幕能听协风以来，瞽师音官的职责就是用"乐"听测和监察"风"。音乐史学家蒋孔阳认为，其可行的理由是"不同季节来自不同方向的风，能够发出不同高度和不同性质的声音"③。李纯一先生推测："先民根据长期的生产实践，得知那种适于春耕的协风所发出的声响，常和某个特定音高的乐音相一致，因而用乐音来测知协风的到来与否，成为当时农业生产的一件大事。"而在当时的历史条件下，这种做法无疑要"赋予巫术意义或神秘意义"。④

其次，乐媒介除了可以知悉"成育万物""以正田役"的奥秘外，还能"以和军旅"（《周礼·地官·鼓人》），成为"军礼"活动中释读预示战争胜负的"符码（code）"。《周礼·春官》上有这样一段记载："大射，帅瞽而歌射节。师执同律以听军声，而诏吉凶。"他们相信："凡敌阵之上，皆有气色。气强则声强，声强则其众劲。律者所以通气，故知吉凶也。"事实上，在杀戮不息的春秋战国，乐官用音律占卜战争是非常普遍的现象。《左传·襄公十八年》："楚师伐郑，次于鱼陵。……晋人闻有楚师。师旷曰：'不害。吾骤歌北风，又歌南风，南风不竞，多死声。楚必无功。'"就是师旷（晋国乐师）省风卜军事的例子。唐人张守节在《史记正义》

---

① 参见胡厚宣：《释殷代求年于四方和四方风的祭祀》，《复旦学报》（人文科学）1956 年第 1 期；陈梦家：《殷墟卜辞综述》，北京：科学出版社，1988 年；于省吾：《释四方和四方风的两个问题》，载《甲骨文字释林》，北京：中华书局，1979 年；李学勤：《商代的四风和四时》，《中州学刊》1984 年第 5 期；饶宗颐：《四方风新义》，《中山大学学报》（哲学社会科学版）1988 年第 4 期。

② 李传军：《四时八风：风与中国古代民众的时间生活》，《中原文化研究》2017 年第 2 期。

③ 蒋孔阳：《先秦音乐美学思想论稿》，合肥：安徽教育出版社，2007 年，第 44 页。

④ 李纯一：《先秦音乐史》（修订版），北京：人民音乐出版社，2005 年，第 4 页。

也强调："夫战，太师吹律，合商则战胜。"

此外，"省风作乐"的另一种传播形态在于"宣气"，"宣气"活动在先秦时期较为普遍。"气"在中国古代朴素哲学观中地位特殊，它常被视为与"阴阳""五行"有关的构建宇宙万物的基本元素之一。① 日本著名汉学家户川芳郎，将"宣气"称之为接收"天地之间，变化着，起着作用，与生命现象有关的气概念的原型（信息）"②。此时"气"与"风"的功能一致，两者均为蒙昧性质的"信息源"，"宣气"亦是一种传播实践，"乐"再次充当一种信息阐释媒介，"向上承袭""向下传达"世界运行奥秘（如阴阳五行等信息）。《左传·隐公五年》孔颖达《正义》："八方风气，寒暑不同，乐能调阴阳，和节气。"强调从"乐"可从"气"中可获致世事和谐。司马迁《史记·律书》中记载武王伐纣时，"吹律听声，……杀气相并，而音尚宫"。乐在"宣气"中将传递战争胜负的信息。《白虎通·礼乐》："八风、六律者，天气也，助天地成万物者也。"表明"乐"能从"气"中发现"育万物""和阴阳"的奥秘，显然也都是将乐视为通天（神）的媒介。秦汉以降，及至魏晋，随着谶纬之术的盛行，乐作为"省风宣气"的阐释媒介功能也得到进一步延展。譬如，广泛流行于汉代的"风角五音法""葭莩候气法""律气法""卦气法"③ 等卜法，均由"宣气"拓展而来，以"五音""十二律"关联"五方""十二辰"等，进一步发挥"乐"的阐释（解密）功能。汉代著名解乐之书《乐纬》将"气"分为"天气""地气""人气""风气"并试图统筹起一套由天、地、人、万物组成的完整宇宙系统，它"和谐与否的关键是'气'的通畅，……（只有）通过音乐的'省风宣气'，才就能使宇宙万物处于和谐的状态之中"④。换言之，这个系统正是以"乐"为信息传递枢机建构而成的。

即使脱离夏商周三代，"省风"与"宣气"的信息释读活动，依然在相当长的历史时期指引着人们的日常生活。倘若我们将视线拉长就会发现，上文提及的出于汉代的"葭莩候气法"，在唐宋时期的《隋书·律历志》和《梦溪笔谈》中也屡

---

① 刘起釪：《"五行说"起源考论》，载［美］艾兰等编：《中国古代思维模式与阴阳五行说探源》，南京：江苏古籍出版社，1998年，第133—161页。

② ［日］户川芳郎：《原始生命观和气概念的成立——从殷周到后汉》，载小野泽精一等著：《气的思想：中国自然观和人的观念的发展》，李庆译，上海：上海人民出版社，1990年，第20—23页。

③ "律气法"就是将音乐十二律和十二辰、十二月、二十四节气等相对应，用于占验的一种方法，始见于《后汉书·律历志》。"风角五音法"，是通过五音来占验四方四隅之风一种方术，由"律气模式"发展而来。"卦气法"，是将易卦的某爻与二十四节气或固定时日相配合，以测吉凶的一种方术。"葭莩候气法"，是选取尺寸不同的十二支律管，里面装上葭莩之灰，并用薄膜将管口封住，埋于密室之中。到了固定时间，相应律管内的葭莩之灰就会冲破薄膜而飞出，乐官以此定节气。（参见王铁：《汉代学术史》，上海：华东师范大学出版社，1995年，第61—75页。）

④ 付林鹏，曹胜高：《论〈乐纬〉解乐模式及其思想背景》，《天津音乐学院学报》2010年第2期。

有提及，诗人杜甫与李商隐所言的"吹葭六琯动飞灰"（《小至》），"玉管葭灰细细吹"（《池边》）说的就是这种卜法。可见，这种脱胎于原始巫术的知识系统，并未随魏晋之后谶纬之术的式微而销声匿迹，反而逐渐沉淀为，葛兆光所言的人们思考生活的"一般知识、思想与信仰"①。"乐"在吉礼、军礼等仪式活动和日常生活秩序中，所发挥阐释媒介作用，释读、预测、指引、规范功能客观上影响不同时期仪礼的发展，也让日常生活承袭浸润了上古记忆的流风遗俗，并不能斥归为"愚昧"。正如童恩正先生在考察中国巫祝社会时所言："没有巫师集团的'制礼作乐'，就可能没有现在我们所能观察到的带有'中国特征'的古代社会。"②

第四节 制礼作乐：从"通天媒介"到"社会整合媒介"再到"政治符号媒介"的跨越

中国古乐的一大特色，在于并未停留在"百兽率舞"的巫性媒介或"宣风省气"的信息阐释媒介，而是实现了"通天媒介"向世俗世界中"政治媒介"的转变，从宗教信仰领域进入社会实践领域，发挥政治沟通、社会整合之功能。质言之，"乐"的媒介性由"人—神（祖）"间下放至"人—人"间，并被嵌入礼制文化的改造与定型中。这种转向，大抵发生在社会巨大变革的商周时期，其中最重要而鲜明的依据是周公摄政六年的"制礼作乐"。清末史学家夏曾佑与近代钱穆等人认为，制礼作乐"奠定了中国文化大传统的根本"，周公堪称黄帝与孔子之间，"于中国大有关系的唯一人"。③"礼乐"变革的重大意义可见一斑。那么，此时的"礼"发生了哪些变化？"礼""乐"之间又存在着怎样的关系？这种关系又是如何形成的？

据王国维先生在《殷周制度论》中的考订，周礼引发的社会变革广泛涉及立嫡之制、丧服之制、天子君臣诸侯之制、庙数之制、不婚之制等各方面，而改造的核心在于"纳上下于道德,而合天子诸侯卿大夫士庶民以成一道德之团体"④。换言之，在于彰显"道德之器械"，而"礼乐相须以为用"（《礼记·月令》）下的"乐"自然也是形成社会秩序与显现道德合力的媒介（器械）。

---

① 葛兆光：《思想史的写法：中国思想史导论》，上海：复旦大学出版社，2001年，第13—16页。

② 童恩正：《中国古代的巫》，《中国社会科学》1995年第5期。

③ 参见夏曾佑：《中国古代史》，石家庄：河北教育出版社，2000年，第37页。钱穆：《周公》，北京：九州出版社，2011年，前言1—2页。杨向奎：《宗周社会与礼乐文明》，北京：人民出版社，1997年，第141页。

④ 王国维：《殷周制度论》，《观堂集林·外二种》（上册），石家庄：河北教育出版社，2001年，第288—289页。

　　首先，周公以降，乐的媒介性改造，开始被注入"德"的维度。"德"的观念似乎出于周人①。与殷商不同，西周信仰崇拜对象也非"实体指向"的"帝"（或称"上帝"，常与先祖有关），而是更具"虚拟意义"的"天"，但两者位格一致②。只是，周人的"天"不仅可"令风""令雨"左右世间祸灾福辱，还似万物法则，王权政治合法性也需"德"性加持，即"天生蒸民""受命于天"下"惟德是辅"。通俗地说，"周人把德看作君主个人品行，既含有对王的意志行为的某种规范意义，同时又认可了王对德的垄断特权。唯王可以'以德配天'，使神权和王权在周天子身上得到了统一"③。因此，"乐"在政治仪式中如何传递和彰显"德配天"，并嵌入周初政治秩序的构造与维持中，才是此时制乐与用乐的核心。

　　以周公亲自参与的"乐"为例，他在摄政期间先后制作的，表现武王武功的武舞《象》和表现周公、召公分职而治的文舞《酌》（合称《大武》），在洛邑告成之际，为祭祀文王又制作了表现文王武功的武舞《象》。这些乐舞，都具有"明德"倾向。比如，《大武》乐歌"六成"共七章（加尾声），以宣揭"禁暴、戢兵、保大、定功、安民、和众、丰财"等武之七德为宗旨，乐舞对历史事件的道德赋意是很清晰的：乐章以咏王季、文王之明德的《昊天有成命》始，以咏武王"定功"之德终，这种章法结构突出了周礼宗法制度（传子制度）的要领；以禁暴、定功之德配武王之事，则具有教化意义，勉戒子孙勿忘"克明德慎罚"（《召诰》），以防"早坠厥命"（《康诰》）等。事实上，这些作品就是新兴统治者取得政权后的必要政治实践，乐被不断地加工、利用，目的就在于产生"夸大、炫耀和威慑"作用。④再如《清庙》乐，《诗经·周颂》中称周公作此乐是为了"秉文之德……不显不承，无射于人斯"（使文王之德显耀后世，仰慕之情永无穷）。《毛序》云，周公"朝诸侯，率以祀文王"就采用了《清庙》乐，《尚书大传》对此祀礼情境有过生动的描述："周公升歌文王之功烈德泽，苟在庙中尝见文王者，愀然如复见文王。"在《清庙》乐舞的浸淫下，不仅可以承召先祖德性之光，或可"复见"文王。可以发现，这里的"乐"无论是"劝诫"，还是"显现""昭示"，都具有鲜明的政治传播倾向。

　　这种"德"性嵌入方式，更多体现在对乐媒介的乐器拣选、程式搭配、场域限定等内部结构的改造中，"乐"媒介的信息性在不同的乐章片段中被程式化扩充，

　　① 郭沫若：《中国古代社会研究·青铜时代》，《郭沫若全集·历史编》第一卷，北京：人民出版社，1982年，第324页。陈梦家：《殷墟卜辞综述》，北京：科学出版社，1988年，第581页。
　　② 陈来：《古代宗教与伦理——儒家思想的根源》，北京：生活·读书·新知三联书店，1996年，第171页。
　　③ 刘泽华：《中国传统政治思维》，长春：吉林教育出版社，1991年，第72页。
　　④ 杨荫浏：《中国古代音乐史稿》（上册），北京：人民音乐出版社，2004年，第33页。

催生出具有本土特色的原生"政治媒介"。据王国维在《释乐次》中的考证，诸侯以上的礼之盛者用乐次第是：金奏始，次升歌，次下管，配以舞。升歌、下管用《颂》，有管必有舞。下管之诗，天子《象》也。虽然在《礼记》的《仲尼燕居》《明堂位》与《祭统》中，两君相见的大飨礼与某些特定祭礼，用乐有相异之处，却基本遵循"升歌主声、下管取义，舞以象事"。① 按一些现代学者的说法，周公早在作乐之始就已经对乐舞的数量、结构、使用的歌诗及以乐舞行礼的合用或分用都做了清理，并形成三种基本而固定的"行礼用乐"程式。② 《大武》舞等"以法天象地为构成舞蹈语汇原则的九成万舞的基本体例，创造了取向现实历史事件以构成舞蹈语汇的新的舞蹈编创体例"，奠定了此后周代礼、乐相合制度的基本性质，"在中国礼乐文化史上当有'哥白尼'般的意义"③。

其次，自周代始，乐的社会整合功能，虽被拓展到政治生活与社会生活的各个方面，但乐的"巫性"却并没有被彻底剪除，在"礼有五经，莫重于祭"（《礼记·祭统》）的三代，祭礼依旧是社会活动的最重要部分。《礼记》中强调的"殷人尊神，率民以事神，先鬼而后礼"，到"周人尊礼尚施，事鬼敬神而远之，近人而忠焉"从"万世求卜"的殷商时代跨越到"敬天崇德"的西周时期，只是离"天"远近的问题，神性钳制力并没有被彻底扼杀，相反更有可能成为社会礼制形成最原始的驱动力。因为，在商周之际"一元多神""部落至上神信仰"的国教中，祭祀仍是这个体系的核心。④ 犹如宗教社会学家彼特·贝格尔（P.L.Berger）所说，"在人类文明发展史中，宗教一直是历史上流传最广、最为有效的合理化工具"，它是一种"用神圣的方式进行秩序化的活动"。通过将难以为稳定的社会结构与一种终极性的存在联结在一起，使社会结构获得一种神圣性的根基，并用来解释、维持人类文明秩序的合法性。⑤

周礼定制的五礼中"以吉礼事邦国之人鬼神祇，以凶礼哀邦国之忧；以军礼同邦国；以宾礼亲邦国；以嘉礼亲万民"。据《周礼》《仪礼》《礼记》等文献记载，最重要的乐却集中在吉礼和嘉礼⑥。其中，尤以帝王主持的郊庙祭祀吉礼规制最为宏大，在祭、祀、享三方面与之配合的乐（即"六代乐舞"）的限定也最为严苛。

---

① 王国维：《释乐次》，《观堂集林：外二种》（上册），石家庄：河北教育出版社，2001年，第46—59页。

② 贾海生：《周公所制乐舞通考》，《文艺研究》2002年第3期。

③ 张国安：《从〈武〉、〈三象〉至〈大武〉看周公制礼作乐》，《学术月刊》2008年第10期。

④ 张荣明：《中国的国教：从上古到东汉》，北京：中国社会科学出版社，2001年，第85页。

⑤ ［美］彼德·贝格尔：《神圣的帷幕：宗教社会学理论之要素》，高师宁译，上海：上海人民出版社，1991年，第40—41页。

⑥ 杨晓鲁：《中国音乐与传统礼仪文化》，长春：吉林教育出版社，1994年，第20页。

《周礼·春官》：

> 大司乐……分乐而序之，以祭，以享，以祀。乃奏黄钟，歌大吕，舞《云门》，以祀天神。乃奏太簇，歌应钟，舞《咸池》，以祭地示。乃奏姑洗，歌南吕，舞《大磬》，以祀四望。乃奏蕤宾，歌函钟，舞《大夏》，以祭山川。乃奏夷则，歌小吕，舞《大濩》，以享先妣。乃奏无射，歌夹钟，舞《大武》，以享先祖。

当然，这种严格的用乐限定本身就带有权力宣示、塑造秩序的意味，"通过严格遵守的法规、礼节，以制约社会群体与个人的行为，使之在心理上适应和服从社会伦理规范，其根本上仍是维护有序的、以亲缘关系为纽带的宗法制度与王权统治"①。这些吉礼用乐庄严、肃穆、庙堂气氛浓郁，而且每种乐舞都表意特定的政治内涵。

贾克·阿达利（Jacques Attali）指出，音乐"在先天上是仪式性的"，依靠"它和权力符码的神秘契合，以及它如何有秩序地参与社会组织的成型过程"②。无独有偶，美国学者 Robert Futrell 等人也强调，音乐与政治的关联是自然而然的，这是因为音乐在很多政治仪式中习惯于扮演一种"指挥官"（commander）的媒介角色，它"作为一种组织原则"（An organizational principle）通过对仪式的节奏气氛调节将参与者带入特定政治情感体验中，而实现某种"政治定调"的动机。③那么，对周人而言，乐媒介的"政治定调"就是将所有仪式参与者笼络在"德"的氛围下，这是周乐迥异于商乐最鲜明的特色。周礼"损益"地承袭了夏殷二代天神、地祇、人鬼的宗教信仰，及祭祀礼仪的总体方向，其背后的精神是，"周初天命观和忧患意识所产生的、对德行德政及人伦教化的深刻体认"④。

那么，如何将改造后的"乐"超越祭祀等"吉礼"活动之外，最终拓展至更广泛的社会层面与日常生活中，实现"以乐入礼"的意识与思想形塑？这是周人要面临的下一个重要问题。对于周初而言，"以德入乐"依然是"乐"改造的基础和第一步，反映在周公所制礼典与刑典都是，"则以观德，德以处事，事以度功，功以食民"（《左传·文公十八年》）。但是，真正实现"乐"对"礼"的嵌入，并

---

① 修海林：《古乐的沉浮：中国古代音乐文化的历史考察》，济南：山东文艺出版社，1989年，第21页。

② [法]贾克·阿达利：《噪音：音乐的政治经济学》，宋素凤、翁桂堂译，上海：上海人民出版社，2000年，第33页。

③ Robert Futrell, Pete Simi, Simon Gottschalk. Understanding Music in Movements: the White Power Music Scene. *Sociological Quarterly*, 2006, 47 (2):30.

④ 陈剩勇：《礼的起源——兼论良渚文化与文明起源》，《汉学研究》第17卷第1期，1999年。

拓展出"德"性的最主要原因，却是"政治力量"的介入、庇护与主导。具体说来，大抵通过两种途径增强"乐"的社会整合性。

其一，是"以乐育人"。周代官方设立"春官"，可能是世界最早的音乐教育机构，机构的最高行政者"大司乐"所包括的职责就包括用"乐德""乐语""乐舞"施教，即：

> 掌成均之法，以治建国之学政，而合国之子弟焉。凡有道有德者，使教焉，死则以为乐祖，祭于瞽宗。以乐德教国子中、和、祗、庸、孝、友。以乐语教国子兴、道、讽、诵、言、语。以乐舞教国子舞《云门》《大卷》《大咸》《大磬》《大夏》《大濩》《大武》。(《周礼·春官》)

"乐"媒介中包括的各种典礼仪式及社会交往的各种规则、法度等记忆在历时性维度上得到绵延，"通过诗、书、礼、乐、射、御等教学内容的实施，最终完成对培养对象的人格塑造，即从礼的实施与乐的表演上完成教育对内在心理素质、思维、行为模式等方面的培养，于其心灵上建立一种合乎礼乐规范的道德标准与艺术审美趣旨"[1]，另一种方法是"以乐定级"，例如在编钟、编磬的组套使用上，"正乐县（通'悬'）之位：王宫县；诸侯轩县；卿大夫判县；士特县"(《周礼·大司乐》)，在乐舞行列（即"佾数"）上，"天子用八，诸侯用六，大夫四，士二"(《论语·八佾》)等划分用乐者的身份等级，此时"乐"作"礼亦异数"下的表征媒介是非常明显的。

值得注意的是，历经商周两代的古乐，无论是种类还是程式都取得了巨大的发展，[2]但是，随着周王朝的衰落，到了春秋战国时期，"政治力量"逐渐式微已经无法再支撑"周礼"繁复体系的运作，某种程度上"礼崩乐坏"已是必然趋势。此时，世俗对"乐"的关注、讨论与使用，似乎终有脱离特定仪式场域，升华为

---

[1]　修海林：《古乐的沉浮：中国古代音乐文化的历史考察》，济南：山东文艺出版社，1989年，第27页。

[2]　这点可由考古发现的各种乐器为佐证。据马承源《中国青铜器》载，商代到战国期间已经发现铙、钲、钟、铎、铃、钩鑃、錞于、鼓等出土乐器，而且春秋战国时期又是青铜器的新时期，加之金属冶炼技术的成熟，此时的乐器种类是十分丰富的，见于《诗经》的就有29种之多：贲鼓、鞉、镛、征、磬、缶、柷、圉、鸾、埙、簴、笙、瑟等等，而且还有成套的编钟（商代虽有，但出土极少，且多为3件或5件一套；周代多为9件一套），最多的是1978年在湖北随县曾侯乙墓出土的战国早期的64件一套的编钟，加上楚惠王赠送的镈一件，共八组分三层悬于钟架之上，此外还有涪陵编钟、蔡侯铜编钟、六台编钟、河南信阳编钟、河南固始县侯古堆编钟等等，音乐的发展与进步程度可见一斑。（参见马承源：《中国青铜器》，上海：上海古籍出版社，1988年，第280—294页。孙星群：《音乐美学之始祖〈乐记〉与〈诗学〉》，北京：人民出版社，1997年，第21—22页）

"政治符号媒介"的倾向。加之，礼、乐之间严苛的权力映射关系被肢解后，社会动荡与理性世界的开放与百家争鸣，客观上也为"乐"的媒介偏向，从使用属性的跨越至符号属性，提供了各种"可能性"滋生的土壤。

这一时期，对"礼"与"乐"关系的阐释，似乎成了诸子们各抒己见与争取舆论话语权的焦点。比如，儒家在追授周公"先圣"身份时，更加强调他对礼乐精神创造性改造的重要性，"把以祭祀为主的事神模式转变为以德政为主的保民模式……礼也由最初主要处理神人关系变成处理人和人之间的关系"①。孔子对礼乐制度失去整合功能，只剩徒有形式的虚文，发出感慨："礼云礼云，玉帛云乎哉？乐云乐云，钟鼓云乎哉？"（《论语·阳货》），并反思："人而不仁，如礼何？人而不仁，如乐何？"（《八佾》）进而寻求以"仁"释礼，援"仁"入乐的解决路径（刘宝楠《论语正义》）。而道家庄子等人则视"乐"与"礼"是对本真性的干扰与遮蔽，"性情不离，安用礼乐？"（《马蹄》），"退仁义，宾礼乐，至人之心有所定矣！"（《天道》）墨家通过攻讦儒家的繁饰礼乐，而宣扬"非乐"务实的主张，说儒者是"弦歌鼓舞以聚徒，繁登降之礼以示仪""盛以声乐以淫遇民"（《墨子·公孟》）。总之，我们可以看出，"乐"已开始从仪式场域繁杂缜密的具象内涵限定中解脱出来，在与"礼"结合的社会舆论中开始转而向符号化媒介"跳跃"。

综上所述，礼之滥觞中灵动着"乐"的媒介。《左传·昭公二十五年》："礼，上下之纪，天地之经纬也。"孔颖达疏："言礼之于天地，犹织之有经纬，得经纬相错乃成文，如天地得礼始成就。"指出礼诞生于天地之始，源远流长。《礼记·礼器》曰："礼也者，合于天时，设于地财，顺于鬼神，合于人心，理万物也。""礼"是合天地人心和自然秩序的"理"，规定了中国传统社会生活秩序、人伦典范。学者刘昕岚认为，"礼"包罗万象，它治理并规范中国人生活处境的各个方面，不仅具有格尔兹（Clifford Geertz）"意义之网"式的文化模式概念，包括"西方文明中的'culture'（文化）、institution'（仪式）、'convention'（常规）、'etiquette'（礼仪）、'code'（法典）、'cultivation'（教化）等概念上的意义"，还包括"人现世的生活（人与外在自然世界及人与人之间的关系）以及和超越世界之间的沟通往来"②。

从古至今，礼乐研究可谓汗牛充栋。它们"相须合用"被视为"天经地义"，事实上，萌发于早期社会的礼、乐文化不但有着各自独立的演进路径，它们之间

---

① 王博：《中国儒学史》，北京：北京大学出版社，2011年，第22页。
② 刘昕岚：《论"礼"的起源》，《止善学报》（台湾朝阳科技大学学报）2010年第8期。

的交合却是从原始氏族社会到夏商周三代中逐步实现的。在这一过程中，礼乐协同不断发展完善，进而成为华夏文明传播的基本范式和中华文化绵延五千年的内在机制与关键动力[①]。

以传播学立场看，媒介与社会制度之间始终存在着某种"耦合性"（coupling）。哈罗德·英尼斯（Harold Adams Innis）、马歇尔·麦克卢汉（Marshall McLuhan）、雷吉斯·德布雷（Régis Debray）与中国学者陈卫星、吴飞等人，提倡以一种"媒介学"视角考察历史变迁的动因，因为这种转向或许可发现某种被遮蔽的"新面貌"。倘若以这种视野回望过去，当我们考察礼之滥觞时，未尝不可以将中国古乐这条"隐线"从"礼乐"中抽离出来，"以乐观礼"，将"乐"视为一种礼制秩序（关系）形塑的"媒介"和礼文化生成的实在力量，以此重新审视古乐内涵（诗、歌、舞一体）与媒介属性（通天媒介性、沉浸式复合媒介性、信息阐释媒介性、社会整合媒介性、政治符号媒介性）的嬗变机制，并与不同时期礼文化的社会背景做一种多维度的接合，或可管窥礼的萌发与流变的基本脉络。假如，进一步将乐媒介的动态内涵细化，或许更能体验华夏礼乐文化历史中跳动、流转的脉搏。当然，毋庸讳言，"乐"不是决定中国古代礼制变革的最关键因素，两者之间更不是简单的线性因果关系，我们只是希望从"媒介学"的视角，探讨"乐"作为一种媒介下何以可能，又是如何承载礼之内涵，并在共时性维度上传达社会规范，在历时性维度上构建社会现实与传承礼制记忆，以及两者具体的"勾连""耦合""嵌入"机制，这些才是我们希望改变以往礼乐文化研究中重礼轻乐偏向，以至对"以乐观礼""宣礼"的媒介学意义加以细致考察的内在动因。

（本章作者：谢清果 张丹）

[①] 谢清果、林凯：《礼乐协同：华夏文明传播的范式及其功能展演》，《新闻与传播评论》2018年第6期。

第二章 礼乐协同：礼乐传播的范式及其功能展演

礼和乐作为华夏文明传播的两种符号形式，具有多样性和差异性。礼和乐地位是等同的，它们需要相互协调，合作运转。礼要有乐配合，乐要有礼引导，二者在协同运作中准确而有效地传递着"仁义"等中华文化的核心思想。而传播和践行礼乐协同所传递的这些核心思想的关键在于人，因此礼乐协同运作中突出了对人的情感（尤其是道德情感）诉求，通过对个体情感的激发、促进人际间情感的互动，在礼乐协同的规范和引导下实现中华文化核心思想的灌输和内化，达到对人的教化，塑造一个具有德性的人格，由此展现礼乐协同的情感传播特质和内在运作机制。更重要的是，礼乐协同以情感为媒介将社会各阶层凝聚在一起，传承中华文化，实现社会大众的情感共鸣，构筑稳定的、和谐的社会秩序，推进华夏文明传播的实践，展现特殊的社会功能。礼乐协同是华夏文明传播的一种范式，在中国社会发展的历史进程中发挥着重要的作用，彰显了华夏文明的可沟通性和开放包容的品质。因此，礼乐传播是华夏文明传播的本质特征。

文明是人类社会不断发展进步、逐步摆脱野蛮和落后的生存状态，它随着时代发展而呈现不同状态。[①] 华夏文明是中国古代几千年来积淀的结晶。在华夏文明传播过程中，中国古人通过文字创造、文学作品书写，礼乐传唱、制度设计、民

[①] 有关文明与文化的概念界定，学术界没有一个确定的说法。从中国学者对文明的定义来说，有积极成果说、进步程度说以及价值体系说等（杨海蛟，王琦在"论文明与文化"一文中对文明与文化的定义进行梳理总结。该文发表在《学习与探索》2006年第1期）。笔者在本文中探讨的是中华文明的传播与发展，因此，从社会纵向发展角度来说，文明是人类起源之后，逐步摆脱野蛮和落后的生存状态，推动社会向前发展所形成的能力或状态，是一种进步的标志。而文化应该是人类社会生存发展过程中所凝结成的所有物质和精神成果。一般来说，只有进步文化才能积淀形成人类文明。关于二者的运用，举例来说，儒学是文化，佛学是文化，道学是文化，而人们只能将根据儒学、道学、佛学衍生出来的礼乐形式与庙堂建筑称之为文明（此例引自林剑的《文化与文明之辨》，发表在《学术研究》2012年第3期）。本文认为华夏民族能够创造并使用礼乐等形式来传播信息，从而体现了华夏文明传播的一种独特样态。

俗活动举办等各种形式传播中华文化，书写历史，赓续文明。

中国儒家的礼和乐是中华文化传承的两种特殊而普遍的载体形式，是中国古代社会生活的重要组成部分，更已内化为现代社会生活的基本规范。中华民族遵行礼的同时配以乐的表演，并在二者的协同中传播特定的礼和乐的内涵，不断续写和丰富儒家的尊卑有序的核心思想，展现儒家行中和之道的核心精神。对此，余英时先生曾说道："我们可以断言，离开了古代的礼乐传统，儒家中心思想的发生与发展都将是无从索解的。"[1]更进一步说，儒家的礼乐文化折射出中国文化的特质，正如牟宗三在阐释中国特质文化时所说："这整个的文化系统，从礼一面，即从其广度一面说，我将名之曰：礼乐型的文化系统，以与西方的宗教型的文化系统相区别。"[2]中国的文化系统作为一种礼乐型的文化系统，她注重的是教化与感化，不同于区别神学的训诫传统。在中国历史发展的长河中，礼乐协同以其特有的展现形式而源远流长，形成蔚为壮观且一以贯之的和不断推陈出新的文化系统。可以说，礼乐的协同演进，是华夏文明发展的独特表达，更是华夏文明传播的一种特色范式。从这个意义上讲，华夏文明传播本质上就是华夏礼乐传播，因为礼乐传播是华夏文明传播最鲜明的特色。

中国社科院的杨瑞明研究员应笔者咨询时表述"文明传播"（communication of civilization）的概念内涵："在一定历史时期，不同文明和不同区域的特质文化，通过一定的传播方式或传播媒介进行沟通互动、交流融合，获得传承延续与发展跃迁的内在秩序与过程。"[3]在杨老师看来，文明传播是不同特质文化的沟通、传承、交融与发展的过程。这些特质文化在经过历史积淀之后而逐渐形成各具特色的文明形态。这里提到的沟通、传承、交融、发展的过程实际上也说明了"文明"具有可传播的这一特征。正如笔者曾撰文指出："文明"自身就是个传播观念，因为文明本质上是探讨人如何与自然、社会以及自身身心、国家与国家之间如何和谐共处的问题，文明就是人意识到人应当以人的方式来对待这个世界的一切，因此"文明"正是"人的方式"的标识和结晶。[4]以此看来，华夏文明传播的范式之一——礼乐协同，其强调人的主体性，并以建构、维系和升华人和社会其他主体关系为目标的整体传播活动则可视为华夏文明传播特征的一个重要体现。对此，

---

① 余英时：《士与中国文化》，上海：上海人民出版社，1987年，第93页。

② 牟宗三：《中国文化之特质》//《牟宗三先生全集》（27），台北：联经出版事业公司，2003年，第66页。

③ 这是杨瑞明研究员为应中国社会科学院新闻传播研究主持的新闻学与传播学名词审定委员会邀请所写的词条。目前这个词条还未正式发布。特此致谢。

④ 转引自谢清果教授的论文《中华文明传播的世界意义》，此论文收录于2018年5月19日在西南政法大学召开的"传统文化与传播学术研讨会"《中华文化与传播研讨会论文集》中，目前尚未出版。

我们可以对华夏 ① 文明传播的范畴做一个界定：华夏文明传播是以中华文化精神为核心内容，以中国传统传播媒介或符号为载体，以吸纳社会各阶层、其他民族或地区为多元一体的文明共同体为目标，在交融、合作、传承中，以期达到教化、融通，从而构建起一个共存共生的和谐社会关系的信息传播过程。可以说，华夏文明传播充分体现了儒家倡导的在"和而不同"与"礼之用，和为贵"间保持必要的张力的思想理念，即既强调礼的社会规范性，又观照到个体的自主能动性，体现了一种以人为本的人文主张，正如毛峰认为："孔子之社会理想，从人道主义出发，以人文主义为旨归。"② 而这种人文主义的旨向更注重人的情感的表达和抒发，注重在和善对话中取得"随风潜入夜，润物细无声"的传播效果。可以说，中国传统社会的传播方式往往带有情感偏向的特质。推而言之，礼乐协同的华夏文明传播实践正是催生中华民族情感取向传播范式的内在机理，本章从文明传播的视角来探讨礼乐协同何以展演出其特殊的传播功能。

第一节　礼和乐协同：华夏礼乐传播的符号和运作形式

《礼记·曲礼》中提道："鹦鹉能言，不离飞鸟；猩猩能言，不离禽兽。今人而无礼，虽能言，不亦禽兽之心乎！……是故圣人作，为礼以教人，使人以有礼，知自别于禽兽。"③ 古人认为人正是通过对礼的学习，承受礼的教化而成其为人，这是人与禽兽的区别，而也只有人类能够通过制作礼乐等符号系统进行传播交流。卡西尔认为："我们应当把人定义为符号的动物（animal symbolicum）来取代把人定义为理性的动物，只有这样，我们才能指明人的独特之处，也才能理解对人开放的新路———通向文化之路。"④ 由此看来，人能够制造符号，并能有意味的使用符号，才能编织有意义的网络，构造人类文化。古代社会中的礼乐是君王或君子传递教化思想或统治规训思想的一种重要的符号形式，它不仅存在于统治阶层更延续和深入到百姓生活中。人们在这些礼乐符号所构筑的意义之网中按照一定

---

　　① 本文中涉及"华夏""中国""中华"等概念，三个概念有一定相似，也有一定区别。黄星民教授在《华夏传播刍议》（《新闻与传播研究》2002 年第 4 期）一文中认为，"中国""中华"涵括古今，可以指今天的中国，也可以指古代中国。而"华夏"常常特指古代中国，它并不仅仅只是个地理概念，还包括中华民族的祖先及其文化。詹鄞鑫教授在《华夏考》（《华东师范大学学报》（哲学社会科学版）2001 年第 5 期）一文中提到，现代我们一般用"中华""华夏"来代表中国各民族，而"中国"是一个地理概念，也表示中国各民族。综合来看，本文中，中华文化指的是中国古代各民族文化，而中国文化则是包括古代和现代整个中国文化系统。

　　② 毛峰：《文明传播的秩序：中国人的智慧》，北京：中国传媒大学出版社，2005 年，第 164 页。

　　③ 贾德永译注：《礼记·孝经》，上海：上海三联书店，2013 年，第 7 页。

　　④ 卡西尔：《人论》，甘阳译，上海：上海译文出版社，2003 年，第 42 页。

的等级秩序构筑特定的生活场域和生存空间。当然，应该注意的是礼和乐作为两种不同的符号，其间需要彼此的配合、协调、共融才能在协同运作中准确传达特定的思想内涵。华夏民族以其高明的智慧创造礼乐符号，设计礼乐协同运作形式，生成和谐美好的情境，并在此情境中塑造和演绎华夏文明的传播形态。

一、礼和乐：作为华夏礼乐传播的符号

《周礼·大宗伯》将礼分为五种：吉礼、凶礼、宾礼、军礼、嘉礼。[①] 在不同的时间和空间中采用不同的礼，而且这些礼具有不同的规范和表现。譬如，礼的要素包含有礼法、礼义、礼器、辞令、礼容、等差等几项。[②] 这其中包括礼仪的规则和程序的固定安排、对礼仪包含的内涵和精神的阐释、礼仪所用器皿的选择和分布、引导和推进礼仪所配置的交流言语、礼仪过程中所展现的仪容仪表以及社会各阶层遵守有等级差别的礼仪。同时，这些元素之间相互衔接，在一定的秩序中表现特殊的意义。实际上可以将礼看成一套表征符号，具有交流和沟通的功能，它具有一定的规范性，可以提供一套行为符码，同时又具有开放性，能够让参与者、传播受体进行解读，从而形成一个交流系统。[③] 而礼乐中的乐，不仅只是音乐，还包括诗歌、舞蹈等艺术形式。[④] 乐的演奏和表演需要一定的乐器、表演服饰、表演程序等，体现一定的等级要求，可以说，乐也是一套能够配合礼，传达思想内涵，沟通传者与受者的符号系统。

二、礼和乐协同：华夏礼乐传播的一种运作形式

礼和乐作为两种不同表现形式的符号，在相互配合中传递特定的意义，形成传播华夏文明的一种特殊形态和关系。但是关于礼和乐之间的地位和关系在中国古代史书中都有记载和论述，有观点认为，礼是处于主导地位，而乐则是一种附属，没有独立地位，譬如《左传·文公七年》记载晋国郤缺之言"无礼不乐，所由叛也"[⑤]。这说明，没有礼便不会有音乐，也就没有快乐。[⑥] 中国儒家倡导"三纲五常"伦理道德，将礼置于重要的地位是儒家对其在道德规范和伦理建设上的考量，在封建社会中起到维持秩序的重要作用，乐则为辅助形式。而根据《通志·乐略》

---

① 黄公渚：《周礼》，北京：商务印书馆，1936年，第55页。
② 彭林：《中国古代礼仪文明》，北京：中华书局，2004年，第34页。
③ 陈国明：《中华传播理论与原则》，台北市：五南图书出版股份有限公司，2004年，第383页。
④ 黄星民：《礼乐传播初探》，《新闻与传播研究》2000年第1期，第27—35、95页。
⑤ 左丘明：《左传》，蒋冀骋点校，长沙：岳麓书社，2006年，第173页。
⑥ 刘丰：《先秦礼学思想与社会整合》，北京：中国人民大学出版社，2003年，第272页。

记载："礼乐相须以为用，礼非乐不行，乐非礼不举。"① 这说明礼和乐是相互作用、互不分离的两种符号形态，而且凡用乐，必与不同类型的礼制或礼俗仪式密切相关，成为仪式的有机组成部分，显示出其独特作用和地位。② 《礼记·乐记》记载："乐由天作，礼以地制。"③ 这说明了二者同等的地位，彭林认为，在儒家的礼仪文化体系中，礼与乐相辅相成，两者的关系形同天地，密不可分，甚至可以说，没有乐的礼不是礼，没有礼的乐不是乐。④ 笔者以为，礼和乐是在儒家文化中两种不可割离的有序结合的符号系统，而且是二者相互配合才能完整准确传递信息，是不分主次和创新性的运作，也即礼乐协同⑤。《礼记·乐记》中说道："乐者，天地之和也；礼者，天地之序也。和故百物皆化；序故群物皆别。"⑥ 实际上，这一表述准确揭示了礼乐的本质和精神内涵，也即它们代表了一种人与人、人与自然、人与社会之间和谐发展的秩序，在礼仪展示和乐的演奏中传达出对太平盛世、和谐安宁的一种向往的精神内涵，由此以礼乐的协同运作形式传播着华夏文明。

第二节　礼乐协同的内在机制：华夏礼乐的情感传播与交流

纵观中国历史，中华民族能够在历史演进中始终凝聚在一起，华夏文明始终能够得以延续而不中断，其中很重要的原因在于中华民族拥有共同的道德情感。这是中国儒家文化的特质，也是华夏民族共有的精神象征。礼乐作为传承儒家文化的表征符号，一方面能够以其特有的形式激发受众的情感；另一方面，礼乐蕴含的仁义等是中国人主要的基本道德情感，奠定人们相互认同的基础。以此看来，礼乐协同实际上是通过情感来维系日常生活中各阶层、各伦理主体（君臣、父子

---

① 郑樵：《通志》（卷四十九），上海：商务印书馆，1935 年，第 625 页。

② 项阳：《中华礼乐文明、礼仪之邦的历史与现代意义》，《中国音乐》2013 年第 1 期，第 12—15+96 页。

③ 贾德永译注：《礼记·孝经》，上海：上海三联书店，2013 年，第 169 页。

④ 彭林：《中国古代礼仪文明》，北京：中华书局，2004 年，第 47 页。

⑤ 笔者以为，礼和乐地位是等同的，而且需要互相配合才能展现和传播一定的思想。协同意在表明礼和乐相互协调，合作运作。礼要有乐配合，乐要有礼引导。所以将这种关系称为"礼乐协同"。这种协同形式在《礼记》中多有记载。如《礼记·仲尼燕居》中记载："两君相见，揖让而入门，入门而悬兴，揖让而升堂，升堂而乐阕。下管象、武、夏龠序兴，陈其荐、俎，序其礼乐，备其百官，如此而后，君子知仁焉。行中规，还中矩，和、鸾中'采齐'，客出以'雍'，撤以'振羽'，是故君子无物而不在礼矣。入门而金作，示情也。升歌'清庙'，示德也。下而管象，示事也。是故古之君子，不必亲而相与言也，以礼乐相示而已。"（[清] 孙希旦：《礼记集解》，北京：中华书局，1989 年，第 1269—1270 页）。这段话说明在君子相见的礼仪程序中要有乐的协调配合，由此来传达情、德、仁等思想内涵。礼乐成为君子交流沟通中的超越言语的一套符号系统。当然除此之外，《礼记》中也有很多关于不同礼仪中采用不同乐的记载。本文在此就不一一列举。

⑥ 贾德永译注：《礼记·孝经》，上海：上海三联书店，2013 年，第 169 页。

等）的关系，保证道统观念和社会秩序得以维持，由此推动着华夏文明的情感传播实践，这是礼乐协同运作的内在机制所在。李泽厚曾表示，孔子或者说儒家的智慧体现在，把人的情感心理消融在人与人的世间关系之中，让宗教的规训力量渗透到世俗伦理和日常心理的综合统一体中，而不必去建立另外的神学信仰大厦。①

一、礼乐协同的情感传播特质

从礼乐作为符号的表征系统及其在日常生活中的运用来看，礼乐协同运作是一种显在的传播形态，它是一种大众传播模式，具有明显的情感传播特质。所谓情感传播是指传播活动主体思维采用情感逻辑的结构和指向方式，通过情感主体活动影响受众，以情感为基础和传播媒介力求达到传播活动的目的和需求。②在中华文化语境中，中国古代圣人、君子、师、士等作为传播主体，将情感附着于礼乐等形式，实现对象之间的互动交流，达到一定的目的和需求。这呈现了华夏文明传播的情感特色。

儒家历来重视人（仁）的引导和培养，情感则是人立足于社会的重要内在性情，因为情感，且只有情感，才是人的最首要最基本的存在方式。③孔子最了不起的贡献就是从人的基本情感出发，发展出一套关于价值的知识，这是儒家思想能够传承两千年的内在原因。④在上文论述中，我们看到儒家对礼乐的推崇就是因为礼乐之于人的重要性，更进一步说，礼乐源于人的情感，也是对人的情感尤其是道德情感的激发和规范作用。人情是礼的根源，礼是缘情而作。⑤《论语·八佾》中记载：林放问礼之本。子曰："大哉问！礼，与其奢也，宁俭；丧，与其易也，宁戚。"⑥在孔子看来，礼之本应该简朴，在丧礼中要求有真情实感的流露，要真正有哀伤的情感。人的真实情感成了礼的根本。反过来看，人通过礼来表现情感，正如《礼记》中谈到的"君子礼以饰情"⑦。当然，在行礼过程中诸如礼容等，作为礼者的体态容貌等，为行礼时所不可或缺"⑧，它们是展现情感的符号形式。总的来

---

① 李泽厚：《中国古代思想史论》，北京：人民出版社，1985年，第21页。
② 李建军，刘会强，刘娟：《理性与情感传播：对外传播的新尺度》，《江西社会科学》2015年第5期，第240—245页。
③ 蒙培元：《情感与理性》，北京：中国人民大学出版社，2009年，第3页。
④ 邵培仁，姚锦云：《传播模式论：〈论语〉的核心传播模式与儒家传播思维》，《浙江大学学报》（人文社会科学版）2014年第4期，第56—75页。
⑤ 刘丰：《先秦礼学思想与社会整合》，北京：中国人民大学出版社，2003年，第102页。
⑥ 杨伯峻：《论语译注》，北京：中华书局，1980年，第24页。
⑦ 陈澔：《礼记》，上海：上海古籍出版社，1987年，第107页。
⑧ 彭林：《中国古代礼仪文明》，北京：中华书局，2004年，第42页。

说，礼既是情感的一种载体，又是一种规范。正如《礼记·檀弓下》中所记载："礼有微情者，有以故兴物者，有直情而径行者，戎狄之道也。礼道则不然。人喜则斯陶，陶斯咏。咏斯犹，犹斯舞，舞斯愠，愠斯戚，戚斯叹，叹斯辟，辟斯踊矣。品节斯，斯之谓礼。"①这说明人的情感的表达需要礼的激发和约束。而乐更是人的情感表达的一种符号形式，来自生命个体的内心，苏珊·朗格曾说过，音乐能够通过自己动态结构的特长，来表现生命经验的形式，情感、生命、情绪等组成了音乐的意义。②对此，《礼记·乐记》中有许多记载，譬如，《乐记》说："凡音之起，由人心生也。人心之动，物使之然也，感于物而动，故形于声。"③"乐者，音之所由生也，其本在人心之感于物也。"④"凡音者，生人心者也。情动于中，故形于声，声成文，谓之音。"⑤而《荀子·乐论》中也有记载，"夫乐者，乐也，人情之所必不免也，故人不能无乐。"⑥这说明人的情感是乐的根源，乐是表现情感的一种特殊的方式，综合起来看，儒家认为礼乐之根本在于人之情。⑦

儒家注重人性的发展，从某种意义上说也是注重人的情感的抒发。但是应该看到，在中庸思想指导下，礼乐协同在情感表达方面追求的是中和的境界，也即是对情感进行适中的规范。《论语·八佾》中谈到《诗经》中《关雎》这首诗歌表达的情感，是"乐而不淫，哀而不伤"⑧，也就是情感要适当地抒发。此外，《荀子·乐论》中也谈到"乐合同，礼别异"⑨，就是强调礼应该按照不同等级不同环境进行变化，乐则要讲求和合，也即乐的根本原则是"合同""中和"，即和谐。人的情感活动只有处在和谐的状态，才能感受到快乐。⑩总的来说，在情感上克制自己，同时实行适当的礼仪，最终实现"仁"。

从礼乐协同中所携带的人的情感属性来看，儒家是注重对人的道德伦理建设，将自然规律人伦化，建构起控制人的情感的礼乐文化。或者说是以人为核心，从人出发，深入人的情感来控制人⑪，从而凸显对人的主体性的尊重，充分体现出了

---

① 陈澔：《礼记》，上海：上海古籍出版社，1987年，第107页。
② 苏珊·朗格：《情感与形式》，傅志强，周发祥译，北京：中国社会科学出版社，1986年，第42页。
③ 贾德永译注：《礼记·孝经》，上海：上海三联书店，2013年，第159页。
④ 贾德永译注：《礼记·孝经》，上海：上海三联书店，2013年，第160页。
⑤ 贾德永译注：《礼记·孝经》，上海：上海三联书店，2013年，第161页。
⑥ 方勇，李波：《荀子》，北京：中华书局，2011年，第325页。
⑦ 刘丰：《先秦礼学思想与社会整合》，北京：中国人民大学出版社，2003年，第105页。
⑧ 杨伯峻：《论语译注》，北京：中华书局，1980年，第30页。
⑨ 方勇，李波：《荀子》，北京：中华书局，2011年，第329页。
⑩ 蒙培元：《情感与理性》，北京：中国人民大学出版社，2009年，第271页。
⑪ 龙柏林，刘伟兵：《传统礼乐的文化整合功能》，《重庆社会科学》2017年第2期，第70—80页。

"人"的自我意识的觉醒和对于"人"的本质的认识及终极关怀。①从人的主体性入手，而情感又是人的重要存在基础，因此，中国儒家文化从礼乐协同中实现对人的情感的激发和规范，实际上是对人的道德的约束和对人的精神引导，从而实现社会秩序的稳定，这是儒家智慧，也是中国文化中凸显的情感传播特征。总的来说，"礼乐之统，管乎人心矣"②。由礼乐来管控情感，强化人性情感的教育，并以之作为社会根本，形成了华夏文明的重要传统。③

二、情感作为社会传播媒介的呈现

中国文化是情感特质文化，它讲求仁爱的道德情感，其缘由在于中国古代先贤对人的主体性的强调以及对人性的管控，也就是说通过凸显人的社会主动性以及对人性中情感的引导和规范可以化解一切社会问题。笔者以为，不管是通过何种形式和媒介，传播的最终目的是实现人的交流和沟通，维护各种社会关系，而从人的情感出发并以此为媒介则能更加有效促进交流和传播。可以说，人也是一种讯息，人的言、行、情、思对传播效果的产生都发挥着中心作用。④情感作为媒介是人际关系和社会大众传播中最为有力的耦合剂和绞和力，能够有效联结各人群关系。

在中国儒家文化中，礼乐协同所表达的是人伦精神，或者说是道德情感，这种道德情感是根植于社会的各种关系中，以情感互动推动和维护社会关系，是社会互动和传播的重要媒介。在丹森看来，情感互动包括有共有的感受、情感的传染、情感的同一等形式。⑤情感作为一种媒介在中国社会传播过程呈现，形成特有的情感传播和交流形态，或者可以说，情感也是一种由独特的语言构成的交流系统。⑥其一，从内向传播角度看，情感作为媒介在社会传播和互动过程中要求每个人的内心都要有基本的道德情感，对事物有一个基本的价值判断，也即对某个道德情感有基本的认知和感受，形成一套可以指导社会行动的道德思想体系。正如孔子所倡导的"为仁由己"。其二，在人际传播中，一个人的情感变化必然引起对方情感的刺激和相应，如在互相行礼过程中，双方的情感实现互动和感染。其三，

---

①　冯兵：《礼乐哲学论纲》，《社会科学研究》2015年第4期，第143—149页。

②　方勇，李波：《荀子》，北京：中华书局，2011年，第329页。

③　李泽厚：《〈论语今读〉前言》，《中国文化》1995年第11期，第26—34页。

④　陈嬿如：《心传——传播学理论的新探索》，厦门：厦门大学出版社，2010年，第79页。

⑤　诺尔曼·丹森：《情感论》，魏中军，孙安迹译，沈阳：辽宁人民出版社出版，1989年，第227—237页。

⑥　史华罗：《中国历史中的情感文化：对明清文献的跨学科文本研究》，林舒俐，谢琰，孟琢译，北京：商务印书馆，2009年，第2页。

在社会大众传播活动中，如在仪式中行礼奏乐的过程是情感传递的过程，是受众对某一种道德情感的认同和共鸣，受众通过这种情感而聚集在一起，实现对情感从内心到外在行动的感悟、认知和认同，并进一步得到巩固和强化。概括来说，情感传播需要的是自我内在的感悟和情感的触动，内化于心，然后诉诸（感染）旁人，进而通过个体之间互动而且外化于社会环境，在社会大众中扩大传播和影响，它是一种具体、现实的"情感理性"①，从而形成华夏情感传播体系和生态。可以看到，情感既包含个人意义的主观体验，又包含社会行动的现实性。② 一方面，儒家倡导的道德情感是人的生命体验的一个部分，另一方面，也是来自中国传统社会的培育和传承，形成在礼乐协同引导下的情感传播体系。史华罗说，基于遗传和文化，情感协助建立了一个人际、集体之间交互作用的系统，同时也被交往的礼仪和规范所制约。③ 这恰到好处地描绘了中国文化的情感传播特质。

人是情感的存在，情感对于人的各种活动具有重要影响和作用，甚至起决定性作用。④ 正如史华罗认为，不仅个体间的联系是通过情感性存在的，而且他们只有通过情感性才能相互认识和了解；人类的认知、思想和生活的意义不仅在情感性中得以实现，而且它们作为理解和解释的过程，其本身就依赖于个体在领会对象及别人行为的意义时所具有的情感性感受。⑤ 在中国儒家文化语境中，个体之间以及个体和社会之间的特殊关系，是通过道德情感来维系的，将"情感"作为一种媒介，以传播的视角看待情感在中国古代社会中的政治、文化、经济等各领域的影响，揭示情感作为媒介在华夏文明实践中发挥的枢纽、联结作用，甚至作为个人与社会之间交涉的场所以及将人们团结在文化中的一种黏合剂。⑥ 这不仅能够让我们看到中国儒家文化传播的独特面向，而且能够彰显中华文化在社会中传播以及华夏文明在中国社会传承的内在机理。因此，我们可以说，礼乐协同实质上是激发和引导人们的情感交往实践，使人们的情感表达与交流能够彼此达到和谐共生的崇高目标——生生之德。

---

① 蒙培元：《情感与理性》，北京：中国人民大学出版社，2009 年，第 15 页。
② 郭景萍：《情感社会学：理论·历史·现实》，上海：上海三联书店，2008 年，第 19—20 页。
③ 史华罗：《中国历史中的情感文化：对明清文献的跨学科文本研究》，林舒俐，谢琰，孟琢译，北京：商务印书馆，2009 年，第 18—19 页。
④ 蒙培元：《情感与理性》，北京：中国人民大学出版社，2009 年，第 19 页。
⑤ 诺尔曼·丹森：《情感论》，魏中军，孙安迹译，沈阳：辽宁人民出版社出版，1989 年，第 14 页。
⑥ Sally Planalp 在 *Communicating Emotion: Social, Moral and Cultural Processes* 一书的首页对情感交流的总结性介绍。

第三节　礼乐协同的功能和意义：华夏礼乐文化习得与文明的传承

上文，我们既阐述了华夏文明传播的礼乐协同的形式，也剖析了礼乐协同本质上是一种以仁义等为情感媒介的交流系统，换句话说，是以崇高的道德感召力，吸引族群产生和传播共同体意识，在此过程中，儒家文化自身也得到了有效的、深入人心的传播。因为从个体而言，在礼乐协同活动中得到精神体验，从而将礼乐承载的内涵内化于心；从社会整体而言，以中国儒家文化为代表的华夏文明依托礼乐协同而得到了传承，亦即在以情感为传播媒介的礼乐协同运作中，社会秩序得到有效维系，国家得到稳定管理，甚至在孔子的理想中可以实现世界大同。

我们知道，在世界多元格局形成过程中，世界各地因为经济、政治、种族、文化等各方面的差异容易导致冲突，对此，美国政治学家亨廷顿曾在其著作《文明的冲突与世界秩序的重建》中谈道："文明之间最引人注目的和最重要的交往是来自一个文明的人战胜、消灭或征服来自另一个文明的人。"[①] 这也是我们所熟知的"文明冲突论"。这种观点认为文明的交往是会冲突的，并导向消极的、不和谐的，这种看法忽视人的主体性和人类基本道德情感，或者说，是在交往传播过程中忽视乃至排斥文明传播、文明对话的技巧和策略的结果。华夏文明，尤其是中国儒家的观念是与此相反的。成中英认为："对儒家来讲，和谐乃是实在界的基本状态和构成；而冲突则不隶属于实在界，它不过是一种不自然的失序与失衡，是没有永久意义的。在儒家的眼光里，这个世界是一个变化和发展的过程。不错，世界上的确有相异、相对、不合、敌视等现象，但儒家坚持：整个宇宙、人类社会、个人生活的大方向基本上是趋于和谐与统一的。"[②] 在儒家的观念中，人类拥有共通的基本道德情感，从这一点来看，华夏文明是有人情味的、可沟通的文明，是兼容并蓄的文明，是能够基于人类共通情感而化解矛盾的文明。陈国明在《有助于跨文化理解的中国传播和谐理论》一文中认为，为了在传播过程中实现和谐，中国人归纳出一些指导方针，从内在角度看，人们必须能够将三个原则加以内化——仁、义和礼；从外在角度看，需要有三种因素加以对应——时、位、幾；此外从策略技巧上关系、面子、权力也是三个必要元素。[③] 这些内在修行的理念和外在的技巧都充分说明了华夏文明传播的沟通性及其具有的建构和谐关系的功能。因此，

①　亨廷顿：《文明的冲突与世界秩序的重建》，周琪等译 . 北京：新华出版社，1998 年，第 35 页。

②　成中英：《论中西哲学精神》，李志林译 . 上海：东方出版中心，1991 年，第 177 页。

③　赵晶晶：《和实生物：当前国际论坛中的华夏传播理念》，杭州：浙江大学出版社，2010 年，第 22—23 页。

在中国文化中礼乐协同作为以情感为媒介的华夏文明传播范式其维系社会关系、构建和谐社会的功能显得尤为突出。

一、感知和教化：自我的情感体验和礼乐化人

黄星民教授认为礼乐传播是一种大众传播①，其对象涉及了社会各阶层民众。譬如"凡挚，天子鬯，诸侯圭，卿羔，大夫雁，士雉，庶人之挚匹"②。这说明庶人能够凭借一定的礼物（"匹"）参加到礼乐活动中；再有，"斯礼也，达乎诸侯大夫，及士庶人"③。当然，应该注意的是，与士以上的各阶层相比，庶人直接参与礼乐活动是非常有限的。④实际上，也只有礼乐能够推及普通民众（只是普通民众在礼乐使用的等级和规模上与上层社会有所区别而已），社会才能上下统一，秩序才能稳定。

一方面，通过礼和乐协同活动来达到对某种具体情感的感知，形成自我的情感体验，如丧祭之礼来表达对父母的孝顺之情、缅怀之情，运用各种朝觐之礼、乡饮酒之礼等形式化的礼仪程序来表达对君王、长者、客人的尊敬之情等。⑤当然，人类有喜怒哀惧等各种细微的情感也能够在礼和乐的形式中得到感知，由此控制和规范自己的情感。这是华夏情感传播的重要逻辑起点，所谓"成己，仁也；成物，知也"⑥，也就是说，古代社会对人的情感诉求，要求人具有一定的道德修养和人际知觉，或者具有良好的情感感知能力。⑦另一方面，《论语·宪问》中提道：

---

① 黄星民教授在《"大众传播"广狭义辨》（《新闻与传播研究》1999 年第 1 期）中清晰地将传统"大众传播"概念无法贯通古今中外传播实践的理论问题进行创造性阐述与区分："大众传播是这么种信息传播过程，它由一定的组织或机构向通常不知其名的分布广泛的受众提供信息和娱乐。当这个传播过程中使用了印刷和电子等机器媒介时，可以把它称为狭义的大众传播；当这个传播过程中使用了机器媒介或者传统的非机器媒介时，则可以把它称为广义的大众传播。"他认为礼仪便是一种非机器的大众媒介。后来，黄星民教授又在《礼乐传播初探》（《新闻与传播研究》2000 年第 1 期）中将礼乐传播阐述为一种大众传播形态，并从传播者、传播内容、传播渠道、传播受众、传播效果及反馈等方面进行阐释。此外，他在《从礼乐传播看非语言大众传播形式的演化》（《新闻与传播研究》2000 年第 3 期）一文强调了礼乐传播的定期传播和多层传播的特点。笔者认同，礼乐传播的传播者利用礼乐作为媒介向社会大众进行信息传播，具有与报纸、广播、电视、互联网等大众传媒形式相似功能的大众传播样态。因此，就古代信息传播情境而言，礼乐传播是一种古代形态的大众传播方式。

② 贾德永译注：《礼记·孝经》，上海：上海三联书店，2013 年，第 163 页。

③ 王国轩：《大学·中庸》，北京：中华书局，2016 年，第 105 页。

④ 黄星民：《礼乐传播初探》，《新闻与传播研究》2000 年第 1 期，第 27—35、95 页。

⑤ 朱承：《礼乐文明与生活政治》，《中山大学学报》（社会科学版）2014 年第 6 期，第 100—111 页。

⑥ 王国轩：《大学·中庸》，北京：中华书局，2016 年，第 122 页。

⑦ 郭景萍：《中国情感文明变迁 60 年——社会转型的视角》，北京：人民出版社，2010 年，第 104 页。

"文之以礼乐，亦可以为成人矣。"① 此外，《礼记·乐记》中也提道："乐也者，圣人之所乐也，而可以善民心。其感人深，其移风易俗，故先王著其教焉。"② 从这些论述中我们可以看到礼乐协同的重要目的和功能在于通过情感感知，将仁义等儒家核心精神传递给社会民众，实现对人的教育感化的作用，培养他们的道德情感意识，从而归顺统治阶层的管理以及遵从中国文化规范的心理定向，形成中国儒家文化所塑造的仁者爱人的典范。而礼乐协同正是完成这一使命的基本途径，礼乐教化的推行、实施，可以发挥"赞天地之化育"的重要作用。③ 实际上，中国古代礼仪教化就是一种典型的情感社会化形式。④ 我们知道，个人感受不会出现在社会真空中，⑤ 必须有一定的社会传播情境，譬如，通过使用礼乐等符号传播来进行个体社会行为的建构。Eric W. Rothenbuhler 认为，仪式（包括礼仪）是一种强有力的传播效果的形式，它通常是关于原始事物，利用我们的符号和意义系统中最深刻编码的逻辑，建立在最基本的信仰和价值观基础之上，这些仪式（包括礼仪）的特征使它比任何其他传播形式都有效。⑥ 实际上，仪式和传播的性质和逻辑类似，也即通过适当模式化的行为构成了超越行为本身的有效符号，⑦ 以此推进对人的教化和社会共同意义的建构。以道德情感为媒介的礼乐协同运作正是建立在我们最基本的信仰和价值观基础上，这也是礼乐进行大众传播的重要基础。

二、仪式与传播：华夏文明的赓续和社会秩序的维系

法国著名汉学家汪德迈（Lion Vander Meersch）曾说过："礼治是治理社会的一种很特别的方法。除了中国以外，从来没有其他的国家使用过类似礼治的办法来调整社会关系，从而维持社会秩序……只有在中国传统中各种各样的礼仪被组织得异常严密完整，而成为社会活动中人与人关系的规范系统。"⑧ 从这里我们可

---

① 杨伯峻：《论语译注》，北京：中华书局，1980 年，第 149 页。
② 贾德永译注：《礼记·孝经》，上海：上海三联书店，2013 年，第 176 页。
③ 曾繁仁：《儒家礼乐教化的现代解读》，《郑州大学学报》（哲学社会科学版）2017 年第 6 期，第 89—92、156 页。
④ 郭景萍：《中国情感文明变迁 60 年——社会转型的视角》，北京：人民出版社，2010 年，第 104 页。
⑤ Sally Planalp（1999）：*Communicating Emotion: Social, Moral and Cultural Processes.* Cambridge university press .P159.
⑥ Eric W. Rothenbuhler（1998）.*Ritual communication: from everyday conversation to mediated ceremony .California*: SAGE Publications.P58—59.
⑦ Eric W. Rothenbuhler（1998）.*Ritual communication: from everyday conversation to mediated ceremony .California*: SAGE Publications.P26.
⑧ 汪德迈：《礼治与法治———中国传统的礼仪制度与西方传统的 JUS（法权）制度之比较研究》//《儒学国际学术讨论会文集》.齐鲁书社，1989 年。转引自：吴静：《二程礼论与社会整合》，《重庆师范大学学报》（哲学社会科学版）2004 年第 2 期，第 54—57 页。

以看到，中国儒家极其重视礼的社会性作用。美国社会学家兰德尔·柯林斯认为，"历史上，最早关于仪式的社会学思考是由中国思想家做出的。孔子和他的追随者强调，礼仪表现对社会秩序至关重要"①。诚然，礼乐协同活动的更深层次的社会功能在于通过仪式传播活动来维系社会秩序的稳定，传承华夏文明。正如《礼记·效特性》中提道："礼之所尊，尊其义也。失其义，陈其数，祝、史之事也。故其数可陈也，其义难知也。知其义而敬守之，天子之所以治天下也。"②这就是说，天子通过礼乐协同的展演以让民众知"礼义"，从而发挥"治天下"的功能，这是因为礼义就是社会等级秩序，一种生活传播的规范。③

仪式 / 礼仪（ritual）指组织化的象征活动与典礼活动，用以界定和表现特殊的时刻、事件或变化所包含的社会与文化意味。④仪式在中国文化中具有重要的含义和作用，在特定的时刻和场合由两个或两个人以上集聚在一起，进行富有文化意味的活动，分享共同的情绪或情感体验。中国儒家的核心精神都是通过这样的仪式和礼仪来传达的，本质上看它是一种仪式传播形态。⑤美国学者詹姆斯·凯瑞曾提出传播仪式观，认为传播是一种现实得以生产（produced）、维系（maintained）、修正（repaired）和转变（transformed）的符号过程。⑥传播是在社会中的一种互动，是一种文化行为，是符号互动和文化分享活动，"包括了对美学体验、宗教思想、个人价值与情感以及学术观念的分享——种仪式的秩序（a ritual order）"⑦。从凯瑞的仪式传播观来看，仪式在传播的过程中是通过极强的符号互动进行精神和文化的体验共享来实现人与人或人与社会的互动和交流的。仪式传播的目的，就是传承文化精神，维系社会关系。⑧具体来说，中国仪式中的礼乐协同需要的是人的参与，需要传播者和受传者，在礼乐符号的刺激和带动下，进入一种体验场域，在其中每个参与者都能感到自己和他人有着相同的体验，有着强烈的同在感，所有参与者都沉浸到共同的体验之中。⑨可以说，仪式本质上是一个身体经历的过程。⑩只有身体在场才能够深刻体会其中的氛围和感悟其中的意涵。在此过程中，

①　柯林斯：《互动仪式链》，林聚任，王鹏，宋丽君译，北京：商务印书馆，2012年，第 xvi 页。
②　陈澔：《礼记》，上海：上海古籍出版社，1987年，第 53 页。
③　刘丰：《先秦礼学思想与社会整合》，北京：中国人民大学出版社，2003年，第 232 页。
④　费斯克：《关键概念：传播与文化研究辞典》（第二版），李彬译注.北京：新华出版社，2003年，第 243 页。
⑤　柯林斯：《互动仪式链》，林聚任，王鹏，宋丽君译，北京：商务印书馆，2012年，第 vi 页。
⑥　詹姆斯·凯瑞：《作为文化的传播》，丁未译.北京：华夏出版社，2005年，第 12 页。
⑦　詹姆斯·凯瑞：《作为文化的传播》，丁未译.北京：华夏出版社，2005年，第 21 页。
⑧　张方敏：《仪式传播场域论纲》，《当代传播》2015年第 5 期，第 18—20、49 页。
⑨　张方敏：《仪式传播场域论纲》，《当代传播》2015年第 5 期，第 18—20、49 页。
⑩　柯林斯：《互动仪式链》，林聚任，王鹏，宋丽君译，北京：商务印书馆，2012年，第 87 页。

一方面是情感的激发和扩散，通过对情感的共同的感知和认同而将在场主体凝聚在一起。在中国古代仪式中，人们可以通过仪式互动来增进对儒家所提倡的道德情感的深入体悟，从而由这种互动仪式再生出一种共同的关注焦点，一种共同的情绪，并形成群体的情感共鸣且根据道德规范将它们符号化。① 以符号化的形式再次传播情感，延续象征意义，维持秩序。人们参加仪式活动可以改善自我的感情，而社会秩序则建立在这些感情之上。② 由此，我们也看到了礼乐协同在情感社会化过程中的作用，也即情感不仅仅是一种个人体验，也是一种社会结构的设定。情感交流反映、表达、支持、挑战和修复社会结构。③ 因此仪式中情感作为社会传播的媒介重要性也在此得到呈现。另一方面，是对思想的领悟和对信仰的尊崇。对这种思想的领悟和信仰尊崇是对中国儒家文化中的道德和伦理的自觉，是对中国特色社会关系的调整，并且是需要将之嵌入日常生活实践中的，可以说，没有仪式和礼仪，个人的道德无从寄寓和表现，社会的秩序也无法得到确认和遵守。④ 也只有经过这一套象征意义的行为及程序结构来规范、调整个人与他人、宗族、群体的关系，并由此使得交往关系"文"化，社会生活高度仪式化。⑤ 以此让华夏文明在实践中得到传承，在交往关系的调整中维持社会秩序的稳定。

礼之本质是"序"，即等级、秩序；乐的本质是"和"，即和合、和谐。⑥ 余英时先生曾说："中国的'道'源于古代的礼乐传统，这基本上是一个安排人间秩序的文化传统。"⑦ 礼乐协同运作中仪式作为一种重要的形式，它能够展示一个时代的某种文化、某个社会的价值体系，⑧ 美国人类学家克利福德·格尔兹（Clifford Geertz）将之称作一种"文化表演"（cultural performances）。⑨ 在这种表演中构筑

---

① 柯林斯：《互动仪式链》，林聚任，王鹏，宋丽君译，北京：商务印书馆，2012 年，第 vii 页。

② A.R. 拉德克立夫 - 布朗：《原始社会的结构与功能》，丁国勇译，北京：中国社会科学出版社，2009 年，第 145 页。

③ Sally Planalp（1999）：*Communicating Emotion: Social, Moral and Cultural Processes.* Cambridge university press .P146.

④ 葛兆光：《中国思想史》（第一卷），上海：复旦大学出版社，2001 年，第 93 页。

⑤ 陈来：《古代宗教与伦理：儒家思想的根源》，北京：生活·读书·新知三联书店，1996 年，第 248 页。

⑥ 丁鼎：《儒家礼乐文化的价值取向与中华民族精神》，《山东师范大学学报》（人文社会科学版）2014 年第 6 期，第 66—72、2 页。

⑦ 余英时：《士与中国文化》，上海：上海人民出版社，1987 年，第 107 页。

⑧ 吴晓群，郭晓东：《论仪式学视角下儒家礼乐思想的解读》，《华东师范大学学报》（哲学社会科学版）2005 年第 4 期，第 8—15、120 页。

⑨ 克利福德·格尔兹：《文化的解释》，纳日碧力戈译，上海：上海人民出版社，1999 年，第 129 页。

一张关系之网[①]，在这张网中礼乐向受众传递的不仅是礼乐的基本信息，也即是欢快、哀伤、严肃等表层情愫，而且传递内含仁义等中国儒家文化的核心精神，更重要的是以情感为纽带构建一张维系社会各阶层关系的网络，从而保证社会秩序的稳固和和谐社会建构。（图一所示）

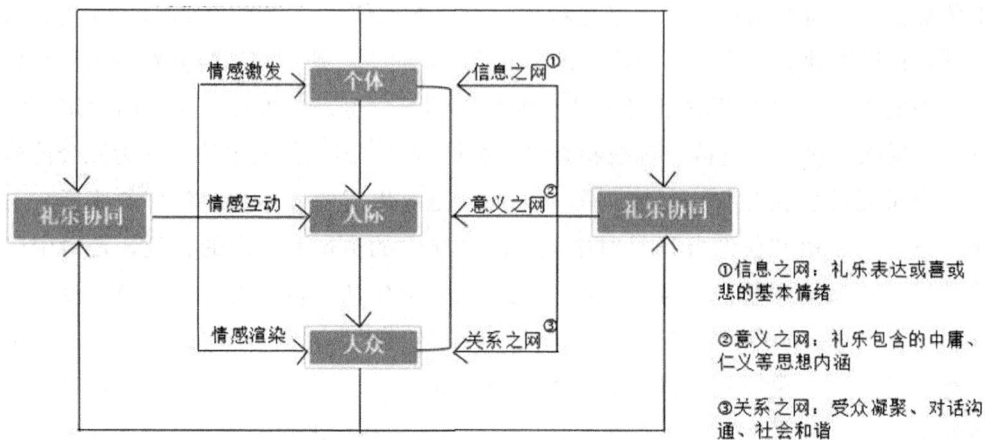

图一：礼乐协同：华夏文明传播范式及其功能

正如，陈来先生曾说道："在礼乐关系上，重要的不是礼所体现的器物、装饰和仪节，不是诗歌、乐器和乐舞，乐所代表的是'和谐原则'，礼所代表的是'秩序原则'，礼乐互补所体现的价值取向，即注重秩序与和谐的统一，才是礼乐文化的精华。"[②]礼乐作为礼和乐的综合体，能够对社会实现整合的作用，[③]其实这也反映了礼乐协同的重要性，笔者以为，中国文化中认为礼为主，乐为辅，虽然形式上这种安排是存在和确定的，但实际上，礼乐在传播中国文化的思想内涵上应该是协同一致的，而不应有主次之分，只有统合于中国特殊文化语境中才能传达特定的含义，发挥特定的社会功能。同时，礼乐文化及其协同活动体现了中国传统哲学对于人的主体性的重视，并以情感为传播媒介强化人的道德意识和引导人的行为，体现以人为本，彰显人的价值。而恰恰是这种关注人的主体性而内含情感特质的礼乐协同运作是华夏文明传播能促进社会沟通、构建和谐社会的基础所在，也是华夏文明传播所最终追求的目标。毛峰认为，文明传播的要义，在于公正而有序地播散文明的福利与价值。前者为社会公正，后者为社会和谐，同时他也总

---

①　暨南大学姚锦云在中国新闻史学会新闻传播思想史研究委员会 2017 年会暨第四届中外新闻传播思想史高峰论坛的"华夏传播研究工作坊"中提到的传播之网，其由三个部分组成，也即信息之网、意义之网和关系之网。

②　葛兆光：《中国思想史》（第一卷），上海：复旦大学出版社，2001 年，第 93 页。

③　龙柏林，刘伟兵：《传统礼乐的文化整合功能》，《重庆社会科学》2017 年第 2 期，第 70—80 页。

结了孔子的观点，即世界历史的核心、人类文明的奥秘存在于人的本性——"仁"之中。[①] 这些都充分展示了华夏文明传播具有化解社会矛盾冲突展现其可沟通性和人文主义情怀，具有在世界范畴内能够包容不同文明的传播形态。礼乐协同促进了华夏文明传播，保证了中华民族生生不息，中华文化源远流长。此外，礼乐协同中形成的以情感传播作为一种在中国特殊文化语境中的一种传播形态，能够从特殊的视角展示和诠释华夏文明，在跨学科融合中形成中国特色传播理论，构建华夏文明的传播话语体系，丰富华夏文明的内涵，推进华夏文明广泛而深入的传播。

（本章作者：谢清果　林凯）

---

① 毛峰：《文明传播的秩序：中国人的智慧》，北京：中国传媒大学出版社，2005 年，第 164 页。

第三章 与时偕行：礼乐传播的时间意义与现代思考

从人的时间意识苏醒之时起，华夏文明就维持着稳定的"四时"时间结构。在礼乐传播中，"四时"结构进一步延伸，至社会影响人们的生产生活节奏，至政治影响统治者政令的施行。古人将时间视为上天意志的体现，统治者在礼乐传播中不断强化这种观念，使得社会生产生活顺应自然节律有序进行，整个社会、生态系统稳定和谐发展。传播媒介具有偏向性，在礼乐传播作为主要传播媒介的古代社会，时间偏向是主要特征，自然时间支配了人们的生产生活活动，人们养成了尊时、顺时的思维方式，形成周而复始的循环观念，强调对生态环境的保护，以及保留有重古守旧的传承观念，这些观念是华夏文明得以延续千年的重要意识基础，并影响着人们的现代生活理念。

时间作为一种抽象的存在，也是一个重要的物理学与哲学概念。海德格尔将世界中的存在定义为时间性的存在，康德曾认为时间与空间是心灵认识世界的框架。从物理学的时间到哲学意义上的时间变迁，反映了人对于抽象事物更为全面深刻的认识过程，时间的重要性也在其中被反复强调。

媒介是传播学研究的一个重要概念，黄星民在《礼乐传播初探》中将礼乐传播的渠道定义为礼乐，即礼乐作为一种传播媒介实现信息的传递与情感的沟通。[①]时间在传播学中的研究主要源于媒介环境学派，媒介环境学派将媒介当作环境进行研究，客观环境中的时空研究被引入媒介研究中，伊尼斯由此提出"媒介具有时间和空间的偏向性"的媒介偏向理论，麦克卢汉的"地球村"学说也有涉及相

---

① 黄星民：《礼乐传播初探》，《新闻与传播研究》2000 年第 1 期。

关内容。[①] 总体而言，媒介环境学派的学者认为，不同的时期存在不同的媒介形态，不同形态的媒介影响着人们的活动方式、思维方式以及社会组织形式。

时间贯穿礼乐传播始终，更是礼乐传播的基础组成要素。但就时间意义的表达而言，礼乐传播的时间意义主要体现在传播内容与传播过程两方面。从传播内容来说时间一方面礼乐传播的仪器、仪礼都体现着古代人们对"时间之神"的敬畏。学者傅道彬通过研究发现，上古人类礼拜祭祀的对象实际上是把抽象的时间具体化、神圣化形成的，而这种对时间的崇拜现象一直沿袭至今。[②] 另一方面，《礼记》是礼乐传播的文字记载，对时间的相关论述体现在《月令》一节，其中记载不少天子通过礼乐传播教授百姓"农耕之时"的内容，这种"农耕之时"被应用到社会、政治等方方面面，深化了时间的意义内涵，构设了一套社会节奏顺应自然节律的人与自然关系模式。从传播过程而言，时间作为一种重要的非言语传播要素，在礼乐传播中辅助或独自表达意涵，或作为宏观的礼乐传播的"定期传播"模式，或作为微观的仪式中的先后顺序，背后都有着一套以时间为线索的规范。在礼乐传播的教化下，古代人们对时间结构有了更好的把握，潜移默化形成了延续千年的华夏民族对于时间的观念与态度。本章主要立足于《礼记·月令》文本，研究礼乐传播中时间的重要意义，探讨在礼乐传播中形成的华夏民族独特的时间观及其现代思考。

第一节　四时之气：礼乐传播的时间结构基础及衍变

伊尼斯认为，媒介口语时期的主要特征是时间偏向，具体表现在为方便统治者集体记忆管理，大量的信息被压缩成神话、宗教等结构形式，这一观点可以在礼乐传播中得到印证。礼乐传播具有浓厚的宗教神话色彩，是中国儒家自觉地利用礼乐这一传播形式向全社会广泛地传播自己的思想观念的传播活动。[③] 同时，礼乐传播作为一种仪式传播，也是一个具有时间偏向的、模式化的、利用象征行为交换意义的过程，而稳定的"时间结构"是形成礼乐传播流程规范的重要基础。

一、礼乐传播"四时"的结构基础

时间是真实存在的一种抽象概念，在人对时间有着清晰、理性的认识之前，

---

① 谢军，王艳：《麦克卢汉的全球化思想初探》，《长沙电力学院学报（社会科学版）》2003 年第 3 期。

② 傅道彬：《〈月令〉模式的时间意义与思想意义》，《北方论丛》2009 年第 3 期。

③ 黄星民：《礼乐传播初探》，《新闻与传播研究》2000 年第 1 期。

人们处于一种模糊、混沌、无秩序的状态中。《楚帛书甲篇》对原初世界有着这样的描绘："梦梦墨墨，盲彰弼弼，□每水□，风雨是阕。"这种混乱无序的状态随着人的理性意识，特别是对时间的理性认知苏醒而改变。人们通过理性思考感受到时间的存在，但是对于时间这种抽象存在的诞生仍是不得其解，最终只能归于神灵。

东西方关于时间的起源存在着差异。古希腊神话中，超原始神柯罗诺斯（Chronos）是时间的神格化，他是最初的神灵，是宇宙的第一因，是混沌与秩序的来源，它的含义是永远存在、无始无终、自有永有。在东方，特别是以礼乐为主要传播媒介中的社会中，政治信息依旧被压缩在神化、传说中，对于时间的起源，《楚帛书甲篇》则有"乃娶□子之子曰女皇，是生子四□，是成天地，是格三化""未有日月，四神相代，乃步以为岁，是惟四时"的说法，伏羲和女娲改造了混沌的状态，并生下四个孩子，即为四时之神。对比而言，西方的神话中往往强调非此即彼、黑白对立，如混度与秩序，而东方的神话中会更强调基于"四时"的轮回迭代，生生不息。"四方表四时"，"四时"后来不仅仅影响了华夏民族对空间方位的感知，更为重要的是，它是人们逻辑思维结构的基础。声有"抑扬顿挫"，人有"喜怒哀乐"，事有"起承转合"，我们可以发现"四时"结构从时间意义出发，逐步衍变分化，最终深深扎根在了每个人的思维逻辑之中。

二、"春夏秋冬"的自然时间结构

在礼乐传播中，"四时"最常见地体现在自然时间结构中。古代人们根据自然物象气候变化，总结出了四季更迭的规律，形成了"春夏秋冬"的自然时间结构，礼乐传播的内容随着自然时间的变化也相应有所改变。"礼，合于天时，设于地财，顺于鬼神，合于人心，理万物者也"[①]，礼的设置必须符合天的时令，顺应自然规律。礼的内容根据时令变化而改变，礼的祭品根据时令的特点以及地理位置的区别进行调整，礼的厚薄根据年成的好坏来确定，礼乐传播实际上是基于自然时间线索的规范化传播。

春夏秋冬，时令不同，所需要举行的礼也不同，《礼记·月令》在四时结构基础上下分"孟仲季"三个单元，实质上仍是以"四时"的逻辑思维为主。春夏秋冬，四时推进，礼乐遂变：仲春之时行"祭户"之礼，保佑家宅平安；仲夏之时行"祭灶"之礼，保佑厨房安全；仲秋之时行"祭门"之礼，驱邪镇宅；仲冬之时行"祭行"之礼，保佑外出路遣平安。至于祭品，时令不同，时宜有别。仲春

---

① 杨天宇：《礼记译注（上下）》，上海：上海古籍出版社，2004年，第285页。

之时祭品主要是牲畜的脾，仲夏之时祭品主要是牲畜的肺，仲秋为肝，仲冬为肾。由此，在"春夏秋冬"的自然结构框架下，四时变，礼乐变。

三、"种耘收藏"的社会时间结构

古代以农业生产为主的经济模式决定了人们对自然时间的依赖性，根据对自然物象变化的洞察，古代人们对社会生活节奏进行适应性调整，最终在"四时"的时间结构基础上形成了"种耘收藏"的社会时间结构，在礼乐传播中，这种结构得以进一步继承延续。

春播春种，春季良好的气候条件使得其成为播种的最好时机。《礼记·月令》中记载了孟春之时天子行耕种之礼的情景："乃择元辰，天子亲载耒耜，措之参于保介之御间。率三公、九卿、诸侯、大夫，躬耕帝藉。"[1] 天子通过亲自示范、百官效劳的方式，利用礼乐传播来教化大众关于"春种"的观念，由此形成"种"的社会时间结构。同理而言，"夏耘""秋收""冬藏"的观念也随着礼乐传播被传递着，古代社会系统的社会时间跟随自然时间的同步运转，形成以"四"为基础社会时间结构，影响了人们的生产节奏与生产方式，起到规范社会、维护社会运转的重要作用。

四、"庆赏罚刑"的政治时间结构

"圣人副天之所行以为政，故以庆副暖而当春，以赏副暑而当夏，以罚副清而当秋，以刑副寒而当冬。"[2] 从"农夫之时"到"王官之制"，"四时"结构在礼乐传播中又经历了一次性质上的转化。"以时序政"是古代政治运行的特点，从社会经济、农事生产跨越到政治制度，时间依旧维持着稳定的"四时"结构，进化成"庆赏罚刑"的政治时间结构。

立春之时，"命相布德，和令，行庆，施惠，下及兆民"，春天是万物生长的世界，万物向好，此时天子也顺应时令，颁布"德教"，通过礼乐传播表彰善行，普施恩惠；立夏之时，迎夏礼毕，"还反行赏，封诸侯，庆赐遂行，无不欣说"，万物处于旺盛的状态之时，天子分封诸侯，布置表彰与赏赐的工作；至于立秋之时，"命有司修法制，缮囹圄，具桎梏，禁止奸，慎罪邪，务搏执"，万物到了衰退之时，需要用严厉的法律规范人的行为，禁止违法行为，慎察犯罪和邪恶的人；以至立冬，"是察阿党，则罪无有掩蔽"，万物到了收藏之时，要加大力度检举揭

---

① 杨天宇：《礼记译注（上下）》，上海：海古籍出版社，2004年，第175页。
② 苏舆撰，钟哲点校：《春秋繁露义证》卷13《四时之副第五十五》，北京：中华书局，1992年，第353—354页。

发徇私枉法的司法官吏，让他们不能得到庇护与隐藏。①春夏秋冬，四时运转，庆赏罚刑，四政运行，四政的结构使得政治与自然之间有了关联性连接，政令的合天理性从中得到了解释，"天人合一"的观念由此得到体现。

第二节　礼以时迁：礼乐传播的时间意义

"夫礼以时为大，易以变为宜，阴阳旋转，时运穆穆，百王因时运而变，大礼亦因时运而迁，可以试推之。"②康有为曾强调改革要顺应时代与事物的发展，这其中体现了较为宏大的时间观与社会治理思想，事实上这种"与时偕行"的时间意义更体现在社会生活的方方面面。当然，在不同时代背景之中，作为微观的时间意义也有所差异，在以礼乐传播为主的社会中，时间有以下多重意义。

一、导以民时：作为礼乐传播教授大众的内容

卡尔·多伊奇在著作《政府的神经：政治传播及控制的模式中》指出，政治就是信息传播的过程。在中国古代农业社会，政治也多体现在天子与百姓之间的信息互动上，"导以民时"就是一种重要的政治传播。作为国家的管理者，天子会教授百姓关于生产之"时"的知识。《尚书·尧典》中记载，"乃命羲、和钦若昊天，历象日月星辰，敬授人时"，这里的"人时"就是根据自然规律制定的历法，也是统治者政令施行的重要依据。

"鹿角解，蝉始鸣，半夏生，木堇荣"③，对自然物象的观察是了解时间的基本方式，除此之外，天子还会亲自指导百姓的农事生产。"王命布农事，命田舍东郊，皆修封疆，审端经术，善相丘陵、阪险、原隰，土地所宜，五谷所殖，以教导民"④，天子在春季下令部署农事，教导农民因地制宜，决定粮食作物的种类与标准，指导农业生产；"土润溽暑，大雨时行。烧薙行水，利以杀草，如行热汤。可以粪田畴，可以美土疆"⑤。在夏季告诉百姓草木灰加上雨水可以肥田，可以杀死田中的杂草，极大提高农作物产量与质量。教授百姓农事生产知识本质上是一种政治传播，是在教授百姓有关"时"的概念与知识同时巩固大众形成的基本"时间"观念，从而维护天子"以时序政"的合理性。

除了农事生产，《月令》还涉及狩猎、加工、商贸、祭祀等诸多方面的社会事

---

①　杨天宇：《礼记译注（上下）》，上海：上海古籍出版社，2004年，第172—219页。
②　康有为：《孟子微·中庸注·礼运注》，北京：中华书局，1987年，第261页。
③　杨天宇：《礼记译注（上下）》，上海：上海古籍出版社，2004年，第191页。
④　杨天宇：《礼记译注（上下）》，上海：上海古籍出版社，2004年，第176页。
⑤　杨天宇：《礼记译注（上下）》，上海：上海古籍出版社，2004年，第194页。

务，在一次次传播仪式中，天子通过礼乐传播将政治内涵赋予"时间"之内，又将"时间"意义融入社会事务之中，使之成为贯穿社会各方面的重要线索。

二、合于天时：作为礼乐传播教化大众的规范

礼乐传播中的时间意义，是作为实践的指导原则，更是一种制约规范。仲夏之时，"令民毋艾蓝以染，毋烧灰，毋暴布，门闾毋闭，关市毋索"[①]。禁令的颁布是在不同时间节点对人的行为的一种约束，是利用"恐惧诉求"保障传播效果实现的途径。规范中强烈的时间性原则也强化了人们对时间的认识，使之成为礼乐传播效果实现的共识性认知基础。

与原始社会不同，封建社会中国家的建立以及领土疆域的不断扩张使得管理更加困难，为了维护国家稳定统一，国家政治和儒家文化权力开始下放至地方社会。"十里不同音，百里不同俗"，不同地域之间的差异给统治者的统一管理提出了巨大的挑战，而礼乐传播通过对时间性的强调，建立起不同地域人们对于时间的共识，通过教导百姓顺应天时、不违农时，形成一套普遍适用的时间性规范，起到了教化地方、整齐地方风俗以及维护社会安定和谐的重要作用。

三、以时序政：作为礼乐传播政令施行的依据

"庆为春，赏为夏，罚为秋，刑为冬。庆赏罚刑不可不具也，如春夏秋冬不可不备也。"（《春秋繁露义证》）中国古代以农业生产为基础的经济结构决定了古代统治者的施政理念，农时为重的思想观念深入影响着古代政令的颁布与实行，逐步形成了"以时序政"的政治运行模式，"时间"是政治传播的重要内涵。"庆赏罚刑"的政治时间结构，是"四时"结构在政治维度的具体体现，也是"时政"的合理性来源。在政治上维持"四时"的稳定结构，体现的是政治时令与自然时令相互呼应，强调顺应天意而施以仁政，是顺应自然节律、顺应事物发展的表现，从而为礼乐传播政令施行提供了强有力的论据。

《尚书·尧典》有云："先时者杀无赦，不及时者杀无赦。"为了实现强有力的传播效果，在提供多方面论据的基础上，统治者还懂得利用"恐惧诉求"来实现自己的传播目的。春行夏令，"则国乃大旱，暖气早来，虫螟为害"；夏行冬令，"则雹冻伤谷，道路不通，暴兵来至"；冬行春令，"则蝗虫为败，水泉咸竭，民多疥疠"。[②]在礼乐传播中，统治者表明了政令施行中典型的时间主导特性，强调了违背时间准则就会受到上天的谴责，具体体现在一系列自然灾害与社会动乱。这

---

① 杨天宇：《礼记译注（上下）》，上海：上海古籍出版社，2004年，第190页。
② 杨天宇：《礼记译注（上下）》，上海：上海古籍出版社，2004年，第172—219页。

种恐惧诉求激发了大众的紧张心理，深化了大众对时间的崇拜之意，促成他们接受统治者的政令并且无条件服从，从而维护了社会的稳定。

四、顺时而动：连接自然社会政治的整体互动

礼乐传播使"时政"思想展演延伸至社会各个领域，上至国家祭祀、天子活动，下至农桑商贸、百姓生活。时间成为连接自然社会政治的一条重要线索，维护着社会系统的正常运转。在以时间为主轴的社会系统中，自然、社会、政治的关系极为紧密，它们有着相似的结构，同属一套规则系统。自然物象的变化引起社会节奏的变化，影响政令的施行。对普通个人来说，大众对于自然的敬畏使其更好地处理人与自然、人与社会的关系，适应社会、政治生活；对统治者来说，自然社会政治作为一个整体，更方便统治者政策的制定与施行，增强整体系统的凝聚力。

第三节　天人合一：礼乐传播中的时间观及现代思考

人的时间观的形成来自人对自然时间或物理时间的观察与解读。不同的媒介塑造不同的时间观，在以礼乐为主要传播媒介的礼乐传播时代，人们对时间更多的是一种顺遂、崇拜的态度，而非积极能动的改造。人们就像是时间的"奴隶"，被时间所支配、安排。这种"顺应天时"的时间观念影响着华夏民族，东西方时间观的差异让我们更清楚地了解到这种时间观对自身潜移默化的影响。

一、尊时安乐的思维模式

尊时的思维模式是时间神化的结果，也是媒介口语时代的主要特征之一。为了对时间这种抽象客观存在有更好的把握，古代人们将其具象化、神化，并在礼乐传播中通过各种祭天仪式和礼器呈现不断强化"天时"的观念。礼乐传播进一步将时间与空间相互关联，形成独特的"四时五方"结构，我们如今依旧可以在部分建筑、文物中看到人们对时间的崇拜。如汉代瓦当中就有许多"四神图"，上面刻有"千秋万岁""长乐未央"等字样，以表对时间之神的崇拜与尊敬。

随着科学技术的进步，工业化社会不断发展，人们对时间的认识更加理性、客观，时间的神化意味被削弱。时间变成一种度量工具，分配在人的日常工作与生活中，精确化、工具性、利益最大化成为时间的重要属性，"分秒必争"是现代人生活的基本状态。现代这种对时间客观理性的把握将人对时间的崇拜、尊敬态度转化为可支配、可操作的观念，凸显了人的主观性，但也可能造成对时间的

轻视，形成虚度光阴、追逐利益的社会发展趋势，而古代传播仪式中的"时间观"或许能让我们对现代社会的时间观念产生反思。

二、顺时守信的思维模式

《左传·成公十六年》有记："礼以顺时，信以守物。""顺时"有顺应时宜之意，"因时制宜，审势而行"，这其中包含的是儒家所倡导的积极入世的态度，是个人所为的指导原则，是华夏民族亘古不变的传播真理。华夏民族是一个勤劳的民族，是一个懂得积极把握机遇的民族，在经历了千年的磨砺与考验之后，这种品质得以传承，在现代社会中依旧是成功的必备要素之一。

"顺时"另有顺应时间规律之意，主要表现为"不违时"。孟子曰："不违农时，谷不可胜用也"；[①] 曾子曰："树木以时伐焉，禽兽以时杀焉"，古代人的农事生产活动很好地检验了"顺时"的合理性，使其成为人思考问题的逻辑起点，引领历史形势与时代潮流。在现代生活中，我们依旧保有"顺时"的思维习惯，比如"揠苗助长"式的家庭教育不会被主流价值观所提倡，良好的生活习惯也是在顺时的思维背景下得以养成。

三、周而复始的循环理念

《孙子·势篇》有云："终而复始，日月是也。死而复生，四时是也。"四时的交替复始让古人对时间进行思考，进而阐发了周而复始的时间哲学观念。在这样的循环理念中，世间万物在时间轴中被无限延续，生生不息，历史发展在此消彼长，循环往复中运动，呈现出螺旋式上升的运动趋势。礼乐传播也具有鲜明的循环特征，周期式的传播仪式将礼乐传播宏观划分为不同状态的各个阶段，形成礼乐传播的循环展演，不同的仪式被以年为计时单位推进。礼乐传播的循环是一种强化传播，更是一种古代时间哲学的体现。

历史上的循环论是"合久必分，分久必合"，是事物背后普遍的必然性，这种循环观念对整个华夏民族而言，体现为随遇而安的生活态度与乐观精神。因为对时间的整体趋势有良好的把握，面对时间的流逝与人生的不顺遂，人们不再恐惧不安。对于个人而言，否极泰来是人生的信条，有再多的不如意，也终究会随着时间的消逝而消失；对于整个民族或是整个人类命运共同体而言，危机只不过是历史长河中的必要关卡，要相信"风雨过后必会有彩虹"，只要团结一致、齐心协力，一定能渡过难关。

---

① 　孙奭疏：《孟子注疏》卷 1《梁惠王章句上》，阮元校刻本：《十三经注疏》，第 2666 页。

四、不违农时的生态保护意识

礼乐传播的传播者通过对时间的神化来教导人们对时间、对自然要怀有敬畏之心，这种敬畏体现在对生态伦理的认知与对自然环境的保护上，有利于维护自然与社会的秩序和谐，更有利于统治者对社会大众的管理。

古人认为万事万物都是上天的馈赠，播种、收获之际都会取一部分祭品供祭天神，以表感恩。整个生态环境是在上天的安排下形成，自然节律有其内在的合理性，所以"不违农时"就是不违背上天的意志，更是对人自身的保护。"禁止伐木、毋覆巢，毋杀孩虫、胎、夭、飞鸟"，《礼记》中记载了多项对于生态环境保护的政令，推演在社会各领域，总的来说就是"毋变天之道，毋绝地之理，毋乱人之纪"[①]，在"靠山吃山靠水吃水"的古代农业生产社会，能有如此意识实属难得。反观现代，人类似乎丧失了对自然的敬畏之心，丧失了对自然馈赠的感恩之情，一味的索取最终只是生态环境秩序的失和与人类自食其"恶果"。古人是明理的、智慧的，学习古人对生态环境的保护，使人类实现可持续发展，维护自然与社会的稳定和谐，是刻不容缓的一项议题。

五、重古守旧的传承观念

媒介的时间偏向最重要的是表现在它对文化和制度产生的影响上。伊尼斯认为，倚重时间媒介的文明固守传统，强调连续性，突出社会的黏合力，紧守神圣的信仰和道德传统。[②]反观礼乐传播，其包含有完整规范的仪式流程，具有明确的传播目的，礼乐传播的反复展演使得这套规范化的流程得以延续，实现历时性传播。礼乐传播在华夏民族传统文化的继承发扬中起到了巨大的作用，传统节日、习俗、符号象征文化等被保留了下来，成为团结华夏民族的凝聚力量。虽然时代变迁，礼乐传播中的仪式形式没有被完整留存，但其精神内涵永在。不管是春节之时海内外儿女共看春晚，吃团圆饭，还是清明节返乡祭祖，扫墓过清明；又或是端午节赛龙舟、包粽子，特有的文化内涵被赋予在特定的仪式之中得以传承发展，成为华夏民族文化认同的重要来源。

雄厚的历史积淀促使形成华夏民族重古守旧的观念与过去时间取向的特点。虽然现在"传宗接代"被认为是封建的、落后的思想，但文化传承依旧是一项重要的议题。现代科技发展改变了人们的生产生活方式，传统的手工技艺被机械化生产取代，人们更习惯于快节奏高效率电子化的现代生活方式。工匠精神在这样的时代背景中显得尤为珍贵，传统技艺、传统文化、传统道德的传承是我们每一

---

① 杨天宇：《礼记译注（上下）》，上海：上海古籍出版社，2004年，第177页。

② 哈罗德·伊尼斯：《传播的偏向》，何道宽译，北京：中国人民大学出版社，2003年。

个青年的时代重任。

综上所述，"礼辨异，乐协同"。礼乐传播是一种秩序原则与和谐原则的共存，古代社会治理也是一种"序"与"和"的统一。从自然物象变化中总结得到的时间规律通过礼乐传播被应用至社会、政治领域，成为联动自然、社会的线索，给予统治者施行政令以合理性解释，整个社会系统在时间的串联中呈现出一种有序的状态。"顺时"是服从上天意志的表现，也是实现"天人合一"的重要途径，促进了人与人、人与自然、人与社会的和谐稳定。勤劳善良的华夏民族对时间怀有充分的敬畏之心，对自然怀有充分崇敬之意。在以礼乐为传播媒介的社会里，时间与自然赋予华夏民族丰富的物产资源、乐观豁达的态度以及延续千年的璀璨文明。随着工业社会的发展，古老的"时间"不可避免地被精确化、利益化，但这些积淀下来的有关时间、人类、存在的哲理更要在此时由我们继承与发扬光大。

（本章作者：唐李娜 谢清果）

第四章 礼通天地：礼乐传播中的空间关系生产与运作

　　礼乐传播活动在一定的空间内进行，又将空间纳入交往情境中。本章以《礼记》作为主要文本，从传播类型、传播符号这两个角度对空间在礼乐传播活动中的功能进行探讨，解析其空间关系的建构与运作。在当今社会，保留礼乐空间进行礼乐传播活动仍具有巨大的意义和价值，这有助于凝聚民族情感，强化文化认同，延续礼乐文化。

　　礼乐文化是中国传统文化的重要组成部分，造就了华夏文化系统的独特特质，正如现代学者牟宗三先生所说："这整个的文化系统，从礼一面，即从其广度一面说，我将名之曰：礼乐型的文化系统，以与西方的宗教型的文化系统相区别。"[①]西周产生了以人为中心的礼乐制度，春秋时期礼乐崩坏，儒家在复礼的过程中礼乐被改造成了传播工具，进一步渗透到中国古代社会生活的方方面面，礼乐传播成为一种较为成熟的非语言大众传播形式。[②]

　　近年来，越来越多传播学学者将目光聚焦于中国本土，对华夏独有的传播理论、传播范式展开了研究，作为华夏文明传播中极为重要的传播活动——礼乐传播也再次被中国学者重视，对建构华夏传播理论体系起到了推动作用。

　　涉及中国古代社会方方面面的礼乐文化也为华夏民族建立起了独特的空间观，礼乐传播活动也具有鲜明的空间取向。目前，礼乐"空间观"的相关研究大都是从建筑学的视角出发，研究礼乐文化与建筑之间的关系，已经形成了较为系统的论述，研究主要聚焦于"礼乐文化""礼乐精神"在建筑空间和城市规划的具体表

---

① 牟宗三：《牟宗三先生全集 (27)》，台北：联经出版事业公司，2003 年，第 66 页。
② 黄星民：《从礼乐传播看非语言大众传播形式的演化》，《新闻与传播研究》2000 年第 3 期，第 35—44 页。

达，以及礼乐文化对当代建筑设计提供的思路与价值意义等方面，并没有结合传播学视角。而从传播学视角对礼乐文化进行的研究，到目前还没有出现以空间观作为主要内容的论文和著述。

空间是对于时间的凝固，作为物质载体，承载着人类的日常生活和各类活动仪式，同时又无时无刻不在潜移默化地影响着人们的日常感知和身心处境，不同空间传递着相对应的观念和精神。因此，空间也是礼乐传播活动中不可或缺的一部分，处处表达着礼乐文化中的精神追求，表现出强烈的教化目的。[①] 对礼乐传播的空间观的研究，有助于完整的礼乐传播理论体系的建立，对于在当代通过空间进行礼乐传播与认同构建具有极大的参考价值。

第一节　华夏礼乐传播中的"空间观"

"空间"一词属于日语外来词，在现代汉语中才被使用，古汉语中不曾将"空间"作为词语使用。在《现代汉语大词典》中，空间的名词解释为：空间是与时间相对的一种物质客观存在形式，由长度、宽度、高度、大小表现出来。

空间观即空间观念，是指客观世界中空间形式在人脑中的表象，人类的空间观念得益于自我意识的发生与觉醒。在中国古代，空间观念的生产与建构经历了四个阶段：第一阶段是从具象方位感知发展到抽象方位观念，第二阶段是从身体方位辨识发展到栖居区位划分，第三阶段是从宇宙空间的哲学想象延伸到权力空间的政治建构，第四阶段是从政治领域延伸至日常生活领域的伦理化空间建构。[②]

中国自古以来就将时间和空间紧密联系在一起，强调时空相关性，《管子》的《宙合》篇记载："宙合有天地"。后人解曰：古往今来曰宙，四方上下曰合，即这里的"宙合"指时间和空间，意思是天地就存在于时空之中。[③] 与天地联系在一起的时空，在中国古代具有神圣意义。比如，礼乐传播活动作为中国历史上极其重要的传播活动之一，其主要的传播内容是以中庸仁义为核心的儒家思想。《礼记·礼器》曰："祀帝于郊，敬之至也。宗庙之祭，仁之至也。……故君子欲观仁义之道，礼其本也。"在国郊对天帝进行祭祀，是敬的最高表现；而在宗庙进行的祭祀，则是仁的最高表现。君子想要观察仁义德行的话，根本上就是要观察行礼。行礼活动中的郊、宗庙等都属于空间范畴，也就是说礼乐传播活动需要借助空间作为物质载体，同时空间也成了礼乐文化传播的精神载体。

---

①　闫兆宇：《中国传统礼仪空间设计研究》，硕士学位论文，哈尔滨工业大学，2015 年。
②　王凤娟：《中国空间观念的词源学研究》，《理论界》2016 年第 4 期，第 105—110 页。
③　关增建：《中国古代的空间观念》，《大自然探索》1996 年第 4 期，第 115—119 页。

礼乐传播活动对于传统中国社会的政治权力、生活伦理的建构起到了无可替代的作用，因此礼乐的空间观念是构建政治权力空间和生活伦理空间的重要内容。封禅、登基、祭祖、婚丧嫁娶等礼仪活动都涉及了建筑场所、方位等空间内容，有专门为礼乐活动提供场所的明堂、辟雍、庙、坛、祧、墠等，同时日常生活中的建筑空间也蕴含着礼乐精神，包括《礼记·明堂位》《礼记·中庸》《礼记·祭法》《礼记·祭义》《礼记·内则》《礼记·曲礼》《礼记·昏义》《礼记·乡饮酒义》《礼记·聘义》《礼记·燕义》等众多篇目涉及了政治权力空间和生活伦理空间的建构。例如，在《礼记·明堂位》的开篇就以一连串方位词对天子、三公、诸侯的具体明堂位置进行了描述，以此体现天子至高无上的政治权力，同时也对整个政治权力体系进行了规范。《昏义》中也规定了中国传统社会婚礼仪式中不同社会身份在不同礼节中的空间位置，映射了传统中国社会中的生活伦理观念。

礼乐空间也是承载精神交往的媒介。德国哲学家卡尔·西奥多·雅斯贝尔斯认为孔儒礼学的内涵包括了交往规范，精神交往是仁这一思想的实质[1]；我国哲学家张立文认为儒家的思想关注着人与人以及人与社会的交往对话关系[2]；西安交通大学张再林教授认为"仁学"是中国式的"交往理性"[3]。礼乐文化中包含各种社会交往的规则，空间作为礼乐传播活动的载体也自然成了承载精神交往的媒介。《荀子·荣辱》云："故先王案为之制礼义以分之，使有贵贱之等，长幼之差，知愚能不能之分，皆使人载其事而各得其宜，然后使悫禄多少厚薄之称，是夫群居和一之道也。"荀子强调"明分使群"，认为达成"群居合一"也就是和谐相处、协调一致的交往规范，需要建立在礼乐制度"尊卑有别、长幼有序"的秩序基础上。在礼乐传播的政治权力空间、生活伦理空间建构过程中，礼乐制度也通过空间进行"别"和"分"，明确了尊卑等级秩序，进而限制、规范情性，才能达到"群居合一"的交往境界。

在传统中国社会的礼乐传播活动过程中利用空间这一物质和精神载体，主要建构了政治权利空间以及伦理化生活空间这两类空间，而在建构过程中也凸显了空间作为交往媒介的作用，形成了礼乐文化中独特的空间观，其中蕴含着中国传统的儒家文化中的价值体系、阶级身份认同和伦理道德追求，对中国社会的政治权力和生活伦理建构有着重要意义。

---

① 　雅斯贝尔斯：《大哲学家》，李雪涛译，北京：社会科学文献出版社，2005 年，第 120—122 页。
② 　刘衍军：《荀子礼乐美学中的交往论思想探析》，《重庆文理学院学报》（社会科学版）2018 年第 1 期，第 71—75 页。
③ 　张再林：《"交往理性"与仁学》，《陕西师范大学学报》（哲学社会科学版）1997 第 3 期，第 43—48 页。

第二节　礼乐传播情境中空间关系的建构与运作

礼乐传播是中国古代社会极为重要的传播活动，而在礼乐传播活动中空间的功能作用极为凸显。本节从微观系统的人内传播、中观系统的组织传播、宏观系统的大众传播这三个传播类型，以及传播符号的角度对礼乐传播情境中的空间观进行解析。

一、人内传播：礼乐仪式中"主""客"关系的空间认定

人内传播，也可以称为内向传播、内在传播或者自我传播，是指个人接收外部信息并在人体内部进行信息处理的活动。这是个体系统内的传播，是一切社会传播活动的基础。[①] 作为最普遍的一种传播方式，在礼乐传播活动中人内传播也是不能忽视的一个传播类型。而空间作为无声的语言，是启动人自我对话的钥匙，是礼乐传播中人内传播的重要媒介。

人在社会中总以某种身份或角色与外界发生联系，人内传播不是在与外界隔绝的情境之下进行的，而是人与外界交流在大脑中的折射，外界不断刺激着人内传播的发生。通过人内传播，人能够在与社会他人的联系上认识自己，改造自己，不断实现自我的发展和完善，从而使得自己能够更好地适应社会的需要，处理好各个方面的关系。[②] 可以说，人内传播是一种具有鲜明的社会性和双向互动性的传播活动。美国社会心理学家 G.H. 米德提出了著名的"主我和客我"理论，阐明了人内传播的互动机制。"主我"作为意见和行为主体，"客我"代表了他人的社会评价和社会期待，人的自我是在"主我"和"客我"的双向互动中形成、发展和变化的，而在这个互动的过程中的介质是"有意义的象征符"这种信息。[③] 在礼乐传播活动中，空间作为"有意义的象征符"为"主我"和"客我"的辩证互动提供了介质。

例如《礼记·内则》曰："始于谨夫妇，为宫室，辨外内。男子居外，女子居内。深宫固门，阍寺守之，男不入，女不出。"礼乐文化强调男女有别，认为居家之礼的目的是谨守夫妻之礼，规范性别之间不同的行为方式；建造宫室的原则是划分内外这两种不同性质的空间——对外公共空间和对内私密空间，这是基于人的社会性活动划分的。[④] 同时，要求人在不同伦理环境下有不同的行为举止，如

---

① 郭光庆：《传播学教程》，北京：中国人民大学出版社，2011 年，第 61 页。
② 陈力丹、陈俊妮：《论人内传播》，《当代传播》2010 年第 1 期，第 9—13 页。
③ 郭光庆：《传播学教程》，北京：中国人民大学出版社，2011 年，第 65—66 页。
④ 王洋：《"礼乐复合"视角下的当代住区空间环境探究》，硕士毕业论文，大连理工大学，2010 年。

"男子入内，不啸不指，夜行以烛，无烛则止；女子出门，必拥蔽其面，夜行以烛，无烛则止"。在这里，"内"和"外"的空间成了"有意义的象征符"，成了内省式思考的介质，使得礼乐空间中的人形成了"男女有别"的自我性别意识：例如，女性长期生活在内院的私密空间，男子不得入内，"女主内男主外""男女有别"的"客我"社会关系和社会价值观便通过私密内院空间这一"有意义的象征符"传递给了"主我"，使得女性形成了的"主我"性别意识，由不随意出内院、出门掩面、承担家中内务之事等谨遵礼乐价值观的行为表现出来，而在这个不断互动过程中，性别的自我认知不断被强化，男女之间的界限越来越清晰，这便是礼乐传播活动中空间作为介质的内向传播的机制。

内省式思考是一种重要的人内传播形式，也是礼乐传播活动中最主要的人内传播形式。《礼记·大学》中强调了修身齐家治国平天下的重要思想，修身强调的是个人身心的和谐，需要通过内省式思考来完成。而中庸是儒家礼乐文化的人内传播独特运思方法，是指调节内心使之平常，而中庸的方法同时需要在外部环境中寻求"中节"，使内在要求在现有的外在条件下，达到最适当的平衡点，即"致中和"的境界，这也体现了人内传播的社会性、互动性。《礼记·乐记》曰："大乐与天地同和，大礼与天地同节。……乐者，天地之和也。礼者，天地之序也。"《礼记·中庸》云："致中和，天地位焉，万物育焉。"中庸式的思考也带着明确的空间观，认为整个宇宙是一个圆融、有序的统一体，强调了人与天地万物应该和谐共生，将人与自然统一起来。儒家主张礼乐是由圣贤之人效仿天地自然制成的，礼乐传播活动充分体现了天地宇宙的规律和特性，遵从礼乐文化就是在遵照自然规律和特性，使得人道能够体现天道，达成天道和人道合二为一的境界。① 这种中庸式的内向传播思想通过建立"敬天保民""顺应天命"的空间观，成功超越了天道与人事的对立冲突，是人们重构自身与自然的关系的过程，来追求"天人合一"的境界，人与自然和谐相处，避免了征服自然的错误观念，确保了中华文明延续至今的可持续性发展。②

二、组织传播：礼仪仪式中人、事关系的空间限定

组织是人们为实现共同目标而各自承担不同的角色分工，在统一的意志下从事协作行为的持续性体系。③ 组织拥有专业化的部门分工、职务分工和岗位责任

---

① 韩云忠：《先秦儒家礼乐文化的德育价值研究》，硕士毕业论文，山东师范大学，2015 年。
② 谢清果、董婧玮：《中庸：儒家内向传播的独特运思方法》，《名作欣赏》2017 年第 25 期，第 103—106 页。
③ 间田宗介等：《社会学事典》，东京：弘文堂，1988 年，第 556 页。

制、组织系统的阶层制和等级制这三个结构特点，区别于其他社会群体。中国古代传统社会是一个以封建领主国家官方组织机构为主体，以民间社团组织为补充，明暗组织并存的稳定社会结构。[①]

组织传播指的是组织所从事的信息活动，包括内部协调、智慧管理、决策应变、达成共识这四个功能，组织内传播和组织外传播这两个方面。[②]与血缘宗法制、分封等级制紧密关联的礼乐文化带着强烈的等级观念，《荀子·乐论》曰："乐合同，礼辨异"，礼乐传播活动始终传递着人与人之间存在差别的观念，要求人们在承认差别的基础上追求社会的和谐。[③]

礼乐传播活动中的组织传播主要是以帝王为首的统治集团为主体，"君权神授"的帝王是组织传播中天然的领导者，其意义在于"创造一种态度、一种环境、一种共识和一个稳定、相互作用的过程"[④]，统治者所做出的决策以及行为，对组织中的其他成员都有重要影响。[⑤]礼乐活动中组织传播以下行传播为主，礼乐空间起到了内部协调、达成共识的组织传播功能。

例如《礼记·祭法》中对祭祀礼仪空间的规定体现了严格的等级制度："天下有王，分地建国，置都立邑，设庙祧坛墠而祭之，乃为亲疏多少之数。是故：王立七庙，一坛一墠，曰考庙，曰王考庙，曰皇考庙，曰显考庙，曰祖考庙；皆月祭之。远庙为祧，有二祧，享尝乃止。去祧为坛，去坛为墠。坛墠，有祷焉祭之，无祷乃止。去墠曰鬼。诸侯立五庙，一坛一墠。曰考庙，曰王考庙，曰皇考庙，皆月祭之；显考庙，祖考庙，享尝乃止。去祖为坛，去坛为墠。坛墠，有祷焉祭之，无祷乃止。去墠为鬼。大夫立三庙二坛，曰考庙，曰王考庙，曰皇考庙，享尝乃止。显考祖考无庙，有祷焉，为坛祭之。去坛为鬼。适士二庙一坛，曰考庙，曰王考庙，享尝乃止。皇考无庙，有祷焉，为坛祭之。去坛为鬼。官师一庙，曰考庙。王考无庙而祭之，去王考曰鬼。庶士庶人无庙，死曰鬼。"礼乐制度中，处于统治地位的帝王（天子）可以设立七庙一坛一墠，由天子分封的诸侯可以设立五庙和一坛一墠，王侯分封的士大夫可以设立三庙二坛，比大夫低一等级的上士能设立二庙一坛，再低一等的中士下士则只能立一庙，位于社会最底层的庶士庶人不能为祖先立庙，死了只能被称为鬼。

如上文提到的《祭法》第四篇所示，根据地位等级的不同，各阶层祭祀礼仪

①　刘枫：《中国古代蚕桑神话和先蚕礼的组织传播功能分析》，硕士毕业论文，西南大学，2014 年。
②　郭光庆：《传播学教程》，北京：中国人民大学出版社，2011 年，第 91—92 页。
③　黄星民：《礼乐传播初探》，《新闻与传播研究》2000 年第 1 期，第 27—35 页。
④　胡河宁：《组织传播学：结构与关系的象征性互动》，北京：北京大学出版社，2010 年。
⑤　向春香、陶红：《先蚕礼在中华农耕社会中的组织传播分析》，《蚕学通讯》2011 年第 3 期，第 54—60 页。

空间的数目规格不同，上可以涵盖下，而下却不能涉猎上，显示了尊卑贵贱、等级权势的高低，是等级秩序的外化，实现了"贵贱之别，望而知之"，这是一种明确的内部协调，使得天子、诸侯、大夫、士等统治阶层各司其职。祭祀礼仪空间的背后正是等级思想在社会生活层面的渗透，其成了物质财富和精神财富的双介物，是等级功能的体现，是政治统治的手段和外在体现；礼乐空间观代表和象征着政治秩序、道德伦理，成了中国古代等级制度在社会结构中的外在体现和标志。礼仪空间的划分就是对等级秩序的认同和维护，在礼乐传播活动中强化了等级观念，起到了达成共识的功能，最终达到稳定组织结构、维护帝王统治的目的。①

三、大众传播：礼乐仪式中空间关系的文化生产与传承

大众传播是"专业化的媒介组织运用先进的传播技术和产业化手段，以社会上一般大众为对象进行的大规模的信息生产和传播活动"②。礼乐传播是中国古代社会非常重要的大众传播手段，规范化和规模化的特点使得礼乐成了较为成熟的大众传播③。从大众传播的视角来谈论礼乐空间观，一方面我们应该认识到礼乐空间是礼乐传播能够成为大众传播手段的重要助力；另一方面在礼乐进行大众传播活动的过程中，也是礼乐的空间观形成和传播的过程。

规范化的特点是礼乐大众传播活动的第一个特点，使得礼乐能够更准确地复制与传播信息。西周初周公旦制礼作乐，建立典章制度，使得礼乐传播成为一种制度化的社会传播；随后儒家对礼乐的形式和内容又做了进一步的规范，《周礼》《仪礼》《礼记》三本书以文字的形式固定了礼乐的内容。以《礼记》为例，书中的多个篇目都对礼仪活动中的空间做出了详细的规定，如《昏义》中对婚嫁仪式中各流程的地点和仪式的方位做出了详细的规定，《祭法》中对祭祀的建筑规模数目名称按阶级进行了详细的划分，《明堂位》对明堂这一帝王政教的礼制建筑场所的内部空间规制及不同阶级的站立方位进行叙说，等等。

文字使得礼乐文化有了规范化且明确清晰的空间观念体系进行传播，因此社会大众能形成共同的礼乐空间观。例如《礼记·昏义》云："是以昏礼纳采，问名，纳吉，纳征，请期，皆主人筵几于庙，而拜迎于门外。入，揖让而升，听命于庙，所以敬慎、重正昏礼也。……父亲醮子，而命之迎，男先于女也。子承命以迎，

---

①　李宜璟：《"十二章"服饰纹样的内涵探析及组织传播功能分析》，硕士毕业论文，西南大学，2014 年。

②　郭光庆：《传播学教程》，北京：中国人民大学出版社，2011 年，第 99 页。

③　黄星民：《从礼乐传播看非语言大众传播形式的演化》，《新闻与传播研究》2000 年第 3 期，第 94—95 页。

主人筵几于庙，而拜迎于门外。婿执雁入，揖让升堂，再拜奠雁，盖亲受之于父母也。”一对夫妻的结合承载着繁衍后代的使命，这关乎了家族的兴旺发展，礼乐文化强调以血缘宗法制为根基的社会伦理秩序，敬重先祖，因此关乎子孙之事的婚嫁活动必须告知祖先，而告知祖先就必须前往家族宗庙这一特殊的礼乐空间。婚礼之前的纳采、问名、纳吉、纳征、请期等礼仪，女家主人都必须携媒人进入宗庙中进行，以表示恭敬谨慎、尊重婚礼的正礼；男方来迎亲也必须进入宗庙完成仪式。这是礼之规定，用文字写入了《礼记》之中，变成了中国古代社会的传统婚礼中的固有流程，宗庙也成了婚礼中固定存在的礼乐空间，这样的设计代表着礼乐文化中对于婚礼的深刻理解——这不仅仅是夫妇二人的结合，而两姓家族的结合，这是联结家族的过去与未来的关键。① 这样，宗庙作为祭拜祖先、象征家族、联结过去未来的空间的观念，以及婚礼仪式、宗庙代表着的血缘家族观念也在礼乐传播活动中深入人心。

　　礼乐的大众传播活动的第二个特点是规模化，通过“定期传播”（定期举行重复的礼仪）和“多层传播”（依靠宗法制度，各阶级层层举行与阶层对应的礼乐，把信息传播到了华夏各地区各阶级），使得礼乐文化可以长时间大范围地进行大规模的传播活动。② 礼乐活动离不开空间作为媒介，不同的礼乐活动有着严密的空间形制和方位规定，营建礼乐空间总是被放在首要位置，例如《曲礼》中规定：“君子将营宫室，宗庙为先，厩库为次，居室为后”，要求君王在建造宫室的时候，要先建造“宗庙”这一礼乐建筑空间，随后才能依次建立马厩仓库以及居室。就宗庙来说，宗庙是举行祭祀礼仪的空间，有常规性祭祀和偶发性祭祀两类礼仪活动，常规性祭祀包括了按照四季节令或者月份来举行的月荐、时享，还有族中的祫祭、年终祭等活动，这些活动每年都会定期按时举行，这些在宗庙举行的祭祀礼仪活动成为传统一直延续到封建社会晚期。③ 因此，礼乐空间的营建也是礼乐活动能够进行定期传播、多层传播的保障，确保了礼乐传播成为规模化的大众传播。

　　同时，礼乐的大众传播活动具有很强的单向性和层级性，例如《周礼》中的天子祭祀便是由天子为首举行的祭祀活动，这便是礼乐精神的一种展现形式，将礼乐精神自上而下传递到庶民阶层，达到教化臣民的目的。在这个过程中包括礼乐空间观在内的信息大量地生产、复制和传播，使得礼乐文化独特的空间观念体

---

① 孟庆楠：《亲合与敬重——早期儒家所论婚礼之义》，《中国儒学》2017 第 1 期，第 50—62 页。

② 黄星民：《从礼乐传播看非语言大众传播形式的演化》，《新闻与传播研究》2000 年第 3 期，第 34—35 页。

③ 封华：《论中国古代宗庙制度及功能意义》，硕士学位论文，中央民族大学，2015 年。

系以及其所蕴含的价值观在中国古代社会的各阶级迅速传递开来。学者张雁勇认为，所有的礼仪活动都借助了神圣的时间和空间，用丰富并且可以观瞻的象征形式表现了出来，目的是将礼乐价值观以润物细无声的方式传递进每一位祭祀者的内心，进而影响到大众的思维方式和精神品格，最终通过"内化于心"达到"外化于行"的效果，所有的礼乐传播活动结合在一起，相互补充、不断强调着礼乐精神，确保了古代社会的正常运转，他将这个模式概括为"象征—传播—接收—接受—输出"的过程。[①]

第三节　礼乐传播情境中空间关系的符号生产与运作

信息传播离不开符号。符号学的创始人索绪尔认为符号本身是一个带有意义的物体，它是能指与所指的结合，所谓"能指"就是我们能够感觉的符号的形象，而"所指"则是符号在我们头脑中的观念，即符号所指代的意义。[②]皮尔斯将符号分为三类：图像 符号、标志符号、象征符号，我们在关注符号的文化层面时，更多是把它们作为象征符号来使用。人类文化在某种程度上来说，就是符号创造和运用符号进行创造的过程，心理反应、社会身份、价值观念、宗教仪式等都成为构成现实表象的符号，符号传播成为普遍的认同方式和文化，是一切社会力量，包括政治力量和经济力量，用以维持组织动员能力的象征资源。[③]

从符号的角度来看，礼乐是一种人类社会的符号表意活动，礼乐传播活动有一套非常严格的语言文化符号系统，这个系统的实质是对社会生活进行模塑，规约人的表意行为。[④]文化被认为是一个社会中相关的符号活动的集合，礼乐文化即是通过礼乐符号活动的集合来规范现实生活中的尊卑等级秩序，后者即是其承载的相关意义。礼乐文化其实就是通过确立划分各种"能指"，由此来规范社会，建立一套严密的社会等级秩序，即通过区分"能指"（如前文提到的《祭法》中祭祀建筑空间的数目、规模等形制），进而将"所指"（如身份等级等礼乐文化观念）区分开来，也即是莫里斯所言的通过对符号过程的缕析控制进而达到对个人的社会控制。以孔子为代表的儒家礼乐文化是偏向于"语法倾向文化"的，它关心的

---

① 张雁勇：《〈周礼〉天子宗庙祭祀研究》，硕士毕业论文，吉林大学，2016 年。

② 费尔迪南·德·索绪尔，《普通语言学教程》，高名凯译，北京：商务印书馆，1980 年。

③ 向春香、陶红：《先蚕礼在中华农耕社会中的组织传播分析》，《蚕学通讯》2011 年第 3 期，第 54—60 页。

④ 黎世珍：《礼乐文化符号系统的构建——评〈先秦符号思想研究〉》，《北方工业大学学报》2018 年第 4 期，第 121—126 页。

是能指背后的所指，是社会的等级秩序。① 儒家文化通过礼乐制度，建立一整套规范准则，各种礼乐之间有明确清晰的界限，并且互相配合，从而使所指——社会等级秩序的呈现明显了然。②

礼乐文化符号系统的核心是别尊卑、序贵贱。礼乐传播作为中国古代社会典型的非语言大众传播手段，空间符号这类极具象征意义的非语言符号在其中起到了重要作用。礼乐空间符号是一种典型的非语言象征符体系，它们是由周公旦以及后续的儒家学派创造的人工符号，用以表达尊卑贵贱的等级观念和礼乐秩序。礼乐空间象征符体系需要通过礼乐传播活动来继承和传递，同时，"人类通过驾驭象征符体系形成不同的社会文化"③，空间象征符必须放在礼乐文化体系下进行解释，才能与其指代的对象事物（即尊卑等级秩序观念）产生关系。

例如《明堂位》的第一篇就规定的明堂建筑中各个阶级的方位："昔者周公朝诸侯于明堂之位：天子负斧依南乡而立；三公，中阶之前，北面东上。诸侯之位，阼阶之东，西面北上。诸伯之国，西阶之西，东面北上。诸子之国，门东，北面东上。诸男之国，门西，北面东上。九夷之国，东门之外，西面北上。八蛮之国，南门之外，北面东上。六戎之国，西门之外，东面南上。五狄之国，北门之外，南面东上。九采之国，应门之外，北面东上……。明堂也者，明诸侯之尊卑也。"天子在明堂掌朝时，坐北朝南居于高位；司马、司徒、司空三公立于南面的堂下中阶，面向天子，其中靠东面的位置是上位；诸侯则面朝西站在东阶，伯爵位的人面朝东站在西阶，最靠近天子的北面的位置是这两个等级中的上位；男爵爵位没有阶梯可以站，所处位置更低，九夷、八蛮等偏远小国的国君甚至没有资格进入明堂的内部空间，只能站在建筑门外。在这里，上下、东西南北、明堂内外的等词汇不仅仅只是表达站立方位这一空间客观概念，实际上他们属于空间象征符，功能是表达"等级尊卑"概念。按照索绪尔的理论，明堂位里的各个阶级的站立方位是区分了"能指"，进而将"所指"也就是各阶级不同的社会等级地位区分开来，达到"明尊卑"的功能，使得各阶级能时刻清楚自己的身份地位，进而规约他们的表意行为，使得他们各司其职。

《左传·成公二年》有云："礼以行义，义以生利，利以平民，政之大节也。"意思是用礼乐活动推行仁义的思想，通过仁义思想来产生利益，有了礼仪就可以治理国民使得天下太平，这便是治理国家的关键方法。历代统治者在礼乐传播活

---

① 祝东：《名与礼：儒家符号思想及其深层意识形态分析》，《兰州大学学报》（社会版），2018年第3期，第151—157页。

② 赵毅衡：《文学符号学》，北京：中国文联出版社，1990年，第96—97页。

③ 郭光庆：《传播学教程》，北京：中国人民大学出版社，2011年，第37页。

动的过程中，正是利用了空间符号为代表的非语言符号体系，使礼教秩序、等级制度的观念深入人心，由符号层面逐步推进到现实政治层面，也就是达成"礼以行义"这一步，这是治理国家的第一步。

第四节　礼乐传播中空间意义生产的当代价值

在礼乐传播活动中空间"润物细无声"地影响了人们的言行举止，在当代社会，积极合理地运用礼乐空间进行传播活动，建构礼乐"空间观"，有助于凝聚民族情感，强化文化认同，延续礼乐文化，推进华夏文明传播的实践。

一、凝聚民族情感

"人类的独特特征之一就是在形成社会纽带和建构复杂社会结构时对情感的依赖。"[1] 利用空间进行礼乐传播，可以使当今的中华民族凝聚民族情感，获得身份认同的归属感。在快节奏的现代社会生活中，社会关系和情感都呈现着碎片化的状态，很多中国人也开始注重个人主义，虽然迅速发展的网络和社交媒体能把人们通过数据化的方式联系在一起，却使得集体的公共生活变得愈发分散疏离，因此归属感的重要性便凸显了出来，它能使中华民族联结起来，获得团结一致的集体荣誉感。[2]

带有厚重历史文化感的空间是人们交往的媒介，使得他们获得了文化的自信心和华夏民族的归属感。孔庙、书院、宫殿等这些传统的礼乐文化空间成为面向全体华夏儿女的情感联系，以及面向全世界展现中国礼乐文化的旗帜。"民族的消亡，不是有形物质的消失，而是在集体、文化层面上的遗忘。"[3] 保留好传统礼乐空间，礼乐文化的传统记忆将深藏在社会之中，时时刻刻唤醒人们的民族情感，哪怕最初的情感并不持久，但是在社会中经过民族集体的关注和共享，会逐渐形成持久的情感联结，转化为民族身份认同感，增强华夏民族的凝聚力。

二、强化文化认同

在当今文化全球化的大背景下，一方面我们要坚持多元文化的价值取向，做到"和而不同"；另一方面对本民族文化的认同显得尤为重要，防范文化帝国主义

---

[1]　简·斯戴兹：《情感社会学》，孙俊才、文军译，上海：上海人民出版社，2007年，第1页。

[2]　王闯：《孔子的媒介记忆传播及其当代价值研究》，硕士毕业论文，郑州大学，2019年，第64页。

[3]　扬·阿斯曼：《文化记忆：早期高级文化中的文字、回忆和政治身份》，北京：北京大学出版社，2015年，第168页。

的冲击致使人们对中华传统文化的认同逐渐模糊。文化认同是指个体对于所属文化以及文化群体内化并产生归属感，从而获得、保持并创新自身文化的社会心理过程①。人是生活于特定的文化情境中的人，人总是文化的塑造物，个体发展的过程就是其所处文化情境塑造的带有鲜明文化印记的结果。文化认同影响着个人的社会身份认同和自我认同，引导着人们热爱和忠实于民族文化，从而保存和光大民族文化，并最终将其纳入个人的价值观这一深层心理结构之中。在社会层面上，文化认同以民族文化为凝聚力整合和辨识着多元文化中的人类群体，成为群体构成的一种类型——文化群体②。人是文化的人，社会是文化的社会，"文化认同也是一种社会认同，是个体获得文化群体的'我们感'的途径和过程"③，强化文化认同才能重塑社会认同感和信任感。

仪式在中国是一种重要的文化认同来源，而仪式离不开空间这一记忆传承的媒介。例如孔庙至今仍然每年举办祭孔仪式，当参加仪式的人们来到孔庙，就进入了儒家礼乐文化的记忆储存、共享和再生的空间。身在庄严肃穆的空间里，参与仪式的人们不断产生和强化文化记忆，构建文化认同，这是通过网络视频远程观看无法比拟的。仪式的参与者不仅仅是聚集了一个具有实质的外部物质空间中，更是相聚在了一个心理和文化相通的内在精神空间之中。正是借助空间，仪式才能完成人们对于信念、意识和态度的整合，构建文化归属感。④

三、延续礼乐文化

"我们每一个中国人自然都会希望在全球化的客观进程中保留自己的独特个性，使中华民族能以自己独特的身份融入多元化的世界文明之中。"⑤对于中国这样一个拥有五千年文明底蕴的古国来说，礼乐文化便是独特身份和个性的最好代表。空间具有持久的教化功能，使得现代社会在不断发展的同时，传统的礼乐文化仍然可以影响华夏民族的行事准则、生活规范和交往方式，帮助人们建立文化

---

① 韩星：《走进孔子：孔子的思想体系、命运和价值》，福州：福建教育出版社，2017年，第315页。

② 陈世联：《文化认同、文化和谐与社会和谐》，《西南民族大学学报》（人文社科版），2006年第3期，第117—121页。

③ 杨宜音：《文化认同的独立性和动力性：以马来西亚华人文化认同的演进与创新为例》，张存武编：《海外华族研究论集》（第三卷），台北：华侨协会总会出版社，2002年，第407—420页。

④ 王闯：《孔子的媒介记忆传播及其当代价值研究》，硕士毕业论文，郑州大学，2019年，第67—68页。

⑤ 韩星：《走进孔子：孔子思想的体系、命运与价值》，硕士毕业论文，郑州大学，2019年，第67—68页。

自觉自信。① 借助礼乐空间，我们可以传播礼乐文化的价值理念。"礼，像语言一样，是交流和自我表达的一种形式。一个人若不逐渐知晓礼的'言语'，就不能成为社会的全面参与者。人的成熟，依赖于创造性地获得群体共同规定的价值。"② 礼乐传播的内容是仁义中庸③，通过礼乐传播中的空间和空间观，人们潜移默化地接收了仁义中庸的价值观。

礼乐传播的具体内容极其丰富多彩，礼仪空间观中的每个细节，都有其特定的含义，都传递着一定的信息。例如《礼记·曲礼下》中写道："君子将营宫室：宗庙为先，厩库为次，居室为后……为宫室，不斩于丘木。"君子建造宫室，必须要先建造宗庙，再建造马厩仓库，最后才能建造自己的居室，同时建造宫室的时候不能砍伐墓地的树木。不能为求一己之安而忘记本源，这体现了古代社会以血缘宗法制为根基的社会伦理秩序，是仁义的具体体现，通过对祖墓、宗祠这些礼乐空间的重视潜移默化地传达了不忘本源、重视孝道的礼乐价值观，在当今社会仍具有重要意义。同时对礼乐空间观的保护，可以实现对民俗文化的传播与延续，例如上面提到的对宗祠、祖墓的重视和保护，也使得清明扫墓、回乡祭祖这些民俗文化得以保留。

（本章作者：李若兰　谢清果）

---

① 王闯：《孔子的媒介记忆传播及其当代价值研究》，硕士毕业论文，郑州大学，2019 年，第 65 页。

② 杜维明：《儒家思想：以创造转化为自我认同》，曹幼华、单丁译，北京：生活·读书·新知三联书店，2013 年，第 66 页。

③ 黄星民：《礼乐传播初探》，《新闻与传播研究》2000 年第 1 期，第 95 页。

第五章　天下一家：礼乐传播形塑中外共通意义世界

"天下"彰显了中国的气度，而"天下一家"又充分表明了中国拥抱世界的善意。相亲相爱、和谐共生的前提是彼此的深刻理解，礼乐传播作为中国传播观念的经典命题，始终以"天下"的宏大气魄与胸襟助力人类信息系统的有序运行，分别从个人、社会、国家三个维度出发，以华夏元典文本哲思为依托，自微观至宏观地将中外共通意义空间的创设可能进行系统梳理。传播是人类文明的重要一环，时代所提出的新问题在很多方面亦可视为传播问题。礼乐传播希望在就问题给出对策建议的同时，能够在一起解决问题的过程中互相学习，找出合乎民心的新式传播路径和发展路径。

随着全球化的深入发展，人类原本各自封闭、与世隔绝的文化圈子已经被完全打破，人们不得不带着各自的"先天文化"或主动或被动地寻求交流，却往往因为对彼此的文化的漠视、陌生而呈现"交流失败"的态势。"交流失败"必然带来误解和矛盾，并由是产生一系列的文化冲突。目前，文化冲突已经成为世界动荡的重要根源，与资源冲突、地缘冲突等明显冲突一样必须加以重视。当下的全球问题绝非一时一地即可轻描淡写加以解决的，需要全人类携起手来，以一种相互包容、相互理解的姿态达成长期的相互合作，进而实现根本性的全球治理。伴随中国的崛起和国际地位的不断提高，中国与外部世界的交流日益频繁，中外文化冲突已然是不能回避、必须重视的文化冲突的重要方面。中外文化冲突能够得到良好解决，关系着中华民族伟大复兴，关系着世界安宁稳定和人类前途命运，为此，传播学界需要以高度的使命感和责任感就促成中外文化的彼此理解、相互促进给出传播学方案。

第一节　和谐共通：礼乐传播的创设目标

相互理解呼唤共通的意义空间，缺少共通意义空间的交流无异于鸡同鸭讲。共通意义空间的建构需要以一定的文本符码作为基础，在中外文化交流这个维度上，具有历史参照、民族特色和鲜明文化代表性的文本是上佳之选，故而一系列中华元典及其所代表的中国长久以来的政治、社会和生活实践，可以为外界了解中国提供一个可供切入的窗口，乃至以此为契机让外界对中国产生横向、纵向的立体认知。即使身处不同的文化，人类的固有属性决定不同文化群体之间的共性远远大于个性，这些"共性"是交流之始、理解之基，更是共通意义空间的重要砖石。例如，人性逐利，世所共知，中国古代思想家司马迁就提出"天下熙熙，皆为利来；天下攘攘，皆为利往"，无独有偶，马克思也曾说过"人们奋斗所争取的一切，都同他们的利益有关"，人类社会的历史变迁，大到王朝兴衰、政权更易，小到家族迁徙、离合悲欢，都证明了人类这一适用于绝大多数社会和历史时期的共同性格、价值追求，而这，也仅仅是人类广阔的共通意义空间的冰山一角。

礼乐是具有典型意义的中国文化代表，其实践的广泛进行在久远的历史进程中逐渐积淀下了中华文明的底色。自传播学进入中国，在传播学本土化的进程中，有学者极富学术洞察力，提出了"礼乐传播"的概念，为进一步讲好中国故事、让世界更加了解中国奠定了基础。黄星民指出，我们所谓的"礼乐传播"，指的是中国儒家自觉地利用礼乐这一传播形式向全社会广泛地传播自己的思想观念的传播活动。[①]"礼乐"这一概念历来众说纷纭，黄星民在《礼乐传播初探》一文中说："礼乐传播中的'礼'，主要指的是在各种场合下举行的各种礼仪；礼乐传播中的'乐'，不仅只是音乐，还包括诗歌、舞蹈等艺术形式。礼的举行离不开乐，乐是礼的重要组成部分，所以合称'礼乐'。"[②]应该认识到，"礼乐"绝非仅仅是一种仪式、一套规矩，有学者认为，"礼乐文化贯穿于道统、学统、宗统、政统之中"[③]，故而礼乐的政治属性和文明属性不容忽视。也正因为如此，礼乐传播才能够在建构中外共通意义空间的时候做到言之有物、言之必切。

礼乐传播是中国历史上极有特色的重要传播活动[④]，它与西方传统的宗教等传播活动既存共通相似，又有迥然不同。事实上，在与中国的交往、沟通中，特别是汉学研究中，西方学者已经对以礼乐传播为代表的中国文化有所了解，并根据时代、社会的要求对其中的哲理和内在逻辑进行解读，推动了西方国家、思想的进步。这是中国礼乐文明传播的世界性意义，需要重新发现、发掘。

为什么一定要将礼乐传播放在中外交流、人类文明的高度呢？这个问题的答案很可能就是中国自古以来的"天下"观念，让中国这一国际社会的重要参与者

---

①　黄星民：《礼乐传播初探》，《新闻与传播研究》2000年第1期。
②　黄星民：《礼乐传播初探》，《新闻与传播研究》2000年第1期。
③　兰甲云，艾冬丽：《孔子的道德理想与礼乐文化传播》，《伦理学研究》2019年第1期。
④　黄星民：《礼乐传播初探》，《新闻与传播研究》2000年第1期。

具有了站在全局统筹思考、统筹谋划的思维惯性。事实上，在中国综合国力并没有位居世界前列的时候，"处江湖之远则忧其君""位卑未敢忘忧国"的思维逻辑依然在有效运转，让中国始终活跃在世界舞台之上，凡是面向全球的国际组织必定少不了中国参与，关系全球利益和秩序的国际协定也一定少不了中国声音。因此，礼乐传播的向外延展，即"走出去"，便有了历史、现实的双重依据。赵汀阳在《天下体系：世界制度哲学导论》一书中指出："在关于世界政治的问题上，中国的世界观，即天下理论，是惟一考虑到了世界秩序和世界制度的合法性的理论，因为只有中国的世界观拥有'天下'这个在级别上高于／大于'国家'的分析角度。"① 这个论断为礼乐传播提供了底气，虽然可能在相当长的一段历史时期之内中国的文化软实力仍然敌不过旧有的文化霸权，以礼乐传播为代表的中国本土传播也将长期处于"自说自话"的困境，但依然不能否定的是，礼乐传播必定跳出狭隘的民族主义、孤立主义视野，以一种深沉但不失朝气的姿态为解决世界上的"传播失灵""交流失败"问题贡献新质力量和中国智慧。

第二节　同民心出治道：礼乐传播的社会治理建议

目前，"治理"已经成为全球热词，各方站在不同立场、从不同领域出发，给出了五花八门的"治理方案"。从传播学意义上讲，"治理"在一定程度上可以说是对传播失灵的纠偏。何为"传播失灵"？潘祥辉认为，"传播失灵描绘了一种信息传播过程中的扭曲与畸变现象"，"它既可以表现为组织内部的沟通不畅，也可以表现为大众媒体层面的失真与异化"②。他更进一步指出："传播失灵的后果会导致资源配置无效率或社会福利的损失。"③ 当前存在的治理乱象无不显示这项研究的先验性和洞察性。在大众传播层面，假新闻、谣言混淆视听，造成社会恐慌、加深刻板偏见；"后真相"时代到来，让寻找真理、捍卫正义的成本格外高昂；不良媒体在金钱、利益的驱使之下，别有用心地炒作特定事件，恶化家校关系、医患关系、干群关系、男女关系等，加剧群体对立和社会撕裂……在更加微观的组织传播、人际传播方面，传播失灵的表现同样不容小觑，欺上瞒下、曲意迎合、逢场作戏等常见现象暂且不论，以变异的"PUA"（搭讪艺术家）为代表的各类话术、洗脑、诈骗更是往往以人们的生命财产作为代价。凡此列举种种，皆是传播失灵所带来的治理困局的代表与反映，非一时一国所特有，而是全人类在相当长一段

---

① 赵汀阳：《天下体系：世界制度哲学导论》，南京：江苏教育出版社，2005 年，第 4 页。
② 潘祥辉：《传播失灵：一种基于信息传播非理想状态的研究》，《浙江学刊》2012 年第 2 期。
③ 潘祥辉：《传播失灵：一种基于信息传播非理想状态的研究》，《浙江学刊》2012 年第 2 期。

时期内所面临的共同问题，它们极大地降低公民的幸福感、获得感，极大地浪费了社会资源，极大地拖延了人类迈向全球治理的步伐。有鉴于此，礼乐中所蕴含的传播智慧似乎可以为今日的社会治理提供精神文化内核支撑以及极富借鉴意义的方法论指南。

中国古人曾经说，"礼、乐、刑、政，其极一也，所以同民心而出治道也"①（《礼记·乐记》），认为礼乐可以用来齐同民心，从而实现社会治理。尽管礼乐文化的制定来源于统治者维护统治秩序的需要，但其中的传播理念及其彰显的传播道德仍然值得今天的人们学习，这一点在西方普世价值的局限性日益暴露、新问题新情况层出不穷的背景下显得尤为重要。礼乐对于"民心"的重视自然不言而喻。赵汀阳曾经提出这样一个命题："对于制度的合法性的证明来说，'民心'比'民主'更为正确。或者说，民心才是关于制度合法性的证明，而民主根本就不是，民主只是一种在操作上比较容易的程序，并不能表达好的价值。"②事实上，不仅政治制度的合法性有赖于民心支撑，关于传播制度的讨论亦然，都需要以民心作为根本依归。礼乐致力于调整社会关系，以"礼""乐"为媒，在社会各个层面以及不同的传播环境下，通过民心的合同实现社会和谐。以"乐"为例：

> 是故乐在宗庙之中，君臣上下同听之，则莫不和敬。在族长乡里之中，长幼同听之，则莫不和顺。在闺门之内，父子兄弟同听之，则莫不和亲。故乐者，审一以定和，比物以饰节，节奏合以成文，所以合和父子、君臣，附亲万民也，是先王立乐之方也。（《礼记·乐记》）③

由是观之，礼乐传播提倡"有的放矢""量体裁衣"，对于不同的社会关系和特定的人际需要，提供有针对性的传播内容，在润物无声的教化之后，形成对社会的总体共识，以民心促和谐，"合和""附亲"证民心。以"天下"的眼光加以审视，今日各阶层、各地域的民心均可以在"乐"的引导下，成为社会稳定团结的基石。需要申明的是，"真正的民心是经过理性分析而产生的那些有利于人类普遍利益和幸福的共享观念"，"因此，民心并不就是大众的欲望，而是出于公心而为公而思的思想"④，礼乐传播的传播道德要求传者在一定程度上摒弃私利，怀揣道德理想，以大公无私的姿态在仪礼、政治方面起到表率作用，否则便会因为不得

---

① 杨天宇：《礼记译注》，上海：上海古籍出版社，2004年，第468页。
② 赵汀阳：《天下体系：世界制度哲学导论》，南京：江苏教育出版社，2005年，第28页。
③ 杨天宇：《礼记译注》，上海：上海古籍出版社，2004年，第505页。
④ 赵汀阳：《天下体系：世界制度哲学导论》，南京：江苏教育出版社，2005年，第29页。

民心、人尽其恶而"礼崩乐坏"，正所谓：

> 乐者，圣人之所乐也，而可以善民心。其感人深，其风移俗易，故先王著其教焉。夫人有血气心知之性，而无哀乐喜怒之常，应感起物而动，然后心术形焉。（《荀子·乐论》）①

以"礼乐"作为仪式传播的一种媒介而实现民心合同，在中外历史上并不鲜见，唯一的区别可能在于中国对鬼神采取"敬而远之"的态度，而国外大多采用宗教仪式传播的方法。例如，在古代中国人用礼乐教导人民须父慈子孝、兄友弟恭的时候，古希腊游吟诗人也用竖琴将对奥林匹斯诸神的敬畏和对真善美的向往传诵至伯罗奔尼撒半岛的每一个城邦。中国的礼乐文化是特殊的，与世界其他文化的"神本主义"相比，其"人本主义"在生产力低下、愚昧落后的年代里显得尤为可贵。此二者虽然代表了两种不同的世界观和方法论，存在抵牾甚至冲突，但它们在合同民心、促进内部和谐方面有着异曲同工之妙，这在某种程度上也可以成为共通意义空间中的符号帮助彼此加强交流，加深理解。

第三节　致乐以治心：礼乐传播的内向传播关怀

郭庆光认为，"内向传播"指的是"个人接受外部信息并在人体内部进行信息处理的活动"。② 现代文明高速发展，在提高人们物质生活水平的同时，也让许多人的精神世界陷入迷茫和困顿。消费主义、享乐主义等思潮并没有让现代人更加快乐，反而让他们尽入彀中，成为被资本异化的机器和玩偶，随之而来的道德坍塌、礼崩乐坏极大地阻碍了社会治理的实现。精神世界的麻木、迷茫和堕落在一定程度上可以视作内向传播的"传播失灵"，需要加以纠正。

礼乐传播特别注重人的内心修养，在内向传播方面给予了应对传播失灵的一系列方法和建议，其中最具代表性的便是"慎独"：

> 所谓诚其意者，毋自欺也，如恶恶臭，如好好色，此之谓自谦，故君子必慎其独也！小人闲居为不善，无所不至，见君子而后厌然揜其不善而著其善。人之视己，如见其肺肝然，则何益矣！此谓诚于中，形于外，故君子必慎其独也。曾子曰："十目所视，十手所指，其严乎！"富润屋，德润身，心广体胖，故君子必诚其意。（《礼

---

① （清）王先谦撰，沈啸寰、王星贤点校：《荀子集解》，北京：中华书局，1988年，第381页。
② 郭庆光：《传播学教程》（第二版），北京：中国人民大学出版社，2011年，第7页。

记·大学》）①

　　谢清果指出，"慎独"是一种儒家内向传播形态，是一种要求贯彻于一生的长期内省活动。② 通过"慎独"，个人便可以用"'内观'的方式改造自己"，"能基于当下的时空，调整自己的言行举止，以便能更好地表达自己，表现自己，成就自己"。③ 除此之外，"慎独"更是"以超凡入圣为目标"，"以圣人的心性品格来要求个体自我效法"，这对于个人信仰和价值体系的建构无疑具有重要意义。有学者指出，"一些人崇拜'自我'，关注对自我各种欲望、利益和目标的期待，轻忽社会目标"，"这种信仰的失落几乎已成为世界性问题"。④ "慎独"所强调的高尚心灵和价值追求，与圣贤的密切互动，由于其"落实在饮食起居中的'物质自我'鲜活实践"⑤，使得个人与自己及环境的道德沟通不需要特定的传播仪式即可进行，注重实效，突出易行，对信仰的塑造和维护成为浸润于日常的行为，在一定程度上也体现了中国文化主张实用性的一面。

　　众所周知，内向传播实质上是人的社会关系和社会实践的反映，而礼乐传播对内向传播的重视也从侧面证明了这一点。有学者指出，礼乐具有鲜明的"生活政治"取向，"礼"与"乐"都来源于"人情"，是人们日常生活的习惯和风俗的制度性与艺术性提炼。⑥ 与古印度的冥想和佛道的参禅不同，"慎独"除了作为一种精神体验，同时也能够作为调节社会关系的重要工具，例如可以作为"君子"人格符号的一部分取得他人的信任，增强个人在群体中的号召力。礼乐的文化取向常常有让公私界限变得不甚分明的嫌疑，这与现代价值观强调公私分明的旨趣相去甚远。费孝通先生在《乡土中国》中便曾说："在西洋团体格局的社会中，公务，履行义务，是一个清楚明白的行为规范。而在中国传统中是没有的。"⑦ 但如果仔细审视，倘若将这种"指控"与一味"损公肥私""中饱私囊"这样消极词汇形成固有联想，在相当程度上讲是对礼乐精神的理解有失偏颇的。礼乐文化基于历史和现实，从"家国同构""修身—齐家—治国—平天下"等角度出发，要求人们秉持高度负责的态度来做到以国为家，运用以慎独为代表的君子人格遏止谋取私利的负面行为，达成"公而忘私，国而忘家"的境界。所谓公私的模糊，从另

---

①　杨天宇：《礼记译注》，上海：上海古籍出版社，2004 年，第 801—802 页。
②　谢清果：《作为儒家内向传播观念的"慎独"》，《暨南学报》2016 年第 10 期。
③　谢清果：《作为儒家内向传播观念的"慎独"》，《暨南学报》2016 年第 10 期。
④　邵龙宝：《中国人的信仰问题与精神世界诉求》，《陕西师范大学学报》2008 年第 6 期。
⑤　谢清果：《作为儒家内向传播观念的"慎独"》，《暨南学报》2016 年第 10 期。
⑥　朱承：《礼乐文明与生活政治》，《中山大学学报》（社会科学版）2014 年第 6 期。
⑦　费孝通：《乡土中国》，北京：北京出版社，第 47 页。

一个角度来说，亦是要求个人对公义必须承担责任，发展到后来便是明末顾炎武所言的"天下兴亡，匹夫有责"，这反过来成为中国古代推行科举制以打破士族门阀垄断政治，让"朝为田舍郎，暮登天子堂"促进阶级流动和社会公平的道德依据所在。今日的现代世界，仍有许多既得利益群体试图通过身份政治和"奶头乐"文化等手段让人们内心中的"私"无限放大，麻醉和诱骗人们放弃与真我的交流和对光明未来可能的探寻，在这个背景下，对礼乐内向传播精神的辩证分析更是显得尤为重要。

中国古代思想家提倡通过"毋自欺"，使得内心的想法能够袒露无遗，打通人内传播渠道，从而以一种极为理智的眼光审视"精神自我"，进而摆脱萦绕在个人身上的、对个人行为带来桎梏的标签和偏见。陈力丹在论述人内传播相关问题时曾说："一个人在行动前要先估计对方的反应。通过想象对方会怎么样来估计对方的反应，本身即是一种人内传播。"① 从这个意义上讲，"毋自欺"可以实现对于自我的解放，既不畏首畏尾，也不骄矜自得，而是以一种冷静、客观的心态处理他人与自身的关系，达成维护内向传播系统平衡、和谐的目标。中国人有时会羡慕西方人的坦率和直接，但这里的"坦率"是相对而言的，体现在交际观的差异，是低语境文化下的交流策略所致，而非真正意义上的与自身、与他者的和谐融洽、沟通无碍。例如，有研究指出，从个体层面考虑，已是美国社会痼疾的青少年酗酒问题与"低度的自我调节"脱不开关系，极低的个人价值观和期望值与极高的追求出名轰动效应的个人冲动共同构成了自我认知失调，② 用虚无缥缈、毫无意义的享受和追求为自己营造可供沉溺的幻象。不仅仅是酗酒，全世界范围内的吸毒、滥交、校园暴力等种种极端消极行为，都可以用人内传播失灵的眼光思考和审视，并且能够为"毋自欺"的礼乐传播主张所解构。也正是因为如此，由"毋自欺"到"诚意"，再到"表里如一"就具备了有现实针对性的道德要求，③ 也体现了礼乐传播的内省式思考对一个人完善自我的重要意义与价值，④ 以及对社会"返璞归真"所起到的参考和指导作用。

除了"慎独"，礼乐传播的另一种内向传播关怀体现在能够用媒介的力量抚慰人心，这里所说的"抚慰"并不似西方"魔弹论"所说的那样媒介直接凭借其强效果干预甚至支配人的内心世界，而是以一种"共鸣"的姿态将作为意愿和行为

---

① 陈力丹，陈俊妮：《论人内传播》，《新闻与传播研究》2010 年第 1 期。
② 王志亮：《美国青少年的酗酒问题及监狱的治疗酗酒方案》，《青少年犯罪问题》2011 年第 2 期。
③ 赵渊杰，聂宇彤：《浅谈〈大学〉的"慎独"思想》，《赤峰学院学报》（科学教育版）2011 年第 7 期。
④ 谢清果：《作为儒家内向传播观念的"慎独"》，《暨南学报》2016 年第 10 期。

主体的"主我"和作为他人的社会评价和社会期待代表的"客我"联结起来,媒介充当的是"桥梁",而非对精神的有目的的改造。在《礼记》文本中,"大乐与天地同和,大礼与天地同节",强调的是礼乐对于协调人与自然万物关系的重要作用;而"是故先王之治礼乐,人为之节",意为"先王制定礼乐,使人们用来节制自己的情欲"①,强调的是礼乐"调和"人心的重要作用,与后来的"存天理灭人欲"的含义相去甚远。进一步说,正像儒家所谓"乐由中出故静",意即"乐从内心发出因此使人安和平静"②,在这里,"乐"这一媒介被认为是从人内心深处生发而来的,并且为德行提供了一个内在表现的形式。③从人内心中生发出来的乐之所以能够调和人心,是因为它提倡反躬自省,用"理智"来对情感加以控制,正如梁漱溟所说"孔子之作礼乐,其非任听情感,而为回省的用理智调理情感"④。由是观之,礼乐传播的手段绝非"鼓动"与"说服",而应是"激发"与"共鸣",从其媒介运用便可见一斑。现在的人们,无论西方或者东方,也无论城市乡村,在越发无孔不入的信息洪流的冲击下,鲜少有人不被影响而"独善其身"。

尽管身处不同文化背景下的人们可能在许多方面拥有彼此迥异的价值观,但"直面内心""认识你自己"依然成为人们不约而同的价值追求。人们试图用宗教滋润灵魂和抚慰创伤,但不同宗教或同一宗教不同教派之间的纷争往往使得人们陷入更深的迷茫,遑论历史上的宗教纷争给个体带来的杀戮与痛苦。个体对自身的迷茫、对道德的毁弃不仅会破坏独特的生命体验与人本和谐,更会聚沙成塔,形成整体性的社会价值体系崩坏。越来越快的生活节奏、越发多元的社会思潮,对个人、对社会都是一种前所未有的挑战,为此,人们需要一种超越文化和宗教背景的、符合现代人思维和生活习惯的新质内向传播智慧。从这个意义上讲,礼乐传播中不可忽视的内向传播智慧可以服务于全人类对自我认知的纠偏,形成对抗人内传播失灵的共通意义空间,并在微观个体层面实现民心的协同。

第四节　天下归仁:礼乐传播的国际治理思考

由于特殊的地理、历史因素,东亚地区在前工业化时代形成了以中国为中心的"天下体系"。在古代中国的观念中,"天下"即等同于"世界",但受限于匮乏的地理学知识,"天下"的大小是可以伸缩的,这一点与费孝通所言的"差序格局"

---

① 杨天宇:《礼记译注》,上海:上海古籍出版社,2004 年第 472 页。
② 杨天宇:《礼记译注》,上海:上海古籍出版社,2004 年第 474 页。
③ 王冠:《论儒家礼乐文化的形成与构建及对当下的意义》,《江苏社会科学》2016 年第 5 期。
④ 梁漱溟:《东西文化及其哲学》,北京:商务印书馆,1987 年,第 143—144 页。

有一定的共通和相似之处。他以"同心圆"作喻来阐释"差序格局"，要求每个人都要承担相应的、有差别的社会责任，[①] 在礼乐传播的视域下，没有责任与义务的世界是不可想象的。当然，责任与义务同样也是相对的，礼乐传播认为，单向的信息传递是不可持续的，即"礼尚往来：往而不来，非礼也；来而不往，亦非礼也"[②]。这一原则不仅适用于人际关系，在国际交往方面用"礼尚往来"处理国际事务，将同样被认为有助于形成"总体上稳定、和平、有序的状态"[③]。受限于波谲云诡的现实国际政治，礼乐传播试图构建人类共同想象的努力常常显得天真、幼稚和可笑，但中国确确实实自古以来便存在这种愿景，即有学者指出的那样："从历史来看，中国经历了从'天下责任'到'负责任大国'的转变，一直以来都有自己的责任意识和责任观。"[④] 但随之而来需要考虑的问题是，如何能够保证这样的"责任"合乎道义，而非成为"世界警察""长臂管辖"这样强权霸凌弱者的借口和世界动荡的隐患。"责任"对应的客体是"天下"，但倘若说只将"天下"看作一个地理概念，那未免显得有些简单和狭隘。在有关学者看来，尽管有"溥天之下，莫非王土；率土之滨，莫非王臣"的说法，但"天下"绝非仅仅代表着土地和人口，否则的话，"得天下"这一命题只能沦为空想，因为历史上从来没有、未来也不太可能有特定的人或团体同时占有所有土地和人口。那么，如何判断"天下"的归属呢？

中国自古以来的民本主义文化惯性倾向于认为，"民心"应当是衡量天下何归的唯一指标。"道得众则得国，失众则失国"[⑤]，礼乐传播思想在这里强调的是，若要平天下、安天下，民心的支持至关重要。现代选举政治，特别是西式的代议制民主，其选举结果往往反映的是一个社会中部分群体的利益诉求，绝非社会"共识"，反而更像是一种妥协。甚至可以说，倘若不能跳出程序正义的条条框框，民心就绝不可能以一种纯粹和自然的方式呈现出来，反而会因为各种各样的策略、谎言而让真正的共识淹没在争吵和撕裂中。放眼到国际社会，绝大多数国家更是呈现一种极端自私的状态，忽视自己本应该对国际公共利益所担负的责任，使得诸多事关重大的国际议题无法顺利讨论。国际社会参与各主体在面对问题时"自说自话"和"以邻为壑"的态度、行为，已经严重阻碍了彼此的相互理解与互联

---

① 刘悦笛：《儒家政治哲学当中的"情之本体"——从费孝通的"差序格局"谈起》，《中国文化研究》2010年第4期。

② 杨天宇：《礼记译注》，上海：上海古籍出版社，2004年，第3页。

③ 陈康令：《试论传统东亚秩序的礼治：一种分析框架》，《当代亚太》2015年第3期。

④ 吴兵：《从"天下责任"到"负责任大国"——身份视角下的中国国际责任观历史嬗变研究》，《当代亚太》2015年第4期。

⑤ 杨天宇：《礼记译注》，上海：上海古籍出版社，2004年，第807页。

互通，无形中为人类的命运和未来增加了许多不可预测的因素。在传播技术已经高度发达的今天，国际交往中的交流失败已经不能再用技术阻隔当作推脱的借口，各个国家之间、各个文明之间的隔膜能否打破不再是"能不能"，而已是"想不想"的问题。换言之，技术条件日臻完善，需要提升或改善的重点应当转而放在传播道德和传播理论上面去，积淀了几千年历史的礼乐仍然可以为人们提供借鉴。

礼乐自诞生时起，便是为现实政治服务的，不仅成为当时历史条件下的"国家软实力"，更成为古典世界中关于秩序的伟大构想、道德准绳。春秋战国时期，诸侯争霸，战火频仍，旧有的制度逐渐趋于瓦解，天下处于深刻的变动之中。在这一时期，礼乐文化的发展并非一蹴而就，而是在与社会现实的磨合中逐渐成熟和完善，并能够在历史剧变、人心惶惑的背景下重新建立社会共识。彼此征战不休的诸侯与离心离德的各国遗民能够重新整合至大一统，礼乐在其中无疑起到了极为重要的作用，体现在对当时所面临的各项国际与社会议题的主动回应。无独有偶，历史的逻辑从未停止，当下的世界虽然科技日新月异、物质更加丰富，但所面临的问题却始终如一。赵汀阳说："今天有迹象表明世界似乎正在走向一个新的时代和新的世界体系，许多人相信民族／国家体系正在受到全球化的挑战。"① 随着全球化的深入发展，当前世界所面临的全球性问题，例如气候变化、能源危机、传染病、蝗灾等等，已经远远不是某个国家或者某几个国家可以单独应对和解决的了。但是，现实的传播实践往往不尽人意，媒介权力的滥用使得假新闻与后真相大行其道，近乎零成本的谣言传播难以遏制，相当一部分新闻媒体也倾向于在重大公共安全事件中制造恐慌以从中牟利。针对这一问题，礼乐传播早已做好传播道德的理论准备，即"无情者不得尽其辞，大畏民志，此谓知本"，意为"要使没有实情的人不能尽情编造谎言，要使民心大为畏服，这就叫作知道根本"②。在这里，中国古代思想家充分意识到以真相夯实民心、以充分的信息传递推动问题解决的重要性，并希望能够以此增强"圣人"（政治理想人格）在协调各方时的权威性与合法性。以今日的媒体传播实践为例，小到个人公众号，大到国家级媒体和跨国媒体，都应当承担起应有的社会责任，以沟通促合作，以真相聚共识，以对人类命运的高度关注与负责的态度捍卫人类共同利益，在中长期的时间尺度上把握民心而不是依靠短期的"战术式"欺瞒来骗取一时的蝇头小利。

礼乐传播反对用种族主义、极端民族主义以及文化优越论等人为划分的方式区隔人群，也认为别有用心者所炮制的某些所谓"政治正确""身份政治"的合理

---

① 赵汀阳：《天下体系：世界制度哲学导论》，南京：江苏教育出版社，2005 年，第 36 页。

② 杨天宇：《礼记译注》，上海：上海古籍出版社，2004 年，第 804 页。

性是非常值得怀疑的。在礼乐视角中，"天下"意味着"无外"。礼乐文化确实承认身份认同的合理性，例如"华夷之辨"这一经典命题，孔子便曾有"微管仲，吾其被发左衽矣"（《论语·宪问》）的感叹，由此表现出对以礼乐服制为代表的华夏文化的强烈认同感和自豪感。《礼记·王制》中有言"中国、戎夷五方之民，皆有性也，不可推移"，意为"中原地区以及各方少数民族，都有自己的习性，不可改变"①，从中不难看出，在礼乐文化的设想中，当时"先进"的中原文化尽管仍有必要对草原和山野保持警惕，但并不打算歧视其他文化，而是希望能够彼此共存。为此，礼乐给出的制度性安排便是"修其教不易其俗，齐其政不异其宜"，即"加强对各地人民的教化而不改变他们的风俗，统一政令而不改变人民与当地条件相适应的习尚"②。基于这样的历史思路，在国际交流与国际治理中，礼乐传播要求能够做到"和而不同"，传播手段则是润物无声的"教化"而非大动干戈的武力。礼乐传播的理论建构过程也表明了"风草论"这一展现了中国社会与政治传播基本理念的经典传播理论在当下文明冲突、交流呈现前所未有的广泛的大背景下，带来文明之间全新对话范式的可能。

在当下的国际交往中，世界的稳定与和谐在很大程度上要仰仗强权力量，但这种状况本身便反映了一种"无政府"的混乱无序状态。有学者认为，春秋战国时期，中原之地同样处于无政府状态，但随后国际秩序却在这种无政府状态中逐渐建立起来，以齐桓公和管仲组织的"尊王攘夷"行动为例，齐人借此"义举"而通过会盟成为霸主，③并试图成为当时国际关系的"稳定器"和"仲裁者"。从后来的实践来看，一个公认霸主的存在确实有助于在短时间内维持一定程度的稳定，但一旦霸主昏聩失德、内政紊乱，或者在协调国际关系时煽风点火、挑拨是非以坐收渔利，甚至公然亲自下场假借大义名分"讨伐"、兼并他国，此时离心离德的诸侯对于国际秩序将是致命打击，天下也必定会陷入新一轮的权力竞逐，而伴随的则是百业凋敝、生灵涂炭。"风草论"在礼乐传播构建中的突出理论贡献则是把握了"上行下效"的传播规律和"仁以为己任"的传播责任。谢清果指出，"风草论"中"风吹草偃"式的教化过程既承载着"为政以德"的政治观，又体现了一种以"君子"为中心的教化传播观，而"君子"则被要求能够起到表率作用。④拥有地区强权乃至全球霸权的大国应当对自己的责任予以重新审视，须认识到，作为国际秩序的重要制定者和受益者应当对"无政府"的混乱状态保持警惕，有必

①　杨天宇：《礼记译注》，上海：上海古籍出版社，2004 年，第 155—156 页。
②　杨天宇：《礼记译注》，上海：上海古籍出版社，2004 年，第 155—156 页。
③　朴炳久：《〈礼记〉的和谐世界思想》，《国际政治科学》2008 年第 3 期。
④　谢清果、陈昱成：《风草论：建构中国本土化传播理论的尝试》，《现代传播》2015 年第 9 期。

要（也有能力）采取积极有效措施消弭隐患、管控分歧，这实际上也是确保天下"长治久安"和自身"可持续发展"的关键举措。必须认识到的是，强权霸权的存在似乎在相当长一段历史时期内是不可避免的，礼乐智慧对此表示清醒，但仍然反对以己身实力对他国的压服的形式来取得地位，即如孟子所言"固国不以山溪之险，威天下不以兵革之利"（《孟子·公孙丑下》），选择以民心和威望作为"天下共主"（国际社会领导者）的评判标准。进入 21 世纪，中国的复兴成为改变世界权力格局的重要变量，反对霸权主义和单边行径、捍卫国际公平正义的力量正稳步增长，而以"共生交往"为代表的中国传播观念也正在受到越来越多的关注。礼乐传播作为中国传播观念的重要一环，必须为世人见证不同于西方发展路径的全新可能而做好准备，其必将以"天下"这样广阔的想象力为世界的和平与稳定、人类的智慧与福祉做出新的贡献。

综上所述，世界正处于深刻的变动之中，不论个人、社会还是国家，都身处奔涌向前的时代洪流，故必须做出相应的、恰当的调整以应对各种固有的或全新的命题。礼乐传播虽然根植于中国传统文化，但其思想经过必要的扬弃仍旧可适用于现代语境下的波谲云诡与光怪陆离。礼乐传播中所蕴含的传播智慧与传播道德永不过时，其鲜明的人文和民本取向亦永不褪色。

（本章作者：王真 谢清果）

第六章　风行草偃：礼乐传播的教化机制及实践效果

礼乐教化是中国古代社会极具特色的教育实践活动，相比其他的教化方式，礼乐教化更强调"风行草偃"式的传播过程和润民于无声的效果。通过身教示范与上行下效、礼乐协同和情感激发、仪式传播与身体在场，意图从个体自身的道德修养做起，逐步实现修身、齐家、治国、平天下的目标。礼乐教化思想对当今的教育实践仍然具有非常重要的意义，儒家传统礼乐文化中的积极因素可以为当代的教育体系注入新的活力。

礼乐传播是中国古代社会极具特色的传播活动，其重要功能之一便是教化人民。《周礼·地官·大司徒》中记载了大司徒对百姓施行十二个方面的教化，其中前六教均以礼乐作为教化的内容和载体。"一曰以祀礼教敬，则民不苟；二曰以阳礼教让，则民不争；三曰以阴礼教亲，则民不怨；四曰以乐礼教和，则民不乖；五曰以仪辨等，则民不越；六曰以俗教安，则民不偷。"[1] 通观《礼记》四十九篇，其内容涵盖了政治、思想、学术、制度、礼仪、风俗等社会不同领域，小至修身齐家，大至治国平天下，无不受到礼乐的指导。[2] 由此可见礼乐在整个教化体系中占据着重要的地位并且在教化人民方面发挥着重要作用。

相比于其他的教化方式，礼乐教化更强调"风行草偃"式的传播过程和润民于无声的效果。通过礼和乐的配合，体系中的每一面向的人与事皆"动得其宜"，从而实现个体、家庭、社会、政治乃至天人的秩序与和谐。[3] 在教育的人文意义日益凸显的现代社会，有必要从传播学的视角考察礼乐传播教化功能的作用机制及其效果，这对于传统文化的传承和当代的教育实践具有重要意义。

---

[1]　杨天宇：《周礼译注》，上海：上海古籍出版社，2004年，第148页。

[2]　贺更粹：《"礼乐教化"考》，《现代大学教育》2010年第4期。

[3]　贺更粹：《"礼乐教化"考》，《现代大学教育》2010年第4期。

第一节　传播功能论下的礼乐传播

礼乐传播指的是中国儒家自觉地利用礼乐这一传播形式向全社会广泛地传播自己的思想观念的传播活动，是一种大众传播。[①] 礼乐传播中的"礼"，主要指的是在各种场合下举行的各种礼仪，"乐"不仅只是音乐，还包括诗歌、舞蹈等艺术形式。[②]

从传播功能论的视角来看，人类从事的传播活动都有其特定的功能。赖特在《大众传播：功能的探讨》一文中提出了大众传播的"四功能说"，其中之一便是"社会化功能"，即大众传播在传播知识、价值以及行为规范方面具有重要作用。[③] 虽然是一种古老的、中国本土的传播活动，但作为大众传播的一种类型，礼乐传播同样发挥着教化人民的作用，且其教化色彩尤为突出。一方面，礼是依靠国家的权力机器、借助国家推行的教化，[④] 另一方面，丰富多样的教化手段也囊括了礼乐。中国古代礼教有丰富的内涵和至高的价值追求，这些内在的信息需要一定的媒介来承载，同时也需要通过外显的形式来传播，[⑤] 这个"外显的形式与媒介"之一就是所谓"礼乐"。[⑥]

中国的儒家不仅意识到了礼乐的传播功能，并自觉地利用礼乐来进行教化。[⑦] 儒家关于礼乐传播教化功能的论述非常丰富，如"凡三王教世子，必以礼乐。乐所以修内也，礼所以修外也。礼乐交错于中，发行于外，是故其成也怿，恭敬而温文"，[⑧] "是故先王之制礼乐也，非以极口腹耳目之欲也，将以教民平好恶而反人道之正也"。[⑨]

礼乐是一个具有深厚文化传统和涵摄人的一生且无所不包的弥散性的人文体系，[⑩] 其传播内容非常广泛，不仅包括约定俗成的行为方式，也囊括了国家的政治制度，修身、齐家、治国、平天下无不受到礼乐的教化指导。此外，礼乐是各个阶层均适用的教化方式，如《礼记·王制》中记载，负责教化的官员司徒"修六礼

---

①　黄星民：《礼乐传播初探》，《新闻与传播研究》2000 年第 1 期。

②　黄星民：《礼乐传播初探》，《新闻与传播研究》2000 年第 1 期。

③　郭庆光：《传播学教程》，北京：中国人民大学出版社，2011 年，第 102 页。

④　彭林：《中国经学：第十八集》，桂林：广西师范大学出版社，2016 年，第 11 页。

⑤　张兵娟、刘佳静：《中国礼的教化传播思想及当代价值》，《郑州大学学报》（哲学社会科学版）2019 年第 3 期。

⑥　张惠芬：《中国古代教化史》，太原：山西教育出版社，2009 年，第 192 页。

⑦　黄星民：《礼乐传播初探》，《新闻与传播研究》2000 年第 1 期。

⑧　杨天宇：《礼记译注》，上海：上海古籍出版社，2004 年，第 252 页。

⑨　杨天宇：《礼记译注》，上海：上海古籍出版社，2004 年，第 470 页。

⑩　贺更粹：《"礼乐教化"考》，《现代大学教育》2010 年第 4 期。

以节民性，明七教以兴民德，齐八政以防淫"，①《周礼》称在乡学以"六德"（知、仁、圣、义、忠、和）、"六行"（孝、友、睦、姻、任、恤）、"六艺"（礼、乐、射、御、书、数）教导民众，在国学则以"三德"（至德、敏德、孝德）、"三行"（孝行、敏行、顺行）教导国子。②通过这种能触及普通民众、在全社会推行的教化方式，统治者希望达到"乐至则无怨，礼至则无争，揖让而治天下"③的效果。

第二节　"风草论"与礼乐教化

作为传播理论本土化的尝试，厦门大学黄星民教授最早提出了"风草论"，④而这一传播理论可以追溯到《论语·颜渊》。"季康子问政于孔子曰：如杀无道，以就有道。如何？孔子对曰：子为政，焉用杀？子欲善，而民善矣！君子之德风；小人之德草。草上之风必偃。"⑤孔子认为，君王无须通过杀掉坏人的方式来亲近好人、治理天下，因为君子的德行就像风，百姓的德行就像草，风往哪边吹，草就向哪边倒。"风行草偃"的比喻形象地论述了君子之德对百姓的感化作用和儒家所崇尚的政治传播观念，因此在儒家看来，治理国家重在上行下效，用道德感化人民。

由于教化传播是中国古代社会政治传播的重要组成部分，因此"风草论"也不可避免地对自上而下的教化方式有所涉及。受到政教合一的传播思想影响，孔子依照政治传播的路径，对教化传播做出了自上而下路径的阐述，⑥如《论语·为政》："导之以政，齐之以刑，民免而无耻；导之以德，齐之以礼，有耻且格。"⑦《论语·子路》："子曰：'其身正，不令而行；其身不正，虽令不从。'"⑧孟子则在继承孔子思想的基础上进一步发展，用"风行草偃"比喻礼乐传播的教化效果。如《孟子·滕文公》中的记载，滕文公托自己的老师向孟子请教给父亲办丧礼的事宜，孟子希望滕文公能够坚持"三年之丧，齐疏之服，飦粥之食"的古礼。孟子同样提出，"君子之德，风也；小人之德，草也。风尚之草，必偃"。⑨

与西方以"魔弹论"为代表的强效果论和以"两级传播"为代表的有限效果

---

①　杨天宇：《周礼译注》，上海：上海古籍出版社，2004年，第156页。

②　杨天宇：《周礼译注》，上海：上海古籍出版社，2004年，第156、198页。

③　杨天宇：《礼记译注》，上海：上海古籍出版社，2004，第474页。

④　黄星民：《礼乐传播初探》，《新闻与传播研究》2004年第1期。

⑤　杨伯峻：《论语译注》，北京：中华书局，1980年，第129页。

⑥　杨小玲：《"风草"传播模式说及其政教合一传播思想——〈论语〉传播学再解读》，《中南民族大学学报》（人文社会科学版）2014年第5期。

⑦　杨伯峻：《论语译注》，北京：中华书局，1980年，第12页。

⑧　杨伯峻：《论语译注》，北京：中华书局，1980年，第136页。

⑨　杨伯峻：《孟子译注》，北京：中华书局，1960年，第114页。

论不同，"风草论"强调上行下效和渐进式的传播过程。"风草论"没有绝对夸大传播的威力，而是充分考虑了受众的主观能动性，并非常强调传播要循序渐进，认为传播过程不是一劳永逸的，而是一个有反复、需要传播者不断投入的过程；[①]也有学者认为，"风草论"带有浓厚的情感论色彩，是一种巧妙利用受众主体性的传播而非强压式传播，在此过程中，"顺风而变"成为受众的保护和调节机制，受众的主体性得到重新确立；[②]此外，"风行草偃"的过程也充分体现了"以身作则"和"以身体道"的观念，身体和个人既是传递信息的媒介，也承载着意义的生成与扩散。这些都与古代的教化理念尤其是礼乐教化的理念不谋而合，同时也将礼乐教化与学校教育、政治教化等其他教化方式区别开来。《说文解字》云："教，上所施下所效也。"[③]《管子·七法》释"化"："渐也，顺也，靡也，久也，服也，习也，谓之化。"[④]我国古代社会的礼乐教化传统一直强调润民于无声的效果，使百姓"日用而不知"地接受教化所传输的伦常道德信息，并内化于心，践诸日常。[⑤]"乐也者，圣人之所乐也，而可以善民心，其感人深，其移风易俗"，[⑥]"礼之教化也微，其止邪也于未形，使人日徙善远罪而不自知也"，[⑦]这两句话深刻地阐释了礼乐"风行草偃"般的教化效果。因此从传播过程的视角来看，"风草论"是古代社会极具特色的教化传播实践。

第三节　礼乐传播教化功能的作用机制及效果

由上文论述可知，"风行草偃"教化传播过程的起点是君子，通过君子的以身示范才进一步推广到普通民众，如果跳脱出礼乐教化的范畴，我们会发现在古代社会，几乎所有的教育实践都是从作为传授者的个人开始，最终又归结到包括传授者在内的个体。礼乐传播的教化实践亦是如此，只有实现"己正"才能通过上行下效感化他人；而在教化的过程中，在礼和乐的共同作用下，情感作为内驱力不断地激发个体向上向善，个体于潜移默化中接受儒家思想的熏陶；而以礼乐为载体的仪式则将个体聚集在同一物理空间，通过仪式传播形成共同的情感体验，

①　谢清果、陈昱成：《"风草论"：建构中国本土化传播理论的尝试》，《现代传播（中国传媒大学学报）》2015 年第 9 期。

②　邵培仁、姚锦云：《寻根主义：华人本土传播理论的建构》，《新疆师范大学学报》（哲学社会科学版）2013 年第 4 期。

③　张章：《说文解字》，北京：中国华侨出版社，2012 年，第 479 页。

④　张小木：《管子解说上》，北京：华夏出版社，2009 年，第 50 页。

⑤　陈谦：《中国古代政治传播思想研究》，北京：中国社会科学出版社，2009 年，第 223 页。

⑥　杨天宇：《礼记译注》，上海：上海古籍出版社，2004 年，第 481 页。

⑦　杨天宇：《礼记译注》，上海：上海古籍出版社，2004 年，第 653 页。

并进一步维持社会稳定，最终实现天下大治。基于此，本文将从三个方面论述礼乐传播教化功能的实现机制及其效果。

一、身教示范与上行下效：正己亦正人

儒家伦理学究其本质而言，首先是一种"示范伦理学"而非"规范伦理学"，也就是说，它作为情感本位的德性伦理学，更多倾向于德性的"示范"而非规则的"规范"，德性的"教化"而非规范的"命令"，德性的"范导"而非规则的"强制"。[1]"教"的含义准确地说明了育人过程的示范性特征，《说文解字》解释："教，上所施下所效也。"[2]《白虎通·三教》也肯定了上行下效的意义："教者，何谓也？教者，效也。上为之，下效之。民有质朴，不教不成。"[3]《礼记·大学》更是指明了从己做起的基础性与重要性，"古之欲明明德于天下者，先治其国；欲治其国者，先齐其家；欲齐其家者，先修其身"，[4]"是故君子之事君也，必身行之。所不安于上，则不以使下；所恶于下，则不以事上。非诸人，行诸己，非教之道也。是故君子之教也，必由其本；顺之至也，祭其是欤！"[5]由此可见，礼乐教化作为先秦社会孕育出的一种伦理化的化成天下的人文活动，其思想原则就是由个人道德修养开始的修身、齐家、治国、平天下。[6]

由于身教示范与上行下效本身就是传授与践行的传播实践，因此在示范与习得的过程中，从君王到平民，从父辈到子辈，从老师到学生，构成了一个由上而下、富有层次的传播体系。在这个体系中，天子"修己以安百姓"，父兄师长"反求诸己"，作为百姓、子代和学生的个体"素其位而行"，由此推己及人，层层递进，每一个闭环中的施教者与受教者皆各得其宜，从而达到"君子所为，百姓之所从也。君所不为，百姓何从"[7]的教化效果。

以"观盛德"的乡射礼为例，其选拔参与者的标准是德行，唯有品行高尚的人才有资格参加乡射礼，且道德修养越高尚，在其中扮演的角色就越重要。乡射礼要求射者"各射己之鹄"，即根据自己的实际情况选择合适的目标，在射箭的过程中保持"心平体正，持弓矢审固"，只有心气平和，身体端正，持稳弓箭，瞄准目标才有可能射中，若未射中，"不怨胜己者，反求诸己"，即从自身寻找失败的原因。

---

① 牟宗三：《政道与治道》，台北：学生书局，1987年，第2—3页。
② 张章：《说文解字》，台北：中国华侨出版社，2012年，第479页。
③ 陈立：《白虎通疏证》，北京：中华书局，1994年，第371页。
④ 杨天宇：《礼记译注》，上海：上海古籍出版社，2004年，第800页。
⑤ 杨天宇：《礼记译注》，上海：上海古籍出版社，2004年，第638页。
⑥ 贺更粹：《"礼乐教化"考》，《现代大学教育》2010年第4期。
⑦ 杨天宇：《礼记译注》，上海：上海古籍出版社，2004年，第657页。

　　从人内传播的视角来看，乡射礼为个体提供了自我互动和反躬自省的机会。所谓人内传播，是指个体接受外部信息并在人体内部进行信息处理的活动。[①] 通过人内传播，人能够在与社会他人的联系上认识自己，改造自己，不断实现自我的发展和完善，从而使得自己能够更好地适应社会的需要，处理好各个方面的关系。[②] 乡射礼蕴含着丰富的德育思想，其选拔标准体现了尊贤崇德的原则，通过一系列仪式激发个体的道德意识，并在全社会营造崇尚品行的氛围。在射箭的过程中，尊者的地位待遇、他人的动作姿态以及自身的表现都不断地激发个体进行自我反省，使得个体对自身有更为清晰的认知，"内志正，外体直"的要求则促使参与者再次明确自己的志向；而观者在观看时也反复学习射者的行为表现、道德品质，发现自身的不足之处，乡射礼过程中的人际互动则为个体提供了改进的方向。通过内向传播与人际传播的结合，双方的道德修养均有所提升。

二、礼乐协同与情感传播：润民于无声

　　礼和乐作为两种承载着教育意义的特殊符号，在相互协调与不断融合的过程中构建了与西方"宗教文化"迥然不同的"礼乐文化"。关于礼和乐的关系，长期以来一直存在这样一种看法，认为礼处于礼乐教化系统的核心位置，而乐则附属于礼，也有学者将乐置于"礼"或"礼教"的范畴。但礼与乐其实处于同等的地位，《礼记·乐记》云"乐由天作，礼以地制"，[③]《通志·乐略》也记载"礼乐相须以为用，礼非乐不行，乐非礼不举"[④]。由此可见，礼和乐是不可分割的两种符号形态，而且凡用乐，必与不同类型的礼制或礼俗仪式密切相关，成为仪式的有机组成部分，显示出其独特作用和地位。[⑤] 因此有学者提出了"礼乐协同"的概念，认为礼和乐是在儒家文化中两种不可割离的有序结合的符号系统，而且二者必须相互配合才能完整准确传递信息，是不分主次和创新性的运作。[⑥]

　　作为延续千年的教化手段和中国传统文化的承载体系，从微观层面看，礼乐既能通过具体的情境激发个体情感，在宏观层面又涵盖了中国人整体的道德认知，因此礼和乐可以看作根据人的情感制定的符号系统，礼乐协同运作的过程也可以看作情感传播的实践。所谓情感传播，指的是传播活动主体思维采用情感逻辑的

[①]　郭庆光：《传播学教程》，北京：中国人民大学出版社，2002年，第172页。
[②]　陈力丹、陈俊妮：《论人内传播》，《当代传播》2010年第1期。
[③]　杨天宇：《礼记译注》，上海：上海古籍出版社，2004年，第476页。。
[④]　郑樵：《通志·卷四十九·乐略第一》，上海：商务印书馆，1935年，第625页。
[⑤]　项阳：《中华礼乐文明、礼仪之邦的历史与现代意义》，《中国音乐》2013年第1期。
[⑥]　谢清果、林凯：《礼乐协同：华夏文明传播的范式及其功能展演》，《新闻与传播评论》2018年第6期。

结构和指向方式，通过情感主体活动影响传播受体，以情感为基础和传播纽带力求达到传播活动的目的和需求。① 借助礼乐的协同运作，统治者、儒家等传播者与受传者实现了意义空间的融合共通，在情感层面也得以产生共鸣。

由于礼乐是一个无所不包的人文体系，其传播内容涵盖了生活的方方面面，因此个体的情感激发成为一种常态，并在无声之中接受儒家的道德熏陶与教化。如借助朝觐礼、乡饮酒礼等生活之礼表达对君王、长者的尊敬之情，借助冠礼、婚礼等人生之礼明确个体身份的转变，强化责任感，进而引导心理层面的成熟；借助丧葬祭祀的礼乐表达为人子女的孝心以及对祖先的思念之情。"文之以礼乐，亦可以为成人矣"②，通过礼乐的协同运作以及随之产生的情绪感化，个体在潜移默化中对儒家文化和治国理念产生认同，社会秩序也得以稳定。

三、仪式传播与身体在场：揖让而治天下

中国古代社会一个非常重要的表征就是高度的仪式化，作为"礼"的仪式在社会生活及私人生活中都发挥着极其重要的功能。③ 所谓仪式，是指组织化的象征活动与典礼活动，用以界定和表现特殊的时刻、事件或变化所包含的社会与文化意味。④ 由于与礼乐相关的仪式承载着中国儒家的核心价值观念，仪式的参与者在特定的时空共享某些情感体验，因此这一传播过程也可以看作一种仪式传播。美国学者詹姆斯·凯瑞曾提出传播仪式观的命题，认为传播仪式观并非直指信息在空间的扩散，而是指在时间上对一个社会的维系；不是指分享信息的行为，而是指共享信仰的表征，即传播是一种现实得以生产、维系、修正和转变的符号过程。⑤ 根据凯瑞的观点，仪式传播的目的，就是传承文化精神，维系社会关系，传播的"意义"包括精神信仰、文化习俗、归属感、秩序感等。⑥ 换言之，由具有丰富教化意义的礼乐组成的仪式不仅可以规范个人的情感，也可以借助重复的举行以及身体的共同在场来塑造共通的意义空间和共享的价值观念，进而维系社会的稳定，实现社会整合。

在论述中国文化特质时，牟宗三将中国文化系统命名为"礼乐型的文化系统"，

---

① 李建军、刘会强、刘娟：《理性与情感传播：对外传播的新尺度》，《江西社会科学》2015年第5期。

② 杨伯峻：《论语译注》，北京：中华书局，1980年，第149页。

③ 吴晓群、郭晓东：《论仪式学视角下儒家礼乐思想的解读》，《华东师范大学学报》（哲学社会科学版）2005年第4期。

④ 费斯克：《关键概念：传播与文化研究辞典（第二版）》，李彬译注，北京：新华出版社，2003年，第243页。

⑤ 张方敏：《仪式传播场域论纲——对传播仪式观研究支点的探索》，《当代传播》2015年第5期。

⑥ 张方敏：《仪式传播场域论纲——对传播仪式观研究支点的探索》，《当代传播》2015年第5期。

以与西方的"宗教型的文化系统"相区别。[①] 从文化的视角来看，礼乐虽然是一个宏大的体系，但其具体落实仍然离不开各种大大小小的仪式。在先儒们看来，烦琐的仪文度数虽然只是"礼"的外在形式，但礼乐的内在意义却离不开这些载体，也就是说，礼乐内在的意义也正是寓于这些具体的仪文度数之中。[②]"礼辨异，乐和同"，仪式的参与者们通过依等级制定的礼乐明确自身的位置，现实生活中遇到的问题也逐渐明晰。同时，在礼乐的熏陶和现场氛围的感染之下，个体借助身体在场形成了自我的情感体验，又通过感染他人产生了共同的情感认知，不同等级的个体均被紧密地联系在一起。在一系列符号化的仪式和程序之中，在共同情绪体验的浸润之下，个人与自身、他人以及社会的关系不断规范，和谐有序的社会得以被建构，最终实现天下大治。

综上所述，以礼乐教化人民是中国古代社会极具特色的教育实践活动，历史悠久，延续千年，其间礼乐虽有所损益，但仍然是国家大力推行的教化方式，是封建统治的强大支柱。通过伦理道德的身教示范与上行下效，礼乐协同作用激发个体情感，并进一步以情感为媒介规范个体行为，以及仪式传播和身体在场塑造的共通的意义空间，民众于润物无声中接受道德熏陶、徙善远罪，在潜移默化中形成对家国的认同，最终一个"天地位焉，万物育焉"的和谐有序的共同体得以建立。

先秦儒家的礼乐教化思想给当代的教育实践提供了启示：重视言传身教和榜样的作用，在肯定个体主体能动性的基础上予以道德感化，以情感为传播媒介强化个体的道德认知，最终把外在的伦理约束内化于心。礼乐教化思想在现代社会仍然具有非常重要的价值，重新解读礼乐文化的优秀内涵可以为现代教育理念注入新的活力。通过吸收儒家传统礼乐文化中的积极因素，可以实现传统与现实的对接，构建起符合社会主义伦理道德和现代人文精神的新型道德规范、伦理规范和礼仪规范，进而构建一个民主法治、公平正义、诚信友爱、充满活力、安定有序、人与人和谐相处、人与自然和谐相处的人性化的新型社会。[③]

（本章作者：郭倩　谢清果）

---

①　牟宗三：《中国文化之特质∥牟宗三先生全集》，台北：联经出版事业公司，2003 年，第 66 页。

②　吴晓群、郭晓东：《论议式学视角下儒家礼乐思想的解读》，《华东师范大学学报》（哲学社会科学版）》2005 年年第 4 期。

③　丁鼎：《儒家礼乐文化精神在中国传统文化中的地位及其现代意义》，《孔子研究》2008 年第 6 期。

第七章 礼乐有德：礼乐传播的道德意识 与秩序规范

中国"德"的观念经历了漫长的演变，呈现出从听之于天到听之于人的转变。礼乐媒介在彰显道德、规范日常活动以及维护社会秩序上发挥重要作用。本章从内向传播、家庭传播和政治传播的角度分别分析礼乐传播中的个体道德、家庭道德、社会政治道德，由点及面分析礼乐传播道德的功能。礼乐传播中的道德秩序不仅对维护中国历朝历代的政治秩序起到积极作用，同时对当下社会主义精神文明建设有重要启发。

道德在漫长的演变过程中成为人与神、人与人的交流规范，礼乐作为道德传播的媒介为个人、家庭和社会行为准则提供了具体的参照依据。

第一节 礼乐传播中的道德

"道德"这个概念经过漫长的演变才有了现代人所指的行为准则、规范的内涵。"道"与"德"在最初时是两个不同的概念，其内涵有较大差异，两者又在实践中产生联系。周公制礼作乐，则以观德，德的观念开始从对祖先神的崇拜转变为强调人的主动性，有了世俗、规范的内涵，春秋战国时期，"德"成了更为普遍的价值规范。

一、"道"与"德"的起源及发展

"道"是作为一种传播交流的法则而非具体的传播内容发挥作用的"道"的概念最先由老子提出来，《道德经》中有记载："道生一，一生二，二生三，三生万物。"[①] 在老子看来，道是世界的本原，是至上的、超越的天地万物都遵循道的法则。

---

① 杨天宇：《礼记译注》，上海：上海古籍出版社，2004 年，第 476 页。

道家的"道"是华夏独有的哲学思想，社会政治、文化、军事等各个领域中的交流活动都遵循着以道为基础的传播法则。

"德"也是道家的重要范畴，《老子》一书中记载："孔德之容，惟道是从。"[①]老子认为"德"是从属"道"的。学者也大多认可，"道"是体，"德"是用，两者是紧密不可分离的。《礼记》中"德者得也"的"德"是指天道、天德，而非一般的道德规范。儒家的"德"并非只停留在对天道的知晓，还强调"得"，也就是强调个人身体力行，这与道家中的"德"是"道"的功用具有相通性，"德"的具体内涵是从属于"道"的传播原则的。

"德"始终作为传播的内容，在人与神以及人与人的交流中发挥着作用。有学者对德的原始意义进行了探究，李玄伯最早将"德"解释为原始社会里基于血缘认同的图腾崇拜[②]，图腾符号传递着氏族群体行为信息，象征着人对神的崇拜关系。人与神之间的交往规范通过图腾崇拜得以呈现。《礼记·表记》中记载："殷人尊神，率民以事神，先鬼而后礼"，[③]可见殷商时期的"德"由图腾崇拜转变对上神"帝"的遵照，强调人与上神的血缘关系。人与上神的交流具体表现为人们对祖先神的祭祀活动进行展开，礼仪成为了"德"具体内涵的施行媒介。

周人取代殷商后，"德"则成了人与天进行沟通交流的规范，这一传播对象的改变体现了周人的天命观、宗教观的重要变化。周人割断了殷商时期人与神的血缘关系，提出了"天"的观念。周朝君王的权力来自天，但即使得到了天命，天命也不是永远存在的，周人对天命保持着敬畏之心。周人认为天命并非是专断的，天命的定夺取决于人王的政行，将统治者的德行与天命联系起来。自周文王统治者由上至下将德行的遵照转向于"民"，采用了"敬德保民"的思想。德内涵的变化实际上是对殷商的继承和发展，德的伦理色彩也在这个时候被加强，以前的人与神的宗教交流也开始逐渐向人与人的世俗化交流转变。

春秋战国之际，天下分割，周王朝的统治动荡，传统礼制遭到破坏，社会的结构和秩序发生重大变化。后世史学家、知识分子感叹已有的礼乐传统和秩序的破坏，"礼崩乐坏"的说法也广为传播。随着周王室迅速衰落，其推行的传统天命观开始动摇，"德"的下行趋势越加明显。此时的"德"不再单纯地依赖于天命，更加强调"民"在其中的作用，从周人推崇的政行开始逐渐演变为更具广泛意义的普通民众参与的行为规范，这也是德得以成为大众传播内容的重要基础。

从"道"与"德"二字入手进行梳理，"道"与"德"的关系是密不可分的。

① 王弼，楼宇烈：《老子道德经注校释》，北京：中华书局，2008 年，第 52 页。
② 李玄伯：《中国古代社会新研》，上海：上海文艺出版社，1988 年，第 184 页。
③ 杨天宇：《礼记译注》，上海：上海古籍出版社，2004 年，第 724 页。

尽管古代没有出现"道德"这样的字眼，其内涵和现代对道德的阐释也有所不同。但在周人取代殷商之后，"德"逐渐开始有了普遍适用的意义。从传播学的角度看，人类携带信息进行交流的行为属于传播活动。"德"具有维护政治、社会秩序的内涵，是作为传播的内容在道德传播活动中发挥作用的。从"道"与"德"的关系来看，"道"则作为一种传播原则对人的行为进行约束与规范。

二、礼乐与道德的关系辨析

周武王灭商之后，为加强周王室的统治，保证国家的长治久安，周人采取了一系列的措施。其中，制礼作乐对后世历朝历代都产生了重大的影响，礼乐成为中国人的重要行为规范，中国历经几千年成为文明悠久的礼仪之邦。礼和乐有区别又有联系，在传播活动中共同发挥着作用。礼的作用主要是维护统治阶级的等级秩序，乐则追求不同阶级之间的敬与和。《礼记·乐记》中记载："乐者，天地之和也；礼者，天地之序也。"① 这里不仅体现了礼和乐作用的区别，但同时又揭示出礼乐文化强调天地的秩序、和谐的特征。

"传播"一词是由英文 communication 翻译而来，在礼乐文化相关的文献很难找到完全对应的说法，经前人研究发现"教""化""风"等词与"传播"具有相通性，具有浓厚的政治宣传、大众传播的意味。"礼乐协同"一词揭示礼和乐是共同组成的有序符号系统，二者相互配合准确传递信息。这不仅揭示出礼和乐不分主次的关系，同时将礼乐放入到符号系统去阐释，揭示了礼乐承载着信息与意义的媒介特征。各种礼仪例如祭祀、婚礼等是礼乐的具体表现，这些固定的仪式能够传达完整的、准确的信息和意义，实践主体通过礼乐这一中介能够对内容信息进行学习和复制。从这一角度看，礼乐具有传播功能，传播主体通过传递具体的内容来完成交流与互动。

道德是礼乐传播活动中最主要的内容组成，礼记中的《中庸》《大学》都提及君子的道德修养，《礼运》对大同、小康的社会道德理想进行了构想。而这些具体的道德需要通过礼乐来加以彰显，周公制礼作乐时也注意到了礼和德的关系，周人对于天德的获得强调人的主动性，借助礼乐媒介来观德，揭示了礼和德的关系渊源。

"德"在西周时是指君王私人的政行，在礼崩乐坏之后春秋战国时期的孔子"复礼"，德成为更为普遍的价值标准。《礼记·乐记》："礼乐皆得，谓之有德。"② 礼乐被视为衡量是否获得德的外在形式和标准。《礼记·中庸》："天命之谓性，率

---

① 杨天宇：《礼记译注》，上海：上海古籍出版社，2004 年，第 476 页。

② 杨天宇：《礼记译注》，上海：上海古籍出版社，2004 年，第 724 页。

性之谓道,修道之谓教。"①但个人的秉性是有差异的,并非所有的人都能获得天德,礼乐就成了成就君子和教化小人的媒介工具。礼乐这一媒介既注重外在的仪式遵照,又注重内在的修养与感化,达到内外兼修的传播效果,这也是礼乐传播的魅力所在。

礼乐和道德是密不可分的,礼乐媒介的目的是为了彰显德行,而道德是礼乐的具体内容。自礼乐媒介出现之前,德的概念和内涵就已存在,并在不同的历史阶段经过演变内涵有所延伸和丰富。正是由于对德的内涵发生了变化,获得德的方式也应运而变,礼乐便是从"听之于天"转变到"听之于人"的道德认识过程中产生的媒介。礼乐表现为典章制度、仪式的形式,而施行礼乐的目的是对德的获得与规范,天德通过外在的形式获得和呈现,从而达到维护社会秩序的效果。

第二节　家国同构：礼乐传播中的道德秩序

先秦儒家认为家和国在本质上是没有区别的,家和国在治理上也是相通的。古代罗马认为家和国是相互独立的,西方国家大多形成的是以契约为依托的社会结构,而中国则基于家国同构的观念形成了以伦理性的礼乐媒介为核心的社会政治格局。《礼记·大学》载道："一家仁,一国兴仁；一家让,一国兴让。"②国与家的礼乐是紧密相关的,礼乐传播中的道德与家国同构的连续体具有一致性,礼乐构建起由内及外、由点到面的个体—家庭—社会道德秩序。

一、个体道德：以修身为核心的内向传播

家国同构的社会政治、道德秩序都是以个体为原点,以网状的形式向外延伸,一系列的个人关系网组合起一个系统的、完整的社会网络。礼乐传播中的道德不依靠外在的法律加以约束,而是道德个体在实践礼乐的过程中发挥自我的能动性,并且在与社会互动中强化自我的责任与使命。

内向传播是一个自我对话的过程,传播者和受传者都是"我",在人体系统内部实现信息的输入与输出。每一个道德的个体都各自形成了一个完整的人体传播系统,通过人的五官感知外界的信息,并经由大脑的思考在人体里进行自我的传播。社会学家米德认为自我本质上是一种社会结构,并且产生于社会经验。③他认为自我是由两个我构成的,一个是本能的、自主的"主我",一个是经由自我或他

---

① 杨天宇:《礼记译注》,上海:上海古籍出版社,2004年,第691页。
② 杨天宇:《礼记译注》,上海:上海古籍出版社,2004年,第806页。
③ 乔治·H.米德:《心灵、自我与社会》,赵月瑟译,上海:上海译文出版社,1997年,第125页。

人评价后进行反思的"客我"，通过"主我"和"客我"的双向互动，新的自我得以形成。礼乐传播中的道德个体的"修身"正是通过"主我"和"客我"互动形成自我的意识和道德的价值观念的过程。儒家的内向传播实质是"本我"与"客我"在修身成圣的精神感召下，不断地反省，推动自我朝适应社会、完善自我的理想境界前进的一种思维升华过程与方法。[①]

《礼记·大学》开篇提出"三纲八目"，礼乐传播中的个体道德以修身为核心，向内寻求自我道德的完善，向外寻求社会政治理想的实现。礼乐是个人在自我传播中不断规范自身的媒介标准。道德个体将理想的道德个体作为自己追求的榜样，内求于己，不断地自我反思，自我提升，并通过社会互动中的修养提升进行调整。修身实际上就是追求"内圣外王"，道德实践个体通过自觉的追求天道、天德，达到天人合一的境界，同时要讲天道、天德身体力行，延展到个人之外的社会实践之中去。与西方维系道德的契约不同，修身强调反省内求，强调道德个体的主动性，借助礼乐的媒介形成道德的自律，而不是求诸外的法律强制约束。道德个体主动地通过内向传播实现和自我的互动，并在客我与本我的统一中认识自我的本性。

《礼记·中庸》载："君子戒慎乎其所不睹，恐惧乎其所不闻。莫见乎隐，莫显乎微。故君子慎其独也。"[②]君子即使在其他人没在场的情况下仍然能保持高度的道德自觉，而不能为了追求一个完美、虚假的客我违背道德的规范。道德个体的"客我"和"主我"进行互动，以理想的道德榜样为参照，通过自我的不断革新去接近崇高道德境界的自我。道德个体主动地在约束自我的行为，用礼的标准在"主我"和"客我"互动的过程中来调试自我，达到修身的目的。个体通过礼乐媒介，以修身为原点向内追求个体的修养和道德境界达到"内圣"，向外推广到家庭、国家、天下以实现"外王"，形成内外有序的道德传播体系。

二、家庭伦理：以"孝"为代表的家庭传播

家庭是社会的细胞，个体道德的形成是在与他人的互动中形成的，而这种互动最直接的来源就是家庭。传统中国的家庭不同于西方界限分明的家庭，家庭在中国社会结构中家庭除了生育的纽带之外，在情感、道德、社会联系中国也发挥着极其重要的作用。家庭道德在礼乐传播的道德秩序中起到联结个体道德和社会政治道德的中介作用。

---

① 谢清果：《儒家"修身为本"的内向传播意蕴考析》，《吉林师范大学学报（人文社会科学版）》2018 年第 3 期。

② 杨天宇：《礼记译注》，上海：上海古籍出版社，2004 年，第 691 页。

人生命之始本能的传播是人际传播,孩子与母亲之间的嗅觉、触觉和视觉传播是最早的,也是最原始的人际传播形态。[①]家庭成员之间的关系正是通过人际的传播活动来维系的。传播不仅仅是家庭的一个方面,而是作为家庭的核心过程,即家庭是如何在话语中共同构建、协商和合法化。[②]家庭成员之间通过言语或非言语的方式来进行不同的关系建构,家庭传播实质上也是关系意义上的传播。礼乐媒介对家庭成员的具体互动方式都提出要求,家庭成员间通过对礼乐的遵循,形成稳定的成员间关系。《礼记·礼运》中便提到了"父子笃、兄弟睦、夫妇和"[③]的家庭伦理要求,礼乐媒介构建起了父子、夫妻、兄弟等人际关系秩序,以此形成和睦的家庭伦理道德系统。

家庭成员需要严格地遵照礼乐活动,来实现与家庭成员的互动。以礼乐为媒介的仪式相较于西方的宗教等仪式,具有突出的伦理特征,并且注重成员间的情感互动。以礼乐为媒介的家庭传播内道德中,反映代际关系的"孝"是其中具有代表性的,"百善孝为先"的家庭道德规范也延续至今。关于"孝"的思想在原始社会就萌芽,但当时的"孝"仅仅是依靠血缘关系来维系的。但随着"德"的传播内容演变,建立在血缘基础的道德规范开始转向人伦精神。此时,礼乐媒介的作用得到了体现,道德通过各项礼仪来习得和外显。丧葬、守孝、祭祀等作为体现孝道的一种仪式,注重代际成员之间本来的家庭伦理辈分,强调子女对父母的敬重。此外,礼乐是子女寄托思念之情的媒介,子女会在特定的时间、地点通过特定的仪式对父母进行追悼缅怀,借此与父母达成情感互动。

《礼记·祭义》载:"众之本教曰孝,其行曰养。养,可能也,敬为难;敬,可能也,安为难;安,可能也,卒为难。"[④]对父母的孝体现在孝养、恭敬、安顺、送终几个环节,其中送终是最重要,但也最难做到的。送终通过具体的丧葬仪式、守孝礼节来实现,在具体的施行环节尤为讲究。《礼记·间传》对守丧中的服饰、言行、起居等都有详细的记载,例如"居倚庐,寝苫枕块,不说绖带"[⑤]。同样,祭祀仪式的举行也有严格的要求。《礼记·祭义》:"孝子将祭,虑事不可以不豫,比时具物,不可以不备,虚中以治之。"[⑥]祭祀者要考虑周全,准备好祭祀时使用的器物,并且要排除心中的杂念。服丧者通过具体的场景、道具、文化符号来传达对逝者的哀思,保持内心的宁静,从而达到寄托情感,感化道德的效果。个体通过

---

① 陈力丹:《试论人际传播》,《西南民族大学学报(人文社科版)》2006年第10期。

② 朱秀凌:《家庭传播研究的逻辑起点、历史演进和发展路径》,《国际新闻界》2018年第40期。

③ 杨天宇:《礼记译注》,上海:上海古籍出版社,2004年,第266页。

④ 杨天宇:《礼记译注》,上海:上海古籍出版社,2004年,第621页。

⑤ 杨天宇:《礼记译注》,上海:上海古籍出版社,2004年,第771页。

⑥ 杨天宇:《礼记译注》,上海:上海古籍出版社,2004年,第611页。

丧葬、守孝、祭祀等具体的仪式来遵循孝道，继续传承家庭、家族精神，完成家庭伦理道德在代际的纵向延伸。

礼乐媒介不仅使得家庭成员之间互动的意义更为丰富，家庭伦理道德在横向空间以及纵向时间上得到延伸。礼乐传播中的家庭伦理道德以基本家庭成员之间的关系逐层延伸到宗族乃至更广范围的社会层面。家庭伦理道德并非只作用于家庭成员，随着家族事业的变化，家庭伦理道德的适用范围也会扩大运用于社会政治的范畴。祭祀的礼仪不仅包含对亲人的缅怀，还有对宗族的传承与延续。基于宗法制度的"以家拟国"成为政治格局作用的原则，作为中介的家庭伦理道德同样能延伸到社会政治道德之中。

三、政治道德：家国同构格局中的政治传播

家庭在礼乐传播的道德秩序当中发挥着中介的作用，将个人和社会联系起来。家庭成员的关系与个人与社会的关系的边界是模糊的，有一定程度的叠合。在"家国同构"的社会政治格局中，家庭、家族与国家在治理上是相融的，国事往往被视作家事，"以家拟国"成为重要政治运作方式。家庭伦理道德也可以直接延伸到社会层面，官民、君臣关系和家庭成员之间的关系也具有相通性，"移孝作忠"就是重要的体现。无数个家庭、家族向外延伸，构成复杂的社会关系网络，社会道德往往是与国家、政治紧密相连的，礼乐媒介构成了基于家国同构格局的社会政治道德体系。

政治传播是传播主体通过各种渠道，运用各种符号向目标受众传输政治信息，从而影响目标受众的政治态度、信念或行为的传播过程。[①] 在礼乐传播当中，礼乐成为承载各种政治信息的媒介，忠信的社会政治道德则是传播的内容。礼乐的具体仪式和活动旨在让受众接受特定的社会政治道德信息，效忠于国君，为国家治理形成有效的政治传播秩序。《礼记·祭义》载："事君不忠，非孝也。"[②] 在礼乐的传播中，君臣的关系等同于父子的关系，对君王的不忠诚可以归结为是不孝，忠君成为社会政治道德的重要原则。忠信是个体在仕途生涯中需要遵照的道德准则，《礼记·儒行》云："儒有不宝金玉，而忠信以为宝。"[③] 同样，君主在对待臣子时也借助礼乐媒介来规范自己，在君王与臣子的互动中逐渐形成了"君使臣以礼，臣事君以忠"的风尚。

忠信的政治道德主要是通过祭祀等仪式来获得和传播的。《礼记》中关于祭祀

---

① 郎劲松，侯月娟：《现代政治传播与新闻发布制度》，《现代传播》2004 年第 3 期。

② 杨天宇：《礼记译注》，上海：上海古籍出版社，2004 年，第 621 页。

③ 杨天宇：《礼记译注》，上海：上海古籍出版社，2004 年，第 793 页。

的篇章曾多次提到"忠",并对祭祀时的要求进行了严格的规范。如《礼记·礼器》载:"君亲割牲,夫人荐酒。卿、大夫从君,命妇从夫人。洞洞乎,其敬也!属属乎,其忠也!"①为政者通过对神的祭祀,来展现对神的恭敬与忠诚,与神达成沟通,进而在内在获得忠的精神品质。

礼乐传播中的社会政治道德虽然也存在一些封建落后的思想,忠君走向极端可能会演变成"愚忠"。但相比现代的政治传播活动,礼乐媒介的独特优势在于即使是在传播外在技术并不发达的时代下,仍能将道德修养内化成个体的一部分,通过个体的自觉构成内外有序的道德传播秩序。其次,礼乐具有普遍的适用性,不仅统治者要遵照礼乐施行德治,民众也通过礼乐来建构自己的身份,实现个人修身、齐家、治国、平天下的理想。从社会政治道德的内涵来看,忠信是个人在与人交往、参与社会政治活动的良好品行。另外,礼乐可以一定程度上对个人的行为加以规约,使得个人的修养不断提升,为社会建设贡献自己的一分力量。君、臣、民之间如家庭成员般和谐的关系有利于在社会政治中形成良好的秩序和风尚,这也成为国家政治设计中极具特色和优势的特征。

礼乐传播中的社会政治道德联结起不同的社会群体,礼乐发挥着教化民众的大众传播作用。个体在这样的道德感化中加强对自我身份以及国家的认同,华夏民族得以在礼乐媒介的感召下加强凝聚力和归属感。

第三节　礼乐对当代道德传播的适用性

以礼乐为媒介的道德秩序对监测自然生态、社会秩序变化,协调社会以及传承文化都有重要的作用,反观现状,礼乐媒介的作用对于社会主义建设有重要启示。

一、天人合一:促进人与自然的和谐关系

礼乐传播的道德要求个体在修身时达到理想的道德状态,和天德相通并达到天人合一的境界。从天人合一的哲学角度对人与自然关系进行研究在世界其他国家是少见的。天人合一作为一种哲学的观念,通过礼乐的媒介转化为具体的道德规范。主体借助礼乐媒介展现出对大自然的敬畏,主动协调和自然的关系。《礼记》不仅对天人的关系进行阐释,对滥砍滥伐、尊重自然时令等都有记载。礼乐传播中的精神道德是基于生态文明的,是以尊重自然规律为出发点的,这对当下工业

---

① 杨天宇:《礼记译注》,上海:上海古籍出版社,2004年,第300页。

文明为导向的社会有重要的启发。

当下全球变暖、水土流失、海域污染、土地沙漠化等生态问题不断凸显。企业和商贩们缺乏道德支撑和正确的观念导向，仍然在以破坏环境为代价追求个人的利益最大化，人与自然的矛盾不断尖锐。自古，人与自然的命运是紧密相关的，自然灾害的频频发生会对人类的生命安全造成极大的威胁，生态环境的恶化影响到人类自身的居住环境。毛峰在《文明的秩序》中提到自然生态是文明传播的道德基础与价值本源。[①] 除了外在法律约束，更加需要人类依靠道德的自觉去认识人与自然的关系，尊重自然发展的规律。通过礼乐媒介来培养大众的道德自觉是当下处理人与自然关系的绝佳选择。

二、大同小康：推进社会主义精神文明建设

礼乐传播中的道德是根据社会的理想目标进行不断协调的。《礼记·礼运》的开篇就提出了大同的社会目标，大同社会的标准是"天下为公，选贤与能，讲信修睦"[②]。大同的社会是天下为公，孔子认为这样的上古时代的社会形态是很难达成的，只能退而求其次，追求依靠礼治的小康社会。《礼记·礼运》载："今大道既隐，天下为家。"[③] 可见小康的社会是私有制的，依靠完全的道德自觉是不现实的，于是礼乐便发挥作用。礼法成了维护社会秩序的工具，通过对在执者、民众提出具体的行为规范，对社会关系进行调试，以此达到理想社会的状态。

礼乐传播中的道德强调主体的自觉性、主动性，这与西方以契约为强制约束的道德法律不同。以这种道德自觉为基础，古代的社会形成了良好、稳定的家庭关系和社会政治风尚。当下社会主义思想道德建设中强调的家庭美德、社会公德，这与礼乐传播中的道德具体内涵具有一致性。大同小康的理想目标在当下的道德建设中也具有重要的导向作用，以家国为格局的道德秩序也为和谐社会的构建提供蓝图，礼乐传播活动中的修身为核心的个体道德，以孝为代表的家庭伦理道德以及忠信的政治道德对当代社会的维系都是紧密关联的，传承这些道德的精髓对个体价值实现，良好的家庭关系和社会进步发展都意义重大。

三、世代相传：传承华夏文明中道德精髓

从周公制礼到"礼崩乐坏"再到"复礼"，礼乐经过各朝各代的改革在形式和内容上有所变化，但礼乐承载的华夏文明的精神内核得到了保留，礼乐起到了继

---

① 毛峰：《文明传播的秩序——中国人的智慧》，北京：中国传媒大学出版社，2005年，第2页。

② 杨天宇：《礼记译注》，上海：上海古籍出版社，2004年，第265页。

③ 杨天宇：《礼记译注》，上海：上海古籍出版社，2004年，第266页。

承历史文化、传承华夏文明的作用。历朝对于"礼崩乐坏"的感慨实际是对中国礼乐文明的认同与维护，在不断重建的过程中通过礼乐传播这一媒介对华夏文明进行延续。

华夏文明传播是以中华文化精神为核心内容，以中国传统传播媒介或符号为载体，以吸纳社会各阶层、其他民族或地区为多元一体的文明共同体为目标，在交融、合作、传承中，以期达到教化、融通，从而构建起一个共存共生的和谐社会关系的信息传播过程。① 礼乐传播的道德秩序通过规范的礼乐联结其各阶层、各民族的人，通过道德主体自觉实践向家庭、社会、天下延伸，不断扩大道德在空间上的传播。纵向角度来看，个人通过血缘关系和家庭建立强联系，对祖先的崇敬和对后代的教化成为个人重要的社会角色，这样的角色又需要通过礼乐的媒介来呈现。礼乐通过父子、子孙的继替关系得以在时间的范围传播，从更广阔的历史角度来看，礼乐的媒介传承千年的华夏文明，在交融、合作、传承中达到来维护社会和谐秩序的目的。

"德"的思想内涵得到了延伸，强调内求于己的个体道德，注重和睦的家庭伦理以及热衷国家是社会道德都展现出礼乐传播道德的独特性，此外中庸的道德传播原则得以延续，为后世认识世界、改造世界提供了方法论。华夏文明中的道德思想得以传承不仅利于加强国人的身份认同，维护国家秩序，同时能彰显国家文化软实力，增强华夏文明在世界范围的影响力。

礼乐传播活动中的道德在时空上得以延续，彰显了礼乐这一媒介的强大生命力。但受到现代社会发展的冲击，许多仪式都被舍弃，这些具体的媒介途径的缺失使得道德的传播也面临挑战。加之外部媒介环境日渐复杂，礼乐媒介如何在新的媒介环境下构建起道德传播秩序值得反思和思考。

查尔斯·泰勒在《现代性中的社会想象》中提出"大脱嵌"的概念②，解释了传统社会到近代社会的历史转型。古代中国延续千年的家国的观念在明末清初时面临巨大的冲击，西方民族国家的观念使中国的传统社会经历了一个"去家化"的过程。随着社会道德秩序的打破和重构，个体的身份建构与道德认知也面临着新的危机。当代社会家与国的联系被弱化，虽然有外在的法律来解释国家的合法性并对个体的行为进行约束，但个体的道德自觉被弱化，人情冷漠的时代下功利主义盛行，缺德失礼的行为频频发生。个体的内在精神匮乏，在追求功名利禄的

① 谢清果，林凯：《礼乐协同：华夏文明传播的范式及其功能展演》，《新闻与传播评论》2018年第71期。

② 查尔斯·泰勒：《现代性中的社会想象》，李尚远译，台北：商周出版，2008年，第87—112页。

过程中不惜以牺牲他人的利益为代价，传统的道德秩序遭到严重的破坏。

礼乐传播的道德内涵被注入了适应社会发展的时代特征，但与此同时礼乐传播道德中的个体道德、家庭伦理道德和社会政治道德观念被淡化，道德的内涵开始有了多样的解读，对传统道德的曲解、对社会秩序的维护形成挑战。另一方面，随着媒介技术的发展，道德传播的媒介呈现出多样化的特征，但促成个体道德自觉的效果却不理想。在复杂、多变的新媒介环境，不少主体借助便捷的媒介途径传播缺乏道德伦理的信息，从中获取商业利益。在缺乏礼乐媒介约束的当代社会，公民缺乏道德自觉，从而影响到家庭和睦和社会和谐，实现礼乐传播道德秩序的时代性重构是现代精神文明的重大任务。

礼乐传播中的道德虽并非没有糟粕的部分，在经历了现代文明的洗礼后，例如家庭伦理中的"男尊女卑""无违"思想，严格的等级秩序以及繁文缛节遭到了剔除。礼乐传播中的道德将继续在社会文明的实践的检验中去芜存菁，吸收时代精神的精华。礼乐传播的道德秩序不仅与社会主义精神文明高度契合，对个体道德、家庭、职业、社会道德有重要的指示作用，还凭借其包容性屹立于世界文明之中，在人类命运共同体中构建起新的道德秩序。

（本章作者：杨娇　谢清果）

第八章 物畜有礼：礼乐传播的周易探源

礼、乐文明孕育于史前时代漫长的巫文化，文王著《易经》，周公传承了周文王的思想，制礼作乐，代表着礼乐制度的成形，由此奠定了中国历史文化数千年的基本发展方向。作为周代政治领袖卜筮的典籍，《周易》记载并传承了三代及三代之前的巫卜祭祀及礼乐活动，其本身也与周代礼仪制度具有不可分割的天然联系。履者礼也，《周易》与《周礼》相互印证、礼乐交互传播，实现了礼乐精神的传承。卜筮在《周易》中扮演着设礼之工具的角色，礼乐协同发挥作用、引德入礼以及文化天下的仪式运作在《周易》中已有端倪。《周易》的礼乐精神推动了后世礼乐传播的发展，促使礼乐传播成为华夏文明传播的基本范式。要探讨在礼乐制度成熟之前的礼乐传播的开端，就绕不开对《周易》礼乐精神的考察。

中国被称为"礼乐之邦"，"礼乐文明"是中国古代文明的重要组成部分，"礼乐协同"是中国古代统治者塑造和维护社会秩序的重要手段，礼乐制度是传统社会的基本制度，换言之，传统社会的传播制度是围绕礼乐而展开的。在本土传播学研究领域中，"礼乐传播"是极具中国本土特色的传播模式，也是中国传播学本土化的一个重要的理论尝试。"礼乐传播"最早见于《礼乐传播初探》一文，黄星民将"礼乐传播"称为"中国历史上极有特色的重要传播活动"[1]，并从传者、内容、渠道、受者、效果五个传播环节探讨了礼乐传播的过程。[2]

近年来，不断出土的考古研究表明，礼、乐文明孕育于漫长的史前时代的巫文化。关于"礼乐"的起源说法众多，大致可归为字源、宗教、民俗以及人情交往四类。从字源角度而言，"禮"同"履"，对"礼"的探讨指向对"履"的内涵剖析。如姜栋将古"禮"字中所涉及的"履""示""豊"三个字入手，从字源角

---

① 黄星民：《礼乐传播初探》，《新闻与传播研究》2000年第1期。
② 黄星民：《礼乐传播初探》，《新闻与传播研究》2000年第1期。

度探究"禮"的起源。[①] 第二类观点认为，礼乐源于远古祭祀制度。随着原始公社解体和阶级的出现，在祭天、祭祖等活动中，用以规范指导祭祀活动、区分等级的"礼仪制度"随之出现。[②] 夏小玲通过对远古时代巫仪式的考察，提出儒家礼乐文化源自巫仪式礼乐的演进。[③] 第三类观点认为，礼乐源自民俗。彭华引用"伏牺制嫁娶，以俪皮为礼"的记载，论证指出带有阶级性、等级性的"礼"渊源于具有全民性的"民俗"。[④] 第四类观点认为，礼乐源于原始的人情交往。原始社会的"礼尚往来"原本指货物交换，而"礼不下庶人"其实是指在交易中贫者无以为报的意思。自周公、孔子始，"礼"才完全摆脱商业性质，称为交往的一种规范。[⑤] 张弘在仔细区分"源"与"缘"的区别的基础上，提出"祭祀之礼是礼的起源，人情是礼的缘起"[⑥] 的观点。

作为西周时期的占筮之书，文王拘而演周易，《易经》一书中展现了大量的礼乐传播活动。在《易传》中，礼乐协同及礼治思想也有所体现。如果说传播是指利用媒介传递信息、建立关系，传播意义的活动。那么礼乐传播则是指人们自觉地利用礼乐媒介，来处理人的自我身心关系、人与自然、人与人、人与社会、人与神等诸多关系，从而传递信息（包括思想观念），建构关系以及分享意义以凝聚成共同体的一系列活动。

西周时期，周公继承了周文王的礼乐思想，制礼作乐，代表着礼乐制度的成熟。周公引入"德"来解释殷亡、周兴等重大历史问题，提升了"礼"对后世统治者的道德约束力。礼乐制度在西周时期的兴盛和成熟"不仅奠定了周朝数百年基业，也由此奠定了后来中国历史文化数千年的基本发展方向"[⑦]。

随着东周时期的礼崩乐坏，阴谋、刑法在春秋战国时期大行其道。孔子潜心礼乐，将礼乐制度融入儒家经典著作之中，儒家成为中国几千年来推崇礼乐传播的重要主体之一。黄星民称赞儒家"在书还是笨重的木牍竹简而社会上绝大多数的人又不识字的时代，他们就借助了礼乐这一传播形式，向全社会广泛地传播自己的思想观念"[⑧]，体现了中国古人的传播智慧。周公"制礼作乐"承前启后，是礼乐制度成型的一次重要转折。在"礼崩乐坏"的时代，孔子痴迷礼乐，推动了礼

① 姜栋：《从"礼"字管窥中国传统法文化中的"礼"的起源》，《河北法学》2011 年第 2 期。

② 陈明远，金岷彬：《关于"陶器时代"的论证（之四）陶器时代："礼"的起源和发展》，《社会科学论坛》2012 年第 5 期。

③ 夏小玲：《远古巫仪式中的礼乐因素》，《梧州师范高等专科学校学报》2005 年第 3 期。

④ 彭华：《古礼探源——多维视角的综合考察》，《吉林大学社会科学学报》2016 年第 1 期。

⑤ 杨向奎：《礼的起源》，《孔子研究》1986 年第 1 期。

⑥ 张弘，马婷婷：《中国古代礼的起源问题新探》，《济南大学学报（社会科学版）》2011 年第 1 期。

⑦ 辜堪生，李学林：《周公评传》，成都：四川大学出版社，2006 年，第 5 页。

⑧ 黄星民：《礼乐传播初探》，《新闻与传播研究》2000 年第 1 期。

乐文化的传承。

由上述分析可知，作为"群经之首"的《周易》所展现的礼乐精神，包含对人的自我身心关系、人与自然、人与人、人与社会、人与神等诸多关系的沟通协调，与周公以及孔子的礼乐思想一脉相承，勾勒描摹了西周早年的礼乐传播现状，可视为礼乐传播的开端。

第一节　文王与周公："巫"与"易"的礼乐传承

"传播"与"传承"是两个不同的概念，"传播"是短暂而片断性，而"传承"则意味着超越时间而形成文化的延续性。[1]从上古之"巫"到夏商周三"易"，再到孔孟儒家的完善礼乐制度，礼乐精神在古代社会、组织场景中不断被重演、改进和更新，文明在漫长的历史时空中被传承。

西周时期，周文王姬昌"拘而演《周易》"[2]，其四子周公姬旦辅佐武王伐纣，尽心辅佐年幼的成王，于国家危难之际挺身而出，挽狂澜于既倒，扶大厦之将倾；又在国家稳定之后，主动退隐，还政于成王。[3]《尚书·大传》将其功绩总结为"一年救乱，二年克殷，三年践奄，四年建侯卫，五年营成周，六年制礼乐，七年致政成王。"[4]

当时代远去，曾经的王朝兴衰已化作历史的尘烟。但周公"制礼作乐"的成就却深刻影响了中华文明几千年来的走向，杨向奎先生甚至将周公视为中华传统文明的"源头"。[5]贾谊曰："文王有大德而功未就，武王有大功而治未成，周公集大德大功大治于一身。"[6]

周公的"制礼作乐"与商末周初的时代背景密不可分，其礼乐思想深受其父文王的影响。《中庸》第十八章言："父作之，子述之……武王末受命，周公成文武之德。追王太王、王季，上祀先公以天子之礼。斯礼也，达乎诸侯大夫，及士庶人。"周公继承和发展了周文王的思想，制礼以规范诸侯、大夫、读书人以及平常百姓的社会行为。而周文王的思想集中体现于《易经》一书。

《周易》由《易经》和《易传》两部分组成。《史记·周本纪》记载："西伯……

① [法]雷吉斯·德布雷：《媒介学引论》，刘文玲译，北京：中国传媒大学出版社，2014年，第3页。

② 余秋雨：《古典今释》，北京：作家出版社，2019年，第38页。

③ 陈春保：《周公形象的塑造与早期儒家话语的建构》，《孔子研究》2011年第5期。

④ （清）皮锡瑞：《尚书大传疏证》，长沙：岳麓书社，2012年，第993页。

⑤ 杨向奎：《宗周社会与礼乐文明》，北京：人民出版社，1997年，第141页。

⑥ （汉）贾谊：《新书10卷》，四部丛刊景明正德十年吉藩本，卷第十。

囚羑里,盖益易之八卦为六十四卦。"①伏羲作八卦,而后周文王将之演变六十四卦,演三百八十四爻而天下治。班固在《汉书·艺文志》中言:"至于殷、周之际,纣在上位,逆天暴物,文王以诸侯顺命而行道,天人之占可得而效,于是重易六爻,作上下篇。孔氏为之《彖》《象》《系辞》《文言》《序卦》之属十篇。"虽然《易经》《易传》的具体作者学界尚存争论,但毋庸置疑的是,《周易》的形成与周文王以及以孔子为代表的儒家有着密切的联系。而无论是周文王,还是孔子所代表的儒家,都推崇礼治思想。凝聚了人更三圣、世历三古的历史经验的《周易》,无疑也对当时的礼乐精神有所记录,并对后世礼乐制度的成熟和进一步发展产生了深远的影响。

巫卜祭祀等活动促进了礼乐的发展和完善。在夏商周及其之前的上古时期,宗教巫卜在社会中占有重要的地位,"巫"的政治地位也极为显赫。例如作为政权领袖的周文王,同时也担任着国家巫师的角色。文王拘而演《周易》,将之作为卜筮的依据,其中也记录了不少古代祭祀、占卜等活动仪式。刘师培在《周易周礼相通考》一文中举例说明《周易》之礼,如郊祀之礼见于《益》《豫》《鼎》卦、封禅之礼见于《随》《升》卦、宗庙之礼见于《观》卦、时祭之礼见于《萃》卦、酬庸之礼见于《泰》《归妹》《咸》《渐》卦、丧礼见于《大过》《益》《萃》《涣》《小过》等卦。在《左传》《国语》等典籍中,也多见统治者用《易》占卜的记载。理、象、数、占是《周易》的四大基本功用。《周易》集上古文明之大成,深刻影响了中国文明的走向。礼与德的哲学思辨、古代社会的礼乐传播活动等都能在《周易》中找到影子。由此可见,要探讨礼乐传播的开端,就绕不开与上古巫卜密切相关的《周易》。

第二节 履者礼也:《易》与《礼》的相互印证

许慎在《说文解字》中将"礼"释为"履":"禮,履也,所以事神致福也;从示从豊,豊亦声。""履"在古汉语中意为行走,表示一种动作。所谓"事神致福",也就是古代的祭祀活动。而在先秦时期,福履常常连用,表示福禄。如"南有樛木,葛藟累之。乐只君子,福履绥之;南有樛木,葛藟荒之。乐只君子,福履将之;南有樛木,葛藟萦之。乐只君子,福履成之"(《诗经·樛木》)中的"福履"即为此意。也就是说,"履"代表循礼而行总能获得吉祥的含义。

---

① （汉）司马迁:《史记》,北京:中华书局,2019 年,第 99—150 页。

一、物畜然后有礼，故受之以履

《周易·序卦》言"物畜然后有礼，故受之以履。"事物小有畜聚而后需要采用礼节进行规范，故而《履》卦本身内含着遵守礼节小心行走的含义。同样的观点还有："礼者，履此者也。"（《礼记·祭义》）"履，礼也。"（《尔雅·释言》）这与许慎所言的"礼，履也"正好相互佐证，意为践履不可违礼。由此可见，《履》卦的内涵就在于对礼的阐发，而对礼的重视正是故人对提升个体的内向修养和规范社会交往的行为规范的外在体现。

《履》象辞言："上天下泽，履；君子以辩上下，定民志。"履卦上为天下为泽，象征尊卑之礼，《正义》曰："君子法此《履》卦之象，以分辨上下尊卑，以定正民之志意，使尊卑有序也。"借助礼来区分社会身份，维护统治秩序，这也是殷周及其之前的时期，礼乐的核心功用所在。

《周易》经文中展现了大量的商周时期的礼乐活动，如婚礼、祭祀礼、刑礼、宾礼、封侯礼等，并对后世礼乐传播活动产生了深远的影响。陈业新对《周易》中所展现的西周时期集田猎、习兵于一体的"三驱"礼进行考释，探究"三驱"礼与后世"田猎之仪"之间的演进关系。[①]张毅通过对《周易》"豫"卦的解读，探究雷声与乐律、鼓声器乐之间的关系，阐发雷声收发内涵的阴阳之道、时序变化，进而发现天地人三才"中和"是中国礼乐文化传统所追求的艺术境界。[②]

二、《周易》与周代礼仪的关系

《周易》中所蕴含的礼乐思想广泛为学者所探索。有一些学者甚至将《周易》本身看作礼经。黄晓萍采用文献学方法进行梳理，《乐记》秉承了《周易》"礼乐法天地的天人感应思想、对立统一思想和变易的辩证思想、简易思想、崇德思想"[③]等思想，将《周易》的自然宇宙观演绎为社会人事关系，深刻影响了中国音乐美学史。兰甲云则提出《周易》将礼治与德治、法治结合起来，形成了以礼治为主、以法治为辅、以实现德治为目标的综合治国思想。[④]谢阳举则提出《周易》本为礼经说，认为《易经》在当时本是周礼的一部分。[⑤]

相较于对《周易》礼乐思想的阐发，以（周）礼释《易》的研究则更为常见。

① 陈业新：《〈周易〉"三驱"礼考释》，《周易研究》2016 年第 2 期。
② 张毅，徐利华：《雷声对中国古代音乐思想的启示——从〈周易〉"豫"卦的解读谈起》，《文学与文化》2010 年第 3 期。
③ 黄晓萍：《〈乐记〉袭〈易〉考——〈乐记〉对〈周易〉思想的继承》，《华中农业大学学报（社会科学版）》2013 年第 3 期。
④ 兰甲云：《〈周易〉礼治、德治、法治思想略论》，《周易研究》2016 年第 2 期。
⑤ 谢阳举：《〈周易〉本为礼经说》，《华夏文化》1995 年第 3 期第 15 页。

或以礼释《易》，或以《易》观《礼》，或《易》《礼》互证。作为筮卜之书，《易经》于殷周之际的历史变迁中诞生，其中记载了西周时期的许多礼乐活动。以周礼释《周易》，成为学者研究《周易》的一种方法。如吕佳佳以中孚卦为考察对象考察《周易》经文与《周礼》之间的关系。① 后世《礼》《易》均被纳入儒家的话语系统，故而以《易》《礼》有了更多沟通的基础。以《礼》注《易》是郑玄治易的重要特色，他通过先取象、后引礼的方式"把《周易》置于当时的历史背景之下……最大限度地再现《周易》文辞的真实意义或作者的固有意义"②。通过对《易经》经文与周礼的互相印证③，来阐发周代礼仪制度是了解周代礼乐文化的重要方式之一。

第三节　礼乐协同：《周易》礼与乐的交互传播

礼乐的起源虽有争议，但"巫"与"祭祀"对中国"礼""乐"的应用和发展产生了重要的推动作用，是学界广为接受的共识。《周礼·春官》曰："太卜掌三易之法，一曰连山，二曰归藏，三曰周易，其经卦皆八，别皆六十有四。"夏商周三代礼仪制度一脉相承，到了文王推演周易，周公制礼作乐，引德入礼，礼乐有了进一步的创新发展，形成周代成熟的礼乐制度。

一、《周易》与"礼"

《周易》与周代礼仪制度具有不可分割的天然联系。《春秋左传》曰："二年春，晋侯使韩宣子来聘……观书于大史氏，见《易象》与《鲁春秋》，曰：'周礼尽在鲁矣。吾乃今知周公之德，与周之所以王也'。"④ 在这里，韩宣子将《易象》与周礼视为同一物。张朋通过对史料的考据，指出："周公是周文王'拘而演《周易》'之后《周易》文本的最终定稿者……进一步来说，《周易》与《周礼》二者的编纂者都很可能是周公旦，所以《周易》与周代礼仪制度具有不可分割的天然联系。"⑤ 卜筮在《周易》中扮演着设礼之工具的角色，故而《易》本为礼经之用。⑥

---

① 吕佳佳：《〈周易〉经文与〈周礼〉之间的关系——以中孚卦为考察对象》，《华夏文化》2019年第4期。

② 林忠军：《论郑玄以〈礼〉注〈易〉方法》，《武汉大学学报（人文科学版）》2011年第1期。

③ 张朋：《〈周易〉古礼研究的若干问题》，《哲学分析》2017年第3期第152页。

④ 杨伯峻编著：《春秋左传注》，北京：中华书局，2018年，第1063—1064页。

⑤ 张朋：《〈周易〉古礼研究的若干问题》，《哲学分析》2017年第3期。

⑥ 谢阳举：《〈周易〉本为礼经说》，《华夏文化》1995年第3期。

二、《周易》与"乐"

《周易》对"乐"的发展同样产生了深刻的影响,《礼记》中的《乐记》篇有大段与《周易》雷同的文字,历来有《乐记》袭《易》的说法。尤其是《乐记》的音乐学说,处处体现着《系辞》的理论观点。①《乐记》的"乐本论、乐象说和乐简观,分别与《周易》阴阳之道、易象理论和易简学说有直接的渊源关系"②。因而对礼乐制度成熟之前的"乐"的考察同样也绕不开《周易》礼乐精神的考察。

乐不仅仅指音乐,还包括诗歌、舞蹈等多种艺术形式。在西周时期,礼与乐相辅相成,协同发挥作用。在继承《万》舞的基础上,周公先后制作了歌颂武王的武舞《象》以及歌颂周公、召公的文舞《酌》,将之合称为《大武》。《尚书大传》言周公摄政"六年制礼作乐",就是因为礼乐标志性的成果《大武》在这一年完成。洛邑建成后,为了文王,周公又以新的诗歌创新《象》舞,以在祭祀活动中展现文王的德治武功。③

三、礼乐协同的教化作用

《周礼》分为吉礼、凶礼、宾礼、军礼、嘉礼五种。④在巫卜、祭祀、祭祖等原始宗教活动中,先民借助龟铃等媒介,自觉而不自知地采用礼乐传播的方式,实现人与祖先、人与神鬼的沟通。以中孚卦为例,六三爻辞曰:"得敌,或鼓或罢,或泣或歌。"这里就是军乐、军礼的体现。战胜了敌人,或乘胜追击,或凯旋班师;捷报传来,有人喜极而泣,有人放声歌唱。军乐、军礼通过营造一种胜利的传播情境,使人能够沉浸其中。

通过这些礼乐仪式活动,价值观念、权力等级、秩序意识等随风潜入夜地嵌入了集体的记忆之中。在婚庆等仪礼中,礼乐同样协同发挥作用。如中孚卦九二爻辞曰:"鸣鹤在阴,其子和之,我有好爵,吾与尔靡之。"鸣叫的鹤与对偶应声和鸣,代表着婚乐;将要结为夫妇的男女对席而坐,共饮美酒,代表着婚礼仪式。婚礼在仪礼中占有重要的地位。《昏义》曰:"昏礼者,将合二姓之好,上以事宗庙,而下以继后世也,故君子重之。"⑤通过礼乐协同的方式,构建仪式化的表演情境,以激发个体内心的情感,进而"在礼乐协同的规范和引导下实现中华文化核

① 李学勤:《〈周易〉经传溯源——从考古学、文献学看〈周易〉》,长春:长春出版社,1992年,第90页。

② 李平:《〈周易〉与〈乐记〉》,《周易研究》1995年第2期。

③ 贾海生:《周代礼乐文明实证》,北京:中华书局,2010年,第134页。

④ 黄公渚:《周礼》,北京:商务印书馆,1987年,第55页。

⑤ 胡平生,张萌译注:《礼记》,北京:中华书局,2017年,第1182页。

心思想的灌输和内化，达到对人的教化"①的作用。

礼文化与乐文化拥有不同的演化路径。随着巫文化的发展，礼与乐不断交融。在西周初期，礼、乐文化已显现出协同的态势，直至周公制礼作乐，礼乐实现了深度的融合，礼乐制度得以成熟。《周易》礼乐协同的思想推动了后世礼乐传播的发展，促使礼乐传播成为华夏文明传播的基本范式。②

第四节 礼恭德盛：礼乐传播从宗教到人文的转向

《谦》卦九三爻辞言："劳谦，君子有终，吉。"《系辞上传》引孔子之言将之解释为"劳而不伐，有功而不德，厚之至也。语以其功下人者也。德言盛，礼言恭；谦也者，致恭以存其位者也。"③勤劳而不自夸，有功而不自得，就是德行敦厚德体现。礼言恭谨，道德隆盛，有功而能谦下，方能保存自身。可见，"德"是个人修养的手段，发挥保全自身的功用。《周易》源自对世界的观物取象，代表着古人对自然宇宙的认知。《周易》中朴素的宇宙观对礼乐传播由宗教信仰转向人文信仰产生了重要的影响。

一、援德入礼的人格修养

援德入礼是周代在继承前代礼乐文化过程中的一个新尝试，将"德"的完备作为礼乐传播的终极目标，这也是周代礼乐制度的一个重要特色。通过礼乐的传播手段达到修德的目的，在《周易》中已经也有预兆。

礼作为修养的体现，是修德的重要途径。一方面，在礼乐传播活动中，提高礼乐传播仪式中参与者（也就是礼乐活动的目标受众）的修养，是礼乐的基本目的与动力所在；另一方面，提升礼乐制作者的修养，甚至对其行为产生约束力也是礼乐传播的重要目的所在。尤其是在西周时期，礼乐的制作和推行主持者都由国家实际的政治领袖担任。比如文王之德"维天之命，於穆不已"④。由此形成了天命之德——"皇天无亲，惟德是辅"⑤。统治者的权力不仅仅再"受命于天"，还要依靠"德"性的力量来维持。这也就强调统治者在恭敬天神、祭祀先祖的同时，

---

① 谢清果，林凯：《礼乐协同：华夏文明传播的范式及其功能展演》，《新闻与传播评论》2018年第6期。

② 谢清果，林凯：《礼乐协同：华夏文明传播的范式及其功能展演》，《新闻与传播评论》2018年第6期。

③ 黄寿祺，张善文：《周易译注》，上海：上海古籍出版社，2018年，第706—707页。

④ 程俊英：《诗经译注》，上海：上海古籍出版社，2004年，第323—324页。

⑤ 李民，王健：《尚书译注》，上海：上海古籍出版社，2012年，第334页。

也要加强自身的修养，追求礼恭的人格。

二、社会秩序的规范调整

"德"性思维不仅对后世统治者发挥着约束和引导作用，更将礼乐传播导向对人与自然的和谐关系的追求，这也是华夏文明的超越性所在。放纵昏庸就会招致上天的惩罚，这种引德入礼而形成的朴素的天命思想又进一步提高了对统治者个人修养的要求："夫《易》，圣人所以崇德而广业也。知崇礼卑，崇效天，卑法地。天地设位，而《易》行乎其中矣。成性存存，道义之门。"[①] 推崇道德、爱护黎民、广建功业、修养智慧崇高而礼行谦卑的德行，就是找到了通往道义的门户，而这就是源自对天地自然的取象，描绘了理想的社会政治蓝图。

个人修养得到了提升，人际关系也会随之改善，社会秩序也就得到了规范和调整。《礼记·曲礼》言："道德仁义，非礼不成。教训正俗，非礼不备。分争辨讼，非礼不决。君臣、上下、父子、兄弟，非礼不定。宦学事师，非礼不亲。班朝治军，莅官行法，非礼威严不行。祷祠祭祀，供给鬼神，非礼不诚不庄。"上至朝堂政事、国家军事、祭祀鬼神，下至个人修养、社会关系，都离不开礼的规范作用。

第五节　观会通行典礼：权力秩序的仪式运作

《礼记·祭法》曰："文王以文治，武王以武治去民之灾，此皆有功烈于民者也。"[②] 文治武功体现着浓浓的华夏文化风范，是对历史的评价标准。华夏有文治天下——即"文化"的传统，而礼乐传播是文化（教化）的重要形式。礼乐是安顿社会关系最为理想的方式，礼乐秩序是建构社会关系的根本依据，礼乐传播是激发身份认同、价值认同，实现文治教化的制度建设。

一、礼乐活动的仪式表演

《礼记·乐记》中的"礼""乐"援引自《周易》之象："天尊地卑，君臣定矣。卑高已陈，贵贱位矣。动静有常，小大殊矣。方以类聚，物以群分，则性命不同矣。在天成象，在地成形；如此，则礼者天地之别也。地气上齐，天气下降，阴阳相摩，天地相荡，鼓之以雷霆，奋之以风雨，动之以四时，暖之以日月，而百化兴焉。如此则乐者天地之和也。"[③]《乐记》中周代礼乐最显著的功用就是对权力

---

① 黄寿祺，张善文：《周易译注》，上海：上海古籍出版社，2018 年，第 704—705 页。
② 胡平生，张萌译注：《礼记》，北京：中华书局，2017 年，第 891 页。
③ 胡平生，张萌译注：《礼记》，北京：中华书局，2017 年，第 726 页。

关系的建构和对社会秩序的规范："先王之制礼乐，人为之节；衰麻哭泣，所以节丧纪也；钟鼓干戚，所以和安乐也；昏姻冠笄，所以别男女也；射乡食飨，所以正交接也。礼节民心，乐和民声，政以行之，刑以防之，礼乐刑政，四达而不悖，则王道备矣。……王者功成作乐，治定制礼。其功大者其乐备，其治辩者其礼具。"① 它指明丧礼、婚礼、冠礼、食礼等各种礼乐制度意在，采用礼乐刑政相配合的方式，规范民心、调和民声、推行国政、防止奸佞，进而实现社会秩序的稳定。

天子祭祀祖先，是为了给诸侯树立敬祖的榜样，向民众传递孝道；天子袒开衣襟亲自割肉宴请三老，是为了示范敬老养老，通过礼乐活动的仪式化表演，周代的教化普及四海，礼乐也得到了推广和贯彻。

二、社会治理的礼教文化

在《周易》中，已经有自觉利用礼乐这一传播形式，向全社会广泛地传播自己的思想观念，以达到社会治理目的的实践案例。如《比》卦九五爻辞所记录的"三驱礼"："王用三驱，失前禽，邑人不诫，吉。"② 商汤在狩猎中见部下张网四面，命令撤除三面，只留一面，并祷告：禽兽愿逃者逃之，不愿逃者入我网中。这也是网开一面的典故由来。商汤虽"失前禽"，但他的仁"德"却得到了广泛传播，进而获得了诸侯们的拥戴。

再如《观》卦象辞言："大观在上，顺而巽，中正以观天下。观，盥而不荐。有孚颙若，下观也化也。观天之神道，而四时不忒；圣人以神道设教，而天下服矣。"③ 观象于神妙的自然规律，修养中正和巽的美德，就可以为天下人所瞻仰。观卦卦象是上巽为风，下坤为土，风行地上，表征以诚敬虔诚之心祭祀，感召神灵。而"神道设教"之"教"，就通过礼乐来施行。古代祭祀时，用"尸"来象征受祭者的神像。扮演"尸"的人将用郁金香浸泡的祭酒灌入地下，以借香气招引阴间的鬼神前来享受祭品。④ 此即"观"礼。《象》言："先王以省方观民设教。"⑤ 可见，观卦之"神道设教"此时已经内含诚敬先祖、顺应天命的礼教之意。

浙江大学传媒与国际文化学院韦路教授基于国外传播研究前沿的探究经验，提出"大众人际传播"这一新概念，将大众传播与人际传播合二为一，为理解新媒体时代人类的传播行为和传播现象提供了一个新视角。从礼乐传播的视角而言，

① 胡平生，张萌译注：《礼记》，北京：中华书局，2017年，第719、724页。
② 黄寿祺，张善文：《周易译注》，上海：上海古籍出版社，2018年，第168页。
③ 黄寿祺，张善文：《周易译注》，上海：上海古籍出版社，2018年，第271页。
④ 谢阳举：《〈周易〉本为礼经说》，《华夏文化》1995年第3期。
⑤ 谢阳举：《〈周易〉本为礼经说》，《华夏文化》1995年第3期。

礼乐的运作是一种仪式化的传播，是区分社会等级、构建权力关系的手段。通过构建一个特别的传播场域，使身体在场的受众沉浸其中，受到传播情境的感染。礼乐传播遵守严格的等级、权力关系，不同的祭祀活动会出现不同层次的官员和皇室人员。身体作为一种符号，其在场或不在场都传达着权力信息。身处同一仪式中的群体，礼乐的执行标准各不相同。身体的在场、沉浸式的媒介体验，以及人际的礼仪互动，使得受众既是礼乐传播的传播受众，也是传播主体，礼乐传播兼具大众传播的要素与人际传播的效果，也可以被看作一种大众人际传播活动。

《系辞上传》言："圣人有以见天下之赜，而拟诸其形容，像其物宜，是故谓之象。圣人有以见天下之动，而观其会通，以行其典礼，系辞焉以断其吉凶，是故谓之爻。"《周易》的成书源自对天地自然万物的观察取象，设神道、制礼仪，《周易》的主要功用就是为了"行其典礼"，故而"中国礼教文明之源不能不归本于《易》"！[①]

由上对《周易》礼乐精神的考察可知，西周初期，中国的先民已经形成了一套朴素的宇宙观，并注重天、地、人三才之间关系的和谐。在《周易》的记载中，在商周时期先民已有自觉利用礼乐形式，向社会广泛地传播思想，以达到社会治理目的的实践案例。通过对天地自然万物的观察取象，《周易》摆脱了宗教的束缚，设神道、制礼仪，通过"行其典礼"的方式，安顿社会关系。在《周易》中，礼、乐文化已显现出协同的态势，而援德入礼的端倪也已经显现。而礼乐的制作和推行主持者都由国家实际的政治领袖担任，统治者的权力不仅仅再"受命于天"，还要依靠"德"性的力量来维持。追求"德"性的力量，以及对先祖的崇拜展现了中国人的人文精神。礼乐传播源于宗教信仰，而成于人文信仰，这也是华夏文明的超越性所在。

（本章作者：王婕 谢清果）

---

① 谢阳举：《〈周易〉本为礼经说》，《华夏文化》1995 年第 3 期。

第九章 缘情制礼：礼乐传播中的情感机制与文化认同

礼乐传播是通过"礼"和"乐"仪式与礼仪来传达儒家乃至中华文化中的核心精神，本质上是一种仪式传播形态。任何仪式，都注重个人情感的抒发以及群体的情感动员。最具代表的礼乐仪式莫过于作为五礼之首的祭祀。祭祀仪式中，庄严有序的礼仪配以庄重肃穆的古乐，能够激发个体情感，从而抒发道德情感，不断提升个人修养；通过情感的渲染与共享，以促进人际情感的互动，从而构建群体认同，涵养家国情怀。祭祀仪式在一代又一代中国人中不断传承，从历时性的维度上，这种情感还能够在不断流逝的时间中传递，从而凝聚民族意识，构建想象的共同体，并且能够创造专属于一代人的集体记忆，并在仪式的传承中不断传承文化基因。

中国以具有悠久历史的传统文化闻名，被誉为礼仪之邦，早在古代中国，社会就已经有了较为完备的礼乐制度。礼和乐是中国古代文明和社会的重要组成部分，是中国古人传播中华文化、书写中华历史的重要媒介，华夏文明也被冠以"礼乐文明"之称。礼乐传播，是通过礼乐这一传播形式进行的传播活动，是一种作为仪式的传播。任何的仪式，都注重个人情感的抒发以及群体的情感动员。

礼乐仪式已经遍及中国古代生活的方方面面，繁杂而多样。《周礼·大宗伯》将礼分为五种：吉礼、凶礼、宾礼、军礼、嘉礼①，其中吉礼居于五礼之首，又被称为祭祀。祭祀作为礼乐传播一种重要的形式，必然如同任何一种仪式传播一般，情感都在其中扮演着重要的角色，正如《礼记·曾子问》谈到的"君子礼以饰情"。②本文从礼乐传播的视角从受众的情感运作机制出发探讨作为仪式的礼乐传播何以展演其功能。

---

① 杨天宇撰：《周礼·十三经译注》，上海：上海古籍出版社，2004年，第275页。
② 杨天宇撰：《礼记·十三经译注》，上海：上海古籍出版社，2004年，第236页。

第一节 制礼作乐：国家仪式的情感调适

儒家礼乐传播思想发轫于周代，周公于成王年间制礼作乐——周礼由此诞生。自此以后，"礼乐"已经超出宗教礼仪的范围，成为治国安邦、稳定社会的重要手段。作为仪式的礼乐传播，其历史甚至早于文字传播。

一、礼乐传播：儒家重要的治国理念

"礼"和"乐"是两种不同形式的表现儒家思想与传承儒家文化的符号表征。

"礼"指在各种场合下举行的各种礼仪，它一方面保留了祭祀社群团体的内部秩序规定的传统，另一方面衍生为各种具体的行为规范和各种人际关系的行为仪节，并逐渐发展为古代天子治国治民的重要根据。随着历史的演进，礼的意涵变得更为丰富。《礼记》中也曾说到"凡人之所以为人者，礼义也"[1]，这说明礼并非仅仅只是简单的日常礼仪，而是区别人与禽兽、文明与野蛮的重要特征；而"礼者何也？即事之治也"[2]则展现礼是自然法则、统治秩序、国家典制的体现，指导人际交往甚至一切社会活动。《礼记》中在多处提到了礼的功用，根据记录的不同含义与功用，大致可以将"礼"定义为工艺技术文明意义的礼、祭祀礼仪意义的礼、生活行为规范意义的礼、习俗庆典意义的礼以及制度意义的礼[3]。由于礼的多重意义，所以便具有教辩同异、通情达理、巩固秩序等功能。[4]

"乐"不仅只是音乐，还包括歌舞、赋诗等艺术形式。《礼记》中有多处对"乐"进行诠释的记载："乐者，音之所由生也，其本在人心之感于物也""乐者，通伦理者也""乐者，德之华也"等等[5]，认为"乐"与人的情感、伦理、道德都存在不可割舍的联系，同时具有表达情感、规范伦理、道德教化的功能。《礼记·乐记》中的"乐"由此也可以概括为两大层面，一是作为兼具节奏与韵律、用来抒发情感的艺术表形式"音乐"；二是用来规范制度、教化人民、和同社会，"与政通、达伦理、连德行"的"礼乐"。

"礼"的举行离不开"乐"，而"乐"则包含在"礼"之中。对古人而言，分

---

① 杨天宇：《礼记·十三经译注》，上海：上海古籍出版社，2004 年，第 812 页。

② 杨天宇：《礼记·十三经译注》，上海：上海古籍出版社，2004 年，第 664 页。

③ 陈来：《古代宗教与伦理——儒家思想的根源》，北京：生活·读书·新知三联书店，1996 年，第 245 页。

④ 聂静：《中国礼乐文化的传承创新与认同建构研究——以 2012—2019 年央视春晚为例》，硕士学位论文，郑州大学，2019 年，第 13 页。

⑤ 杨天宇：《礼记·十三经译注》，上海：上海古籍出版社，2004 年，第 468 页，第 470 页，第 487 页。

而言之，有"礼"有"乐"，合而言之，则"礼"中有"乐"。正如《礼记·乐记》中说道："乐者，天地之和也；礼者，天地之序也。和故百物皆化；序故群物皆别。"①"礼"与"乐"相互协同，才能够形成完备的社会治理体系。

黄星民曾为"礼乐传播"下了一个经典的定义："礼乐传播，指的是中国儒家自觉地利用礼乐这一传播形式向全社会广泛地传播自己的思想观念的传播活动。礼乐传播中的'礼'主要指的是在各种场合下举行的各种礼仪；礼乐传播中的'乐'，不仅只是音乐，还包括诗歌、舞蹈等艺术形式。礼的举行离不开乐，乐是礼的重要组成部分，所以合称'礼乐'。"②这个定义虽然经典，但是在一定程度上限制了礼乐传播的范围，仅仅将其设定为以儒家为主体进行的传播活动。实际上，"礼乐文明"是华夏文明的别称，这意味着中国古代的许多传播活动都可视作"礼乐传播"的有机组成部分。因此，"礼乐传播"的定义可以扩展为华夏民族通过礼乐这一传播形式向全社会乃至全世界传播中华文化中的思想观念的传播活动。

二、礼乐仪式传播

传播学者詹姆斯·W.凯瑞认为："传播的'仪式观'并非只指讯息在空中的扩散，而是指在时间上对一个社会的维系；不是指分享信息的行为，而是共享信仰的表征。"③礼乐传播本质上是一种仪式传播形态。仪式是在特定的时刻和场合由两个或两个人以上集聚在一起，进行富有文化意味的活动，在仪式中参与者能够分享共同的情绪或情感体验。礼乐传播作为一种中国传统的传播观念，不注重传播过程中传者受众之间信息的发送或获取，而比较关注传播在构建并维系一个有秩序的文化世界和有意义的社会共同体所具备的特殊价值，这正是作为仪式的传播观念。仪式在中华文化中具有重要的含义和作用，儒家乃至中华文化中核心精神都是通过这样的仪式和礼仪来传达的。④

三、礼乐传播中的情感流动

情感是人类精神生命中的主体力量，它是主体以自身的精神需要和人生价值体现为主要对象的一种自我感受、内心体验、情境评价、移情共鸣和反应选择。⑤情感在人类的生命中占据重要作用。情感活动的内在机制主要包括自我感受、内

---

① 杨天宇：《礼记·十三经译注》，上海：上海古籍出版社，2004年，第476页。

② 黄星民：《礼乐传播初探》，《新闻与传播研究》，2000年第3期。

③ 詹姆斯·W.凯瑞：《作为文化的传播》，丁未译，北京：华夏出版社，2005年，第7页。

④ 谢清果、林凯：《礼乐协同：华夏文明传播的范式及其功能展演》，《新闻与传播评论》，2018年，第6。

⑤ 朱小蔓：《儿童情感发展与教育》，南京：江苏教育出版社，1998年，第14页。

心体验、情境评价、移情共鸣和反应选择。情感不只是单个个体的内在心理,还会在个体之间转移、流动,将不同的个体相互联结,情感在人类社会中同样占据重要的位置,"人类的独特特征之一就是在形成社会纽带和建构复杂社会结构时对情感的依赖"①。中国儒家也认为,只有情感,才是人最基本且关键的存在方式。②传播是人类的日常活动,必然伴随着情感的流动。礼乐传播亦是如此。

传播的划分依据除了传播主体和媒介形态,还可以依据思维方式和心理取向为尺度,分为理性传播和情感传播。所谓情感传播是指传播活动主体采用情感逻辑的结构和指向方式,通过情感主体活动影响受众,以情感为基础和传播媒介力求达到传播活动的目的和需求③。礼乐传播明显带有情感传播的特质,古人将情感附着于礼乐等形式,实现对象之间的互动交流。

"礼"与"乐"作为两种不同形式的符号表征系统,在情感传播中也担任着不同的角色。"礼",缘情而制,《史记·礼书》有云:"观三代损益,乃知缘人情而制礼,依人性而作仪,其所由来尚矣。"④同时,人们也可以通过礼来表现情感,正如《礼记》所云"君子礼以饰情"⑤。当然在行礼中,情感的激发与表现也要遵循一定的度,正如《论语·八佾》所说的"乐而不淫,哀而不伤"⑥。《礼记·檀弓》也以丧礼为例探讨情感的抒发与节制:"丧礼,哀戚之至也。节哀,顺便也。君子念始也者也。"⑦而乐更是人表达情感的一种符号形式,《礼记·乐记》中谈道"凡音者,生人心者也。情动于中,故形于声,声成文,谓之音。"⑧可见,人情也是乐的根源。礼乐协同,在情感表达方面能够达到和谐的境界。礼乐由情入手,在言情的同时担当着情感规范、政治教化的功能,包含了情与理的双重内涵。

第二节　祭祀礼乐传播中的情感运作机制

祭祀,是一种仪式化的礼乐传播形式。在祭祀仪式上,庄严有序的礼仪配以庄重肃穆的古乐,参与者内心"诚敬",怀念祭祀对象的美好德行时,个体的道德

---

① 乔纳森·特纳:《情感社会学》,孙俊才、文军译,上海:上海人民出版社,2007年,第1页。
② 蒙培元:《情感与理性》,中国人民大学出版社,2009年,第3页、第271页、第15页、第19页。
③ 李建军、刘会强、刘娟:《理性与情感传播:对外传播的尺度》,《江西社会科学》2015年第5期。
④ 韩兆琦译注:《史记》,北京:中华书局,2010年,第1850页。
⑤ 杨天宇撰:《礼记·十三经译注》,上海:上海古籍出版社,2004年,第236页。
⑥ 张燕婴译注:《论语(中华经典藏书)》,北京:中华书局,2007年,第35页。
⑦ 杨天宇撰:《礼记·十三经译注》,上海:上海古籍出版社,2004年,第236页。
⑧ 杨天宇撰:《礼记·十三经译注》,上海:上海古籍出版社,2004年,第236页。

情感被唤醒，道德逐渐内化于心，修身进德；同一仪式上，同一族群的多个参与者共享同一种道德情感，产生情感共鸣，个体之间联结增强的同时，对族群的归属感和认同感也增强了；祭祀活动的定期举办，使其转化为一种表征符号，在潜移默化中能够激活一国民众的道德情感，从而实现教化的目的。通过祭祀仪式，情感在祭祀对象、个体、家族成员、国家民众之间流动、迁移，逐渐达成"修身、齐家、治国"的个体升华。

在历时性的维度，随着时间的推移，祭祀仪式的延续、道德情感的传承，华夏民族凝结成一个共同体；同时，祭祀也是一种社会记忆，后人再现祭祀仪式时，文化基因得以传承。时间流动中，共有的仪式依旧能构建共同体，延续中华文化。

一、修身进德：抒发道德情感，提升个人修养

两周时期，立国之初的政局动荡以及政权的快速更迭，周人萌生了深深的忧患意识，深刻地认识到"天威可畏"，在思考如何保持天命以维系政权时，发现天命所系，唯有德者受之，正如《左传·僖公五年》所说"皇天无亲，惟德是辅"①。这一时期，社稷、山川、祖先、神灵等都被道德化，成为具有道德特性的实体，周人认为他们能够"赏善祸淫"。于是，周人便在祭祀之中注入了"德"的观念，将"德"视作连接天地、祖先等神灵的媒介，"鬼神飨德"成为周人祭祀理念的核心。②因此，周人十分注重祭祀主体的德行，他们认为只有敬德、慎德，方能永保天命。春秋后期，孔子继承了周人"重德"的祭祀传统，更加强调祭祀者内心的"诚敬"，儒家主张祭祀"内尽于己"，"尽"的重点就在于祭祀主体内心的诚敬。祭祀开始有了道德践履的功能，儒家的"己立立人、己达达人"的理念亦折射于祭祀仪式。《礼记·祭统》云："身致其诚信，诚信之谓尽，尽之谓敬，敬尽然后可以事神明，此祭之道也。"③

对祭祀参与者而言，个体道德的产生是一个道德内化的过程。道德内化是指道德社会化过程中的主体经过一定方式的学习，将社会道德目标、价值观、道德规范和行为方式等转化为自身内在的道德需要，形成自身确定的道德人格特质和道德行为反应模式的过程。而主体的道德内化，取决于两个方面，一是能不能接受，二是愿不愿接受。其中"能不能"主要受制于主体的认知性因素，而愿不愿

---

① 陈戍国：《左传校注》，长沙：岳麓书社，2006年，第176页。
② 曹建墩：《从"德以事神"至"尽心成德"——两周祭祀观念之嬗变》，《孔子研究》2009年第3期。
③ 杨天宇撰：《礼记·十三经译注》，上海：上海古籍出版社，2004年，第633页。

则受制于主体的情感因素。① 祭祀仪式上，庄重的礼与肃穆的乐就营造了一个利于祭祀主体提升道德修养的情感氛围。

祭祀前通常需要周详的准备：祭前七天要不御、不乐、不吊，进行散斋；祭前三天要清整身心进行致斋。祭礼中，肃穆的古乐、特制的祭器、庄重的仪容，都要合乎礼仪、恭敬谨慎。在这个着重强调"诚"和"敬"的场域中，祭祀参与者能够更加积极地去感怀上天的恩赐、神灵的福泽、先贤的德行。这其中也内含着社会道德要求，比如祭祖体现对先人的孝道、祭天表达对自然的感恩、祭祀后的聚会则体现人们和睦相处等，祭礼中的各种细节还能表达爱心、诚信等多种德性品质修养。在这样的氛围中，社会道德要求，如对"孝"的要求，会逐渐转化为个体的情感意志需要，从而实现个体道德的内化。

此外，"是故君子之于礼也，非作而致其情也，此有由始也"②，君子行礼，不是造作表现虚情，而是由内心怀诚意。"礼器，是故大备；大备，盛德也。礼释回，增美质；措则正，施则行。其在人也，如竹箭之有筠也，如松柏之有心也。二者居天下之大端矣，故贯四时而不改柯易叶。故君子有礼，则外谐而内无怨，故物无不怀仁，鬼神飨德。"③，而先王制礼行礼是为了使人"反本修古"，在沿袭过去的形式祭奠先贤时，人们满怀诚意怀念先贤的美好德行，颂扬缅怀先人的功德，这些德行和功德在某种意义上已经转化为一种人们认可与接受的社会道德，这时人们能够感受到情感经验，能感知到道德内涵中所蕴含的情感、价值因素，才能产生个体内在的道德情感，不断勉励自己秉承并效法先祖懿德，以达到进德修身。

二、齐家治国：涵养家国情怀，构建群体认同

按照周礼，祭祀主要分为两类，其一是民间作为社会礼俗对亲人和祖先的祭祀，其一是王侯贵族官员们作为特权对于天地神灵的祭祀。

（一）齐家：维系族群内部认同感，促进家庭和睦

家庭是人类社会生活的基本组织形式，中国传统社会也高度重视家庭的稳定与和谐，《礼记》认为和谐的家庭关系应该是"父子笃、兄弟睦、夫妇和"。达到这种状态的重要方式就是祭祀。一般来说，家庭内部只能祭祀先祖。通过祭祀，体现父子的慈孝、亲睦兄弟的友爱、沟通夫妇的情感，才能获得先祖的庇佑。

---

① 沈嘉祺：《论情感在道德内化中的运作机制》，《上海师范大学学报》（哲学社会科学·教育版）2002 年第 1 期。

② 杨天宇撰：《礼记·十三经译注》，上海：上海古籍出版社，2004 年，第 296 页。

③ 杨天宇撰：《礼记·十三经译注》，上海：上海古籍出版社，2004 年，第 284 页。

经过儒家的提倡和推行，祭祖在周代以后成为中国日常生活中的一种重要仪式。正如《荀子·礼论》所记："礼有三本：天地者，生之本也；先祖者，类之本也；君师者，治之本也。"① 祭祖的意义除了体现孝道、怀念先祖以外，还能起到维系族群的团结，强化对"家"这一概念的认同。

祭祖仪式通常是在宗庙里进行，仪式参与者通常是整个族群。每一个满怀敬意的主体都能体验到"孝"这种情感，"敬"能够唤醒"孝"这一情感。祭祀仪式中并非只有个体自我内在的情感唤醒，仪式参与主体之间也会发生情感互动。情感学家诺尔曼·丹森认为："情感互动是两个人之间通过相互作用而进行的情感转让，使一个人情不自禁地进入对方的感受和意向性感受状态的过程。情感互动是一个相互作用的过程，它把两个或两个以上的人结合在一个共同和共享的情感体验领域之中。"它有以下特点：（1）共有感或感受的共同性；（2）伙伴感；（3）情感感染；（4）情感同一；（5）共享的情感性。② 从某种意义上说，情感的本质特性是社会性和互动性。人们有"情"才会感，有"感"才会动，情感互动强调情感交流的双向性、互动性、共享性。

在这一弥漫着"孝"的情感场域中，个体之间能够互相体验彼此的情感。从情感心理学的角度，体验是主体把自身当作客体，从而获得关于客体的感性信息的一种认知方式。它是个体在一定的情况下，自觉或不自觉地将自己置于他人的情境中，设身处地地去充当他人角色，感受到他人此时此地的境遇的一种心理过程。这种体验如果完全集中于情感方面，通常被心理学称之为移情。当一个人的情绪、情感引起了一致性反应，且有相当的情绪强度时，便产生了情感共鸣。情感共鸣是移情的最突出最典型的表现。情感共鸣意味着仪式参与者进行了情感的互动，从而加强和巩固了参与者对族群的群体归属感和认同感。

此外，不同族群祭祀的次数、规模、时间、地点都有所不同，以区别远近亲疏的关系，目的是"教民反古复始，不忘其所由生也"。这正契合了费孝通在《乡土中国》中所言的"差序格局"，按照离自己距离的远近来判定亲疏的人际格局："我们的格局好像是把一块石头丢在水面上所发生的一圈圈推出去的波纹。每个人都是他社会影响所推出去的圈子的中心。被圈子的波纹所推及的就发生联系。"③ 这样，在蔓延开的差序格局中，"我们"和"他们"之间就做出了区分，也加强了

①　曹建墩：《从"德以事神"至"尽心成德"——两周祭祀观念之嬗变》，《孔子研究》2009年第3期。

②　诺尔曼·丹森：《情感论》，魏中军、孙安迹译，沈阳：辽宁人民出版社，1989，第203页、第212页。

③　费孝通：《乡土中国》，北京：北京大学出版社，2012年，第29页。

"我们"和"他们"对各自族群的认同和归属感，使家族成员能够齐心协力、和睦相处，也就达到了"齐家"的目的。

（二）治国："治出于一，而礼乐达于天下"

《礼记·祭统》云："夫祭之为物大矣，其兴物备矣。顺以备者也，其教之本与！"[1] 在对天地神灵的祭祀仪式中，不仅要求人君王侯在祭祀中身致诚敬以成就"备"德，更重要的是推己及人、垂德于民，行教化之道。祭礼的教化传播效果主要通过祭祀仪式以及祭奠内容来实现。

在世袭制取代禅让制后，天下父子相传、家国同构，是一种"家天下"的统治模式，家庭是社会的缩影，家庭伦理往往会推进为治国之道，祭祀仪式在内能够彰显对长辈的孝顺，在外能够体现对君长的尊敬。"外则教之以尊其君长，内则教之以孝于其亲。是故明君在上则诸臣服从，崇事宗庙社稷则子孙顺孝"[2]，事亲的"孝"与事君的"忠"相结合，家国成为一体，对父母、祖辈的"亲亲"，也转化为对君长的"尊尊"、对国家的尽忠。

不同的祭奠内容可以达到不同的教化效果。在祖庙行礼，那么孝顺、慈爱就可施行；在五祀行礼，那么法则可以匡正；在郊、社、祖庙、山川等祭祀中，润饰了义而礼又寄托在其中[3]。教化的内容通过传播网络层层渗透，从而起到巩固国家统治、建构社会秩序的作用。

祭礼在持续地定期举行中也逐渐成为一种符号象征。无论民众是否能参与这种仪式，祭祀仪式中所代表的礼乐精神，所体现人君仁义之德，都能够唤起民众的尊崇之情。通过互动仪式激发并传播的公共情感是社会正常运行的润滑剂和黏合剂。正如情感社会学家乔纳森·特纳曾指出的那样："从最根本的意义上来说，国家是由人们指向社会结构和文化的正性情感凝聚而成，如果说存在社会秩序和变革的微观基础，那么就是人们在嵌套于中观和宏观结构之中的互动过程所唤醒的情感。"[4] 最终达到治国的目的，"治出于一，而礼乐达于天下"。

不仅中国，在世界其他地方，如日本天皇继位时的践祚大尝祭赋予天皇神圣属性，从而确定其作为一国之君的地位；弥撒圣祭对于信仰天主教的国家也是起着同样的作用。可见，除了古代中国以外，不少国家的祭祀之礼也承担着"治国"的重任。

---

① 杨天宇撰：《礼记·十三经译注》，上海：上海古籍出版社，2004年，第638页。
② 杨天宇撰：《礼记·十三经译注》，上海：上海古籍出版社，2004年，第638页。
③ 朱康有：《〈礼记〉中的祭礼及其意义》，《中国孔学》2020年第1期。
④ 乔纳森·特纳：《人类情感》，孙俊才、文军译，北京：东方出版社，2009年，第159页。

三、礼运大同：凝聚民族意识，构建想象的共同体

在我国的历史演进中，中华民族能够始终凝聚在一起，华夏文明始终能够得以延续而不中断，其中很重要的原因在于中华民族拥有共同的道德情感。这是华夏民族共有的精神象征。[①]

祭祀作为礼乐仪式与华夏文明的代表，已经成了中华民族的一种表征符号，一方面，它能够以其特有的形式激发受众的情感；另一方面，礼乐蕴含的仁义等是华夏民族主要的基本道德情感，奠定人们相互认同的基础。此外，祭祀仪式不仅可以激发人们对自然的敬意，对祖先的孝道，还能够凝聚民族意识，构建想象的共同体。李泽厚曾表示，孔子或者说儒家的智慧体现在，把人的情感心理消融在人与人的世间关系之中，让宗教的规训力量渗透到世俗伦理和日常心理的综合统一体中，而不必去建立另外的神学信仰大厦。[②]

在中国的礼乐文化中，祭祀之礼是流传时间最长、受众人数最多、影响最为突出的文化形式之一。但是，随着城镇化运动，大陆只有部分传统文化保持得较好的地区仍然有详细完整的祭祀活动，大部分地区的祭祀仪式形式已经简化，而在台澎金马地区则保持了长期的祭祀传统，也保留了一套较为完整的祭礼，如妈祖、观音妈、关公、王爷公、祖师公、上帝公、土地公、太子爷、国姓爷等佛、道教神灵都依照时令节庆祭拜，也有大成至圣先师的祭祀。国外很多华人地区也保留着大量的祭祀传统。

这些流传下来的祭祀仪式对于凝聚中华民族的共同体意识起着重要作用。比如在两岸问题上，民进党倒行逆施，推行"去中国化"运动。在这样的背景下，这些流传下来的祭祀仪式，可以成为维系两岸人民的纽带，可以成为中华民族文化认同的根。妈祖、保生大帝、族谱、祠堂是两岸关系融合发展最好的资源，是台湾属于中国一部分最好的证据，是民进党"去中国化"最难以切割的一部分。

四、源远流长：创造集体记忆，传承文化基因

法国社会学家莫里斯·哈布瓦赫曾在自己的《论集体记忆》中对记忆与社会的关系进行了探讨，他认为社会需要记忆，是因为记忆给予社会的"过去"以历史的魅力，它可以将美好神圣的事物存储在与当下相对的另一个维度里。同时他认为"集体记忆定位于相应的群体思想中"[③]。社会各群体之间所经历的时代不同，所

① 谢清果：《礼乐协同：华夏文明传播的范式及其功能展演》，《新闻与传播评论》2018 年第 6 期。
② 李泽厚：《中国古代思想史论》，北京：人民出版社，1985 年，第 21 页。
③ 莫里斯·哈布瓦斯：《论集体记忆》，毕然、郭金华译，上海：上海人民出版社，2002 年，第15 页。

拥有的群体记忆也不同。

中华文化能够延续至今，在时间流逝中经久不衰，必然有特定的载体能够将过去的经典记忆保留至今。阿斯曼用"文化记忆"延伸了康纳顿"社会记忆"的概念，文化记忆存在于各种文化载体当中，比如博物馆、纪念碑、文化遗迹、歌曲以及公共节日和仪式等。通过这些文化载体，一个民族、一种文化会获得一种"凝聚性结构"。①那么祭祀仪式就是文化记忆的重要载体，它能够通过对过去集体记忆的再现，使参与仪式的主体重温过去、交流情感、感知仪式中所蕴含的价值观。

莫里斯·哈布瓦赫认为："社会更需要营造一个它过去的乌托邦，使人们不只是在记忆中再现他们以前的事件，还要润饰它们、消减它们，或者完善它们。"②在对集体记忆重读的时候，新的集体记忆也在产生，新的集体记忆也是需要润饰建构的。祭祀仪式对社会历史记忆进行重现，怀念先祖并回顾过去的事件和情景，这并不是纯粹的重复故事，而是一种富有深意的延伸。在记忆延伸的过程中，从过去到现在依然共有的情感被唤醒达到历时性共鸣，人们关于过去的记忆片段被重组，与当下的经历结合成新的集体记忆，使得民族历史得以延续、文化得到认同。

此外，在祭祀仪式中，最明显也最容易识别的就是极具文化特色的符号。比如妈祖像，它们极易被参与仪式的主体留存在记忆中，并且通过一代又一代延续下去。而这些符号在仪式中已经被赋予象征意义，能够传达中华文化所特有的情感态度和道德观念，在统一的事件节点对历史场景的再现中，祭祀仪式通过对特有的文化符号的凸显、与历史的紧密相连，具有"复活"旧的集体记忆的力量，同时这个唤醒集体记忆的过程也在重构新的集体记忆，文化基因得以传承。

总之，祭祀之礼经历时间的洗礼，流传至今，在当今这个充斥着现代性的世界中，它不再是社会文化的主流。但是，祭祀作为曾经中华文化的一个重要象征符号，对于我们如何提升文化软实力、在西方的文化冲击中如何自处依然具有重要意义。

返璞与创新：祭祀之礼将走向何处。社会在不断地走向现代化，国家、民族之间的界限也在逐渐消失，世界似乎要融为一体，人们生活中充斥着各种来自西方的所谓"现代化"的概念。面对西方文化的冲击，认同感缺失与主体性危机也

---

① 吴迪：《春晚：属于中国人的集体记忆》，《新闻研究导刊》2014年第1期。
② 莫里斯·哈布瓦斯：《论集体记忆》，毕然、郭金华译，上海：上海人民出版社，2002年，第15页。

逐渐凸显。这个时候，传统文化就是我们汲取养料的来源。

祭祀之礼，作为礼乐文明的代表，作为传统文化的组成部分，虽然依然延续到现在，但是无论在规模还是影响范围上都与过去不能同日而语。那么，如何对待、继承、开展祭祀之礼，才能既不丢失其蕴含的传统文化中的精华，又能适用于现代的中国社会？

因此，必然要对包括祭祀之礼在内的这些古礼进行深入挖掘，找到所能够承担的符合现代人价值取向的功能，然后再依据这些功能进行"创造性转换"，将其发展为能够提供精神慰藉与心灵支撑、凝聚情感、整合社会的新型礼仪，让这些古礼在现代社会焕发出新的光芒。

坚守主体性，提升文化自信。除了古礼与古乐以外，许多新的仪式也呈现出了礼乐传播的特征，承担起礼乐传播的功能，比如每年春节央视播出的春节晚会，利用新的传播媒介仍然可以持续传统的文化习俗与仪式活动。一方面，对于新型"礼乐仪式"，如果它们想要走得更远，就不能仅仅只是一味追求年轻化、萌化，传统文化可以是这些仪式的灵感来源，正如 2020 年春晚一首极具中国美的《晨光曲》——一群穿着旗袍、挥舞着团扇的姑娘带来的一段极具老上海风情的舞蹈，这样一段古香古色的舞蹈大获好评；另一方面，这些仪式本身就承担着凝聚情感、整合社会的职责，而传统文化正是一个民族、社会、国家发展的血脉和根基，呈现中华文明、传播中国文化是这些仪式的应有之义。

习近平总书记曾指出："提升国家文化软实力，关系我国在世界文化格局中的定位，关系我国国际地位和国际影响力，关系'两个一百年'奋斗目标和中华民族伟大复兴的中国梦的实现。"[①] 文化兴则民族兴，加强文化自觉，坚持文化自信，提高国家文化软实力是需要社会各界、各群体、各人共同努力的。优秀传统文化是我国文化软实力的核心力量，是我们每个中华儿女都应重视、坚守、传承的精神文明成果。在这个全球化的时代，在这个不断走向西化的世界里，通过各类礼乐仪式唤醒传统文化，坚守自己的价值主体性，才能不断构筑真正的文化软实力。

（本章作者：朱怡 谢清果）

---

① 习近平：《建设社会主义文化强国 着力提高国家文化软实力》，2014 年 1 月 1 日，http://cpc.people.com.cn/n/2014/0101/c64094—23995307.html，2020 年 9 月 14 日。

第十章　亲亲尊尊：周代丧服制度的符号建构与传播

　　丧服制度作为中国古代社会极具代表性的制度，体现了古代独特的服饰观念和传播智慧。以周代丧服制度为例，从符号传播的视角切入，周代丧服作为一种服饰符号，不再仅停留于基本的概念，而是在制度规定和仪式举行中被建构、赋予并强化种种特殊的主旨和意涵。周人在有限的丧服符号体系中生产出多种表征，借助象征性内容的生成和转换，将特定的立场和观念建构为丧服符号的内涵，实现"分亲疏""别尊卑""表情义"的多重功能，织就社会的文化和经验之网。渗透于丧服符号中的意识形态在传播中被人们接受并内化，达到搭建社会权力关系、强化等级权威、梳理和维护社会秩序的意图。

第一节　丧服制度：周礼之洋洋大观

　　周统治者提倡礼治，礼成为社会生活的准则。在礼的规范下，服饰成为礼的表现物，各种礼服相继产生。《礼记·祭统》曰"礼有五经"，即周时的礼制分为吉礼、凶礼、宾礼、君礼和嘉礼五大类，统称"五礼"，相应地形成了五个系统的礼服，服饰形制逐渐完备起来，为后世历朝历代制定服饰制度奠定了基础。

一、丧服起源与周代丧服制度的形成

　　五礼之中，最为重要的为吉礼，凶礼位居第二。凶礼是哀悯吊唁家国忧患之礼，《周礼》中将凶礼分解为丧、荒、吊、襘、恤五个方面，"以丧礼哀死亡，以荒礼哀凶札，以吊礼哀祸灾，以襘礼哀围败，以恤礼哀寇乱"（《周礼·春官·大宗伯》）。其中，涉及宗族血统的丧礼所占凶礼的比重最大，因此习惯上"丧礼"是"凶礼"的代名词。丧礼主要包括丧、葬、祭三大部分内容，"'丧'是规定死者亲

属在丧期内的行为规范，'葬'是规定死者的应享待遇，'祭'是规定丧期内活人与死者之间联系的中介仪式。三者之中，'丧'是丧礼的核心内容"[①]。居丧时所穿的礼服称为丧服，即作为死者亲属的活人在丧礼中和丧期内为祭奠死者而穿的服饰，用于表达哀悼追念之情和表现"丧"的行为规范。

丧服最早起源于氏族社会的丧葬习俗，丁鼎先生在其《〈仪礼·丧服〉考论》一书中有详尽的考证。"根据人类学、民族学、民俗学和历史学的研究成果，可知作为丧葬习俗的一部分，为死去的亲人穿着丧服的习俗早在氏族社会时期就已经出现了……中国古代可能也在氏族社会时期即已出现了萌芽状态的丧服习俗。当然，那时的丧服习俗可能还仅仅处于原始雏形状态。"[②]在原始社会的丧服习俗中，还未出现统一的服制，丧服仅用于表现对同氏族亲属死亡的哀悼悲痛之情。随着父系社会和阶级社会的产生，在家族中出现了以父为主导的家族伦理关系，在政治上出现了以君为主导的政治伦理关系[③]。在这样的背景下，早期朴素的丧服习俗逐渐发展为这种关系的承载物，并渐成一种制度。至周代时，随着礼制和宗法等级制度的确立和完善，为了表现"亲亲""长长""尊尊"之意，丧服习俗立为定制，形成一套相对完整的丧服制度[④]。正如宋代著名理学家朱熹所述："夏、商而上大概只是亲亲、长长之意，到得周来，则又添得许多贵贵的礼教……上世想皆简略，到得周公搜剔出来，立为定制。更不可易。"[⑤]

丁鼎先生认为，丧服制度并非周人凭空创造出来的，它的产生、形成以至确立应是一个历史的过程。根据他的推测和论述，丧服制度约成于西周初年周公"制作礼乐"之后，而"《仪礼·丧服》的编订成书即是周代丧服制度最终确立的标志"[⑥]。周人在原始丧服习俗上注入"尊尊""贵贵"等内涵，经长期损益，至春秋末期基本形成比较周密的丧服制度，孔子及其弟子则将该制度编定为《仪礼·丧服》。《礼记》诸篇中有关丧服制度的记载基本是依据《仪礼·丧服》经传以及后学所做出的阐释性内容[⑦]。

① 丁凌华：《中国丧服制度史》，上海：上海人民出版社，2000年，第2页。
② 丁鼎：《〈仪礼·丧服〉考论》，北京：社会科学文献出版社，2003年，第10—12页。
③ 刘兵飞：《〈礼记〉丧服制度研究》，硕士学位论文，吉林大学，2014年，第5页。
④ 李岩：《〈仪礼·丧服〉所见的周代丧服制度》，《古籍整理研究学刊》2017年第3期。
⑤ 丁鼎：《试论中国古代丧服制度的形成与确定》，《社会科学战线》2002年第1期，转引自胡培翚：《仪礼正义》卷二十一《丧服》一，南京：江苏古籍出版社，1993年，第1341页。
⑥ 丁鼎：《〈仪礼·丧服〉考论》，北京：社会科学文献出版社，2003年，第19—20页。
⑦ 丁鼎：《〈仪礼·丧服〉考论》，北京：社会科学文献出版社，2003年，第289—290页。

二、丧服制度和古代服饰符号的研究

周代丧服制度的主要内容是根据血缘关系的亲疏远近及身份尊卑之不同，规定了在丧礼中服丧主体为服丧对象所穿着的服饰规格式样以及服丧期限，并以此将丧服分为五等，进而形成一套严密的以斩衰、齐衰、大功、小功、缌麻五大类丧服为基础的"五服之制"，后世历代基本沿用这一制度安排①。涉及丧服制度的重要研究成果都围绕五服制度加以详述、考辨或理论阐发，一些研究者还探讨了丧服制度与社会结构、法律制度之间的关系。尽管这些研究是从历史学、文化学、社会学等不同的学科视角出发进行考察，但都表达了一个共识，即丧服在制度安排中早已超越了自身的实用功能，成为一种礼仪、一种标志，进而成为一种制度的体现。

丁鼎先生在其关于先秦丧服制度的著作《〈仪礼·丧服〉考论》一书中提到，丧服制度与周代所创立和推行的宗法制相辅相成、互为表里，是周代宗法制度在丧礼服饰上的体现。这套仪制的精神在于强调宗法制度所蕴含的"亲亲""尊尊"的伦理秩序和道德架构，体现宗族亲属的层级亲疏关系和社会的政治等级制度。周飞舟的《从丧服制度看中国社会结构的基本原则》和杨辉的《中国丧服服叙制度研究》也表述了相似的观点，认为周代丧服制度同时包含了亲疏血缘关系和尊卑等级关系的"立体结构"，将儒家礼文化中的"三纲五伦"一以贯之，体现了儒家思想"明人伦"的根本，是维持阶级社会稳定与发展的重要因素。具体而言，"三纲"是构成丧服制度的基本原则，并用来安排五伦关系。通过对"人伦"关系的规范性安排，丧服制度贯穿着符合统治阶级利益的道德准则和政治观念，以教化天下，维护等级秩序的神圣性和合理性。丁凌华先生在其著作《中国丧服制度史》中强调，丧服制度是中国古代等级制度的一个缩影，也是中国古代特有的极具代表性的社会制度之一，在中国传统社会思想中具有至关重要的核心地位。

而丧服制度所具有的这种外显性特质、社会性功能乃至代表性地位，正是丧服被不断符号化建构和传播的结果。郭沫若先生曾言："衣裳是文化的表征，衣裳是思想的形象。"服饰不仅是一种具有实用功能的物质存在，随着社会发展，服饰的社会属性越来越充分，成为一种承载社会文化和思想的符号。目前已有很多研究对古代各类服饰符号进行考察，探讨古代服饰符号的文化意涵和社会功能。这类研究在立足于中国古代传统思想和文化的基础上，主要运用两位西方学者的符号学理论展开分析，分别是索绪尔和罗兰·巴特。

索绪尔提出了符号"能指"和"所指"的二元关系理论。就符号而言，"能指"

---

① 丁鼎：《〈仪礼·丧服〉考论》，北京：社会科学文献出版社，2003 年，第 2 页。

即为符号形式、符号的形体，"所指"也称为意指，即为符号内容，也就是符号所指代或表述的对象事物的概念或意义[①]。为描述意义的形成过程，即意指过程，罗兰·巴特在索绪尔和叶姆斯列夫的符号理论基础上提出了符号的二级意指系统，强调符号所具有的两种意义，即外延意义和内涵意义。在巴特的二级意指系统中，能指没有因找到了所指而停止了意指活动，而是与所指一起向一个更大、更新的符号的构成因素——能指转化，使第二性符号系统能从语言结构以外的社会文化背景中得到新的意义[②]。具体而言，作为形式的能指和作为概念的所指结合形成一个完整的符号，三者构成符号的一级系统。巴特将一级系统中的符号称为意义，将第一层系统称为"直接意指"或"外延"，这是语言学层面上的符号体系。第一级系统中的符号作为能指进入二级系统，形成表达层面，这个新的能指与二级系统中新的所指结合起来，构成第二级系统中的符号，巴特称之为"意指"，此第二层系统又称为"含蓄意指"或"内涵"，充满了文化象征意义和意识形态性[③]。由此可见，外延是表面意义，是显而易见的字面含义，而内涵不仅使用了第一层表意规则，还加上了二次符号化的所指意义，是隐而不彰的附加含义，是从渗透于符号系统中的文化意义发散出来的。由于文化意义如此深入地渗透于内涵意义中，因而巴特认为内涵有意识形态的意味[④]。他指出一定历史阶段的社会文化现象如叙事文学、服饰等都是通过以语言系统为基础的二级符号系统，将强势话语制造者的意识形态经过改造表现为自然的因果关系传播给大众，对此系统的符号学分析，揭开了意识形态机制的隐匿化过程，也为视觉传播奠定了文化解读的理论基础[⑤]。巴特将符号学理论运用到服饰方面，在其著作《流行体系——符号学与服饰符码》中指出服饰本身就可看作一种符号，由符征和符旨两部分组成。符征是服饰符号的表达层面，指服饰的款式、面料和装饰等最基础的元素，符旨是内容层面，表达的是服饰的意识形态、价值取向等，强调从服饰的社会功能出发所具有的深刻含义，包括社会、心理和文化特征三个层面[⑥]。从他的理论和相关研究中不难看出，真实服饰符号是一种含蓄的符号，服饰的意指系统是探究服饰符号所代表意义的重要组成部分，对服饰符号的解读，不能只停留在直接意指层面，还要深入到含

---

① 郭庆光：《传播学教程》，北京：中国人民大学出版社，2011年，第35页。

② 李华，刘立华：《罗兰·巴特符号学视角下的符号意指过程研究》，《山东教育学院学报》2010年第2期。

③ 罗兰·巴特：《符号学原理》，王东亮等译，北京：生活·读书·新知三联书店，1990年，第84页。

④ 段鹏：《传播学基础》，北京，中国传媒大学出版社，2013年，第167页。

⑤ 张静：《论罗兰·巴特符号学与视觉传播理论》，《人文杂志》2013年第9期。

⑥ 罗兰·巴特：《流行体系——符号学与服饰符码》，敖军译，上海：上海人民出版社，2000年，第3页。

蓄的内涵层面，它是"意识形态的蛛丝马迹"①。

尽管目前还缺少以符号学视角考察丧服的研究，但丁凌华先生关于丧服制度的表述指出了丧服服饰具有的含蓄符号性及其意指系统。他提到丧服制度具体可分解为服饰制度、服叙制度与守丧制度，其中"服饰制度是亲属关系等级的外在符号标志，也是丧服制度命名之发轫；服叙制度是亲属关系的内在等级序列，也是丧服制度的主干部分"②。他的论述表明，丧服制度是以丧服服饰为外在符号、亲疏关系等级序列为内在逻辑意涵所架构的。结合上述符号学理论来看，丧服制度虽然本是人们面对亲属死亡时的服制，但通过赋予附加的内涵和意义使其符号化，丧服由生者为祭奠死者所穿着的服饰这一基本概念或表面意义，深入到表征血缘关系、等级地位等含蓄意义，成为承载道德准则、伦理秩序和政治意识形态的二级意指符号系统。在这种语境下，基于亲疏血缘关系和尊卑等级地位的丧服制度就是一套较为周密的符号体系，包含由丧服样式、材质、配饰等符征及其所表征的伦理关系、等级地位等含蓄意指。而统治者正是通过对丧服符号的生产、建构和传播，达到礼仪教化、梳理社会秩序和维护权力统治的目的。

总的来看，周代已形成一套严密的以亲疏血缘关系为核心逻辑的丧服制度，具有高度结构化和符号化的特点。关于古代服饰符号的研究也表明古代服饰具有明显的符号性，能够表征当时的社会观念和制度。然而，目前国内仍缺少相关研究对丧服制度的符号性进行探析，存在一定的研究空缺。基于这样的背景，本研究尝试采用传播符号学的视角切入分析周代的丧服制度，探究周代丧服制度中的符号运用和传播。

第二节　周代丧服制度的符号建构与传播

清代雷鐏、雷学淇父子的《古经服纬》一书曾开宗明义地表明服饰制度在古代礼制中的重要地位，"礼别尊卑、严内外、别亲疏，莫详于服。而僭妄者，亦于是兆端焉。故古经之义，服为尤重"③，丧服制度尤是如此。由于涉及宗法血缘关系和政治等级两大范畴，丧服作为分亲疏、别尊卑、表情义的符号标志尤其具有代表性，在符号的建构和传播中有着深刻的政治、文化功能与意涵。

---

① 张晓琳：《罗兰·巴特符号视阈下的服饰符号研究》，硕士学位论文，黑龙江大学，2016年，第34页。

② 丁凌华：《中国丧服制度史》，上海：上海人民出版社，2000年，第3页。

③ 丁凌华：《中国丧服制度史》，上海：上海人民出版社，2000年，第9页。

一、分亲疏：丧服作为分辨血缘关系亲疏的符号

丧服作为亲疏关系等级的外在符号标志，最核心的特性和功用就是表征宗法血缘关系的亲疏远近。丧服配饰、质料等组合形成丧服等级，不同的丧服等级呈现出不同的符号形象，传递的是不同程度的血缘关系，不同等级的丧服作为互相排斥的类项聚合构成完整的丧服符号系统，以此勾连出宗亲集团内部层级的血缘关系网络，形成描述亲属关系的基本结构。

《礼记·学记》云："五服弗得不亲。"孔疏："五服：斩衰也，齐衰也，大功也，小功也，缌麻也。"周代丧服划分为斩衰服、齐衰服、大功服、小功服、缌麻服五大等级，由重至轻分别对应不同的服丧关系和服丧期限，表征与死者血缘关系的亲疏远近，架构起和费孝通先生所描述的"水波纹"差序格局极其相似的亲疏圈层结构。丧服符号系统在这一层面的意指关系是以己为核心，与服丧对象血缘关系愈近，所服丧服等级愈隆重，随着亲属关系的疏远，愈往外，己身为服丧对象所服丧服愈轻。这种因亲属关系渐次渐疏，丧服等级亦由重减轻的次序是周代丧服符号体系最基本的意指结构，借此，整个符号系统表达了规约宗亲集团内部血缘关系的内涵，其中所贯穿的结构性原则叫作"亲亲"。

《礼记·大传》曰："服术有六，一曰亲亲，二曰尊尊，三曰名，四曰出入，五曰长幼，六曰从服。"《礼记》中所说的"服术"，就是丧服制度的六个原则，其中"亲亲"最为核心。何为亲亲？"亲亲"就是"亲其所亲"[1]，反映的是人们之间天然的血缘亲属关系，这种血缘亲属关系是连接人们社会关系的最原始、最根本的纽带，是社会的基础[2]。《礼记·丧服小记》云："亲亲以三为五，以五为九，上杀，下杀，旁杀而亲毕矣。"对此，金景芳先生解释道："所谓'以三为五，以五为九'是指直系亲属关系，以己为起点，上亲父，下亲子，合起来为三；由父而上亲祖父，由子而下亲孙，合起来共为五；由祖而上亲曾祖、高祖，由孙而下亲曾孙、玄孙，合而为九；'旁杀'是就旁系亲属而言，包括昆弟、从父昆弟、从祖昆弟、族昆弟，'杀'是递减的意思，'上杀，下杀，旁杀'是指由己为中心，直系、旁系的亲属关系依次递疏，丧服依次递轻。"[3]

"亲亲"渗透到丧服符号系统中，成为丧服符号意指的生成性规则，界定和限制丧服等级与宗族亲属关系的对应关系，使整个丧服符号系统以象征化的方式描述了一个严密的血缘关系亲疏序列。丧服在意指过程中被赋予了一定的意义而成为一种服饰符号，代表着服丧主体和服丧对象的关系及亲密程度，体现了周代社

①　金景芳：《中国奴隶社会史》，上海：上海人民出版社，1983年，第151页。
②　丁鼎：《试论中国古代丧服制度的形成与确定》，《社会科学战线》2002年第1期。
③　金景芳：《中国奴隶社会史》，上海，上海人民出版社，1983年，第151页。

会重血缘、重关系、强调血缘亲疏次序的文化意涵。

在"亲亲"原则的"管理"下，周代丧服符号具有独立的意指结构、完整的意指系统和特定的意指作用，实现了规定和规范血缘关系的社会功能。从意指结构和系统来看，丧服等级是初级符号元素包括配饰、质料、丧期等按照一定的组合规则组合而成的结果，是丧服服饰的符征。针对符征，巴特提出了一个重要名词即意指母体，它由三种要素决定，分别是对象物、支撑物和变项①。丧服等级就类似于这个意指母体，丧服的主服是对象物，丧服的各种配饰如头绳、腰带等为支撑物，丧服的质料、剪裁、长短及服服时间等变量为变项，三者组合形成丧服等级这个完整的符号单元，通过服丧关系的限定，形成丧服符号的二级意指系统，实现内涵层面的意指作用，指向周代亲疏分明的血缘关系网及其隐含的重亲缘的社会文化心理。

周代丧服符号系统十分繁复，通过不同符号元素的组合和限定，五大等级的丧服之下又各自细分出不同的丧服等级，表征着更多含蓄的内涵。从外观上看，"丧服是从头到脚的全身包装"②，除了作为主服的上衣下裳，还包括冠、带、屦、杖等配饰作为支撑物，与主服一同构成完整的丧服符号单元。在周人的服饰观念里，凶服原料崇尚粗恶，凶服色彩崇尚原始，所以五大等级丧服的衣裳均为麻布制，无纹饰，且不染色，保留麻的原始素色，作为表达负面情感色彩的符号元素，与吉服相区别。"为人子者，父母存，冠衣不纯素"（《礼记·曲礼上》），素色作为一种受贬色彩与负面意象的对应是中国古代丧文化的标志，称为"本色丧文化"③。这种符号化连接刻印在人们的思想观念中，与西方黑色丧文化有别。在周代整个丧服服饰符号系统中，配饰以不同质料、制法到组合原则的详细规定承担起划分和指示轻重等级的符号功能，展现出周代符号意指系统的细致性和复杂性。

具体而言，斩衰服是等级最高的丧服，对应的亲属服丧关系为父子（包括子为父、父为长子、继子为同宗继父）和父女（包括未嫁之女为父、以嫁之女被休为父），丧期为三年。《礼记·丧服四制》中"其恩厚者其服重，故为父斩衰三年，以恩制者也"就讲述了为父服最重的斩衰服。从形制即初级的符号元素构成来看，斩衰服"衰裳"以有苴的麻布为布料，也即是最粗的麻布制成，上身丧服称为"衰"，下身丧服称为"裳"。斩衰服的"斩"指丧服的边侧不缉边，即边缘不缝

① 详见罗兰·巴特：《流行体系——符号学与服饰符号》，傲军译，上海：上海人民出版社，2000年，第71页。

② 丁凌华：《中国丧服制度史》，上海：上海人民出版社，2000年，第10页。

③ 丁凌华：《中国丧服制度史》，上海：上海人民出版社，2000年，第17页。

边，而齐衰以下的丧服是缉边的，这是斩衰服区别于齐衰以下丧服的主要特点①。斩衰的配饰包括苴绖、杖、绞带、冠绳缨、菅屦。苴绖即是以苴麻制作而成。"绖"有首绖和腰绖之分，系于额部的麻带为首绖，系在腰上的麻带为腰绖。"绞带"也是束于腰间的麻带。"杖"即手持的哭丧棒，由竹子制成。"冠绳缨"指用麻绳制成的丧冠。菅屦是草鞋。斩衰首绖与其余四等丧服的首绖从质料、形式到制法上都存在区别。斩衰首绖同衰裳一样以苴麻即带子的麻布为原材料，而齐衰及以下则为牡麻和澡麻。就径围粗细而言，斩衰首绖周长为 9 寸，在其等级之下首绖周长依次递减五分之一。转衰首绖的制法是以麻梢压麻根垂左耳处，为"下本在左"（《仪礼·士丧礼》），其下四等则是麻根压麻梢垂右耳处。斩衰腰绖相较于首绖要细五分之一围长，其他等级丧服亦是如此，因此在五大等级丧服符号中，上一等级丧服的腰绖径围与下一等级丧服的首绖相同。斩衰绞带也以质料和制法显示等级之重。斩衰绞带由散麻绞合而成的多股细股编而成绳为之，故又称绳带，等级次之的齐衰则直接以麻布为带，称为布带，而齐衰以下的三等丧服布带则以质料的升数依次递增来表征等差②。由此可见，"绖""带"这些配饰的符号意义不仅在于区隔丧服等级，更通过这层所指关系为统治者宣传渐次的级差观念。

齐衰服是仅次于斩衰的丧服，因边缘整齐，有别于斩衰的毛边，故名齐衰。根据服丧期的不同，齐衰分为四个等级，分别是齐衰三年、齐衰杖期、齐衰不杖期和齐衰三月。齐衰三年的服丧期为三年，对应的服丧关系包括子女为母和母为长子，具体来讲是子、未嫁之女、已嫁复归之女为生母、为继母如母者、为慈母如母者，且为母服齐衰三年必须满足父已先卒的条件，为慈母服齐衰三年服则必须是接受了父的命令，这里就意指周代浓厚的男尊女卑观念。齐衰三年服的构成与斩衰服类似，包括衣裳、绖、冠布缨、削杖、布带、疏屦，但这每个初级符号元素都在质料、制法等细节之处与上下等级区分开来。具体来看，齐衰三年的衣裳是以牡麻为质料，丧冠"布缨"和"布带"是用麻布制成，区别于斩衰的麻绳，丧鞋为疏屦，由草茎编织而成。齐衰削杖是由桐木制成，取桐木音"同"，表达为母哀痛之情与为父相同。

服丧期为一年的齐衰期服根据是否有杖分为齐衰杖期与齐衰不杖期。"杖"就是哭丧棒，用于辅助在服丧过程中过度悲痛的服丧主体，由于齐衰杖期以下的丧服并未配有杖，且未成年男女不可服杖，因此杖成为表示服丧主体身份贵贱的重要符号。秦汉之后，杖更成为主丧者的特权，"丧无二主，则无二杖"③，杖这一符

① 丁凌华：《中国丧服制度史》，上海：上海人民出版社，2000 年，第 17 页。
② 丁凌华：《中国丧服制度史》，上海：上海人民出版社，2000 年，第 34—38 页。
③ 丁凌华：《中国丧服制度史》，上海：上海人民出版社，2000 年，第 60 页。

号所表征的身份等级观念更加强化。齐衰杖期与齐衰三年的组成部分基本一致，对应的服丧关系也基本相同，主要是子、未嫁之女、已嫁复归之女为母、为改嫁继母，区别在于对服丧对象的限制条件，为母服齐衰杖期的前提是父尚在世或母被休出。齐衰不杖期对应的服丧关系比较复杂，就直系而言，主要是向上为祖父母，向下为长子以外的众子、为未出嫁的女儿、为嫡孙，以及已嫁之女为父母，就旁系而言，主要是为昆弟姊妹（未出嫁的在室姐妹）、为世叔父母（即父亲的亲兄弟及其妻子）、为姑（未嫁）、为昆弟之子女（女为未嫁）。齐衰不杖期与齐衰杖期丧鞋的质料也不同，齐衰杖期用草鞋，而齐衰不杖期用麻鞋即麻屦，除此之外，其余部分基本一致。齐衰服中等级最低的为齐衰三月，服丧期最短，只有三个月，对应的服丧关系是为曾祖父母、为高祖父母（曾祖父母的父母）。齐衰三月的组成部分与齐衰不杖期基本一致，只是初级符号元素中的丧鞋质料不同，即用麻布制作的麻屦改为用细麻绳变成的绳屦。

齐衰等级之下是大功服。周代大功服按照服丧对象是否成年分为两个等级，为12—19岁的未成年死者所服的殇大功服和为成年死者所服的成人大功服。"殇"的年龄段是19岁以下至满三月起了名字的婴儿，具体按年龄分为长殇（16—19岁）、中殇（12—15岁）、下殇（8—11岁）、无服之殇（三个月至7岁）[1]。根据服丧对象的年龄，殇大功服又分为为长殇所服的殇大功九月服和为中殇所服的是殇大功七月服。殇大功服对应的服丧关系基本与齐衰不杖期一致，包括为昆弟姊妹、为世叔父母、为姑、为昆弟之子女、为嫡孙，区别在于这些服丧对象是长殇和中殇。两种殇大功服的形制均为布衰裳、牡麻绖、冠布缨、布带、绳屦，区别在于殇大功九月服的绖上有缨，而七月服绖无缨。成人大功服的丧期为九月，组成部分与殇大功服相同，对应的服丧关系包括为已嫁的女儿，已嫁的姊妹与昆弟，已嫁之姑与侄，为已嫁的昆弟之女，为从父昆弟姊妹（即堂兄弟堂姊妹，姊妹必须为未出嫁者），为庶孙、为孙女（未出嫁）。显然，成人大功服的服丧关系中部分与齐衰不杖期一致，但等级却有所降低，这体现了周代丧服制度的又一制服原则"出入"。"出入"是指服丧对象是否出嫁为其所服丧服等级不同，出嫁相对于未出嫁的丧服等级要低，女子出嫁后随从夫家宗族，因此原有宗族便要对其降低礼数[2]。这一原则体现了周代女性所处的附属地位，也说明了女子出嫁后与原宗族血缘关系的减轻，这正是丧服符号二级意指系统中渗透着阶级意识形态的文化意义。

小功服在五服中位于第四等，根据服丧对象是否成年分为殇小功服和成人小

① 李岩：《周代服饰制度研究》，博士学位论文，吉林大学，2010年，第143页。

② 李岩：《周代服饰制度研究》，博士学位论文，吉林大学，2010年，第145页。

功服。殇小功服对应的服丧关系本应是齐衰大功之亲，因服丧对象为殇，故降为小功，但等级在成人小功之上。殇小功服对应的服丧关系包括为昆弟姊妹之下殇、为叔父之下殇、为姑之下殇、为嫡孙之下殇，为下殇的昆弟之子女，为从父昆弟之长殇，丧期为五月。因等级较低，殇小功服的丧鞋是吉时所穿之鞋去除装饰物。成人小功服对应的服丧关系在本宗内包括为已嫁的从父姊妹，为孙女，为从祖祖父母（祖父的兄弟及其妻子）、从祖祖姑（祖父的姊妹，未嫁）、从祖父母、从祖姑（未嫁），为从祖昆弟、从祖姊妹（未嫁），为从父昆弟之子女（女为未嫁），昆弟之孙子孙女（素女为未嫁），外亲则包括为外祖父母、为从母（母亲的姊妹），可见血缘关系更加疏远和减淡。

　　缌麻服是五服中最轻的丧服，与大功和小功的分类特点相似，缌麻服分为殇缌麻服和成人缌麻服，丧期为三个月。殇缌麻服对应的服丧关系包括为庶孙之中殇，为从父昆弟、侄之下殇，为从祖父、从祖昆弟之长殇，为从父昆弟之子之长殇，为昆弟之孙之长殇，为从母之长殇。殇缌麻服的服丧关系很多本应是大功小功之亲，由于服丧对象为殇而降服。成人缌麻服对应的服丧关系比较复杂，既有直系而下为曾孙、玄孙，也有旁系向外扩展为族曾祖父母（曾祖的昆弟及其妻子）、族曾祖姑（未嫁者）、族祖父母、族父母、族祖姑（未嫁者）、族姑（未嫁者）、族昆弟姊妹（姊妹为未嫁者），为从祖昆弟之子女（女为未嫁者），为从父昆弟之孙子孙女（孙女为未嫁者），为从父昆弟之女（已嫁），为昆弟之曾孙曾孙女（女为未嫁者），还有外亲包括为从母昆弟、舅、舅之子。至此，由丧服所表征的宗族血缘关系网已划定完边界，在此之外的亲属不再纳入服丧范围。

　　不难看出，周代丧服制度通过五大等级丧服符号系统的构建，由斩衰服开始，由亲至疏步步向外，每推一层则降一等，到第五层缌麻服，推进至最大限度范围的血亲关系，架构和呈现出一个由己向外层层淡化的血缘亲属圈层，体现了周代社会浓厚的血缘关系文化。具体而言，"亲亲，父母为首"（《礼记·正义》），以与父母的血缘关系最为亲近，相应地为父母服等级最重的斩衰、齐衰三年和齐衰杖期，这是血缘亲疏圈层的第一序列。其中，子为父、父为长子服最重的斩衰服足以显示父子之间的血缘关系最亲近，强调父子关系位于宗族血缘的中心地位，这个意指活动中渗透着父权社会中占统治地位的意识形态。血缘关系的第二序列是以齐衰不杖期和齐衰三年为符号标志的齐衰之亲，包括众子、未嫁之女、昆弟、姊妹（在室或归宗）、祖父母、嫡孙、世叔父母、姑（在室或归宗）、昆弟之子（即侄子）、昆弟之女（在室或归宗）。第三序列是以大功服为符号标志的大功之亲，亲属成员扩大到未出嫁的孙女、庶孙第三代直系以及从父昆弟（即堂兄弟）、未出嫁的从父姊妹（即堂姊妹）、出嫁之姑、出嫁之姊妹等同宗旁系。第四序列为小功之亲，包括从祖祖父母（即祖父的兄弟及妻子）、未出嫁的从祖祖姑（即祖父的亲姊妹）、从祖父母（即父之堂兄弟及妻）、未出嫁的从祖姑（即父之堂姊妹）、从祖昆弟（即父之堂兄弟之子）、未出嫁的从祖姊妹（即父之堂兄弟之女）、出嫁的从父姊妹、从父昆弟之子（堂侄）、未出嫁的从父昆弟之女（堂侄女）、昆弟之孙、未出嫁的昆弟之孙女、出嫁之孙女等更疏远的同宗旁系。最后一级的血缘序列以五服中最轻的缌麻为符号标志，包含的亲属成员最多，亲属关系也最为淡薄，很符合水的波纹往外推的过程中圈纹越推越大，也越推越浅的特点。缌麻之亲除了把四世之内所有的同宗都包括进来，上至曾祖下至玄孙、旁至族昆弟姊妹等同姓同宗的亲属，母亲、妻子的亲属等外亲也大部分都纳入这一层。

综观周代丧服制度中的五种服制，通过将服丧关系这一元素纳入丧服符号，血缘关系被嵌套丧服等级的高低排列为表达层面，以己为中心、血缘关系由己向外如水波纹般从亲至疏一层层淡化的亲属系统成为丧服符号的共同内容层，极具文化意味。这个意指及传播的过程，也是在建构社会现实的过程。当宗族、社会中的个人用丧服符号所表征的方式认识、看待自己和社会关系，并用这种方式对社会生活做出反应，这种符号采纳和传播的过程就带来了宗族成员之间的共同一致性，产生了宗族社会中共同的关系现实，成为家庭生活的基础。

二、别尊卑：丧服作为显示尊卑等级秩序的符号

丁凌华先生曾表示，在中国古代等级制社会中，服饰历来被看作区别尊卑等级的重要标志。明尊卑、别等级、传播等级观念，可以说是古代服饰最重要也最有特点的功能和作用。周代丧服制度不仅以各种亲疏远近的血缘关系为基本架构，尊卑等级、政治观念也被比附编制到丧服符号中，形成了一套具体规范宗亲集团家庭内部等级和君臣政治等级的符号体系。

正如金景芳先生所讲，周礼的内容包括"亲亲"和"尊尊"两个方面，"亲亲"反映这个社会的血缘关系方面，"尊尊"反映这个社会的政治关系，即阶级关系方面，"在亲亲和尊尊中，贯彻着严格的等级制的原则"[1]。周人重视血缘关系，亦重视政治关系，且强调等级秩序在血缘关系中的渗透和改造。《礼记·丧服小记》载："亲亲、尊尊……人道之大者。"郑注云："言服之所以隆杀。"除了"亲亲"原则之外，"尊尊"也是构成丧服制度的一个至关重要的原则。何为"尊尊"？"'尊尊'就是尊其所尊"，强调的是一种尊卑地位和等级关系，等级高者尊低者卑[2]。这一制服原则一方面适用于君臣之间的阶级和政治等级关系领域，另一方面也规范着宗

---

① 金景芳：《中国奴隶社会史》，上海：上海人民出版社，1983年，第151页。
② 金景芳：《中国奴隶社会史》，上海：上海人民出版社，1983年，第151页。

族范围内的亲属关系，表现为丧服制度既表征君臣之间的政治等级秩序，也着重于阶级关系深入到血缘关系领域而形成的家庭政治等级秩序。

这种对宗族内外等级地位的强调被植入丧服符号中作为第二层表意，极具意识形态的意味，丧服的等级与人的尊卑一体化，体现了周代宗法制度对丧服制度的影响。丧服符号在政治层面的意指作用相比血缘关系亲疏层面的表征更加婉转，这一层面的符号表证通过礼制的方式构建社会权力关系，其本质是对血缘关系掩盖下的不平等关系即阶级和性别关系的定义和强化，并让它们看上去自然、普遍、不可避免。就这个意义而言，丧服作为一种政治符号通过尊卑等级关系这种引申意义进行意识形态化的传播，明确着政治社会君臣之间和宗法家族内部的权力分配，强化君臣之间的臣属关系以及父权制下尊卑有别的家庭秩序。

（一）宗亲家族内部

从宗亲家族内部来看，丧服符号运用表证血缘关系亲疏的表意规则，进一步传达"男尊女卑""重嫡轻庶""长幼有序"这三种极具意识形态性的等级观念内涵，构建和强化家族中的政治等级秩序。

"男尊女卑"在周代丧服制度中首先表现为"父尊母卑"。在血缘关系中，父母恩同，但为父所服的丧服等级却要高于为母，而且是否为母服齐衰服还要受到父卒或父在的条件限制，这种服制安排强调的正是二者在家中的不同地位。《礼记·曾子问》曰："天无二日，土无二王，国无二君，家无二尊，以一治之地。故父在，为母齐衰期者，见无二尊也。"在周代宗法体制内"家无二尊"，家族制度以父系社会为基础，以父权为主导，父亲是一家之主，处于家庭中的"至尊"地位，而母亲的地位则显著低于父亲，因此为父亲服最隆重的斩衰三年之服，为母服等级次之的齐衰。"男尊女卑"等级秩序对父权的尊崇延伸到夫妻之间就是对夫权的推崇，丈夫是妻子的"至尊"，因此夫妻所服丧服等级不同。妻子、妾要为夫服等级最高的斩衰三年服，而丈夫为妻子则服低一等的齐衰杖期服。在妻和妾之间也有严格的"妻尊妾卑"等级秩序。可见，宗法家族制中关于地位等级秩序的政治规约内嵌在丧服符号中形成限制意义诠释的生成性规则，透过丧服符号系统的意指活动，强化着男权至上这一意涵。丧服符号对这一意涵的表征还体现在女子出嫁与否与丧服等级紧密相连。这一方面表现为女子作为服丧对象，出嫁之后相比未嫁之前为其所服丧服等级有所降低，即"出入"这一制服原则。宗族中几乎所有女性都受到这一原则的规范和制约。另一方面，女子作为服丧主体，出嫁与未嫁为父所服丧服等级亦不同。女子在未出嫁之前可为父服最隆重的斩衰服，若已出嫁，由于丈夫已是出嫁之女的"至尊"，按照"不贰斩"的原则，为其生父所服的丧服等级需由斩衰三年降至齐衰不杖期。《仪礼·丧服·子夏传》载:"妇人有三从之义,无专用之道,故未嫁从父,既嫁从夫,夫死从子。故父者,子之天也。夫者,妻之天也。"这正体现了丧服符号二级意指系统中关于妇女地位的含蓄意涵,在对身份地位的表征中,丧服符号昭示和强化了在父权和夫权对立统一的基础上周代妇女屈从于男权的卑微地位,她们没有自身的主体性,仅仅是男权社会下的附属物。

"重嫡轻庶"也是丧服符号在家族政治层面的又一重要表征。这一等级观念来自周代宗法制中对嫡长子继承制的强调。周代宗法制严嫡庶之别,嫡长子是率领同宗诸弟祭祀先祖的祭主,嫡嫡相承,属于"百世不迁"的大宗。大宗是始祖的嫡系子孙,而小宗对于大宗则都为庶①。《礼记·大传》云:"别子为祖,继别为宗。继祢者为小宗。有百世不迁之宗,有五世则迁之宗。百世不迁者,别子之后也。宗其继高祖者,五世则迁也。"别子的后代以别子为祖,别子是一宗的正支,实行严格的嫡长子继承制,由别子的嫡长子世代相袭的宗是"百世不迁"的大宗。而别子诸弟是一宗的旁支,是小宗,也实行嫡长子继承制,四代小宗分别是继祢宗子、继祖宗子、继曾祖宗子和继高祖宗子,传至五代之后与别子关系已超出同一高祖范围,因此不再祭祀别子的祖先。由此可见,在周代宗法体制中,嫡长子具有特殊的地位,相应地,嫡长子"正体于上,又乃将所传重也"(《仪礼注疏》)被移植到丧服制度中,成为"传重"②之人,享有特殊的丧服规制。这一意涵在制度安排中透过丧服符号表征出来,具体表现为父亲要为嫡长子由齐衰不杖期加隆为等级最高的斩衰三年之服,且必须满足父亲本人也是长子的条件,若父亲本人是庶子,则不可为其长子服斩衰三年服,与此同时,父亲为庶子则服等级次之的齐衰不杖期。同样,祖父为嫡孙由大功服加隆为齐衰不杖期,而为庶孙则服大功服。显然,同等血缘关系的服丧对象,为"嫡"者要加隆,为"庶"者则等级较轻,以显示嫡庶之间地位等级之差,这种尊崇长子、重父统轻母统的社会文化正是丧服符号所具有的另一种表征。从"男尊女卑"到"重嫡轻庶",父、夫、长子享有最高级别的丧服服制礼遇,显示了他们作为父权社会的核心在宗族中占有的尊贵地位。丧服符号在表征父、夫、长子的至尊地位的同时,也强化了父权对宗族社会的支配,以稳定宗族内部等级秩序。

除了对父权的强调,"重长轻幼"也是丧服符号所表征的重要等级观念。周代

---

① 周飞舟:《差序格局和伦理本位:从丧服制度看中国社会结构的基本原则》,《社会》2015年第1期。

② "重"是一种临时制作的排位,在人死亡后丧祭之用,用来象征亡者的灵魂。这里指嫡长子代表先祖血统一脉相传,承接丧祭及宗庙之重则。

丧服制度中，对于未成年而死者有着特殊的服丧等级与规制。大功服、小功服和缌麻服这三个等级的丧服都依据服丧对象是否成年，分为为未成年人所服的丧服和为成年人所服的殇大功服、殇小功服和殇缌麻服。如大功服就分为殇大功服和成人大功服，殇大功服又根据"殇"的具体年龄分为为"长殇"所服的殇大功九月服和为"中殇"所服的殇大功七月服，殇大功服对应的服丧关系本应是齐衰之亲，但由于死者是未成年而死，故丧服等级降至大功，其余两类丧服也是如此。在相同服丧对象的前提下，未成年人与成年人丧服等级存在差别，正是丧服"长幼"这一原则的体现。"长幼"是指根据服丧对象的年龄而规定不同等级的丧服，"成人者服重，未成年而死者则服轻之殇服"[1]，究其实质，"长幼"是在血缘亲属范围内对长者地位等级的强调，其精神与宗法观念相符合[2]。

（二）政治社会

周代丧服不只面向有血缘关系的宗族亲属，同时也包括有政治关系的君臣。超出了宗族范围，丧服符号亦适用于亲属关系之外的社会和政治领域，意指周代分封制所形成的天子、诸侯、卿大夫、士之间严格的尊卑等级和臣属关系，这种政治身份和关系是周代丧服符号所表征的重要意涵。《礼记·丧服四制》云："门内之治恩掩义，门外之治义断恩。资于事父以事君，而敬同。贵贵尊尊，义之大者也。故为君亦斩衰三年，以义制者也。"诸侯为天子、臣为君的服服原则比附于子为父，要按照侍奉父亲的原则来侍奉君主，无论是在上下封君之间还是在各级封君系统的内部，处于卑微地位的臣总要为至尊之君服与为父相同的斩衰三年服，以示对地位尊贵的君的尊敬，这是"最大的义"[3]。不仅如此，斩衰、齐衰两大等级的丧服符号表示的是一种单向的政治等级关系，即这种政治关系中的服丧服是一种没有反馈的单向的着服行为，如臣为君服斩衰，民为君服齐衰，但却没有君为臣（除君为贵臣外）、君为民的回报行为。

较之于分封体系下的政治身份，施服者与受服者之间的政治关系才是丧服符号意指的核心内涵。为君服丧服，并非为政治等级愈高的君如天子、诸侯而服丧愈重，而是按照政治关系的差序格局展开。这种政治关系并非纯粹以政治身份为标准，也包含了由亲亲生发出来的恩情，这是丧服符号二级意指系统中对"恩义"这一含蓄意涵的表征。如国君之大夫为国君服斩衰三年，为天子则服缌衰七月。

① 丁鼎：《〈仪礼·丧服〉考论》，北京：社会科学文献出版社，2003 年，第 158 页。
② 丁鼎：《〈仪礼·丧服〉考论》，北京：社会科学文献出版社，2003 年，第 193 页。
③ 周飞舟：《差序格局和伦理本位：从丧服制度看中国社会结构的基本原则》，《社会》2015 年第 1 期。

繐衰裳是专为天子而设的丧服，由诸侯的下臣大夫为天子所服，等级在大功以下，这是因大夫受天子恩德轻。由此可见，施服者并非单纯为身份、地位高于自己的人服丧，而是对高于自己且有"恩义"的人服丧，臣为君制服是报答这种恩情，所以关系越密切，恩义越深，丧服越重[①]。这点和宗亲丧服制度类似，只不过宗亲服丧以血缘亲疏，而君臣丧服制度以恩情程度。

　　周代政治等级的尊卑一定程度上决定了所服丧服的等级，更重要的是它超越了宗族间的血缘关系。在周代社会，血缘关系与政治关系"密切地纠缠着"[②]，当二者互为交叉，丧服符号在一定条件下要优先表征至尊原则，宗亲关系要让位于政治关系。《礼记·昏义》载："故曰：'天子之与后，犹父之与母也。'故为天子服斩衰，服父之义也。为后服齐衰，服母之义也。"这里的君臣关系超越了一般的父子关系，臣中可能有君之兄、弟等血缘宗亲，都要为君服斩衰之服。这种超越性还表现在高等级地位的人为低等级地位的亲属的"绝服"和"降服"。《礼记·大传》曰："君有合族之道，族人不得以其戚戚君位也。"汉儒郑玄注曰："君恩可以下施，而族人皆臣也，不得以父兄子弟之亲，自戚于君。"天子诸侯的旁系亲属，首先是作为其臣而存在，不能以亲属关系侵蚀、替代君臣关系[③]。因此，这些旁系亲属要按照臣为君之服为其君服斩衰三年，而天子诸侯对于期服以下的旁系亲属一律无服，即绝服。而卿大夫可以尊降旁亲，即因爵位之尊而对旁亲皆降一等丧服。如一般人应为庶子、世叔父母、昆弟、昆弟之子服齐衰不杖期，而卿大夫为身份为士的庶子、世叔父母、昆弟、昆弟之子所服丧服等级要降至大功服。由此可见，血缘较疏的宗亲关系中，丧服符号要优先表征地位尊卑的等级关系。

　　但这种因爵位而致的"绝"与"降"在丧服体制中并非绝对。丧服符号对社会政治关系的优先表征可以超越一般的旁亲，却不能超越"正尊"和"嫡亲"。天子诸侯可"绝"为旁亲的丧服，但对于嫡亲则不绝不降。大夫虽然尊降旁亲，但却不可降其嫡亲，为其嫡昆弟仍须服齐衰不杖期。这种表意原则之所以不能超越"正尊"和"嫡亲"，并非因为亲，而同样是因为尊。这个尊的意涵为"尊祖敬宗"，嫡子、嫡孙承继先祖之"重"，其尊来源于父祖之尊。在丧服体制中，"爵不敌嫡，正是爵尊不敌父祖之尊的体现"[④]。究其实质，这是两种"尊"在现实中的基本关系

　　① 周飞舟：《差序格局和伦理本位：从丧服制度看中国社会结构的基本原则》，《社会》2015 年第 1 期。

　　② 李岩：《周代服饰制度研究》，博士学位论文，吉林大学，2010 年，第 168 页，

　　③ 周飞舟：《差序格局和伦理本位：从丧服制度看中国社会结构的基本原则》，《社会》2015 年第 1 期。

　　④ 周飞舟：《差序格局和伦理本位：从丧服制度看中国社会结构的基本原则》，《社会》2015 年第 1 期。

在丧服符号意指中作为含蓄意涵的投射，都是对意识形态的强化。

在丧服符号的意指中，很多情况下"尊尊"作为核心内涵优先于"亲亲"。这一方面表现为当家族内部的血缘关系同等时，以尊者的丧服为重，如父母与己的血缘关系同等，但为父服丧等级却高于为母，另一方面表现为在旁系亲属的服丧中，以君臣为代表的政治关系对于血缘关系具有超越性，如天子诸侯绝旁期之丧服，卿大夫尊降旁亲。由此可见，丧服制度的本质是体现父权与君权的至上性，这种意识形态渗透于丧服符号的含蓄意指中，潜移默化地形塑着人们头脑中的信仰，指导着人们的行为，可以说，丧服制度是社会结构性力量的一种符号性表现。这种符号生产和表意遵循的逻辑是通过对特定礼教观念的渗透来维护上层阶级的利益。

三、表情义：丧服作为表达哀痛尊敬之情的符号

唐儒贾公彦在《仪礼·丧服》"疏"中云："死者既丧，生人制服服之者，但貌以表心，服以表貌，……是其孝子丧亲，以衣服表心。但吉服所以表德，凶服所以表哀。"作为生者为祭奠死者所穿着的服饰，丧服符号最直接、最基础的功能就是表情达意。在这个功能下，丧服符号的符旨包含心理和文化特征两个层面的意涵。在心理层面，丧服符号表达和激发服丧之人不同程度的情感，在肯定人情之常的同时，将特定的情感与丧服透过符号联系起来；在文化意义层面，这种情感联结和规范展现出丧服符号所具有的文化意涵，如孝文化与义文化。

所谓"缘情制礼"，礼因情而设，本质在于表达感情，因此按照人情制礼，同时礼制承上天之道用以规范人的情感。但人情有厚薄，所以礼的规定不能以情感厚重的人或情感冷漠的人做标准，而是以人的真实生命感受来制定，即人情之常，或是"发而皆中节"的无过无不及的中节之情。周代丧服制度作为礼制的一部分正是顾及人情而生，其基本原则"亲亲尊尊"本身就是一种基于自然关系的情感原则。而周代丧服的符号化既是对人在各种关系、情境下的普遍性感情的表征，又是将人们自己个别的、具体的情感表达为普遍的、一般性情感即中节之情的制度性安排，具有情感规范的特定文化功能。

与其他礼服相比，丧服均为素色无纹饰，用以表达悲伤哀痛之情。这种意指关系，也使得白色或素色在中国文化中代表悲伤、晦气等消极意象，有贬义之意。丧服符号对情感的表征还体现在布料和做工上。五个等级的丧服服饰都是用粗糙的麻布制成，因此服丧又被称为"披麻戴孝"。虽然都为麻布，但五大等级的丧服用料与做工有较大的区别。所谓"哀有深浅，布有精麤"，在亲亲尊尊的普遍性情感原则下，针对不同的亲尊关系，悲痛的感情有所差别，相应地，丧服以不同

的质料、做工、服期与不同的情感程度相匹配。随着服丧者对死者的感情逐渐变淡的次序，丧服的式样和做工由粗变细、由重变轻，服期亦由长变短。具体而言，丧服等级越重，表达的哀痛之情越深，所用布的精细程度越差即布的升数越少，丧服的做工越粗糙，丧服越轻，用布和做工越精细。如斩衰作为五服中最重的丧服，是子女为父所服之丧，父亲去世，子女当哀痛难忍，因此斩衰用不经过任何加工的最粗的麻料直接制作而成，升数只有三升和三升半两种，极其粗糙。不仅如此，斩衰服中"斩"意为斩断，即衣裳用刀直接斩截而成且不缉边，以表明孝子如斩之痛。除此以外，斩衰的服丧时间也最长。《论语》曾记载了斩衰三年丧期的由来。"子生三年，然后免于父母之怀"（《论语·阳货》），子女在父母逝世后服三年丧期是为了报答父母的养育之恩，子女这一行为是发自内心的自觉行动，他们因父母离世悲痛到食不甘味、卧不安席，所以要通过服丧来表达哀思，获得心灵的安宁。这种解释正体现出丧服符号背后浓厚的孝文化以及通过这种意指活动所实现的教化功能。

齐衰与斩衰一样用没有成为布的麻制作而成，但升数较斩衰高，为四升、五升和六升，且丧鞋用料也更精细，齐衰不杖期的丧鞋是麻鞋，区别于斩衰、齐衰三年和齐衰杖期的草鞋。大功服所用的麻料已开始加以人工，由于锻冶仍相对粗略，故称为大功，但布的升数达到了七升、八升和九升。小功服的衰裳相对于大功服而言做工更加精细，用布的升数增加至十升和十一升；缌麻在五服之中布料和用功最为精细，以澡治之麻制成，升数最高，为十四升半。可见，丧服所用布的升数、制作精细程度和配饰作为支撑物和变量与丧服等级这一意指母体一起构成了丧服情感等级这一所指，表达着施服者对死者离世而产生的哀痛、哀怜、尊敬等不同程度的普遍性情感。

有了丧服这种表征普遍性情感的符号，人们个别的情感表达就会被规范，情感过厚的人被节制，而情感淡薄的人被感发而转厚。如子为改嫁之继母服齐衰服，在这种特殊的、具体的情境中，二者虽没有血缘关系，但通过服丧这一行为和丧服符号所代表的情感意义，感发和表征子对继母的尊敬，体现人之道义和仁爱。又如大夫为旧君服齐衰三月，二者虽不再论君臣关系，但通过服丧来表达原有的君臣之义。正如《荀子·大略》篇所言："仁、爱也，故亲。义、理也，故行。"《礼记·丧服四制》中记载："始死，三日不怠，三月不解。期悲哀，三年忧，恩之杀也。圣人因杀以制节，此丧之所以三年，贤者不得过，不肖者不得不及，此丧之中庸也，王者之所常行也。"三年之丧，使贤德之人不应该过分服丧，不肖之人也不能不守丧三年，形成对人情的一种规范，既不能因为感情的过分宣泄而对自己或者他人造成损害，同时又不能因为过度的放纵破坏既定的礼仪，引起社会的混乱，也就是所谓"礼之不同也，不丰也，不杀也"（《礼记·礼运》）。

"仁者爱人"是儒家文化对人的道德要求，这种道德诉求在周代丧服制度中透过丧服符号的意指活动而得到体现。与血缘、政治层面的表意规则相结合，丧服符号表达的是以己为中心，依据对方与自己关系之亲疏、地位之尊卑而分别对待的有等差的爱。同时，丧服符号以表达普遍性的情感为基本功能，又反过来规范人们具体的情感表达，使情感归于中节。由此可见，丧服符号不仅用以表达人之情义，还对人们的行为进行规范，对人们的心灵具有潜在的塑造作用，社会教化寓于其中。

第三节　周代丧服制度的特征与价值

通过上节对周代丧服制度的符号学解读，我们不难理解丧服制度本身是周礼的有机组成部分，并在丧礼活动中发挥着调节和巩固社会关系的微妙作用。

一、符号生产一元化，传播体制"定于一尊"

"社会政治结构与传播结构存在着共协关系。"自周以降的宗法政治制度形成了家国同构的政治结构，而天子帝王无疑处于权力的巅峰，国家权力"定于一尊"。家国同构的一元性政治结构决定了中国传播体制的一元化格局。这种一元化传播体制表现为，天子帝王是全社会信息的总源和总汇，对社会信息掌握着绝对的制导权。

这种"定于一尊"的特性在周代丧服制度的符号建构和传播中也显露无遗。它突出地表现在，统治者或者说少数的特权阶层作为精神和文化生产的主体，是丧服符号生产和意义建构最权威的主导者和发布者，丧服符号体系及其内含的意义结构取决于统治者的意志，并以统治者为核心由上至下推行"一家之言"，围绕丧服的符号生产和传播一元性明显。丧服符号唯一"合法"的生产权和解释权掌握在统治阶层的手中，统治者钳制着丧服符号的形式内容和共享意义的边界，使得丧服符号的意涵和功能集中于凸显和强化连接社会的亲缘关系和政治关系，意义的建构和灌输较为单一单向且变动较小。统治者通过符号建构的象征化方式，使丧服及服丧行为与其表征的特定的价值观成为一种合法自然的链接，易于传播和控制。正因如此，社会各阶级对符号中所包含特定价值观的接收和解读比较准确，不太会造成人们对意义的误读乃至认知和判断的混乱。这种符号生产和传播体制有利于"统一性"的思想意识形态和政治局面的巩固，使其成为一种自然的秩序和共识，并建立起丧服制度的文化和思想权威。

二、丧服符号意义内在化，实现民德归厚理想

丧服符号的生产传播实践，也是对丧服符号进行意义的赋予、建构、阐释的过程。经由丧服体制对丧服符号的建构以及丧葬仪式和服丧，丧服符号及其被赋予的意涵和外延获得一种合法性和合理性，成为人们头脑中经验、观念和现实的一部分，影响人们的理解、判断和评价，指导人们的行为。

在周代，统治者在赋予丧服符号以伦理等级内涵的同时，将丧服之礼与发自天性的服丧行为紧密联系起来，并规范成一系列具有等级差别的程序，在丧葬礼仪活动中传播和强化尊卑有序、等级差别的观念和宗族亲缘、孝文化等。在服丧期间，丧服自大殓至吉祭分别经历成服、受服、除服三个阶段，使得丧服符号贯穿于人们整个守丧过程。守丧是人们发自天性的行为，并成为周代贵族阶层一种富有实践性的生活规范，不遵循这一礼俗会受到舆论谴责，到唐代，这一行为更上升到法律层面，违礼还会受到法律惩处。丧服符号及其所表征的意涵通过人们的服丧实践，具有较强的社会传播和渗透力。具体而言，成服是大殓即入殓至既葬、三次虞祭再到卒哭祭所穿着的丧服服饰，这一时期共有三月约百日，是守丧时间最主要的阶段[①]，守丧者需服自己所对应的丧服进行这些丧葬的礼仪仪式。受服和除服则是丧服服饰的"变除之节"[②]，即在丧期内以轻服承接重服，至服丧期满之后除去丧服而易为常服。五大等级的丧服自斩衰服到成人小功服皆要在丧期内逐步由重服向轻服递减，且服制越重，等级越高，受服次数亦越多。如斩衰、齐衰三年、齐衰杖期在卒哭祭、小祥祭、大祥祭、禫祭四次祭祀仪式之后进行受服，吉祭之后除服；而齐衰不杖期则在小祥之后就除服；成人大功、成人小功仅在虞、卒哭祭后受服，而缌麻服、繐衰服、殇服则因血缘关系较远、恩情较浅、死者未成年而无受服[③]。丧服服饰这一伴随守丧期间所进行的仪式而对应服服、以轻易重、上下相受的动态的过程，正是丧服符号及其表征的观念文化被传播、接受乃至强化的过程，以服表心、以服传意的同时，也促成了心随服变、礼化人心。周代宗族亲缘和政治社会的关系等级架构以及仁义孝道等礼仪道德观念，在丧服符号的表征和传播中，被人们理解接受，内化到自己的意义框架中，成为一种不言而喻的、无须质疑的主观事实，人们头脑中特定的世界观和价值观得到了描述和强化。

丧服符号对特定规则和观念的强调，有力地塑造着人们对现实的理解，甚至成为他们信仰系统的中心。而这种内化的过程，也是一个社会化的过程，往往形塑着人们在家庭与社会中扮演的角色以及与他人和社会事物的关系。丧服符号所

①　丁凌华：《中国丧服制度史》，上海：上海人民出版社，2000年，第12页。
②　马琳：《〈丧服〉受服制度考述》，《历史教学（下半月刊）》2019年12期。
③　马琳：《〈丧服〉受服制度考述》，《历史教学（下半月刊）》2019年12期。

建构的对自我角色、他人和社会关系的认识，是礼或者说社会道德所期待的，通过内化得以成为人们认识现实的一种典型图式或框架，促使人们朝着符合期待的方向行动，从而形成一定的社会结果即对周代社会秩序的稳定和维护。可以说，丧服符号的生产传播以及人们对其意义的内化，建构了周代共同的"意识形态"和社会现实。当然内化的过程和行为是能动的，人们的自我意识会对丧服符号所表征的意涵进行主动的阐释，并在此基础上决定自己的行为。而丧服体制与丧服符号代表的社会规则作为结构性力量正是通过阐释这一内化的中间环节对人们产生影响。因此儒家强调礼制对个人内在道德的唤醒，使正统建构的价值观与个人内在的意义框架结合，正如《礼记·丧服四制》中所言"有恩有理，有节有权，取之人情也"，只有个人的意义框架与制度的规则内涵相契合，形成和强化认同，丧服符号才能发挥作用，最终实现"民德归厚"的社会理想。

（本章作者：安昱颖 谢清果）

第十一章　以身观礼：礼乐传播的儒家身体观

身体在儒家思想中具有重要意义。《礼记》《论语》等儒家著作大量运用了以身体为基础的论述或隐喻，体现了丰富的身体传播思想。身体，即一种媒介，可以承载、传递信息。身体传播观，即在传播活动中，儒家士人立足于身体媒介，基于对自身和他人的认知、情感、态度、行动展开的信息互动过程。在此视域下，先秦儒家思想中呈现出"明德修身"的内向传播、"以身为媒"的人际传播、"身国一体"的组织传播的思想。

身体在儒家思想中有重要意义。修身是中华传统文化的基本价值取向，[①] 也是儒家思想中"齐家、治国、平天下"的起点与根本，《礼记》《论语》等儒家著作大量运用了以身体为基础的论述或隐喻，体现了丰富的身体传播思想。

身体是一种媒介，可以承载、传递信息，早在麦克卢汉就提出"媒介是人体的延伸"的论断。台湾学者陈明珠提出："身体主体可以说是整个文化社会互动的根基与语言系统运作的负载体，身体不但是与生活世界产生主体间性关系的主体，也同时是处在生活世界中被再现与被观看的客体。"[②] 身体议题正在回归传播学研究的视野。通过身体传播的视角关照中国传统思想时，在谢清果、赵晟的文章中提出了身体交往观，即"在传播活动中，社会化的个体基于对自身和他人身体的认知、情感、意志、行动而展开的整体且系统的交往观念"。[③] 基于此，本文对身体传播观初步定义如下：在传播活动中，儒家士人立足于身体媒介，基于对自身和他人的认知、情感、态度、行动展开的信息互动过程。并在此观念下，探讨先秦儒家思想中的身体传播的具体表现。

---

① 谢清果：《儒家"修身为本"的内向传播意蕴考析》，《吉林师范大学学报（人文社会科学版）》2018 年第 3 期。

② 陈明珠：《身体传播》，台北：台北五南图书，2006 年，第 26 页。

③ 谢清果，赵晟：《身体交往观视域下的老子思想新探》，《文化研究》2018 年第 2 期。

第一节 身体传播观的知识溯源

长期以来，身体在主流传播学中一直被视作传播中要克服的障碍，身体问题也是被主流传播学所忽视的领域。由于移动网络、虚拟现实、人工智能技术的崛起，传播学研究逐渐将身体纳入研究视野。

麦克卢汉从身体出发来研究媒介，开创了身体—媒介、人—技术等问题研究的新路径。他既将媒介技术的维度纳入了身体政治学、社会学的研究视野，又使得"具身性"出现在传播和媒介理论的议题研究之中。①2018 年，是身体问题和传播研究的觉醒和反思之年，进入了一个"发现身体""重返身体传播的世界"的新纪元。②刘海龙基于技术的发展，从未来视角反思了当下的传播研究中身体问题的重要性及如何展开。孙玮则聚焦交流者的身体，在描述传播主体从意识主体、身体—主体、智能主体的演变过程中，呈现并阐释了传播与多种身体形式、多重在场方式的复杂关系。此外，刘婷、张卓通过对麦克卢汉思想的进一步解读，解释了思想中蕴含的身体－媒介 / 技术维度。

陈明珠在 2006 年出版的专著《身体传播：一个女性身体论述的研究实践》中明确提出了"身体传播"这一术语，但未开展实质性的研究。赵建国在其对"身体传播"的研究中进行了进一步阐释，其专著《身体传播》中，赵建国对"身体传播"这一研究领域进行了进一步探讨，而且从身体传播的特征、多种形态的身体传播、身体与传播媒体的关系、身体传播的方式等多方面进行了论述，但对"身体传播"这一术语也没有明确的定义。

随着传播学对身体的日益重视，对中国传统文化中的身体传播思想研究也开始出现。田丰在《礼乐文明的现代转化》中，部分章节涉及了以体态语、礼仪进行身体传播的思想，但未进行深入的阐述。谢清果、赵晟在《身体交往观视域下的老子思想新探》一文中对老子思想蕴含的身体思想进行了系统的论述，以身体交往观出发，认为老子思想中包含涤除玄览的内向传播思想，含德赤子的人际传播思想，爱民治国的组织传播思想以及祭祀不辍的大众传播思想等。

基于对已有文献的梳理，对儒家的身体传播思想研究仍有空白，本文尝试通过对先秦时期的儒家思想典籍进行研究，探讨其中的身体传播观，为儒家身体传播观的后续研究提供参考。

---

① 刘婷，张卓：《身体—媒介 / 技术：麦克卢汉思想被忽视的维度》，《新闻与传播研究》2018 年第 5 期。

② 韩少卿：《新媒介时代的身体景观与身体传播研究》，硕士学位论文，郑州大学，2017 年，第 1 页。

第二节 明德修身：基于身体的儒家内向传播

《礼记》《论语》《孟子》等著作中都提到了修身的概念。《礼记·大学》有云："自天子以至于庶人，皆以修身为本"，[①]《论语·宪问》有言"修己以敬""修己以安人""修己以安百姓"，其中，"修己"即修身。修身可以被视为一种儒家内向传播观念。[②]

实现"明德修身"的过程带有着明显内向传播的色彩。传播学上通常认为内向传播（或称人内传播、内在传播、自我传播）就是指一个人接受外部信息并在人体内部进行信息处理的活动。[③]本章将儒家身体的内向传播观定义为"儒家士人根植于圣人意识（君子意识），基于身体媒介展开的以'慎独'为核心的修身明德，最终实现内圣外王的信息互动过程"。

儒家的"修身"以"礼"为自我调适的标准。[④]从内向传播的发生过程来看，首先是身体感官接收外部信息，这是从身体视角关照内向传播的起点，这些信息，即为感官所接受的礼乐活动的信息。儒家通过礼乐活动来实现修身。《礼记·祭义》有云："君子曰：'礼乐不可斯须去身。'"，[⑤]又云"致乐以治心""致礼以治躬"，其中礼规训人的外在身体即前文所述的形躯结构，乐实现对人内心的教化，通过礼乐活动实现身体的内外兼修。对于修身要实现的目标在《大学》中有更清晰的表述。《礼记·大学》有云："大学之道，在明明德，在亲民，在止于至善"，[⑥]其中"明明德"是修身重要目的。

"礼"作为自我调适的标准需要通过礼乐符号对人之外在身体的规训上体现出来。通过秩序化的符号的加持，引起人身份地位社会角色的变化，从而促使内在的道德情感的改变，进而实现"明明德"。《礼记·冠义》有云："凡人之所以为人者，礼义也。礼义之始，在于正容体，齐颜色，顺辞令。"[⑦]其中，冠礼作为"礼之始"，要求对即将成年人实行"三加冠"，通过充满仪式感的情景、具身性的感受，向成年男子传达不同的教化内容。三次加冠伴随着不同的祝词：

始加，祝曰："令月吉日，始加元服，弃尔幼志，顺耳成德。"再加曰："吉月

---

① 杨天宇：《礼记译注·上》，上海：上海古籍出版社，2004年，第801页。

② 谢清果：《儒家"修身为本"的内向传播意蕴考析》，《吉林师范大学学报（人文社会科学版）》2018年第3期。

③ 郭庆光：《传播学教程》，北京：中国人民大学出版社，2002年，第173页。

④ 谢清果：《儒家"修身为本"的内向传播意蕴考析》，《吉林师范大学学报（人文社会科学版）》2018年第3期。

⑤ 杨天宇：《礼记译注·上》，上海：上海古籍出版社，2004年，第620页。

⑥ 杨天宇：《礼记译注·上》，上海：上海古籍出版社，2004年，第800页。

⑦ 杨天宇：《礼记译注·上》，上海：上海古籍出版社，2004年，第812页。

令辰，乃申尔服，敬尔威仪，淑慎尔德。"三加曰："以岁之正，以月之令，咸加尔服，兄弟具在，以成厥德。"①

三种祝词既包含对男子的祝福，更重要的是对成年男子在德行方面的要求。通过三次加冠、三次"换装"等外在的身体服饰符号的改变教化行礼之人摒弃童心，保持成人的威仪，以成人之德要求自己，约束自己，即"弃尔幼志，顺耳成德"，推进人的社会化过程。

在外在的身体感官接收信息之后，需要通过"心"来对这些信息进行进一步的加工，进而将信息内化，这个过程需要通过"内省"来实现。正如郭店楚简《五行》所云："耳目鼻口手足六者，心之役也。"在这种身心比较上，内在的"心"占据主宰地位，对感官所形成的信息进行把关，也即通过精神世界赋予这些事物以意义。在这个把关的过程中，外在输入的信息要达到"中节""和"的状态。《论语》有云："喜、怒、哀、乐之未发，谓之中。发而皆中节，谓之和。"②也就是说，在情感与行动将发未发之时，使之调和至"发"与"中节"的状态，这个过程中发挥作用"把关人"就是"明德"。从整个过程来看，这种"德"归根结底是身体不断地与外向世界进行互动，经由重复的内向传播习得的，其中，人的主体性、能动性发挥着至关重要的作用。经过这个内向的把关，最终向外界传递的信息达到一种"和""中节"的状态，传递的信息表现在身体的外在就是《大学》所提出的"德润身，心广体胖"。③通过身体舒泰的外在形躯展现内心的"明德"。

从整体来看，身体首先是内向传播展开的"场域"。从内向传播的具体过程来看，最初的信息传入和最终的信息输出都要通过身体的感官、外在躯体来进行表现，中间的处理过程通过"心"来赋予信息以意义，而心是归于身体的。由此可见，特别是在儒家思想中形成了独特的基于身体的内向传播观，如慎独，持敬等。

第三节 以身为媒：基于身体的儒家人际传播

《礼记·大学》有云："古之欲明明德于天下者，先治其国，欲治其国者，先齐其家，欲齐其家者，先修其身，身修而后家齐，家齐而后国治，国治而后天下平"。④修身是这个过程中的起点。修身有向内"求诸己"的过程，通过内向传播实现"明德"，进而塑造人的"德性身体"。但内向传播并不是孤立存在的，是与

---

① 李学勤：《十三经注疏·仪礼注疏上》，北京：北京大学出版社，1999年，第49—50页。
② 杨天宇：《礼记译注．上》，上海：上海古籍出版社，2004年，第691页。
③ 杨天宇：《礼记译注．上》，上海：上海古籍出版社，2004年，第802页。
④ 杨天宇：《礼记译注．上》，上海：上海古籍出版社，2004年，第800页。

外界持续保持沟通下的一个人内在的小传播循环。人通过身体认知外部世界，产生意义与关系，也通过身体表征内部世界，向他人的身体传达意义与关系，这个过程经由人际传播、组织传播等实现。

哈特利强调人际传播的社会化特征，他认为人际传播是一个个体向另一个个体的传播，是面对面的传播，传播的方式与内容反应个体的个性特征而且反映他们的社会角色及其关系。[①] 参考其定义，本文将儒家身体的人际传播观定义为：社会化的个体基于身体，以维系人际关系——五伦为实际功用的，以"和为贵"为目的的信息传播过程。

儒家文化是一种礼乐文化，礼乐文化的思想核心就是"和合""和为贵"，强调和谐人际关系的构建。因此，礼乐文化注重人际关系中的道德准则——"五伦"，即"父子有亲，君臣有义，夫妇有别，长幼有序，朋友有信"，[②] 五伦是针对不同的社会角色规定的人与人的相处之道。其中父子关系、君臣关系中有着丰富的身体思想。

一、棣棣威仪：君臣关系中的身体呈现

威仪观是儒家思想史上最早的身体观，是"礼乐文化共同体下的身体展现规范"。早期儒家道德修养诉诸诗书礼乐的教化实践工夫，通过礼乐修习来陶冶性情，变化气质，教化的最终成果则体现为某种身体气象，也就是威仪。[③]

对于威仪的解释，《左转·襄公》有记载："有威而可畏谓之威，有仪而可象谓之仪。君有君之威仪，其臣畏而爱之，则而象之，故能有其国家，令闻长世。臣有臣之威仪，其下畏而爱之，故能守其官职，保族宜家。顺是以下皆如是，是以上下能相固也。《卫诗》曰：'威仪棣棣，不可选也。'[④] 言君臣、上下、父子、兄弟、内外、大小皆有威仪也，如此在君以下的臣才能"畏而爱之"、其下才能"畏而爱之"，继而各守其职，上下稳固。

威仪包括两个组成方面："有威而可畏"和"有仪而可象"，其后以君臣为例对威仪进行说明，并认为上下、父子、兄弟等都有威仪，可见威仪是基于宗法等级秩序进行所产生的威严与仪度。就语义内涵来说，'威仪'除了指向人的体貌之气象外，它原来即有'礼'的含义，杨儒宾在其《儒家身体观》中证实了这一点。但

---

① 王怡红：《西方人际传播定义辨析》，《新闻与传播研究》1996 年第 4 期。
② 杨伯峻：《孟子译注》，北京：中华书局，1960 年，第 125 页。
③ 赵法生：《威仪、身体与性命——儒家身心一体的威仪观及其中道超越》，《齐鲁学刊》2018 年第 2 期。
④ 程俊英：《诗经译注》，上海：上海古籍出版社，1985 年，第 44 页。

威仪不完全等同于"礼"，它是礼的政治、等级和道德意涵在身体上的呈现，这种呈现发生于特定的情境中，强调具体时空中的"仪表""仪象"或"仪态"。威仪的最终展现要通过内向传播的过程，人自主地对身、心进行规训，进而使内心"明明德"、外在躯体行动合乎礼仪。

威仪乃依附在貌言行事上的一种气象。《礼记·大学》中："赫兮喧兮者，威仪也"①，尤能指出君子人格威仪棣棣、灿烂有光辉的一面。②通过貌言行事上的外显，而形成一种身体的明德场域，来影响人，改造人，并最终形塑一具交往的"德性身体"，以教化天下。

在君与臣的人际关系中，身体所呈现的威仪是人际交往的信息。天子通过身体外在的呈现，实现"民瞻其颜色而弗与争也，望其容貌而不生慢易"③的传播效果，臣子对天子通过身体表现传递恭敬之心。《礼记·曲礼下》对臣子与天资相处时应该如何注视做出了规定："天子视不上于袷，不下于带；国君，绥视；大夫，衡视；士视五步。凡视：上于面则敖，下于带则忧，倾则奸。"④通过威仪的呈现，君臣之间分别向对方传递了棣棣威仪与谦敬之心，进而达到一种和中有序的君臣关系。

二、孝事父母：父子关系中的身体呈现

身体是联系父子关系的纽带。儒家思想中，身体发肤受之父母，是父母的恩赐，因此人认真对待自己的身体，便是尽孝。《礼记·祭义》有云："天之所生，地之所养，无人为大。父母全而生之，子全而归之，可谓孝矣。不亏其体，不辱其身，可谓全矣。故君子顷步，而弗敢忘孝也。"⑤

在父子关系中，以身体为媒介的人际传播体现在生活的方方面面。在《礼记·内则》中有记载："子事父母，鸡初鸣，咸盥漱，栉，縰，笄，总，拂髦，冠，緌，缨，端，韠，绅，搢笏。"⑥说的是在日常生活中儿子早上侍奉父母前的一系列关于仪容仪表的准备，包括梳头，用黑缯束发作髻，加上发簪，用练缯束结头发并在髻后垂下剩余的部分，戴上齐眉的发饰，再加帽并系帽带，穿上玄端士服，围上蔽膝，系上大带，在大带里插上笏。儿子通过身体外表的规范、一丝不苟向父母传达孝敬之心。在着装上，《礼记·曲礼上》有云："为人子，父母存，冠衣

---

① 杨天宇：《礼记译注．上》，上海：上海古籍出版社，2004年，第802页。
② 杨儒宾：《儒家身体观》，台北："中央研究院"中国文哲研究所筹备处，1996年，第30页。
③ 杨天宇：《礼记译注．上》，上海：上海古籍出版社，2004年，第503页。
④ 杨天宇：《礼记译注．上》，上海：上海古籍出版社，2004年，第35页。
⑤ 杨天宇：《礼记译注．上》，上海：上海古籍出版社，2004年，第624页。
⑥ 杨天宇：《礼记译注．上》，上海：上海古籍出版社，2004年，第329页。

不纯素。"① 就是说，做儿子的，父母在世，帽子和衣服不敢镶白边。父母生病时，《礼记·曲礼下》有记载："亲有疾饮药，子先尝之。"② 儿子要以父母所赋予的身体为父母亲尝药，表达孝敬之心。

在关于父子人际互动中，《礼记·曲礼下》记载："子之事亲也，三谏而不听，则号泣而随之。"③ 父母要做错事，身为儿子首先要多次劝谏，劝谏不成功，也不能强制制止，而是痛哭流涕跟在父母身后表示顺从。这个例子为我们呈现了在父母与儿子之间的生动的人际传播情景，尽管劝谏未果，最终的身体动作——"随之"，仍然体现了父子之间的亲亲，也反映了儒家对待人际关系的价值取向——以和为贵。

第四节　身国一体：基于身体的儒家组织传播

儒家"修身、齐家、治国、平天下"的思想是贯穿始终的，要治理好一个国家，修身仍然是根本起点，只要在个人层面上完成"明德修身"，树立道德人格，就能自然而然地过渡到以德治国。组织沟通的基础依旧是建立在活生生的人类身体的交往之上的，对自我身体的修行和把控，同样可以对组织对国家产生重大的影响的。④ 美国学者对组织传播下过一个定义："指导一个团队实现一系列共同目标所需的互动被称为组织传播。"⑤ 儒家思想中的组织传播观念是基于"身国一体"的思想，儒家士人通过修身明德，树立理想人格，并通过身体"威仪"的展现来实现组织传播的信息传播过程。

礼乐针对社会不同的人伦、秩序做出了规定，带有一种经邦治国的政治利益诉求。礼对政治机制的影响，可以称为"典范政治"，就是在礼文化的背景下，社会的政治统治，首先要确立一些模范、榜样和表率，然后让别人效法这类榜样，从而使社会协调一致。⑥ 在对如何维护政治利益的论述中，传统儒家典籍运用了大量的有关身体的隐喻。

《礼记·缁衣》有云："民以君为心，君以民为体，心好之，身必安之；君好之，

---

①　杨天宇：《礼记译注.上》，上海：上海古籍出版社，2004年，第7页。

②　杨天宇：《礼记译注.上》，上海：上海古籍出版社，2004年，第47页。

③　杨天宇：《礼记译注.上》，上海：上海古籍出版社，2004年，第47页。

④　谢清果，赵晟：《身体交往观视域下的老子思想新探》，《文化研究》2018年第2期。

⑤　埃里克·艾森伯格：《组织传播——平衡创造性和约束》，白春生等译，北京：北京广播学院出版社，2004年，第4页。

⑥　田丰：《身体思维与礼乐文明的现代转化》，博士学位论文，苏州大学，2012年，第70页。

民必欲之。心以体全，亦以体伤；君以民存，亦以民亡。"①《荀子·君道》有云："天子不视而见，不听而聪，不虑而知，块然独坐而天下从之于一体。"②在这些记载中，常通过将统治者的身体与邦国做对比，将治国之道与修身之道相联系。身体的呈现是通过日常生活中的礼仪来呈现，古代社会的生活习惯、动作礼仪因为反映了秩序的含义，所以都具有政治的意义。其中，统治者的身体受到最多关注。统治者的身体在整个社会的政治传播中通过威仪来发挥其作用。"威"乃因君子容貌风采足以引起他人敬畏之谓，"仪"则为君子的言行举止足以引起他人效法。"威仪"乃依附在学者的貌言行事上的一种气象。③威仪使身体行为从一个物理的空间，在社会政治情境下，扩展到社会的政治空间。④以身体的"威仪"为内容的传播不仅局限在君臣之间的人际交往情景，而是更广泛地对整个社会组织中的政治传播产生影响。

　　这种思想得以产生的原因是儒家一直以来所倡导的"修身齐家治国平天下"的思想。这种思想认为，个人身体的修养得以完备之后就能自然而然地圈层化地向外展演，实现平天下的终极目标。《大学》中"修齐治平"思想的提出，将为身之道与政治之道之间打通并合并，反映出一种"身国一体"的思想，在统治者身上体现尤为明显。因此，在修身过程中，个人需要通过礼仪规训自己的身体，最终塑造一种"赫兮喧兮"的威仪。在进行向外传播时，身体作为一种信息、一种媒介，继而通过人际传播、组织传播影响他人。

　　儒家思想中，有"以身观礼，以礼观国运"的大量案例的记载。《国语·周语下》记录了"柯陵之会"。"柯陵之会，单襄公见晋厉公视远步高。晋郤锜见，其语犯；郤犫见，其语迂；郤至见，其语伐；齐国佐见，其语尽。"⑤这一段是说：在柯陵盟会上，单襄公看到晋厉公走路时眼望远处，脚步抬得很高，又见到晋国的郤绮语多冒犯，郤犫谈吐绕弯子，郤至则自吹自擂，齐国的大臣国佐说话毫无忌讳。在看到这些人的言行举止后，单襄公判断"晋将有乱"，并解释道："吾见晋君之容而听三郤之语矣，殆必祸者也。夫君子目以定体，足以从之，是以观其容而知其心矣。目以处义，足以步目，今晋侯视远而足高，目不在体而足不步目，其心必异矣。目体不相从，何以能久？"⑥在决定国家大事的场合，君主威仪的呈现反映着一个国家的道德、信义等民风、文化、政治环境等隐含状况，通过观礼能

---

①　杨天宇：《礼记译注.上》，上海：上海古籍出版社，2004年，第741页。
②　高长山：《荀子译注》，哈尔滨：黑龙江人民出版社，2004年，第241页。
③　杨儒宾：《儒家身体观》，台北："中央研究院"中国文哲研究所筹备处，1996年，第30页。
④　田丰：《身体思维与礼乐文明的现代转化》，博士学位论文，苏州大学，2012年，第62页。
⑤　邬国义，胡果文，李晓路：《国语译注》，上海：上海古籍出版社，1994年，第71页。
⑥　邬国义，胡果文，李晓路：《国语译注》，上海：上海古籍出版社，1994年，第71页。

够预测其国家的生死存亡。

以身为媒的政治传播能够实现良好的传播效果。《淮南子·诠言训》就提出："未尝闻身治而国乱者也，未尝闻身乱而国治者也。"[1]《礼记·乐记》有云："乐极和，礼极顺，内和而外顺，则民瞻其颜色而弗与争也，望其容貌而不生慢易焉。"[2]统治者在出巡或礼乐活动中，大规模的受众能看到其身体，关注其身体外表传递出的信息，进而实现组织传播，通过统治者身体威仪的展现，实现的最终传播效果就是"民瞻其颜色而弗与争也，望其容貌而不生慢易"，[3]以身为媒实现经世治国的目标。

综上所述，通过对先秦儒家中的身体传播观念研究，可以发现，身体作为一种媒介自中国传统社会起就具有非常重要的意义。对个人来说，它是实现修身明德的基础，对与人际传播来说，在中国的高语境文化中，无论是在君臣之间还是父子之间，身体传达出了丰富的内涵。在整个政治社会中，统治者的身体有着丰富的象征意义，对于组织传播来说是基于研究价值的信息源。在现代社会中从事华夏传播等中国本土的研究时，需要牢牢把握"身心合一"的思想基础，关注身体传播的视角。

对普通人来说，身体应该被给予更多的关注。身体是一种媒介，可以承载、传递信息。一方面，在人际交往中，身体能够作为一种自我展现，向他人传递言语表达的信息，因此要关注身体在交往情境中对于形象建构的作用；另一方面，在日新月异的互联网世界，身体作为信息的重要性更加凸显，"裸贷"等现象的出现便是对此的消极运用，要对此加以警惕。作为一种媒介，正确地认识身体，才能更好地发挥身体的主体性。

（本章作者：庄晓 谢清果）

---

① 顾迁：《淮南子译注》，北京：中华书局，2012年，第211页。
② 杨天宇：《礼记译注.上》，上海：上海古籍出版社，2004年，第474页。
③ 杨天宇：《礼记译注.上》，上海：上海古籍出版社，2004年，第474页。

第十二章　男女有别：礼乐传播的性别观

礼乐传播的性别观是古代社会性别观念的集中反映，源于古人对"天地""阴阳"宇宙观的认识，表现为"男女有别"和"男女有合"的对立统一。男女关系的"别"和"合"中，占据主导地位的是"男女有别"，包括尊卑关系有别、空间位置有别、分工定位有别、社会期待有别。此次研究主要运用内容分析法，以李清照为例，通过对其诗词进行全面分析，从女性视角考察礼乐传播的性别观对古代女性的影响。研究发现：礼乐传播的性别观通过确立男女有别的尊卑秩序，固化了女性的生活重心，强化了女性在两性关系中的被动地位，影响了女性对不同性别的价值认同。同时，古代女性也可以通过精神离场、自我意识觉醒、施展个人才华的方式来反抗礼乐传播性别观的束缚。该研究结果有益于正确认识礼乐传播性别观对女性的影响，在当代礼乐文明复兴中摈弃落后的性别观念，促进现代社会男女平权发展。

弘扬文化自信是中华民族伟大复兴之根本，扎根于中国传统文化实现中华民族伟大复兴，首要问题是了解中国传统文化，分清其中的进步和落后内容。近年来，在礼乐文明复兴的过程中出现封建思想抬头的不良倾向，集中体现在性别意识方面，比如，近年在"国学热"的浪潮中涌现出各种类型的"女德班"，网络中充斥着大量的厌女言论，现代商业广告中强调女性的外貌与身材问题，新冠疫情期间微博上甚至出现了对女性医疗工作者月经问题的讽刺言论，这些现象反映了古代性别观念的不合理成分依然影响着现代人对性别问题的认知、态度和行为。

礼乐传播作为中国历史上最重要的传播活动之一，对中国古代的政治、经济、文化、社会都有深远的影响，是形成中国古代社会性别观念的基础。了解礼乐传播所建构的社会性别观念，即礼乐传播的性别观，有利于了解中国古代对不同性别的价值判断、社会期待和功能定位，有利于认识这种性别观对中国古代女性生存状况的影响，从而更好地把握新时代礼乐文明复兴过程中的扬弃问题。

第一节　礼乐传播及其性别观研究

研究礼乐传播的性别观对中国古代女性的影响，需要多元的研究视角。中国古代的叙事体系以男性视角为中心，宋代著名词人李清照凭借其出色的文学造诣在历史上留下浓墨重彩的一笔，成为这种叙事体系中的典型例外，她的诗词作品是从女性视角下考察礼乐传播的性别观的珍贵材料。本次研究通过内容分析法，对李清照的诗词作品进行分析，试图从女性视角探索礼乐传播的性别观对中国古代女性的影响。

一、礼乐传播的概念与功能

在礼乐传播的概念上，学界当前接受较为广泛的是由学者黄星民提出的定义，他指出："礼乐传播，指的是中国儒家自觉地利用礼乐这一传播形式向全社会广泛地传播自己的思想观念的传播活动。礼乐传播中的'礼'，主要指的是在各种场合下举行的各种礼仪；礼乐传播中的'乐'，不仅是音乐，还包括诗歌、舞蹈等艺术形式。"[①]

在礼乐传播的功能上，不少学者指出礼乐传播通过"礼文化""乐文化""礼乐协同"的方式教化并规范社会成员，实现社会整合，是古代社会文化的核心，是古人"修身齐家治国平天下"的依据。学者张兵娟强调"礼文化"运用传播仪式对社会成员进行教化，并提出教化的目标是个体德性和社会道德的共同发展。[②]学者谢清果从"乐文化"的角度，在研究中国古乐的媒介性功能时提出，"乐"与"礼"协同进而成为中国传统社会治理中的政治符号媒介。[③]此外，学者谢清果[④]、张欢[⑤]都曾指出"礼"与"乐"以相互协同的运作方式，传播华夏文明，协调社会总系统，促进情感沟通，从而维护社会的进步与发展。

此外，在礼乐传播的功能研究中，一个重要的议题是礼乐传播在当代中国社会发展、建设中的现实意义。在这一议题中，一些学者侧重研究当代"礼文化"和"礼乐文明"的衰落与复兴问题，学者吉峰直言"礼文化"对于我国提升文化

---

① 黄星民：《礼乐传播初探》，《新闻与传播研究》2000年第1期。
② 张兵娟，刘佳静：《中国礼的教化传播思想及当代价值》，《郑州大学学报》（哲学社会科学版）第52卷第3期。
③ 谢清果，张丹：《礼之起源——中国古乐的媒介功能观新探》，《郑州大学学报》（哲学社会科学版）第52卷第3期。
④ 谢清果，林凯：《礼乐协同：华夏文明传播的范式及其功能展演》，《新闻与传播评论》第71卷第6期。
⑤ 张欢：《文质彬彬：中国礼乐文明的传播思想》，《美与时代》（下）2019年第11期。

软实力而言不可或缺："对于当代的中国而言，提炼与升华适合时代的'礼'之精神，提升文化软实力与国人的文化自信观念意义重大。"① 无独有偶，学者张兵娟在探讨当代"礼文化"的认同困境时，提出当前要通过强化电视媒体、新媒体和东亚文化圈中的礼文化传播来促进当代"礼文化"的认同与建构。② 还有一些学者集中研究礼乐传播中形成的"礼教文明"对现代中国社会发展的促进作用，比如学者张兵娟通过分析礼教传播的内涵和目标，指出礼教文明是现代思想道德教育的重要思想源泉。③ 此外，学者方朝晖④、司马云杰⑤ 通过对中国文化和西方文化的对比，法治和礼治的对比，阐释礼治和法治的相辅相成的关系，提出中国当代复兴礼乐精神，重建礼教文明的必要性。

在礼乐传播的概念和功能上，学界达成了不少共识，但是探讨礼乐传播在当代的现实意义时，学者大多从宏观角度探讨礼乐传播的正功能，比如礼文化的衰落与复兴问题，礼乐文明的精神内涵，礼乐文明的社会教化功能，礼教文明对中国法治建设的作用。从微观角度探讨礼乐传播负功能的内容较少，比如礼乐传播所形成的礼教制度和性别观念中不合理成分对中国古代女性的束缚和压迫、对现代女性改善生存状况的负面影响。

二、礼乐传播的性别观

涉及礼乐传播性别观的大部分研究集中在对《礼记》文本的解读上，尤其是"六礼"即冠、昏、丧、祭、乡、相见礼中男性和女性遵守"礼"的不同表现来分析礼乐传播所形成的性别观念。其中最具代表性的是学者贺璋瑢在《〈礼记〉的性别意识探略》⑥ 一文中对性别观念的研究。贺璋瑢指出《礼记》中性别意识形成的两大理据，即宇宙论理据——天人同构和社会学理据——家国同构；总结了《礼记》中性别观念，包括男女有别、男主女从、男耕女织、男外女内等原则；并对《礼记》中的性别观念进行评析。还有一些学者通过《礼记》文本研究古代家庭观念时，探讨了古代的性别观念和男女定位。比如学者乔以钢通过对《礼记》和《周易》中家庭观念的对比，指出《礼记》与《周易》的家庭观念在重视夫妻关系和

① 吉峰：《克己复礼：当代"礼"传播走向的社会学考察》，《理论与现代化》2019 年第 4 期。
② 张兵娟：《传播学视野下的中国礼文化与认同建构研究》，《新闻爱好者》2017 年第 2 期。
③ 张兵娟，刘佳静：《中国礼的教化传播思想及当代价值》，《郑州大学学报》(哲学社会科学版)2019 年第 52 期。
④ 方朝晖：《法治中国同样需要礼教文明重建》，《人民论坛·学术前沿》2014 年第 21 期。
⑤ 司马云杰：《中国礼教与现代秩序》，《文化学刊》2016 年第 6 期。
⑥ 贺璋瑢：《〈礼记〉的性别意识探略》，《上海师范大学学报》(哲学社会科学版)第 42 卷第 1 期，2013 年 1 月。

主张两性和谐上具有共通之处，但是，相比《周易》而言，《礼记》更着眼于家庭尊卑关系的确立，并且强调女性对男性的顺从。[①] 此外，学者杨明[②]、薛改辉[③]、明岩[④] 在研究《礼记》中的家庭伦理思想和礼学思想时，论述了男女有别、妇道等性别议题。

总体来看，学界目前对于礼乐传播的性别观研究较少，并且缺乏系统性。此外，已有研究侧重通过《礼记》文本解读，探究其中的性别意识，概括中国古代社会在礼乐传播的基础上形成并为社会成员遵循的性别观念。这种研究思路在揭示礼乐传播性别观的理论根源、表现形式、具体原则方面较为有效。但是由于《礼记》文本是典型的男性中心视角，它在揭示礼乐传播性别观的社会影响，尤其对女性的影响方面解释力不足。因此，在研究礼乐传播的性别观时，引入社会性别理论具有一定的必要性，可以突破男性中心的研究视角。20 世纪 50 年代西方学者波伏娃区分了生理性别（sex）与社会性别（gender），并指出女性的不利处境并非自然形成的，而是父权制社会长期建构的产物。[⑤] 生理性别是由男性与女性的生理构造决定的，但"社会性别是一种文化构成物，是通过社会实践的作用发展而成的女性和男性之间的角色、行为、思想和感情特征方面的差别"[⑥]。此后，社会性别理论逐步为女性主义学者发展完善，成为研究性别问题的有力理论工具。在礼乐传播的性别观研究中，运用社会性别理论的视角有利于把握礼乐传播性别观的全貌。

三、礼乐传播的性别观与李清照研究

李清照是中国古代杰出的女词人，虽然她的作品由于时代所限和战乱影响有所失散，但其留存下来的诗词贯穿李清照的少女时代到老年时代，能够反映李清照的一生沉浮，具有较高的典型性和研究价值。

目前对于李清照的研究大多集中于文学、历史学领域。一些学者致力于考证和评价李清照的生平经历。比如在李清照"再嫁离婚"的问题上，学界争论颇多。学者艾朗诺在《才女之累》中从接受史的角度对李清照的"再嫁"争议进行了评

---

① 乔以钢，陈千里：《〈周易〉与〈礼记〉家庭观念之比较》，《中国文化研究》2010 年第 8 期。

② 杨明：《个体道德·家庭伦理·社会理想——〈礼记〉伦理思想探析》，《道德与文明》2012 年第 5 期。

③ 薛改辉：《〈礼记〉家庭伦理思想研究》，硕士学位论文，河南大学，2013 年 5 月。

④ 明岩：《〈礼记·内则〉研究》，硕士学位论文，南京师范大学，2011 年 4 月。

⑤ 波伏娃：《第二性》，上海：上海译文出版社，2014 年。

⑥ 刘霓：《社会性别——西方女性主义理论的中心概念》，《国外社会科学》2001 年第 6 期。

价。① 另一些学者致力于对李清照诗词赋等作品的整理、赏析等研究。② 此外，还有一批学者如乔以钢 ③、张忠钢 ④、单良 ⑤ 将女性意识与李清照诗词的研究相结合，运用文本分析法，研究李清照诗词中女性意识的崛起，主要体现在其自我意识、情感意识、社会意识三方面的觉醒。

多年来学界对于李清照的研究广泛而全面，研究视角主要集中在历史学和文学领域，李清照的诗词作品作为典型的传播媒介和内容，从传播学视角的分析却较少。其次，大部分学者并未将李清照词作中女性意识的觉醒放在礼乐传播和礼乐制度中考察。最后，研究方法上以质化研究为主，包括对李清照本人的编年研究以及对诗词作品的分析，量化研究较少。

基于以上文献综述，此次研究以礼乐传播的性别观为基础，用内容分析法对李清照的诗词作品进行量化分析，了解李清照诗词中性别塑造的特点，从女性视角探究以李清照为代表的古代女性对礼乐传播性别观的顺从与反抗，揭示礼乐传播的性别观与中国古代女性间的关系。

四、研究方法

（一）样本选择

此次研究采用内容分析法，美国传播学者贝雷尔森将其定义为：内容分析法是对传播内容进行的一种定量、系统、客观的研究方法。该研究方法的特点是：研究对象内容的明示性，研究程序的量化、系统、客观性。⑥ 此次研究选用学者陈祖美所著的《李清照诗词选》⑦ 为研究材料，对其中的诗词及其注释进行内容分析，包括 47 首词作，11 首诗作，共 58 篇作品，共计 60 个分析样本 ⑧，分析单位为篇。李清照遗留诗词作品大约 70 篇左右 ⑨，由于研究材料限制，并没有分析完其全部遗留作品，但由于总体分析量比较大，所以本次研究的结果仍旧具有代表意义。

---

① 艾朗诺：《才女之累：李清照及其接受史》，上海：上海古籍出版社，2017 年。
② 王克安：《近 50 年李清照研究综述》，《山东师大学报》(社会科学版)1999 年第 5 期。
③ 乔以钢：《李清照文学创作中的自我形象和中国古代妇女文学创作》，《天津师大学报》1989 年第 1 期。
④ 张忠纲，綦维：《李清照的女性意识》，《文史哲》2001 年第 5 期。
⑤ 单良：《论李清照文学作品中的女性意识》，《内蒙古师范大学学报》(哲学社会科学版) 第 46 卷第 5 期。
⑥ 郭庆光：《传播学教程》，北京：中国人民大学出版社，2011 年。
⑦ 陈祖美：《李清照诗词选》，济南：山东大学出版社，1999 年。
⑧ 11 首诗作中，《浯溪中兴颂诗和张文潜二首》与《上枢密韩公工部尚书胡公诗二首》各写了两首诗，实际共写 4 首诗，所以共计 60 个样本。
⑨ 鲁渊：《近百年李清照研究综述》，《哈尔滨学院学报》2007 年第 9 期。

（二）类目构建

在对所有样本进行通读之后，根据本文研究目标，遵循内容分析法类目建构的原则，完成了本研究的类目划分，共分为 4 个维度，即主题分析、感情基调分析、人物性别分析、典型主题分析，最终确定 14 个编码类目，包括主题类型、感情基调、人物性别、男女间关系类型、女性外表、女性品德、女性才华、女性所处场景、男性外表、男性品德、男性才华、男性所处场景、夫妻关系主题类型、爱国情怀主题类型，形成编码表，具体如表 12-1 所示。

表 12-1　编码表

编码表		
编码维度	编码类目	编码录入
主题分析	A1 主题类型	1 夫妻关系：主要包括伉俪情深、伉俪暌违、思念丈夫、无嗣之苦，被疏之苦、嫠妇之忧以及其他闺怨词 2 少女情思：体现少女对爱情的向往，比如怀春、闺情等内容 3 爱国情怀：内容指向战争、国破家亡、对南宋的讽刺 4 情感表达：表达个人的情感，没有出现情感的指向对象 5 咏史：涉及历史事件、人物，但是并未明确表明该诗在借古喻今 6 政治：涉及党争 7 悼亡：为悼念亡夫而作 8 人生境遇：未出现特定主题，表现对一段人生际遇的概括 9 祝词：为他人祝寿而作
感情基调分析	A2 感情基调	1 负面情绪：涉及闺怨、离别之愁，无子、被疏、嫠妇之苦，国破家亡，身世飘零的描述 2 正面情绪：涉及美好的事物、心情得意、生活幸福的描述 3 中性：没有明确指出作者所怀之情是喜悦还是愁苦
人物性别分析	A3 人物性别	1 仅女性：诗词中仅出现了女性，或诗词中明显看出有女诗人自己的动作、行动，或诗词中女诗人以花自比 2 仅男性：诗词中仅出现了男性，包括诗词中以"人"代指的男性 3 男女均有：诗词中不仅出现男性，还出现女性，诗词中以"人"代指出现了男性和女性 4 没有人物：诗词中没有出现明显的人物
	A4 男女间关系类型	1 父女、母子关系：诗词中出现的男女间关系为父女、母子关系 2 夫妻关系：诗词中出现的男女间关系为夫妻关系 3 远亲关系：诗词中出现的男女间关系为远亲关系 4 朋友关系：诗词中出现的男女间关系为朋友关系 5 无关系：诗词中出现的男女间没有以上关系 6 未涉及：诗词中并未同时出现男性和女性人物

续表

编码维度	编码类目	编码录入
人物性别分析	A5 女性外表	1 有：诗词中有对女性外貌，如样貌、体态、神态、衣着、发型、妆容等内容描写 2 无：诗词中没有对女性外貌，如样貌、体态、神态、衣着、发型、妆容等内容描写 3 未涉及：诗词中并未出现女性，所以未涉及女性外表描写
	A6 女性品德	1 有：诗词中有对女性品德，如坚韧、贤惠、善良、忠贞、妇德等品质的描写或体现 2 无：诗词中没有对女性品德，如坚韧、贤惠、善良、忠贞、妇德等品质的描写或体现 3 未涉及：诗词中并未出现女性，所以未涉及女性品德描写
	A7 女性才华	1 有：诗词中有对女性才华能力，如作诗才能、执家才能、管理才能等的描写或体现 2 无：诗词中没有对女性才华能力，如作诗才能、执家才能、管理才能等的描写或体现 3 未涉及：诗词中并未出现女性，所以未涉及女性才华描写
	A8 女性所处场景	1 家庭场景：诗词中的女性所处的场景在其闺房，或从闺房转移到家中庭院，或家中其他区域。 2 工作场景：诗词中女性所处场景与其工作相关，如商业活动、政治活动 3 室外场景：诗词中女性所处场景与室外风景或自然风景有关 4 综合场景：诗词中同时出现 1、2、3 中两种或三种场景 5 不明确场景：不属于以上场景或诗词中女性所处场景难以判断 6 未涉及：诗词中并未出现女性，所以并未涉及女性所处场景
	A9 男性外表	1 有：诗词中有对男性外貌，如衣着、发型、妆容等内容描写 2 无：诗词中没有对男性外貌，如衣着、发型、妆容等内容描写 3 未涉及：诗词中并未出现男性，所以并未涉及男性外表描写
	A10 男性品德	1 有：诗词中有对男性品德，如豁达、善良、忠诚、淡泊名利、高风亮节的描写或体现 2 无：诗词中没有对男性品德，如豁达、善良、忠诚、淡泊名利、高风亮节的描写或体现 3 未涉及：诗词中并未出现男性，所以并未涉及男性品德描写
	A11 男性才华	1 有：诗词中有对男性才华，如作诗才能、军事才能、政治才能等内容描写 2 无：诗词中没有对男性才华，如作诗才能、军事才能、政治才能等内容描写 3 未涉及：诗词中并未出现男性，所以并未涉及男性才华描写

表头：编码表

续表

编码表		
编码维度	编码类目	编码录入
人物性别分析	A12 男性所处场景	1 家庭场景：诗词中男性所处场景在家庭内部 2 工作场景：诗词中男性所处场景与其工作相关，包括政治活动、军事活动、官场沉浮、招揽人才、政绩、功绩等 3 室外场景：诗词中男性所处场景与室外风景或自然风景有关 4 综合场景：诗词中同时出现 1、2、3 中两种或三种场景 5 不明确场景：不属于以上场景或诗词中男性所处场景难以判断 6 未涉及：诗词中不涉及男性，所以并未涉及男性所处场景
典型主题分析	A13 夫妻关系主题类型	1 伉俪情深：表达婚后幸福生活，如提到伉俪情深、伉俪相娱 2 伉俪暌违：提到夫妻离别，送别，表达对丈夫的思念 3 无嗣之苦：提到无子、无嗣 4 被疏之苦：表达丈夫对妻子的疏远，如被疏、婕妤之叹 5 嫠妇之忧：提到嫠妇之忧 6 其他闺怨：提到闺怨，但没有指明原因
	A14 爱国情怀主题类型	1 忧国：涉及忧国伤时 2 复国：涉及抗战复国的决心 3 讽刺：涉及对南宋官员、统治者、政策的讽刺

（三）编码信度检验与编码

为了保证编码类目构建的可靠性，减少编码的归类误差，提高编码的客观性和信度，本次研究进行了编码员间信度检验，此次编码员间信度检验采用 Krippendorff's alpha 系数，在此基础上进行编码。

首先，检测 A1—A12 编码类目的编码信度。在总体 60 篇样本中，抽取 20% 即 12 篇样本，由两位编码员进行编码。根据 http://dfreelon.org/utils/recalfront/ 网站结果显示，A1—A12 各类目的编码员间信度检验结果如表 2 所示，其 Krippendorff's alpha 系数均大于 80%，编码员间信度检验结果符合理论要求。在此基础上，由编码员对总体 60 篇样本进行编码，完成 A1—A12 变量的编码工作。

其次，检测 A13—A14 编码类目的编码信度。在第一轮编码的基础上，从 A1 变量的编码结果中可以看到，共有夫妻关系主题类型样本 18 篇，爱国情怀主题类型样本 12 篇。在夫妻关系主题类型的样本中，抽取 22% 即 4 篇样本，在爱国情怀主题的样本中，抽取 25% 即 3 篇样本，由两位编码员进行编码。根据 http://dfreelon.org/utils/recalfront/ 网站结果显示，A13—A14 各类目的编码员间信度检验结果如表 12-3 所示，其 Krippendorff's alpha 系数均大于 90%，编码员间信度检验结果符合理论要求。在编码信度检验的基础上，由编码员分别对 18 篇夫妻关系主题类型样本以及 12 篇爱国情怀主题类型样本进行编码，完成 A13—A14 变量的编码工作。

表 12-2　编码信度检验（A1—A12）

编码信度检验（A1—A12）	
变量	Krippendorff's alpha
A1 主题类型	1
A2 感情基调	0.824
A3 人物性别	1
A4 男女间关系类型	1
A5 女性外表	0.861
A6 女性品德	1
A7 女性才华	1
A8 女性所处场景	0.855
A9 男性外表	1
A10 男性品德	1
A11 男性才华	0.839
A12 男性所处场景	0.839

表 12-3　编码信度检验（A13—A14）

编码信度检验（A13—A14）	
变量	Krippendorff's alpha
A13 夫妻关系主题类型	1
A14 爱国情怀主题类型	1

第二节　礼乐传播与古代社会性别建构

学者詹姆斯·凯瑞在《作为文化的传播》中提出"传播的仪式观"，他指出，与传递观侧重于讯息在空间中的扩散不同，传播的仪式观侧重时间上对一个社会的维系。[①] "其目的是建构并维系一个有秩序、有意义、能够用来支配和容纳人类

---

① 凯瑞：《作为文化的传播："媒介与社会"论文集》，北京：华夏出版社，2005 年。

行为的文化世界。"① 礼乐传播作为贯穿于中国古代社会,围绕"礼文化"和"乐文化"的仪式性传播,建构了古代社会文化,形成古代社会性别观念认同,影响古代社会对不同性别的气质期待和功能定位。

礼乐传播性别观的基本思想来源于古人对于"天地""阴阳"的认识,礼乐依照天地阴阳秩序而定,《礼记·乐记》中有言:"乐者,天地之和也;礼者,天地之序也。乐由天作,礼以地制。"② 同时,《礼记·郊特牲》有言:"乐由阳来者也,礼由阴作者,阴阳和而万物得。"③ 所以,礼乐传播所形成的性别观是对天地阴阳秩序的反映。由于"天与地""阴与阳"存在对立统一,在此基础上形成的性别观也是对立统一的,体现为男女关系的"别"和"合",也就是"男女有别"中蕴含着"男女有合",两者相辅相成,互为一体。

值得注意的是,由于中国古代父权制的影响,男女关系的"别"和"合"中,占主导地位的是"男女有别",具体体现在以下几方面:

第一,尊卑关系有别。在尊卑关系上,体现出男尊女卑,男主女从的特点。《礼记·郊特牲》中有言:"男帅女,女从男,夫妇之义,由此始也。妇人,从人者也:幼从父兄,嫁从夫,夫死从子。"④ 把女性明确定位为"第二性",从属于男性。相比女性本身的性别身份来说,更看重男女关系中女性的身份角色,也就是女性作为父亲的女儿,作为兄长的妹妹,作为丈夫的妻子,作为儿子的母亲的身份。这种男女间尊卑关系的确立,不仅降低了女性的地位,也异化了女性的价值,使女性成为依附于男性的性别。

第二,空间位置有别。礼乐顺应天地阴阳之礼,男性主"阳",女性主"阴",所以在空间位置上呈现男女相对的特点,《礼记·丧大记》中有言:"既正尸,子坐于东方,卿大夫、父兄、子姓立于东方......夫人坐于西方,内命妇、姑、姊妹、子姓立于西方。"⑤ 在祭礼、婚礼中,类似关于男女物理位置的对立非常之多,男女的对立中实现统一,阴阳相合,从而万物有序,家庭和谐。

第三,分工定位有别。分工定位具有男外女内的特点。《礼记·内则》中有言:"男不言内,女不言外"⑥,把男性剔除在家务事之外,把女性定位于家务事之中。《礼记·昏义》中"妇顺者,顺于舅姑,和于室人,而后当于夫,以成丝、麻、布

---

① 凯瑞:《作为文化的传播:"媒介与社会"论文集》,北京:华夏出版社,2005年,第7页。
② 杨天宇:《礼记译注》,上海:上海古籍出版社,2004年,第476页。
③ 杨天宇:《礼记译注》,上海:上海古籍出版社,2004年,第306页。
④ 杨天宇:《礼记译注》,上海:上海古籍出版社,2004年,第323页。
⑤ 杨天宇:《礼记译注》,上海:上海古籍出版社,2004年,第567页。
⑥ 杨天宇:《礼记译注》,上海:上海古籍出版社,2004年,第335页。

帛之时，以审守委积盖藏"①，进一步强调女性在家庭内部从事纺织工作、操持家务的分工定位。这种分工定位在经济上阻碍了女性走出家门，实现经济独立；在政治上断绝了女性参与政事的权利；在文化上对女性形成道德制约，从而进一步巩固了男尊女卑、男主女从的性别观念。

第四，社会期待有别。对男性和女性的社会期待不同，男性从出生开始便举行射礼，志在四方。而对女性的期待则是要具备"妇德"，有妇德才能更好地相夫教子。《礼记·内则》描述男性的人生路径时这样写道："十有三年，学乐，诵诗，舞《勺》。成童，舞《象》，学射、御。二十而冠，始学礼，可以衣裘帛，舞《大夏》，惇行孝弟，博学不教，内而不出。三十而有室，始理男事，博学无方，孙友视志。四十始仕，方物出谋发虑，道合则服从，不可则去。五十命为大夫，服官政。七十致仕。"②男性要博学明礼，家庭圆满，入仕为官，也就是要实现修身齐家平天下的志向。在描写女性的人生路径时这样写道："女子十年不出，姆教婉娩、听从，执麻枲，治丝茧，织纴组纫，学女事，以共衣服。观于祭祀，纳酒、浆、笾、豆、范、醢，礼相助奠。十有五年而笄，二十而嫁，有故二十三年而嫁。"③女性最主要的学习内容就是"温婉柔顺，听从长辈"，对女性的期待主要是"妇顺""妇孝"和"妇贞"，为其出嫁为人妇、为人媳、为人母做准备。

礼乐传播所建构的性别关系具有明显的不平等性，女性依附于男性，相对于女性作为个体而言，更为强调女性作为"贤妻""良母""孝媳""贞妇"的身份，其个人价值遭到压制，顺从于等级森严的古代家庭制度，成为父权制下的牺牲品。

第三节　古代女性对礼乐传播性别建构的顺从

中国古代女性的生活受到家庭主义理念和父权制的双重影响，女性人生中最重要的事情是结婚生子，为家庭奉献自己的价值。礼乐传播的性别观坚持男外女内，将女性的活动空间定义在"家庭"范围之内，成婚前要在家中学习妇德，成婚后强调女性对丈夫的"顺"以及对公婆的"孝"。

一、女性生活核心：家庭关系

在李清照诗词中，也可以看到家庭确实是古代女性生活的核心。一方面，李清照诗词的众多主题中，表达最多的是涉及夫妻关系的主题，内容包括伉俪情深、

① 杨天宇：《礼记译注》，上海：上海古籍出版社，2004年，第819页。
② 杨天宇：《礼记译注》，上海：上海古籍出版社，2004年，第359页。
③ 杨天宇：《礼记译注》，上海：上海古籍出版社，2004年，第360页。

伉俪暌违、思念丈夫、无嗣之苦、被疏之苦、闺怨等，占比高达 30%。李清照 17 岁嫁给赵明诚，崇祯元年，因党争之苦，21 岁的李清照被迫离京，与丈夫赵明诚首次分离；崇祯五年，朝廷大赦天下，23 岁的李清照得以重回赵明诚身边，但重和元年，赵明诚离开青州做官，李清照与赵明诚二次分离，之后李清照深受离别和被疏之苦；建炎二年，赵明诚病逝，李清照第三次与赵明诚分别。她的一生与丈夫分分合合，诗人刚结婚时的喜悦，与丈夫分离后的思念，被丈夫疏离后的痛苦……反映在其诗词中。

另一方面，在女性人物场景描写时，女性人物所处场景以家庭为主。在 53 篇出现女性人物的诗词中，有 36 篇涉及女性所处场景的描写，女性主要出现的场景是家庭场景，占比高达 77.78%。李清照的诗词频繁将女性与闺房联系在一起，比如《醉花阴》中提到"玉枕纱橱，半夜凉初透"[1]，《浣溪沙》中有"朱樱斗帐掩流苏"[2]。其次，室外场景占比为 19.44%，仅有 1 篇（2.78%）作品中女性所处场景是其工作场景，而该篇诗词出现的女性人物为"侍女"。

此外，李清照诗词中体现的男女间关系类型比较单一，以夫妻关系为主。在男性人物与女性人物均出现的 23 篇诗词作品中，11 篇（48%）诗词中男性人物与女性人物有夫妻关系，仅有 1（4%）篇男性人物和女性人物间是朋友关系，此外，剩下的 11（48%）篇作品中，男性人物与女性人物之间不存在关系，这类作品中李清照同时提及男性与女性人物的目的是借这些"人物"来共同或分别表达某种意象，辅助其情感表达，所以男女间并不存在任何社会关系。剔除这些无关系的作品，可以发现，李清照诗词中男女间关系类型占比最高的是夫妻关系。

由此可见，以李清照为代表的古代女性生活及其活动围绕家庭展开，生活圈子狭小，而在家庭关系中，最受女性重视和关注的是夫妻关系。

二、女性悲剧来源：离别被疏

中国古代女性经济上依附男性，缺乏自我独立的经济基础，不得不依附于其父其夫。礼乐传播的性别观中，以严格的"礼"来辨尊卑，形成男尊女卑、男主女从的两性关系，在此基础上，要求女性尊妇德，温婉柔顺。妻子在物质上和情感上对于丈夫双重依附使得夫妻之间难以达到真正的平等，女性的大部分喜怒哀乐都和其丈夫有所关联，女性在两性关系中处于被动地位。

李清照诗词中，负面情绪的最大来源就是夫妻关系，伉俪暌违所引发的愁绪最多，其内容主要涉及夫妻离别，表达女性对丈夫的思念之情，占比 38%，这也

---

① 陈祖美：《李清照诗词选》，济南：山东大学出版社，1999 年，第 29 页。
② 陈祖美：《李清照诗词选》，济南：山东大学出版社，1999 年，第 10 页。

符合李清照与其丈夫分分合合的生活经历。在《一剪梅》中，李清照有"花自飘零水自流，一种相思，两处闲愁。此情无计可消除，才下眉头，却上心头"[①]，表达对远游的丈夫的思念之苦。抒发被疏之苦的诗词占比 31%，内容主要涉及丈夫对妻子的疏远，这反映了古代女性的共同悲剧，在一夫一妻多妾制的社会，男性的薄情不会受到社会谴责，女性面对丈夫疏离，内心悲痛但无可奈何。李清照在《小重山》中，用"春到长门春草青，江梅些子破，未开匀"[②]，借陈皇后的长门之怨，表达自己被丈夫疏远之苦。此外，夫妻关系描写中其他负面情绪占比分别为：其他闺怨（13%）、无嗣之苦（12%）、孌妇之忧（6%）。

由此可见，李清照对爱情和婚姻的美好向往和现实的婚姻坎坷经历产生了矛盾，古代女性在两性关系中处于非常被动的地位，其幸福维系于作为丈夫的男性身上，而与丈夫之间的疏离，包括与丈夫的离别，被丈夫的疏远，是女性产生痛苦情绪的重要来源。

三、女性价值认同：重视外貌

礼乐传播的性别观中，女性的核心价值在其为家庭绵延子嗣。《礼记·昏义》有言："昏礼者，将合两性之好，上以事宗庙，而下以继后世也，故君子重之。"[③]可以反映对古代女性可"继后世"的生理价值的强调。礼乐传播的性别观在涉及男性时，更注重男性是否能实现社会价值，而涉及女性时，更注重其生理价值，也就是女性是否有性吸引力，所以，中国古代强调女性外貌的重要性。相反，对于男性，其价值判断主要依据其社会价值实现情况，评价标准更为多元化。

李清照诗词中，描写女性人物时，对女性外貌的描写占比最高，其次是对其品德的描写。总样本中，有 53 篇诗词作品出现女性人物，其中，描写女性特点时，涉及女性外表描写的作品有 22 篇 (41.51%)，主要包括对女性样貌、体态、神态、衣着、发型、妆容等外观内容的描写；涉及女性品德描写的有 13 篇（24.53%），主要包括对女性妇德、忠贞、善良、贤惠、坚韧等品德的描写；涉及女性才华描写的有 9 篇（16.98%），主要包括对女性作诗才能、执家才能、管理才能等方面的描写。可以看出，李清照诗词中对女性人物的描写主要以外表为主，品德为辅，对女性的才华很少提及。李清照诗词中对女性特点的描述符合中国古代社会对女性的价值认知和功能定位。

而在描写男性人物时，忽略男性的外貌，侧重其才华和品德。60 篇样本中，

---

①　陈祖美：《李清照诗词选》，济南：山东大学出版社，1999 年，第 27 页。
②　陈祖美：《李清照诗词选》，济南：山东大学出版社，1999 年，第 35 页。
③　杨天宇：《礼记译注》，上海：上海古籍出版社，2004 年，第 815 页。

出现男性人物的样本共有 28 篇，其中涉及男性才华描写的有 11 篇（39.29%），即侧重于表现男性的军事才能、政治才能、作诗才能等才华；涉及男性品德描写的有 9 篇（32.14%），即侧重于表现男性豁达、善良、忠诚、淡泊名利等品德；值得注意的是，没有 1 篇样本涉及男性外表描写。

由此可见，外貌作为女性生理价值的重要表现，内化于古代女性的自我价值认同，影响着古代女性对不同性别的价值评价，女性在礼乐传播中接受了古代社会性别文化，形成一种虚假的合意，女性不自觉地顺从并维护这种性别观念，从而掩盖了其对女性的压迫实质。

第四节　古代女性对礼乐传播性别建构的反抗

礼乐传播的性别观强调男外女内，将女性固定于家庭事务之内，不谈论公务和天下事。而李清照则是其中少数的例外。

一、精神离场的女性：突破男外女内

李清照在肉体上，没有突破礼乐传播性别观的物理空间限制，但通过精神离场，李清照利用文学能力打破了男性在诗词作品上的垄断，运用诗词作品，她对"党争""国家形势""历史事件"等天下事积极发表自己的观点和意见，在心理空间中突破礼乐传播的性别观对女性的限制。李清照诗词中，除了描写夫妻关系之外，占比最多的是以抒发爱国情怀为主题的诗词，主要包括对战争的描写、对南宋的讽刺、对国破家亡悲惨情境的描述，占比为 20%。李清照出生于官宦之家，年少意气风发，婚后经历政治斗争，中年深受无嗣、嫠妇之忧，晚年面临国破家亡的悲剧，这也造成她的诗词作品主题丰富，视野宽广，不仅呈现出她作为女性的生命历程，更呈现了所处时代的风云变幻。其著名的《乌江》一诗，"生当作人杰，死亦为鬼雄。至今思项羽，不肯过江东"[①]，短短四句，借用项羽的典故，讽刺苟且偷生的南宋王朝，豪气万丈，忧思甚深，可以与男性诗人比肩，从精神上突破男外女内、男女有别的性别界限。社会性别作为一种制度，是历史发展的产物，在强调男性与女性的差异性中形成。但李清照利用诗词才能，介入以男性为主导的文学界，弥合了男性和女性间的差异，改变了礼乐传播的性别观所形成的固有认知。李清照通过诗词作品取得与男性平等的地位，不少作品显现"士大夫"之精神，在这一层面上，女性和男性的性别差异模糊化，从而突破了男外女内的束缚。

---

① 陈祖美：《李清照诗词选》，济南：山东大学出版社，1999 年，第 135 页。

二、自我觉醒的女性：反抗三从四德

礼乐文化中，强调"家国同构"，家庭的和睦和国家的和谐紧密相关，治家与治国之道具有一致性，所以在礼乐传播的基础上形成的性别观，体现了中国古代社会对家庭的重视，古代女性对家庭的贡献决定其价值，女性的自我意识是需要节制的部分，过度的自我意识会破坏家庭的生态平衡。所以女性要具备"妇德"保证女性能够守礼节、节制情欲，维护家庭的和睦。女性妇德的要求被总结为"三从四德"，三从即幼从父兄，嫁从夫，夫死从子。四德即妇德、妇言、妇容、妇功。利用三从四德规约女性，重家庭的尊卑之礼，轻夫妇间感情，运用礼从而使女性达到并完成社会的角色期待，也就是成为贤妻、孝媳、良母、贞妇，防止女性由于追求个人情感、个人私欲破坏家庭关系，以此达到维护古代家庭稳定的目的。但是，李清照诗词中有明显的自我意识的觉醒，她向往爱情，重视个人情感表达，关注家国之难，在她的诗词中，有情感表达（14%），即以无指向的个人情感表达为主的诗词，有少女情思（10%），即体现少女对爱情向往的诗词，有悼亡（8%），即为悼念亡夫而作的诗词，有人生境遇（7%）描写，即概括李清照人生境遇的诗词，反映了诗人充沛的个人情感。相反，她的诗词中很少涉及具有"四德"的女性描写，在其丈夫去世后，李清照还曾二婚，后又离婚。由此可见，李清照关注自我感受，重视自我情感表达，并未机械性地接受古代社会性别文化对女性的德行要求，这在某种意义上是对"三从四德"的反抗。

三、才华横溢的女性：重塑个人价值

从现代文明的视角来看，女性的价值如果仅仅在生理价值中体现和实现，是一个社会不文明的表现之一。在礼乐传播的性别观中，女性价值所在维系在其生理价值之上，维系在男性之上，维系在家庭之上，不仅扼杀了女性个人的价值和追求，也扼杀了女性作为社会人参与政治、经济、文化活动的可能性。在这种性别观念之下，女性不是作为个体存在的，而是作为"第二性"存在的，女性的角色、功能定位是围绕男性而设定的，整个社会留给女性的活动空间单一而狭小，女性命运也就染上了悲剧性色彩。但是，李清照凭借其出色的才情，打破男性和女性在才能上的隔阂和差异，改变女性价值实现的单一途径——通过结婚生子来实现女性价值，找到个人价值实现的新形式。在她抒发爱国情怀的诗篇中，最喜欢使用的表达方式是讽刺，主要涉及对南宋统治者、官员、民众、政策的讽刺，占比为50%；表达作者的忧国伤时之情的诗词占比41.67%；除此之外，还有1篇表达李清照抗战复国之心的作品。李清照的爱国诗作情感激昂，体现出诗人对现实的强烈关怀，对百姓流离失所的同情，对南宋政府无能的鞭笞，以及对抗战志士的赞扬，颇有"先天下之忧而忧"的士大夫精神。她通过诗词观察世界，关心国家，表达洞见，抒发感情，在诗词写作中形成鲜活的女性形象，突显人性的七情六欲。在文学创作中，李清照实现自己作为"文人"的价值，突破女性对男性的价值依附，重塑作为女性的个人价值。

综上所述，通过对李清照诗词作品的内容分析可以看到，从女性视角来看，礼乐传播的性别观通过确立男女有别的尊卑秩序，固化了女性的生活重心，强化了女性在两性关系中的被动地位，影响了女性对不同性别的价值认同。但是，李清照的诗词作品也显现出女性对礼乐传播的性别观的反抗：通过精神离场突破男外女内的分工定位，通过自我意识觉醒反抗三从四德的社会期待，通过施展个人才情重塑女性价值。

总而言之，此次研究基于对李清照诗词作品的分析，立足于女性视角考察礼乐传播的性别观与古代女性之间的关系，对当前传统文化以及礼乐文明复兴中的扬弃问题有重要的启示意义，有益于正确认识礼乐制度对女性的压迫，摈弃落后的性别观念，促进现代社会男女平权发展。

此次研究有以下不足，首先，基于李清照诗词作品来研究古代女性与礼乐传播性别观的关系虽然有其重要价值，但不可否认的是，李清照家境优越，才华横溢，人生经历具有独特性，导致她无法在整体上代表中国古代女性，后续的研究应该关注中国古代普通女性的作品，进一步在女性视角下探讨礼乐传播的性别观问题。其次，研究资源受限，陈祖美的《李清照诗词选》并未收录李清照的全部遗作，在这个方面略有遗憾。最后，在研究视角上，此研究主要侧重于通过女性作品来看礼乐传播的性别观与古代女性的关系，及其对女性的影响，并未对礼乐传播的性别观形成的依据、原则、具体表现做深入的分析与探讨，未来的研究可以关注这些领域。

（本章作者：王　娜　谢清果）

第十三章　尊礼择色：礼乐传播的儒家色彩观念

色彩是构成视觉艺术的要素，也是社会文化的符号与媒介。《礼记》集中体现了儒家的色彩观念，通过对《礼记》相关文本的探析，可发现儒家对于色彩的认知和选用超脱了单纯的视觉范畴，而是将色彩应用作为修身复礼的重要方式。在礼乐传播的研究视角下，儒家色彩观不仅是一套以"礼"为中心的文化内容，还包括其相对成熟的传播方式。在礼乐的熏陶下，色彩形成相对固定的内涵；色彩的传播，则又反过来彰显礼乐思想。经由漫长的历史发展，儒家色彩观深植于民族心理与意识当中，在当代的许多情境下仍能激发认同、连接情感、凝聚力量。因此，重新阐释儒家色彩观、弘扬其优秀内核，对礼乐文明建设具有重要意义。

色彩是进入视觉的第一印象，也是表现美、传达情感和思想内涵的重要语言，在人类漫长的发展史中，色彩的意义随着世界人文表达的丰富而进化。原始时期，人的眼睛从感受明暗的基础上逐渐向感受色彩进化，这是人类对大自然色彩最初的心理感应。[1] 在产生"黑深—浅白"的感觉之后，中华先民慢慢地分化出另外一个色系：赤。[2] 中国考古学家发现，在距今约两万七千年的北京周口店山顶洞人的遗骸周围，就存在当时人们使用赤铁矿的痕迹，包括遗骸上以及鱼骨、贝壳等陪葬品上，都撒放着赤铁矿粉末。[3] 在我国内蒙古东南部和辽宁西部地区发现的新石器时代红山文化的遗存中，发现了以红彩和黑彩装饰的陶器。[4] 红色是血液的颜色，体现着动物性特征，人们总是在狩猎和战争的热潮中，或者说正在他们感情最兴

---

① 张咏梅：《中国人色彩审美心理的形成及特征》，硕士学位论文，山东师范大学，2004 年，第 3 页。

② 陈彦青：《观念之色：中国传统色彩研究》，北京：北京大学出版社，2015 年，第 28 页

③ 冯宇飞：《中国尚红文化的发展以及在标志设计中的应用研究》，硕士学位论文，宁夏大学，2018 年，第 3 页。

④ 施洪威，高守雷，张童心：《红山文化彩陶纹饰艺术思想研究》，《陶瓷研究》2020 年第 1 期。

奋时看见血色的。① 从这个阶段人类对色彩的使用可以看出，色彩已经能够在一定程度上体现他们的情感意识和精神追求。原始先民选用色彩已不是对自然之色的被动反映，而是开始注重从自身的生命意识出发，初步形成了主观的色彩意识和观念。②

至春秋战国时期，我国历史上出现了百家争鸣的文化盛景。自孔孟开始，儒家文化不断发展，逐步奠定其主流思想地位，并深深植入我们的民族基因当中，对社会、文化的方方面面产生直接而深刻的影响。在审美层面，儒家学说不断推动着以"目观为美"的自发性色彩认知逐渐向具有文化符号价值的自觉性审美机制转变。③ 儒家思想家主张"祖述尧舜，宪章文武"，崇尚"礼乐"和"仁义"，提倡"忠恕"和不偏不倚的"中庸之道"。正是在这一大的思想体系的指导下，儒家极力维护周时建立的色彩典章制度，色彩由原始社会发自生命本能的情感符号转变为寓意明确的礼制象征，对形塑我国古典的审美文化起到重大影响。

儒家学说经过了数代的释意和引申，当代对于儒家思想的研究也是不计其数；但专门论述儒家色彩观念的成果却较为鲜见。依照研究思路，现有关于儒家色彩观的研究主要可以划分为两个方面：一是结合古代具体工艺论及儒家色彩观念与审美意识；二是立足于原始经典，从古代哲学思想出发对儒家色彩观的核心要旨进行归纳总结。

从古代工艺入手探讨儒家色彩观是美术、设计、考古等领域关注的课题，研究主要集中在绘画和服饰方面。姜荣莉（2013）《论儒家思想在传统中国绘画中的体现》探讨了儒家正德正色的色彩观念对中国绘画的用色影响，中庸意识、中和文化、雅正观念以及依仁游艺的审美标准贯穿于绘画用色当中。王蓉蓉（2016）《儒家美学思想对宋朝绘画的影响》强调了儒家色彩观念的教化功能，认为这种思想一方面促成了"美"与"善"的结合，但另一方面却束缚了艺术的真实性和多样性。朱芸（2010）《唐宋时期服饰色彩研究》集合大量考古资料、绘画及文学作品等，研究了唐宋时期的服饰色彩发展脉络，提出儒家"合礼合仁"的象征色与道家"率性自然"的朴素色彩观奠定了中华民族服饰审美的基础，其中"正色至尊""官品服色制""礼服规制"等都体现了儒家色彩观的深远影响。

立足于原始经典进行研究是对儒家色彩美学进行追索、还原其真实面貌的重要途径。张缨（2005）《中国传统色彩的美学探源》从孔孟及后世儒家的一些论说中总结了传统礼教对"五色观"的发展。王文娟（2004）《论儒家色彩观》则主要从《论语》文本出发总结出儒家色彩"合礼""合度"及"绘事后素"的主张。李

① 王兴业：《民间造物色彩观研究》，博士学位论文，苏州大学设计学，2017年，第32页。
② 王兴业：《民间造物色彩观研究》，博士学位论文，苏州大学设计学，2017年，第34页。
③ 张缨：《中国传统色彩的美学探源》，《成都师范学院学报》2005年第5期。

琳（2013）则从儒家学者对于《诗经》色彩词语的解读方面，解析儒家以色正礼、以色比德的审美取向。

总体而言，学者从不同角度和学科领域对儒家色彩观进行了诠释，从中可以发现儒家色彩本质上是一种文化现象，它受制于儒家的哲学思想体系，"礼"便是解读儒家色彩观念的一把钥匙。但目前诸多学者主要在"是什么"层面对儒家色彩加以理解，将其作为儒家礼制化思想的产物。这种研究模式并不能解决"为什么"的问题。要解决"为什么"的问题，不仅需要在儒家文化系统中了解色彩的属性，还应明晰其功用。色彩作为一种可视化的符号，承载着丰富的文化内涵，在传播礼乐思想方面发挥着独特的作用。本章采取礼乐传播的视角，以《礼记》文本为中心，拟对儒家色彩观的文化根源、传播内容、传播诉求及传播方式进行全面探析。

第一节　礼乐传播与儒家色彩观念溯源

色彩是原始时代就存在的概念，在儒家色彩观形成之前，古人在观察自然万物的过程中，为生命本能需要而选择性地运用色彩。黑、白、红被频繁地运用于与生命有关的色彩活动中，并被赋予了处于混沌状态的、尚未十分明确的色彩象征性：白是阳光的色彩，黑是夜晚的色彩，红是血液和生命的色彩。[①]通过进一步的传播，这种指代意义逐渐成为一种共通语言。在当时，先民主要依靠物来传递概念，彩陶、地画、岩画等便是典型的色彩物化形式。在我国大地湾文化遗址出土的彩陶、地画，阴山早期岩画都可见红、白、黑、褐等单纯而醒目的颜色运用。[②]通过这些色彩形象，原始人将色彩的象征意义固定下来。"人着色于物体"改变了被着色物自身的本质，无声或有声地传达了各种思想、感情和情绪，颜色变成了语言、思想和感情。[③]

随着人类逐渐摆脱原始的本能状态，对色彩的认知走向自觉化、系统化。以"五行""五德"法则建立的五色制体系，是中国人传统色彩审美心理形成的标志。中国文明的基础是农业、礼仪和汉语，周而复始的农业活动造就了注重传统、讲究四季四方的礼仪规则和方块文字，也奠定了五色系统的基础。[④]那么，何谓"五色"？五色概念已知的最早记录，由舜帝提出。公元前22世纪，舜帝取代尧帝统

---

① 张咏梅：《中国人色彩审美心理的形成及特征》，硕士学位论文，山东师范大学，2004年，第6页。

② 张缨：《中国传统色彩的美学探源》，《成都师范学院学报》2005年第5期。

③ 城一夫：《色彩史话》，亚健、徐漠译，杭州：浙江人民美术出版社，1990年，第14页。

④ 彭德：《中华五色》，南京：江苏美术出版社，2008年，第30页。

治中国，曾派大禹为自己制作一套礼服，要求用五色绘制上衣的图案。①《周礼·冬官·考工记》中更为具体地提到"五色"："画缋之事，杂五色。东方谓之青，南方谓之赤，西方谓之白，北方谓之黑，天谓之玄，地谓之黄。青与白相次也，赤与黑相次也，玄与黄相次也。"这段文字记录了服饰印染的具体做法，谈及五色与色彩的搭配，"五色"即指青、赤、黄、白、黑五原色。② 随着阴阳五行学说的发展，五色与五行、五方、五节、五脏等成为架构世界秩序的整体系统。由此，五色的意义得到扩展，它们不仅是五种颜色，而是和时间、空间、身体乃至生活各方面相对应的一套系统，蕴含着丰富的信息。五色系统主要从官方向民间传播，主要表现为三种现象：一是由中央推行规则，逐级传达，广播民间。比如天子一年四季外出祭祀遵循的用色制度为路人耳濡目染。二是中央推行的规则，四方人士各取所需，扬此抑彼，局部放大以成地方传统。比如南方对应着赤色，所以南方人对赤帝的祭祀最为隆重。三是两极对立，自黄帝始，历代帝王以五行相克的天道循环论选择他们的国家象征色。③ 比如夏朝尚黑，商朝尚白，周朝尚赤。在这一历史阶段，色彩的隐喻和象征意义进一步被放大和深化。五色的象征不仅应用于对世界的思考，也用于社会秩序化的维系。④

身处"礼崩乐坏"的时代，儒家创始者孔子是周朝的卫道士，一生都在为"克己复礼"而奔波，在色彩方面也是主张效仿周时之礼。出于对周礼的维护，孔子将色彩分为正色、杂色、美色和恶色，强化了尊卑、权力、身份地位等象征意义。《礼记》作为儒家经典著作之一，集中阐释了儒家所倡导的礼仪典章，其中便包含了许多色彩方面的礼乐规范。围绕五大色系，《礼记》中出现了数十种颜色词汇。最受重视的青、赤、黄、白、黑多为统治阶层所享，多用于祭祀、册封、朝会等正式活动中；诸如缥、綦、绞等间色则多作为较低阶层的服色、配饰、住居和器物色彩，多用于起居等非正式场合。在推崇礼制的儒家思想家看来，色彩的应用须符合身份、场所和具体功能，讲求"配合适度"的审美标准，否则便是"非礼逾制"。同时，儒家历来讲究礼乐相辅、情理相依。在看待色彩时，儒家除了注重礼与理的"规范美"以外，还推崇诉诸乐和情的"和谐美"。因此，儒家并不单纯强调某一种颜色，而是致力于寻求整个色彩体系的合宜，在强调内在精神内容同时也看重外在的形式美。所谓"文质彬彬，然后君子"，"文"指的是花纹色彩，"质"即指精神品格。在孔子看来，"文"与"质"需搭配适宜，这样方能彰显君

① 彭德：《中华五色》，南京：江苏美术出版社，2008 年，第 36 页。
② 张缨：《中国传统色彩的美学探源》，《成都师范学院学报》2005 年第 5 期。
③ 彭德：《中华五色》，南京：江苏美术出版社，2008 年，第 26 页。
④ 王玉：《五行五色说与中国传统色彩观念探究》，《美术教育研究》2012 年第 21 期。

子德行，这其中便包含了精神内容与艺术形式相统一的审美要求。在儒家礼乐文化的范畴中，"几乎所有的色彩，都成为观念的符号，成为一种隐喻的象征"①。

由上所述，儒家对肇始于远古时期的色彩观以"礼"的形式进行继承和发扬，将色彩之美寓于礼乐之中，不仅是为规范人的言行，也是希望用色彩暗示人的美德，其根本目的在于抵达"仁"的境地。由是，儒家色彩观发展成一套完整的非语言符号系统，成为礼乐传播的重要内容，色彩规范的践行则是维护礼乐、宣扬仁德的重要方式。

第二节　礼乐传播视野下的儒家色彩观念

儒家色彩体系的产生及其基于的认知根本，是以"礼"导引社会秩序、实现仁政的文化理想，它是一个来自士林阶层，为统治需要而建构的系统。儒家色彩观将色彩当成媒介，指向庞大的社会结构运行机制。统治阶层通过设定用色的礼仪规范"自上而下"进行价值传播，对民众进行教化。民众在接收并践行这些用色规范后达成认同和内化，通过色彩进一步学习礼仪，"自下而上"地服从并主动维护社会秩序，促成社会的安定。

一、尊礼择色：儒家的设色规范

《礼记》中记载了儒家所倡导的各种礼仪规范，《檀弓》讲丧礼，《王制》讲官员等级待遇，《玉藻》记天子及诸侯服制，其余不逐一而论。这些篇章既有真实的色彩记录，也包含了儒家依据一些闲散资料对西周礼仪色彩制度的主观构建。为兴礼乐，儒家制定了一套生活法则，以规范人们政治生活和道德生活等一切行为方式。色彩作为装饰生活的手段，不可避免地被纳入礼仪细则当中。于是，礼乐辐射下的儒家用色体现出强烈的程式性、象征性和等级性。

（一）程式之则

程式性，即指色彩的使用要遵循一定的标准，具有相通性和一致性。这种色彩的程式性是基于视觉体验与实践经验，对色彩进行概括和抽象，经儒家礼乐文化机制的过滤而形成统一、稳固的色彩程式。程式所赋予的符号意义使其具有可解读性，使得"见色识人""见色辨礼"成为可能；并由此具有了持久的传播力，便于为人们所熟识，在大众生活中实现普及；程式性的色彩也为象征机制的形成

---

① 姜澄清：《中国人的色彩观》，贵阳：贵州大学出版社，2013年，第9页。

提供了必不可少的条件。

《礼记·玉藻》载："玄冠朱组缨，天子之冠也。缁布冠缋緌，诸侯之冠也。玄冠丹组缨，诸侯之齐冠也。玄冠綦组缨，士之齐冠也。缟冠玄武，子姓之冠也。缟冠素纰，既祥之冠也。垂緌五寸，惰游之士也。玄冠缟武，不齿之服也。"由此观之，"玄"为吉色，"缟"为凶色；"朱"为尊色，"綦"为卑色；白冠白边、緌饰下垂，是谓怠惰无业；玄冠白边，代指不可教化。诸如此类，经由代代相承，这种色彩程式便在群体心理中深深扎根。于是，从色彩的装饰搭配中就可见尊卑、凶吉、地位、性情、品格。儒家所倡导和捍卫的便是依程式施色，色彩装饰不可混淆，更不可颠倒。《礼记·玉藻》中"衣正色，裳间色"表达的亦是一种强有力的程式性规范，无论是天子还是臣民都须顺乎这种礼仪，直至达到约定俗成的效果，让文化机制深深植入个体意识之中。这种趋同、恒定的色彩具有符号意义，关联着丰富的社会意义，为个体和民众所熟识和接受。[①] 在实际践行过程中，这种"相对稳定的意识将凝聚成强大的集体力量，不断模塑和规约着个体，将他们的思想意识纳入儒家色彩观念的精神之链中，使他们自觉或不自觉地按照统一的文化规范和价值准则趋同地感受、认知、思想和行为。"[②] 实际上，这正反映了儒家在礼乐上的传播智慧。正如黄星民所言："程式化可使动作不易变形，这就保证了信息在复制和传播的过程中能相对准确。"[③] 儒家将纷繁复杂的色彩进行尊卑、凶吉的划分，使之成为易识、易记、易用的视觉语言，从而助化人伦，维护礼乐制度。

（二）象征之意

象征性，意味着对色彩的认知与采用以联想为基础，将特定的色彩与文化观念对应起来，即"当人感受到色彩影响时，并且在感觉到色彩表面背后，还体验到一种神秘的力量在发生中某种启示。"[④] 经过数千年的积淀，我们现在所能感觉到的色彩早已是各种文化、认识和观念的产物。汉代刘熙曾对五色做出具体解释："青色为主，生物生长之色；红色为赤，太阳之色；黄色为光，日光之色；白为启，如同化水之色；黑为晦，如同昏暗之色。"人们在色彩的认知实践中，凭着来自本能的色彩预感不自觉地和来自外界的色彩现象发生心理和生理共振。[⑤] 譬如将红色与太阳、火焰、血液等意象联系起来，这种原始的联想为日后的象征机制奠

①　王兴业：《民间造物色彩研究》，博士学位论文，苏州大学设计学，2017 年，第 52 页。
②　吕品田：《中国民间美术观念》，长沙：湖南美术出版社，2007 年，第 157 页。
③　黄星民：《礼乐传播初探》，《新闻与传播研究》2000 年第 1 期。
④　程金城：《远古神韵·中国彩陶艺术论纲》，上海：上海文化出版社，2001 年，第 206 页。
⑤　李广元：《东方色彩研究》，哈尔滨：黑龙江美术出版社，1994 年，第 54 页。

定了基础。儒家则进一步将等级、礼制观念融入色彩当中，强化了色彩的象征意涵。从《礼记》相关文本可以发现，儒家常以象征为手段，将色彩与礼乐思想建立联系。

《礼记·杂记下》："凡宗庙之器，其名者，成则衅之以豭豚。"意思是说，凡是有名目的宗庙礼器，制成后都要用公猪的血涂抹一遍。涂过的礼器表面呈现血液未干的赤红色，象征着神圣的力量。中国古代，人们认为血液是生命的源泉，对红色的尊崇也部分源于对血液的崇拜。儒家正是抓住了这一民族心理，进一步强化了赤色与神秘的关联，利用红色的礼器使得祭祀、宗庙获得神圣的合法性。《礼记·昏义》中记载："天子之与后，犹日之与月。"儒家从对日、火的原始崇拜引申为对日色、火色的敬畏，于是赤色便演化为神威帝权的象征，其尊贵地位亦在这种象征机制中得到巩固，并影响后世。刘邦兴汉，自称为"赤帝之子"，正是因为"赤"具有至高无上的象征意味。经过长时间的历史积淀，色彩的象征意义逐渐为人们所内化，提及某一色彩便会不自觉地联想其背后附着的象征意义，礼乐思想在无形中得以强化。

（三）等级之别

维护等级秩序是儒家力行礼乐的目的之一，受此观念影响，色彩成为辨识等级、辅成礼制的标志性视觉元素。按照《礼记》的说法，间色就是质量不过关、染色不正的颜色，正色也就是符合染色规范，彰显品质的颜色。[1]儒家用色讲究"正色为尊、间色为卑"，尊尊卑卑，不得相逾，以此可以准确区分穿戴人的身份地位。

孔子曾斥责齐桓公"恶紫夺朱"，就是因为朱为正色、紫为间色，齐桓公喜爱以紫袍加身，孔子认为这是僭越，违背了礼仪等级规范。关于色彩等级，《礼记》中有着非常繁复的限定。关于礼服规制，《礼记·礼器》中提道："天子龙衮，诸侯黼，大夫黻，士玄衣纁裳。"天子穿着至尊的"龙衮"，上面绣有山、龙、华虫等纹饰；诸侯穿着黑白相间绘斧形花纹的"黼"，大夫穿的是黑青相间绘"己"字花纹的"黻"，士则穿着赤黑色上衣、浅绛色下衣、不用纹饰。根据等级品秩，礼服的颜色、花纹区隔明显。关于冕，亦有"天子冕，朱绿藻，十有二旒；诸侯九，上大夫七，下大夫五，士三"的规定。天子所戴的冕，前沿悬着用朱绿色丝绳穿成的十二串小珠，诸侯悬挂九串，等级越往下越少，到士就只能有三串；天子用纯白的精美玉石，公侯以下玉色渐杂。具体到蔽膝、率带等细小配饰，也明确突

---

① 肖世孟：《先秦色彩研究》，北京：人民出版社，2013 年，第 152 页。

显等级差异，《礼记·玉藻》有言："韠：君朱，大夫素，士爵韦。"《礼记·杂记》中："率带，诸侯、大夫皆五采；士二采。"通过色彩施用的繁简显示不同身份地位的区别。儒家在色彩等级方面的规限可谓登峰造极，其独特作用在于使得上下尊卑明若黑白，人们的等级高低都有鲜明可见的标志。儒家极力推崇色彩的等级之别，则是为督促人们牢记身份，遵从礼乐，在其位修其德，保持内在品质与外在形式的统一。

儒家强调色彩的等级之别，建构了囊括"天""君""诸侯""大夫""民"等多样参与主体的政治结构。君的色彩选用须符合天道，诸侯、大夫、民众层级分明，不得逾越，形成上下相固的政治关系。上下之间，并不是单向的"命令与服从"的传播模式，而是存在着双向的政治互动。天子服色高贵，同时也是在暗喻品行，并向天下臣民宣告其顺应天命、力行德政，以彰显政权的合法性。同时借助色彩等级规范将政治伦理化，希望民众自发地完成人格转化，完成意识形态的建构。正是在这一理念下，孔子试图通过从"天"到"民"、"上"与"下"之间的分层传播活动，构建一个贯穿于社会、政治结构的价值体系。①

二、以色明礼：儒家的用色内涵

合乎"礼"的规定是儒家色彩观的核心，尽管许多礼仪在后世看来都属"繁文缛节"，但当时的儒家学者都对其奉为圭臬。后世乃至当时的人都嘲笑儒家思想家过度拘泥于礼制和统治者的需求。针对这一点，不乏研究者对这种色彩观提出质疑，认为在后来的封建社会，为了满足并适应统治阶层的需要，独尊儒术被历代帝王和御用文人追捧成一种僵化的思想模式去顶礼膜拜，它鼓励后人用古人之训制约后人的色彩本能正常发展。②的确，随着社会发展以及后代儒学都对孔子学说做了不同程度、不同角度的发展，在此情形之下，孔子学说的真意变得日渐模糊起来。③那么，儒家色彩观的目的是否局限于维护统治秩序？回归《礼记》原典，或可一窥儒家色彩观背后的传播诉求。

（一）时间观：顺应天时，连接自然

阴阳五行系统对儒家色彩观念的构建影响至深，儒家将"五色"与"五节"联系在一起，色彩的使用蕴含着顺应天时、连接自然的愿望。古代中国属于农耕

---

①　张明新，陈佳怡：《"上下交而其志同"：〈论语〉中的政治信任建构——以政治传播为视野的考察》，《新闻与传播研究》2020年第1期。

②　张琳，王勇波：《论儒家色彩观对人类色彩本质的影响》，《大众文艺》（学术版）2016年第7期。

③　王文娟：《论儒家色彩观》，《美术观察》2004年第10期。

文明，天地、四时的变化将直接影响到民众的耕作生活。因此，"仰则观象于天，俯则观法于地，观鸟兽之文与地之宜"成为人们的生存要领。儒家倡导人们关注四季色彩的变化，并依据四时做出合宜的举动。《礼记·月令》逐月记载每月的天象特征和天子所宜居处、车马、衣服、饮食及所当实行的政令。大地回春之时，天子骑上青马，穿上素衣，佩戴青玉去城东郊举行迎春活动；立夏之际，天子穿黄衣、佩黄玉，于王宫庙前行祭礼；立秋之时，天子着白衣、佩白玉，于西郊接秋；冬日来临，天气寒冷，天子穿黑衣、佩黑玉，于北郊祭冬。由此可见，儒家色彩观念隐藏着一种时间观，表达了把握自然规律、掌握生命本质的诉求。同时，这也与儒家礼乐教化思想相契合。天子依天时而行，以车马、旌旗、服饰的不同色彩昭示天下，向天下人传播遵循天道，天子和王后还通过身体力行、藉田亲蚕，引导人民依照规律正确地生产、生活，维持社会秩序，推动国家发展。这正反映了儒家传播礼乐的终极目标，即建立自然、社会和谐一体的理想国度。这种传播活动是周期性的，且经年重复进行。将时令与某种颜色联系起来，就像是一种国家庆典，久而久之成为一种仪式化的传播活动。

（二）空间观：仰观宇宙，心系四方

儒家色彩观念不仅包含对时间的思考，也在探讨宇宙的方位和演变规律。《礼记》中有"正五色之位，成五谷之名"，说明儒家倡导"正德正色"同时也强调方位之正、方位之尊。《礼记·杂记》中"天之正色苍而玄，地之正色黄而纁，圣人法天地以制衣裳""上衣玄，下裳黄"所象征的就是天在上而地在下，不可颠倒。《礼记·曲礼》云："前朱雀而后玄武，左青龙而右白虎，招摇在上，急缮其怒。进退有度，左右有局，各司其局。"天子进出的仪仗，需遵循左青龙、右白虎，前朱雀、后玄武的规制，这样方能进退有度。在中国传统祭祀文化中，需要用不同颜色和形制的玉器，来礼拜天地四方。儒家沿用了这种联想，用色彩代指天地四方，指明天子与天地参，方能德配天地、兼利天下，传递的是儒家努力在人世间宣扬德政的思想。

（三）主体观：相生相息，天人合一

学者认为，空间观的本质是人寻求自身在世界（宇宙）中的位置问题，这是人自我意识觉醒的表现，也是人想依靠天之神秘恢宏力量来把握世界这一愿望的表征。[①] 依照这一视角来考察儒家色彩观，可以发现除了天地四方之外，其中还

---

① 王文娟：《庄子美学时空观及其现代意义》，《陕西师大学报》（哲学社会科学版）1995 年第 2 期。

有一个"观察的主体",即潜藏其中的"我"和"中"的概念。青、赤、白、玄指代东、西、南、北,黄代指"地",而"我"正是生于这大地之上。"黄"是"人"是"中",更是其他四方四色产生和获得存在的关键,是一种自我、主体性的认识。[①]儒家继承和发扬了五色相生的观念,并将之置于礼仪规范中执着追求,实则也是在希冀在天地万物中确定自己的位置。人与天地四方处在同一个系统当中,自是需要与天地万物相互依存、相生相息。儒家倡导人们遵循自然和社会秩序,不仅是为了维护统治的稳定,也表达了天人合一的美好愿望。

第三节 礼乐协同的儒家色彩观念传播方式

从传播学的角度上看,人的一切活动都携带着信息,具有传播功能。黄星民认为,中国儒家不仅已经认识到礼乐的传播功能,并自觉地加以利用。与原始礼仪相比,儒家的礼乐传播已是更加成熟的大众传播。[②]这不仅体现在礼乐传播的内容被相对固定了下来,还体现在传播方式的成熟。儒家的色彩观念的传播以器物为媒介,通过在特定的器物上施以特定的颜色,或者展示某种具有独特色彩的器物来传递思想情感;以礼仪本身为渠道,在举行礼仪的同时也在进行传播活动;其独特性还体现于它是在礼和乐共同构筑的传播系统中进行的,礼乐相辅相成帮助人们更好地理解色彩的文化内涵。

一、传播介质:以物为媒

从原始时期开始,人类便学会在身体、器物上涂抹颜料以传达信息。在儒家的色彩系统里,"物"依然是传播礼乐色彩思想的重要媒介。服装配饰、乘舆、建筑、礼器等是色彩择用最为严格的领域,也是表现"礼"的重要载体。

车马、服饰的色彩意义对于国家治理而言尤为重要。《礼记·大传》中记载:"立权度量,考文章,改正朔,易服色,殊徽号,异器械,别衣服,此其所得与民变革者也。"圣人一旦登上天子宝座都要进行一系列的变革,包括颁订新的历法,改变车马和祭牲的颜色,制订新的服饰制度等,以表示"改故用新、政从我始"。于天子而言,这些器物都是重要的传播媒介,改变其用色制度是传播政权合法性的重要方式。统治者利用与"五德"相配的色彩以昭告天下"自己并非受命于人,而是受命于天";既然是受命于天,就说明统治者的德行是被上天认可的,那么群臣百姓就应遵从规范。这是一种无声的号令,带有特定色彩的"器"既是彰显天

---

① 陈彦青:《观念之色:中国传统色彩研究》北京:北京大学出版社,2015年,第35页。
② 黄星民:《礼乐传播初探》,《新闻与传播研究》2000年第1期。

子德行的外显物，又是规范人们社会行为的标尺。然而随着封建专制统治的发展，"彰显德色"的目的已不再起决定作用，巩固政权成为更为核心的诉求。例如，清代初期为了"剃发易服"而杀汉族男性无数就是这种政治背景的产物。

在建筑方面，《礼记》援引《春秋·谷梁传》中的记述："楹，天子丹，诸侯黝，大夫苍，士黈。"楹是宫殿或堂屋前的柱子，从它的颜色便可知所有者的身份，天子门前的朱柱也代表着其统治威权，即通过器来传播礼制，表现意识。人们的色彩施用被限定在与其身份、地位、年龄等要素为基础的"度"内，其最终目的在于维护世间的人伦秩序。

此外，礼仪中的各式礼器也充当着传播媒介，尤以玉器为主。玉在封建社会有十分重要的地位，重要仪式如祭祀、朝聘、出征等都以玉为必需品。玉色温润而光泽，是"仁"；玉色通透尽显于外，是"信"。《诗经·秦风·小戎》："言念君子，温其如玉。"孔子认为，玉的光泽就像君子具有仁的德行。因而，古人总是玉不离身，尤其推崇色泽通透的美玉，实际上也是想借此向人们传达自身品行高洁。这种传播是含蓄的，但是由于色彩的意义相对固定，在传播过程中却不用担心出现谬误。

二、传播渠道：寓传于礼

儒家色彩观念的传播渠道就是各种礼仪的表现形式，其传播介质就是礼仪中涉及的各种器物。儒家的礼可分为吉礼、凶礼、宾礼、军礼、嘉礼五大类，[①] 即包括祭祀、丧葬、军事活动、迎宾和饮食婚庆等。从日常生活到国家大事，各种礼仪莫不涉及色彩的规定。

"是月也，命妇官染采，黼黻文章，必以法故，无或差贷；黑黄仓赤，莫不质良，毋敢诈伪；以给郊庙祭祀之服，以为旗章，以别贵贱等给之度。"《礼记·月令》季夏中的这一段讲的是祭服染采，用于祭祀的服饰色彩应严格遵守成法，祭服色彩应反映等级区别，不能出现丝毫差错。人们通过践行这些礼仪，将色彩规范推而广之并一代代承袭。直至清代，我们依然会发现一些礼仪中的色彩规范与孔子所推崇的周礼相仿。《清史稿》中记载："先一日，帝御斋宫，龙袍衮服。届期天青礼服，方泽礼服明黄色，余祀亦如之。惟朝日大红，夕月玉色。王公以下陪祀执事官咸朝服。"[②] 天子祭祀礼仪延续了繁复的色彩规定，并彰显于每一次"沟通天地"的实践中。在丧礼中，服饰色彩亦有明确限定，《礼记·檀弓上》记载："天子

① 黄公渚：《周礼》，北京：商务印书馆，1936 年影印本，第 55 页。
② 赵尔巽主编：《清史稿》，台北：新文丰出版公司，1981 年影印本，卷八十二志五十七，第 124 页。

之哭诸侯也，爵弁绖缁衣。"在诸侯去世时，天子要戴着赤黑色官帽、身系麻带、着黑色外套以表现其沉痛心情。通过寓礼于具体实践中，儒家将真正的思想和意图传播出去，其妙意便是能够取得"随风潜入夜，润物细无声"的传播效果。

三、传播系统：礼乐协同

在考察儒家的"礼"文化时，"乐"的部分亦不可忽视。儒家在传播思想时讲求"乐合同，礼辨异"，礼和乐是不可分割的。一个人有文化有悟性，叫聪明，聪指耳朵能辨角、徵、宫、商、羽五音系统，明指眼睛能分辨青、赤、黄、白、黑五色系统。[1]视觉和听觉是人类接收信息最主要的途径，在儒家色彩观的传播中，不仅做到视、听的结合，更达到了意义的相互统一。古乐中最基本的五个音宫、商、角、徵、羽在五行中分别与黄、白、青、赤、黑相互对应。《礼记·乐记》中"五色成文而不乱，八风丛律而不奸"，在儒家看来，色彩与音乐相通，音乐与政治相通，所以"知乐，则几于知礼矣"。乐讲究"乐而不淫，哀而不伤"，礼是"不偏不倚，以维护人伦秩序为天下极则"，礼和乐构成了一个更大的传播系统，礼乐辐照下的色彩观念强调"度"的把握，以调谐情与理、人与人，乃至天与人之间的关系。人们不仅在具体礼仪中领会色彩的社会意义，也在乐的纲领下接受审美的熏陶和教化。一个人如果真正能够欣赏"乐"，那么便也能认同"色"的规范。

综上所述，中国传统色彩是一种观念色、象征色，儒家色彩观念深嵌于礼乐文化之中，并借由儒家思想长存的生命力得以延续。中国古代在历史、文化、政治、经济等各个方面都受到儒家色彩观念的深刻影响。然而，由于现代色彩工艺技术的发展、西方色彩学的影响以及人们对礼制文化的批判性反思，儒家色彩观的影响力逐渐式微。诚然，在当代如果还过度强调色彩的伦理象征与社会等级，则会限制色彩的审美创新，也是对人们主体性的钳制。但对于民族文化，我们既不可一味继承，也不可全然抛弃。认清哪些是值得坚守的优秀传统是当代礼乐建设的重要使命。

儒家将色彩道德化、人格化，用色彩规范约束人的行为，从积极层面上讲可以敦促人们修身向仁。例如《礼记·聘义》中："夫昔者，君子比德于玉焉，温润而泽，仁也。"将玉器之色视为君子品行的表征物。千百年来，玉成为中华民族个人品质的承载物之一，人们推崇玉的色泽通透、凝重、表里如一，也代表了对至高品德与优秀行为素养的追求。在笔者看来，强调色彩与德的关联便是儒家色彩

---

① 彭德：《中华五色》，南京：江苏美术出版社，2008年，第26页。

观念在当今礼乐教育犹能发挥的作用。

此外，受儒家色彩观念影响，部分色彩的意义被建构，仍然能够在中华儿女心中激发认同感，形成情感联结。例如红色，在京剧中红色代表忠勇，在节庆日红色传递吉祥，人走运了称为"红运"，在国庆、阅兵、奥运等许多大事记中人们心中都不由得燃起对于那一抹"中国红"的民族自豪感。例如黄色，在五色体系中居于中央，曾一度被视为最尊贵之色，如今寓意着辉煌、光明。儒家色彩观念是历史的，也是现实的。在这个资讯发达的时代，色彩所保有的这些固定信息能够使得它们在传情达意时发挥直达人心的高效作用，这恐怕是任何文字、图像都不能比拟的。

当今阅读市场精彩纷呈，媒体要想吸引读者，除了内容的可读性之外，很大程度上取决于版面的编排设计，包括标题、内文字体、背景、色彩、留白等各种元素。在这些元素中，色彩最能引起人们注意，最能传达信息，具有先声夺人的效果。[①]特定色彩的应用在特定时期尤能引起人的情感共鸣，发挥巨大作用。以新型冠状肺炎期间宣布武汉"解封"的报道为例，2020 年 4 月 8 日零时，武汉长江、汉江两江四岸，近千座楼宇和七座大桥也一起被点亮，正式宣布封闭了 76 天的武汉迎来解封。在这个被疫情笼罩多时、而终于点亮一些希望的特殊时间节点，当时媒体报道的用色便很好地体现了色彩在直击读者心理、提升传播效果上的作用。新闻图片中采用了大量红色、金色的元素报道，一场灯光秀点亮了全国人民的万千情绪，透过色彩，人们可以看到一个英雄的城市，一份国家力量，与无数人在同一时刻进入到同一个文化氛围中，为色彩背后所蕴含的民族精神所感染。色彩在其中充当的是一个表意符号，经过数千年的积淀，这些特定的意义早已存在于读者心中，一经媒体的唤起便能迅速对其发布的信息进行正确解码。

儒家以"礼"的形式对色彩加以规范，再通过礼乐实践传递这种色彩观念。受此影响，国人观色，不仅以眼观，更要注重联系色彩之外的诸多概念进行理解，其中深藏着我们民族的观念意识和民族心理。正如长期研究色彩的学者宋建明所言："色彩，在今天，要是不从文化的立场上认识它，恐怕也很难找出一种更合适的方式来解读。因为，它本身就是文化产物，是一个民族传统意识形态在色彩应用过程中的体现。"[②]

诚然，我们对色彩的崇尚，是文化选择的结果。例如，中华文化好生恶死，有着乐天的气质，贯注着对生命的挚爱。也许正是这个意义上，红色这种生命的

---

① 郝彦杰：《色彩在媒体传播中的作用》，《新闻爱好者》2009 年第 17 期。
② 宋建明：《关于"彩调"文化现象的研究——中国传统色彩文化现象成因的再思考》，《当代亚洲色彩应用第四届亚洲色彩论坛论文集》，北京，2007 年，第 49 页。

本色就成为中国人喜庆的表征。再者，中国人安土重迁的土地情结，使得我们对黄土地有着深切的眷恋，土地的黄色就成为国家最为庄重的色彩，以至于成为帝王专属的色彩。凡此种种。当代，我们可以摒弃等级浓厚的色彩观，而发扬其对生活和社会秩序的调节功能，依然能增进社会和谐。

（本章作者：何静　谢清果）

第十四章 序和合同：礼乐传播的宗法婚嫁制度

礼乐传播作为大众传播的一种形式，是在一定的制度框架内进行的，然而西方大众传播体制理论水土不服，宗法制下的礼乐传播自有其本土和时代的特色。婚嫁礼乐是古代中国社会秩序的逻辑底层，同时也是中华礼乐系统根本所在。本章在宗法制范畴下以婚嫁礼乐传播为例，以"序""和"为着力点，对礼乐传播制度进行分析，发现婚嫁礼乐传播中通过对传播渠道、内容的把控成就夫妇之间的主从之分，通过传播仪式的差异化实现妻妾之间的高下之别，通过对传播符号的运用促成夫妇之间的尊卑一体，通过安排人际关系维护妻妾之间的友善和睦。这是宗法制范畴下礼乐传播促进宗法社会"序"中有"和"的一个缩影。

从传播内容来看，礼乐传播首先是一种文明传播，即"在一定历史时期，不同文明和不同区域的特质文化，通过一定的传播方式或传播媒介进行沟通互动、交流融合，获得传承延续与发展跃迁的内在秩序与过程"。[①]某种程度上，中华文化的特质就是儒家礼乐文化，"这整个的文化系统，从礼一面，即从其广度一面说，我将名之曰：'礼乐型的文化系统'，以与西方的宗教型的文化系统相区别"[②]。同时，儒家的礼和乐正是这种独特的中华文化得以传播、传承、发展的载体、媒介，礼乐传播就是中华传统文化独特的传播形式。

一、对礼乐传播特性与制度的讨论

作为一种文明传播，毛峰认为礼乐传播制度有四个独特性。[③]一设"司徒之官

---

① 谢清果：《礼乐协同：华夏文明传播的范式及其功能展演》，《新闻与传播评论》2018 年第 6 期。

② 牟宗三：《中国文化之特质·牟宗三先生全集 (27)》，台北：联经出版事业公司，2003 年，第 66 页。

③ 毛峰：《文明传播的秩序：中国人的智慧》，北京：中国传媒大学出版社，2005 年，第 113—114 页。

以成德"①，通过礼仪奠定父子之亲、长幼之序、朋友之信、夫妇之别、君臣之义五种基本的社会关系。二设"三礼之官"掌祭祀，礼敬"天神、地祇、人鬼"。三设"典乐之官"以"教胄子"，通过"诗言志，歌永言，声依永，律和声。八音克谐，无相夺伦，神人以和"达到"直而温，宽而栗，刚而无虐，简而无傲"②的教化效果。四设"纳言之官"以上达下情：虞重纳言，"有进善之旌，有诽谤之木，有敢谏之鼓"；③周贵喉舌，"以肺石达穷民"④"建路鼓于大寝之门外，而掌其政，以待达穷者与遽令"；⑤汉"立乐府而采歌谣"，以使王者观风俗，知得失，自考正。

从传播形式来看，礼乐传播是一种大众传播。黄星民认为中国儒家的礼乐传播是在落后的传播媒介难以满足社会存在的大众传播需求的情况下应运而生的一种独特的非语言大众传播形式，并从微观和宏观两个层面对其传播制度进行了考察。在微观层面，礼乐传播具有完整的传播过程和清晰的 5W 要素（如图 13-1）。⑥在宏观层面，礼乐传播具有"定期传播""多层传播"的特点，并逐渐走向"规模化传播"⑦。

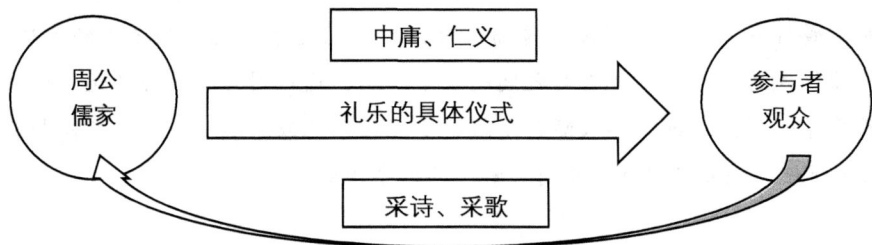

图 13-1　作为大众传播的礼乐传播的过程

黄星民教授并没有从权力关系、所有制关系、传播管控等角度为礼乐传播制度定性。国内有学者在宗法制范畴下讨论礼乐传播。余志鸿在《中国传播思想史》中对"三礼"中的礼乐传播制度进行考察，⑧认为《周礼》详细规定了从周天子到地方诸侯、从三司六卿到五官僚属的权力地位和传承方式，形成了以王权为核心、以血缘为纽带、官吏贵族宗亲三位一体的宗法制度，从而保证传播的顺利进行。

---

① 王国轩：《孔子家语》，上海：中华书局，2009 年，第 209 页。
② 王世舜：《尚书译注》，成都：四川人民出版社，1982 年，第 18 页。
③ 王聘珍：《大戴礼记解诂》，上海：中华书局，1983 年，第 52 页。
④ 孙诒让：《周礼正义》，上海：中华书局，1987 年，第 2754 页。
⑤ 孙诒让：《周礼正义》，上海：中华书局，1987 年，第 2498—2499 页。
⑥ 黄星民：《礼乐传播初探》，《新闻与传播研究》2000 年第 1 期。
⑦ 黄星民：《从礼乐传播看非语言大众传播形式的演化》，《新闻与传播研究》2000 年第 3 期。
⑧ 余志鸿：《中国传播思想史·古代卷（上）》，上海：上海交通大学出版社，2005 年，第 116—123 页。

二、对婚嫁礼乐传播的研究

婚嫁礼乐制度是古代中国社会秩序的逻辑底层，"天地合而后万物兴焉，夫昏礼，万世之始也"[①]；同时也是中华礼乐系统根本所在，"昏礼者，礼之本也"[②]。"三礼"中对婚嫁礼乐的规定奠定了中国传统婚姻理论乃至社会运转的基本框架，是礼乐研究中重要且热门的领域。但是，关于婚嫁礼乐的研究目前主要集中于史学、民俗学、哲学领域，[③]在传播学领域的研究则相对较少。

在婚嫁礼乐的传播问题上，部分学者强调婚嫁礼乐作为一种传播媒介或传播方式的教育功能，认为"三礼"通过对婚前"六礼"和婚后"成妇礼"的规定，对女性进行"以正妻为中心的妇道教育"[④]。《礼记》中对女子婚前教育的规定是这一教育功能的鲜明体现。

在婚嫁礼乐传播制度方面，余志鸿注意到了婚嫁礼乐传播被父权控制，"整个婚姻活动的传播都由双方家长操纵，女子作为'传播'的'物化品'，一切取决于家长的权威、宗庙的占卜，以及交往的彩礼"[⑤]。

《礼记》是中国传统礼乐文化的集大成者，《礼记·昏义》对婚嫁活动的礼仪、用乐制度做出了详细规定，书中其他部分也对婚嫁礼乐规定有所涉及。因此，许多研究者将《礼记》作为西周婚姻制度、儒家婚姻观念研究的重要文本。

陈丛兰对《礼记》中的婚姻伦理思想进行研究，认为正是《礼记》首次系统、全面地从价值取向、价值判断以及价值目标等维度诠释了婚姻方面的基本问题，既体现了儒家以维护宗法等级制度为实质的现实主义婚姻观，又表达了儒家仁爱和谐的道德理想主义价值取向。[⑥]沙莹将婚礼分为婚前礼仪、正婚礼仪、成婚礼仪三个阶段，从文化语言学的角度对《礼记》中的婚礼文化词语进行研究。[⑦]李芸倩对宋哲宗违反《礼记·正义》"婚礼不用乐"规定的举动进行研究，认为其是官方层面对《礼记》规定的礼乐制度的突破，从而造成了官方与民间的矛盾。[⑧]此外，许多关于民俗与古代礼仪制度的研究著作中也包含了大量对《礼记》中的婚嫁礼乐制度的研究。

本研究中，笔者将礼乐传播视为一种大众传播活动，以宗法制为范畴，以婚

---

①　杨天宇：《礼记译注（上）》，上海：上海古籍出版社，2004年，第322页。

②　杨天宇：《礼记译注（上）》，上海：上海古籍出版社，2004年，第817页。

③　陈丛兰：《〈礼记〉婚姻观百年研究述要》，《齐鲁学刊》2016年第4期。

④　贾梦蝶：《周代婚礼仪式及妇道教育——以〈仪礼·士昏礼〉为中心》，《华夏文化》2019年，第2期。

⑤　余志鸿：《中国传播思想史·古代卷（上）》，上海：上海交通大学出版社，2005年，第119页。

⑥　陈丛兰：《〈礼记〉婚姻伦理思想研究》，硕士学位论文，西北师范大学，2005年。

⑦　沙莹：《〈礼记〉婚、丧二礼文化词语语义系统研究》，硕士学位论文，山东大学，2006年。

⑧　李芸倩：《宋代嘉礼用乐研究》，硕士学位论文，河南大学，2019年。

嫁礼乐传播为例，以"序""和"为着力点，对礼乐传播制度进行分析。

第二节　"宗法制"下的婚嫁礼乐传播的"序"

西周宗法制，在父系氏族家长制的基础上建立起来，以嫡长子继承制为核心，通过大规模、分层级的宗法分封统治全国，建立了自天子至士人的宝塔式宗法等级关系，形成了稳固的权力差序格局，同时又凭借亲亲尊尊、尊祖敬宗、孝悌谨信、同气连枝等思想将不同等级的人团结起来，使得君臣、父子、夫妇、兄弟、妻妾等恭而亲，序而和，方有王权稳固、社稷安定。礼乐传播，是宗法制下独特的传播形式，同时也维护着宗法制度的"序"与"和"，其间道理当如《礼记·乐记》所云："乐者，天地之和也，礼者，天地之序也。和，故百物皆化；序，故群物皆别。"[①]且因此，本章着力"序""和"两端，在宗法制下分析礼乐传播的体制。

一、把控传播内容以成夫妇之"序"

西周时期的宗法制是在原始社会末期的父子氏族家长制发展起来的，存在着男性对女性的掌控、奴役，[②]宗法制下的婚嫁礼乐传播也处处体现、巩固着女性对男性的附属地位。

从历史的角度看，女性在社会中的角色定位并非一开始就是"和顺""依附"性质，相夫教子的女性角色是在母系社会衰落、父系氏族崛起的过程中被不断建构起来的。其中，对女性的传播、教育是角色建构的关键环节。宗法制社会中，女性从出生起就不断接受着男尊女卑思想的浸染，在即将实现由"女儿"到"妻子"这一角色转变的关键时期，这种传播和教育也从潜移默化转变为严格的、仪式意味浓重的强制措施。

《礼记·曲礼上》有云，"女子许嫁，缨，非有大故，不入其门"，[③]女子一旦许嫁他人，就要系缨，没有丧病之类的大变故，就不进她的屋门。在不提倡女子"抛头露面"的时代，限制其他人对女子的探访，在一定程度上，就是阻断了外界对许嫁女子的联系，互相传播的渠道被阻断。但实际上，阻断部分传播渠道的目的是为了对传播内容进行把控，使待嫁女子无法获知家人不欲其知晓的、对行将举行的婚礼不利的信息，从而降低悔婚可能，保证婚礼能够顺利进行。

当然，待嫁期间的女子并非真的与世隔绝，她们被限制了自由的信息获取，

---

① 杨天宇：《礼记译注（上）》，上海：上海古籍出版社，2004年，第476页。

② 钱宗范：《中国宗法制度论》，《广西民族学院学报（哲学社会科学版）》，1996年第4期。

③ 杨天宇：《礼记译注（上）》，上海：上海古籍出版社，2004年，第14页。

但同时被要求接受既定内容的教育。《仪礼·士昏礼》称："女子许嫁，笄而醴之，称字。祖庙未毁，教于公宫三月。若祖庙已毁，则教于宗室。"① 《礼记·昏义》也有类似记载："是以古者，妇人先嫁三月，祖庙未毁，教于公宫，祖庙既毁，教于宗室。教以妇德，妇言，妇容，妇功。教成祭之，牲用鱼，芼之以蘋藻，所以成妇顺也。"② 意即，在女子成婚前三个月，如果祖先的庙尚未迁毁，就在该祖庙中接受教育；如果许嫁女祖先的庙已经迁毁，就在族中大宗的家里接受教育。教育的内容则为，做妇的德行、言辞、仪容、活计。教育成功后举行祭礼，以表明做妇所应有的柔顺的德行已经形成。这一过程中，教育和祭礼都是传播行为。通过对传播内容的把控（教授妇德、妇言、妇容、妇功），对许嫁女子进行认知上的灌输、思想上的引导、行为上的矫正，从而使其为日后成为一个和顺的妻子做好准备。最后的祭礼步骤，则是通过该仪式的举行，使其认可自己即将拥有的妻子身份，接受自己成为男性附属品的角色定位。

除了通过把控传播内容对待嫁女子进行"三从四德"的教育外，婚嫁礼乐传播的其他环节也体现着夫妻之间的地位差别。比如，传播符号的运用。《仪礼·士昏礼》曰："昏礼，下达纳采。用雁。"③ 彼时，雁因南北迁徙而有"随阳之鸟"的寓意，而中国传统阴阳观念中，夫为阳、妇为阴，用雁作为纳采之礼，意味着阴随阳、妇从夫。

二、区别传播仪式以成妻妾之"序"

"立子立嫡"是西周宗法制的核心，妻妾之分则是嫡庶有别的根本，从这个层面上讲，聘娶礼仪规定下的一夫一妻多妾制为构建宗法体制提供了依据，也使妻妾关系有序化。④ 《礼记》中对一夫一妻多妾的制度颇有阐述。《礼记·昏义》有云："古者天子，后立六宫，三夫人、九嫔、二十七世妇，八十一御妻，以听天下之内治，以明章妇顺，故天下内和而家理。"⑤ 《礼记·曲礼下》亦有云："天子有后，有夫人，有世妇，有嫔，有妻，有妾。"⑥ "公、侯有夫人，有世妇，有妻，有妾。"⑦ 可见，彼时自天子以至于公侯、大夫、士乃至于庶人，一妻多妾乃是常态。妻妾之别关系嫡庶之分，影响权力继承，要想成功避免妻妾、嫡庶之争，就需要妻妾、

---

①　郑玄，贾公彦，《仪礼注疏》，中华书局，1980 年，第 971 页。
②　杨天宇：《礼记译注（上）》，上海：上海古籍出版社，2004 年，第 819 页。
③　郑玄：《仪礼注疏》，上海：中华书局，1980 年，第 961 页。
④　杨茂义：《宗法制与春秋婚姻礼制》，《北京青年政治学院学报》2011 年第 3 期。
⑤　杨天宇：《礼记译注（上）》，上海：上海古籍出版社，2004 年，第 820 页。
⑥　杨天宇：《礼记译注（上）》，上海：上海古籍出版社，2004 年，第 43 页。
⑦　杨天宇：《礼记译注（上）》，上海：上海古籍出版社，2004 年，第 46 页。

嫡庶本人连同整个家族，乃至外部社会都对这种差异产生认同。仪式是形成个人、群体认同的一种典型传播方式。事实上，根据《礼记》的记载，古时正是通过仪式区分来建立妻妾之分。

《礼记·内则》有云："聘则为妻，奔则为妾。"① 此处，"聘"意味着娶妻举行了了包含纳采、问名、纳吉、纳征、请期、亲迎六礼的完整聘娶仪式，"奔"则略过了这些环节。仪式的作用在于使参与者产生认同。纳吉环节中，男方须遣派媒人前往女方家中提亲，《礼记·坊记》规定"男女无媒不交"，有媒人才符合章法礼仪。媒人是男女双方之间的中间人、第三方，这意味着双方亲事得到了他人的认可。按钱玄先生的表述，"六礼均行于女家之宗庙"②，表明，男女结亲不只是两人的个人行为，更是结两姓之好，关系着整个宗族的利益兴衰。这意味着，双方亲事得到了两姓宗族的认同。纳采之后，问名以避免同姓结亲，随后纳吉，依据双方姓名、八字在宗庙中占卜求吉，这意味着双方亲事不违背天理人伦，得到祖宗神灵的应允。经过纳征送聘、定下黄道吉日，便到了亲迎环节。男子在父亲的命令下"往迎而相"③，女方则在庙前设筵，昭告祖先。同时，迎亲送亲往往声势浩大，携亲友随行，受众人观瞻。至此，这门亲事的系列仪式中，男女二人、双方家族、邻里亲友乃至祖宗神明都参与其中，女子的"妻"的地位得到所有人的认同。这种认同作为一种社会资源传递给"妻"的儿子，便是嫡子的根基所在。与之相比，"妾"因为没有经过这些仪式，其作为男子伴侣的身份得到宗族、社会认可较少，因此其家庭、社会地位更低。相应地，"妾"的儿子获得其传递下来的社会资源更少，便是庶子无法与嫡子抗衡的原因。

第三节 "宗法制"下的婚嫁礼乐传播的"和"

通过把控传播的渠道、内容以及区分传播仪式，人们用礼乐传播实现了夫妇、妻妾之间的"序"，巩固了父系社会的男性权力地位和一夫一妻多妾制度下正妻的尊贵地位，从而进一步维护了以嫡长子继承制为基础的宗法制度。然而，若仅仅是"序"的实现，礼乐传播影响下的家庭、宗族、社会将会不可避免地陷入僵化、冰冷的等级秩序，并由于过度压迫催生矛盾、对立、冲突。这便完全违背了儒家"家和万事兴"的家庭观念，也不利于社会的和谐稳定。为了避免这一后果，婚嫁礼乐传播也非常强调"和"，即通过传播符号的运用等手段实现夫妇、妻妾之间的

---

① 杨天宇：《礼记译注（上）》，上海：上海古籍出版社，2004年，第360页。
② 钱玄：《三礼通论》，南京：南京师范大学出版社，1996年，第189页。
③ 郑玄：《仪礼注疏》，上海：中华书局，1980年，第972页。

亲密、友善，维持和谐的人际关系，实现整个家庭的团结。

一、善用传播符号以成夫妇之"和"

宗法制社会男女有别，分阴阳、主从，但夫妇有义，须敬慎重正、同心同德。因此，礼乐传播也十分注重对夫妇之间"和"的彰显与培养。其中，婚嫁礼乐中传播符号的运用是鲜明的例证。

《礼记·昏义》记载："妇至，婿揖妇以入。共牢而食，合卺而醑，所以合体、同尊卑，以亲之也。"[1] 新妇到达夫家，男子需要行揖礼请新妇进门。夫妇二人共牲而食，合用一瓠解成的两瓢饮酒，以表示夫妇结合为一体，尊卑相同，并以此表示亲爱之情。

这个简单的仪式中，揖礼、共牢之食、合卺之瓢，都是重要的传播符号。男子对新妇行揖礼，以身体动作传达内心的尊敬，表明虽女子在家庭、社会中需要臣服、依附于男性，但男子也被要求尊敬、爱护自己的夫人。共牢而食，即男女共吃同一份祭祀的牺牲。"共牢"这一传播符号就表明此时此刻，夫妇二人在祭祀中地位等同。合卺而醑，即将一个葫芦对剖成两瓢，男女各执一瓢而饮。"合卺之瓢"这一传播符号"不仅象征着两个人的结合，还象征着宇宙创生时刻阴阳和合不分的状态"[2]，表明夫妇二人此后荣辱与共、尊卑等同。

夫妇之间的"合体""同尊卑"还体现在祭祀仪式的协作，特别是对礼器的使用权限上。《礼记·礼器》记载："太庙之内敬矣。君亲牵牲，大夫赞币而从。君亲制祭，夫人荐盎。君亲割牲，夫人荐酒。卿大夫从君，命妇从夫人。"这一礼仪中出现了"牲""币""祭""盎""酒"等物品，这些物品也是传播符号的一种。不同物品由不同身份的人使用，不同的传播符号对应不用的传播对象。这每一个物品、传播符号都是这场祭祀礼仪中必不可少的，必须共同存在。这表明，太庙祭祀并非国君、诸侯一力完成的，需要其夫人在旁，与之协作，夫妇合力完成祭祀，敬告祖先同时也是昭告天下，夫妇一体。这种协作，也是夫妇之间"和"的体现。

二、维系人际关系以成妻妾之"和"

人与人、人与社会的共在关系是人际传播的核心："人际关系引起人际传播，人际传播影响人际关系，也定义人际关系。发生在人际关系中的人际传播是实现

---

[1] 杨天宇：《礼记译注（上）》，上海：上海古籍出版社，2004 年，第 816 页。

[2] 荆云波：《文化记忆与仪式叙事：〈仪礼〉的文化阐释》，广州：南方日报出版社，2010 年，第 68 页。

人际关系的重要途径。"①维护良好的人际关系是传播的重要目的之一,婚嫁礼乐传播在很大程度上就是为了维护家庭关系的和谐。古代家庭关系中,除了夫妇关系,最重要的莫过于妻妾关系。

妻妾有别而后嫡庶有分,这是宗法制的根基所在,不可动摇。但若妻妾不和、相争相斗,轻则家宅难安,重则社稷不稳。为使妻妾"序"中有"和",周代的礼乐制度中也做出了相应规定,其中尤以媵婚制为典例。《仪礼·士昏礼》有云:"媵,送也,谓女从者也。"郑玄注云:"古嫁女必侄娣从,谓之媵。侄,兄之子;娣,女弟也。"②媵婚制以侄娣同嫁为主要特征,即"一旦男方与某女缔结婚姻关系,那么他有权利迎娶该名女子家庭中的其他女性,比如该名女子的姐妹、侄女"③。《诗经》中亦对此有所描述,如《诗经·韩奕》描述韩侯娶妻时写道:"诸娣从之,祁祁如云。"这些随新妇嫁入夫家的"侄娣",将成为新妇丈夫的妾室。

媵婚制能够一定程度上保证妻妾之间的和睦。一方面,媵妾与正妻有血缘关系,可以在家庭生活中与正妻达成同盟,维护正妻的权威。同时,也是由于这层血缘关系,在诸妾之中,媵妾的地位最高,从而使得其他地位较低的妾室没有与正妻、媵妾对抗的能力。另一方面,媵妾多是正妻的妹妹、侄女,年龄不可越过正妻,"凡陪嫁之侄娣,年龄须小于嫡妇。如果侄娣太年轻,可以在父母家待几年,然后媵至夫家"④,因而不管是在原生家庭中的地位还是夫家地位都不可能威胁到正妻。

如此一来,正妻地位稳固,也就不会因嫉妒或担忧与妾室相争,妾室在明知无法撼动正妻地位的情况下也自然消除了争斗之心,从而实现了妻妾和睦。妻妾和睦则家宅安宁,嫡庶之争在很大程度上得以避免,从而实现整个家庭关系的和谐。

综上所述,婚嫁礼乐传播中通过婚前教育时期对传播渠道、内容的把控成就夫妇之间的主从之分,通过有无纳采、问名、纳吉、纳征、请期、亲迎等"聘"仪式实现妻妾之间的高下之别,通过对揖礼、共牢之食、合卺之瓢等传播符号的运用促成夫妇之间的尊卑一体,通过安排彼此的血缘关系维护妻妾之间的友善和睦。这是宗法制范畴下礼乐传播促进宗法社会"序"中有"和"的一个缩影。当今社会,倡导男女之间的平等平权,婚姻制度也从一夫一妻多妾制转为一夫一妻制,但礼乐传播实现的夫妇之和、家庭之和仍值得我们借鉴。

(本章作者:马丹凤 谢清果)

---

① 德维托·A. 约瑟夫:《人际传播教程》,余瑞祥等译,北京:北京大学出版社,2007 年,第 7 页。
② 郑玄:《仪礼注疏》,上海:中华书局出版社,1980 年,第 968 页。
③ 施宇:《礼仪制度中的周代女性性别角色》,硕士学位论文,西北师范大学,2014 年。
④ 钱玄:《三礼通论》,南京:南京师范大学出版社,1996 年,第 584 页。

第十五章　婚礼符码：礼乐传播的社会整合逻辑

婚礼仪式作为一种程序化、规模化和整合化的象征性礼乐传播实践，通过利用和婚礼仪式相关的符号道具和礼乐形式作用于参与者对于婚礼的认知和态度，并潜移默化地形塑了人们关于婚礼的主流意识观念以及行为准则，成为构成了促进婚礼教育、华夏文明价值理念的构建、社会整合的促进的重要途径。随着科技的发展和世界多元化，中西方文化大融合、新媒体空间文化的新发展，婚礼仪式的种类越来越多，同时也出现了许多乱象，特别是西方文化的侵入也影响和消解了我国传统婚礼仪式的传承，对传统礼乐文明认同的推进带来了一定的威胁，也愈发凸显了传统婚礼仪式的价值。本章以婚礼仪式作为考察对象，尝试从仪式符号、仪式时空、仪式操演和仪式规则四个方面对婚礼仪式推进社会整合的逻辑关系和路径进行理据性分析，以期为礼乐传播实践、社会整合建设提供理论性支持。

仪式是一种古老而普遍的社会文化现象，产生于古老的原始社会，起源于人类原始的宗教信仰。根据人类学家罗伊·拉帕波特（Roy Rappaport）的定义，"仪式"是一种"有着恒常秩序和独立意义系统的言谈举止的操演"。[①]另外，美国传播学者罗森布尔（Eric W. Rothenbuhler）认为"仪式"是一种对于合理的模式化行为的自发性表演，以象征性地影响和参与到严肃生活中。[②]同时，"仪式"具备传播特性甚至被视作一种传播机制。仪式从其出现开始就总是与人们的认同感和归属感紧密地联结在一起，通过唤醒某些观念和情感，把个体融入群体中。

在中国，除了各类祭祀仪式，如祭祖、祭天等等之外，还有婚丧嫁娶的仪式。其中，婚礼是一种将要结合两性之好、对上关系到祭祀宗庙、对下关系到传宗接

---

① Roy A，& Rappaport. (1999). Ritual and religion in the making of humanity. *History of Religions*，38(4)，162—164.P.24

② Smith，& J. (2000). Erik w. rothenbuhler ritual communication: from everyday conversation to mediated ceremony. *European Journal of Communication*.

代的仪式。婚礼仪式的内容不仅包括新婚当天所展演的仪式，更是上至婚礼前家族的教诲与礼仪的传承，下至婚礼后新婚夫妇向家族成员行孝敬之礼。

　　总之，婚礼仪式发展至今也经历了许多演变，从古代周期长、规模大、礼制烦琐的婚礼到 2020 年初新型冠状病毒疫情期间，新人们在网络上举行的"云婚礼"，其形式和内容都有所不同，但无论如何演变，婚礼仪式仍旧能够传承至今并利用礼乐传播形式不断形塑人们的意识观念，促进社会整合的内在原因仍待进一步研究。

第一节　礼乐传播视角下的婚礼

　　有史以来的记载中，婚礼原被称为"昏礼"，可以追溯到商代，到周朝时就演变成了"婚聘六礼"，从《仪礼》和《礼记》中都可以看到婚礼仪式的文化以及对于礼乐的运用。在当前现代化和全球化的背景下，婚礼仪式利用礼乐传播的形式和作用都经历了一些变化，对于此的研究也亟待更新。

　　在礼乐传播方面，黄星民深入研究了仪式的传播过程，注意到了我国古代礼乐独特的传播现象，指出礼乐传播是中国儒家自觉地利用礼乐这一传播形式向全社会广泛地传播自己的思想观念的传播活动。[1] 目前关于礼乐传播的研究从宏观层面和微观层面都进行了考察，微观层面上从传者、内容、渠道、受者、效果五个环节讨论了礼乐传播的全过程，指出礼乐传播表现了中国儒家的高度传播智慧和传播道德；宏观层面以人类大众传播史为背景进行了探究，研究以中国礼乐传播为主线，追溯大众传播中非语言符号传播形式的演化过程。[2]

　　现有对于婚礼仪式的研究主要有各地区、民族的婚礼仪式变迁，比如研究回族[3]、维吾尔族等等[4]，以及婚礼服饰[5]，婚礼用品等的发展[6]，婚礼观的探究[7]，以及对婚礼是否用乐的探究，研究认为先秦时期婚礼不用乐及不庆贺的状况，在社会层面上，或仅是作为官方礼节，民间则否；在地域层面上，或仅限于中原地区，而中原以外地区则与之有所差异。自秦汉以后，婚礼用乐及庆贺的习俗在民间变得

　　① 黄星民：《礼乐传播初探》，《新闻与传播研究》，2000 年第 1 期。
　　② 黄星民：《从礼乐传播看非语言大众传播形式的演化》，《新闻与传播研究》，2000 年第 3 期。
　　③ 陆璐：《仪式传播中的民族身份认同与表达——基于定远县二龙回族乡回族婚礼仪式的研究》，硕士学位论文，安徽大学，2016 年。
　　④ 迪力拜尔·托乎塔森：《乌鲁木齐市领馆巷维吾尔族婚礼中的彩礼变迁研究》，硕士学位论文，新疆师范大学，2016 年。
　　⑤ 王巧：《中西方婚礼服发展比较研究》，硕士学位论文，苏州大学，2015 年。
　　⑥ 赵睿：《我国婚礼用品的个性化设计研究》，硕士学位论文，西南交通大学，2013 年。
　　⑦ 李海超：《先秦儒家婚礼观探究》，硕士学位论文，南京大学，2013 年。

更为普遍和隆重；而"昏礼不用乐""昏礼不贺"作为官方礼节则一直延续至隋朝。唐朝开放的社会风气，使得婚礼上用乐和庆贺的习俗得到了官方的接纳和认可并逐渐成为官方的正式礼节。①

总的来说，鲜少有从礼乐传播的角度梳理婚礼仪式，并缺少对于当下互联网环境下的婚礼仪式的探究。

婚礼作为一种社会文化现象，其传播也离不开礼乐的运用。婚礼仪式借助了一套象征性的、文化性的、整合性的修辞符号、礼仪与音乐形式，作用于参与者对于婚礼的认知和态度，并潜移默化地形塑了人们关于婚礼的主流意识观念以及行为准则，成为构成了促进婚礼教育、华夏文明价值理念的构建、社会整合的重要途径，是礼乐传播在实践当中的运用之一。基于此，本章将从仪式符号、仪式时空、仪式操演和仪式规则四个方面，对婚礼仪式利用礼乐传播的形式推进社会整合的逻辑关系和路径进行理据性分析，以期为礼乐传播实践、社会整合建设提供理论性支持。

第二节　婚礼仪式促进社会整合的逻辑与路径

在婚礼仪式当中不乏对于礼乐的运用。在婚礼仪式当中，礼乐表现出象征性、体验感、规范性的特征以及独特的文化属性，这些礼乐仪式在千百年来的传承过程中充当了文化符码的作用，利用"片段式"的礼的行为和乐的形式汇集成完整的婚礼仪式，并利用这一完整的仪式活动传播了蕴含在婚礼仪式背后的华夏文明价值。

一、仪式符号：符号道具展演婚礼文化，传递同一观念

作为一种象征性的礼乐传播实践，婚礼仪式为传播同一观念并促进社会整合都提供了一个理想的柔性传播场域。在婚礼仪式中不乏一整套完整的符号体系，通过对于这些符号的运用与展演，将中国传统的思想文化、价值观念都潜移默化地附在了符号之中，并借助符号系统的内部组合和互动，以及和外部环境之间的适配与协调，调动起了参与婚礼者的情感、态度和立场，使得它们在这个意义互动的场域中得以进一步强化或是扭转。

符号作为人们理解世界、传递信息的重要中介载体，它在婚礼仪式中利用婚礼符号道具的形式同样传递着重要的信息，成为婚礼参与者理解自身、传达意义

①　曾东：《"昏礼不用乐""昏礼不贺"新考》，《珞珈史苑》2017 年卷。

的重要形式。在婚礼仪式中，新婚夫妇及其家庭亲宗、婚礼的宾客以及婚礼的承办方（现代的婚礼机构以及古代的庙堂）成了整个婚礼仪式链当中传递信息、共享意义的最重要的场域。

在外在的表现符号之中，婚服、婚房和婚礼形成对于婚礼基础的认知系统。从符号学的角度来看，婚服、婚房和婚礼的外在形式和表现构成了符号的能指；而在外在形式之下则是蕴含在其中的认知系统和文化内涵。

比如说中国婚礼服饰的款式在发展中不断地演变，经历了深衣制、上袄下裙、旗袍、婚纱等多种形式，但不论怎么改变却始终贯穿着"天人合一"的思想，体现着人们对于生命的意识与思考，对于当前环境的体察与应变能力的整合，纵使在当前的婚服中加入了不少中西方融合的要素，但不可否认的是这些符号道具也都是婚礼对于当前社会环境的体现和演变，并在这些共性中体现个性，得以在世界中既保留婚礼的文化习俗又葆有持久的生命力。

其次，有关婚礼的诗词文学作品、神话传说、音乐、短视频、影视剧、音乐剧等等构成符号的深层认知。以音乐为例，自《礼记·郊特牲》载"昏礼不用乐"以及《礼记·曾子问》云"娶妇之家三日不举乐"，人们普遍认为先秦婚礼仪式不用乐，但是对此《诗经》《史记》等文献记载，先秦时期婚礼不用乐的状况，在社会层面上，仅仅好似作为官方礼节，民间则否；在地域层面上，仅限于中原地区，中原以外的地区则与之有所差异，并且自秦汉以后，婚礼用乐的习俗变得更加普遍和隆重，也逐渐演变成官方的礼节并传承至今。①

俞人豪在《音乐学概论》中提及："音乐的教育功能主要体现在作品所表现出来的作曲者对现实做出的感情、政治、道德伦理方面的评价。如果这种评价被听者所接受，就能影响他们，教育他们。"在婚礼音乐中，意识空间是指乐人在社会活动中，通过音声、器物、行为等象征符号建构出的显示音乐概念的意识空间。这也与物质本身的隐喻作用分不开。以裕固族为例，在婚礼仪式当中有婚礼仪式歌《戴头面》《告别歌》《待客歌》等等。裕固族在婚礼仪式的第二天有"戴头面"仪式，与此同时需要由新娘的舅舅或者有威望的长者演唱《戴头面》，表示对于戴头面仪式的重视；戴头面之后，女方的亲属将新娘护送到男方家中，这时候新娘要向父母唱表达对于父母养育之情感恩的《告别歌》；在婚礼仪式结束之后，男方请众人入帐吃喜宴，并会相应地长期唱起《待客歌》，表达对于客人的尊敬与感谢。②以音乐表演行为的程式性隐喻着各民族三纲五常的伦理观，以音乐演奏所在

---

① 曾东：《"昏礼不用乐""昏礼不贺"新考》，《琭珈史苑》2017 年卷。
② 李东义：《裕固族婚礼仪式歌及其功能研究》，《北极光》2019 年第 8 期。

的物质空间位置象征雅俗、贵贱等，都体现了礼乐在婚礼仪式当中，借由基础的物质空间以及参与者构建而成非社会关系空间，从而进一步在仪式空间中传递着文化和社会秩序。

二、仪式时空：地域空间体验共享仪式，传播礼乐思想

婚礼仪式的实践离不开具体的时空进行展演，仪式时间和仪式空间是构成婚礼仪式传播的重要中介载体，对于传播礼乐思想，推进价值认同和社会整合都具有重要的作用。将婚礼仪式的参与者置于特定的时空网络之中，时间的刻度、空间的定位能够将参与者们限定在集体记忆中，借助历史记忆符号的勾连和意义的建构将彼此的体验、情感连接起来，婚礼仪式中所蕴含的文化习俗、精神信仰、观念态度和礼乐思想等意涵才能在这样的集体记忆框架中被唤醒和激活起来，在这样的一个时空坐标体系中婚礼仪式及其内涵才能够得到有效的传播。

（一）蕴含在时间内的婚礼仪式价值

在婚礼仪式中，"什么时间"进行仪式的操演是一个在仪式开展前就已经定下来的特定概念，古有选择黄道吉日，今有在请柬上写明"参加时间"，作为一个特定的概念，蕴含在其中的独特社会文化，通过婚礼仪式时间的确定和庆祝而得以传承和延续，文化思想也借由时间的纽带演变成了一个群体、民族乃至社会的重要精神力量。在这样一个时间维度里，婚礼仪式的主题时间、婚礼仪式的流程时间、婚礼仪式的程序时间共同形塑了婚礼仪式的张力。每对新婚夫妇都选择了一个"黄道吉日"来完成婚礼仪式，这个时间刻度既借助了"婚礼"重复了"新婚时刻"，又借助了吉日强调了吉利的时刻。在这样一个一二元统合的特殊时间里，婚礼仪式的参与者通过这一程序化、规模化和整合化的仪式时刻建立了对于婚礼仪式的认知。范·内普曾提出仪式三步过程论，即分离阶段、阈限阶段和聚合阶段。维克多·特纳在此基础上对阈限阶段进行了更深入的阐述，把此阶段解读为"结构—反结构—结构"的过程。在这一过程中，人们从一种彼此存在差异等级的日常生活状态，在仪式中过渡为平等、交融的状态，而仪式后则带着重新获得的社会属性和身份回归日常生活中。①

据此，婚礼仪式流程时间也可看作这一过程的延展，在仪式流程时间所营造的阈限空间里，共同体成员之间的身份、性别、职业、地位等差异被暂时性地消除和屏蔽，他们暂时脱离了原有的社会网络结构，进入到一个平等、和谐的"交

① 杨惠，戴海波：《政治仪式推进政治认同的逻辑与路径——基于建国以来阅兵仪式的考察》，《现代传播（中国传媒大学学报）》，2019 年第 10 期。

融"空间。无论是新婚夫妇、亲朋好友还是婚礼策划方甚至是网络直播婚礼中的无数网民，每一个参与者的关注点都聚焦在同一个目标上，在仪式语境和仪式符号的渲染下，个体意识的主观性逐渐退居次位，代之而起的是群体意识的共识性，自发地形成了基于此婚礼仪式传递出的同一情感和凝聚力，助推了礼乐的传播以及社会整合的生发。

此外，婚礼仪式程序通过对婚礼的各个环节衔接流程和操演时间的精准控制，诠释出仪式的规范化意义指向。比如在《礼记》中曾记载："夙兴，妇沐浴以俟见；质明，赞见妇于舅姑，执笲、枣、栗、段修以见，赞醴妇，妇祭脯醢，祭醴，成妇礼也。"①可见古代就规定了在婚礼第二天，新妇需早早起床，洗头洗澡，准备拜见舅姑。天大亮时，赞礼的人将妇引见给舅姑。妇手捧容器，内盛枣子、栗子和肉干，以此作为进见之礼。

如今的网络直播婚礼更是将时间的把握进行得更加精准，婚礼的主体需提前向亲朋好友以及网民公布直播婚礼的准确时间，邀请大家参与观看，因此会在固定的时间准时开启直播并按照固定的流程促进婚礼仪式的进行。例如一位 B 站 up 主"何文超 Vin"，何文超与孙晗晓夫妇选择在 B 站上直播网络婚礼。他在 3 月 18 日预告婚礼将于"3 月 20 号（后天）上午十点，云婚礼直播！"，并于 20 日当天上午十点准时进行直播。在十二万人的"云"见证之下，这对新人完成了接新娘、宣誓、入洞房等流程。可见婚礼仪式的主体都预先在仪式时间轴上进行精确地排列和分布，在强化仪式规范化效用的同时，通过和其他仪式符号坐标的交汇，共同形塑着仪式的神圣性和庄严性。

（二）蕴含在空间内的婚礼仪式价值

在仪式的空间中，作为客观实在的建筑物和道具成了婚礼仪式空间意义和话语生产的工具，其在空间网络上的分布排列形塑了婚礼仪式的空间坐标，并且借助了"阈限"空间所营造的共同意义，达到婚礼仪式的外向延展，在形象化的空间集合里凝聚着礼乐的思想。空间的意义不是空洞的客观存在，而是承载着某种特殊的含义，成为传播礼乐思想的重要策略工具。《礼记》中记载："父亲醮子，而命之迎，男先于女也。子承命以迎，主人筵几于庙，而拜迎于门外。婿执雁入，揖让升堂，再拜奠雁，盖亲受之于父母也。降，出御妇车，而婿授绥，御轮三周。先俟于门外，妇至，婿揖妇以入，共牢而食，合卺而酳，所以合体同尊卑以亲之

① 杨天宇：《礼记译注》，上海：上海古籍出版社，2004 年，第 818 页。

也。"[①] 其中提及，男方奉命前去迎娶，女方的父母需要在庙里铺筵设几，然后到庙门外拜迎女婿。婿执雁进入庙门，宾主揖让升阶登堂，婿行再拜稽首之礼，把雁放在地上，这表示是从新妇父母手里领回了新妇。然后妇随婿下堂出门。婿亲自驾驶妇所乘坐之车，又将挽妇以登车，这都是有意表示亲爱的举动。婿为妇驾车，待车轮转三圈再由仆人代婿驾驶。婿乘己车前导，在自家的大门外等候。妇到达，婿向妇作揖，请她一同进门。进入婿之寝室，婿与妇共食同一俎中的牲肉，又各执一瓢以饮酒，这表示夫妇一体，不分尊卑，希望他们相亲相爱。在庙里、自家大门前、寝室中这些不同的空间中皆有不同的礼仪和礼数，并将中华民族传统中夫妇相亲相爱、不分尊卑的理念与这现实仪式空间融为一体，在现实和精神两个层面助推着参与者对于婚礼仪式的认同。

三、仪式操演：礼乐形式规训离散身体，肯认社会秩序

婚礼仪式的实践操演不仅仅是流程化、程式化的符号展演，更是通过对于参与者身体的规训，剥离群体身份的异质性，达到对于社会秩序的肯认，从而达到里层礼乐观念、意识形态的渗透而生发出对于社会秩序的遵守。在婚礼仪式中，碎片化的身体被特定时空下的整合成为承载礼乐意图的"秩序的记号"，对身体的规训则成为保障社会秩序有效传达的必要技术手段。在程序化的婚礼仪式操演中，时间和空间的纵横交错对仪式中身体所处的空间位置进行了定格，通过对行动次序、内容、效果的精准定格来对离散化的身体进行规范性和强制性的聚合。在这一聚合的过程中异质性的个体意识被抽离，取而代之的是统一化、标准化的群体共识的达成。作为一项重要的仪式，婚礼仪式在正式举办之前经过了长期的精心策划、彩排，诸多复杂而有效的社会关系隐藏在了其中，并通过具体的婚礼仪式产生对于参与者身体的规训和婚礼符号道具的协同展演得以呈现，统一的社会秩序和华夏文明价值理念在这一场域当中都被有效地传达。在婚礼仪式中，对于身体的规训几乎达到了极致。

《礼记》中记载："是以昏礼纳采、问名、纳吉、纳征、请期，皆主人筵几于庙，而拜迎于门外，入，揖让而升，听命于庙，所以敬慎重正昏礼也。"[②] 古时候的婚礼仪式包括婚礼的纳采、问名、纳吉、纳征、请期这五个步骤中，每逢男方的使者到来时，女方家长都是在庙里铺设筵几，然后拜迎使者于门外。进入庙门，宾主揖让升阶登堂，在庙堂上听使者传达男方家长的意见。无论是男方还是女方及其家长、亲宗都需遵守礼制的约束与仪式的规矩，行动上按照程式化的步骤得

---

① 杨天宇：《礼记译注》，上海：上海古籍出版社，2004 年，第 816 页
② 杨天宇：《礼记译注》，上海：上海古籍出版社，2004 年，第 815 页

以实现，凡事参与者都需要在场经历。

礼乐形式利用亲身的传播实践规训来自不同原本文化背景的家庭、个人。针对机械身体论，梅洛—庞蒂以存在身体论加以反驳，他强调知觉活动中人们对事物的感知是整体性的、关系性的、情境性的，身体是知觉活动的本源。[①] 在此基础上进一步指出人的存在是身体化存在，即以身体为基础的在世存在，生存意义来自一身体织就的关系网络，时空是这一网络的一种基本表征和称谓。[②] 婚礼仪式正是基于这一时空网络实现身体在场，并进一步进行礼制的约束。

随着移动网络时代的新型传播实践的产生，礼乐传播的过程更加突出了技术的"具身性"的趋势。传播者的身体及其依托的未知空间场景是仪式传播必须克服的障碍，传递观认为媒介一定是离身的，必须在身体之外的，即意识主体。这个在网络婚礼仪式当中能够得到很好的体现。在现代和网络婚礼中，以上五个环节一个不少，只不过在仪式内容上有了一定的简略与发展。在这样一场由身体规训所达到的程序化、规范化、规模化的视觉展演中，散在化、碎片化、异质化的个体意识被重新聚合，个体试图在婚礼仪式操演的情景体验中寻求社会的归属与肯认，在同一化、标准化、共融化的仪式空间中达到"集体认同"情感的生发。

四、仪式规则：行为准则构建文化世界，维系整合社会

仪式规则能够为意义的表达建立一个行为准则，规范参与者的角色及其行为方式，可以把控仪式行进的节奏，使仪式中的一系列符号媒介有序地展现，它是仪式的参与和共享过程中不可或缺的一部分。[③] 婚礼仪式当中随着时间的推移，摆脱了大量的繁文缛节，但是保留了婚服、婚房的形式，上门娶亲、拜见父母、喜酒和闹洞房等典型环节。

具体来看，古时候的妇女在出嫁前的三个月，如果该妇女与国君还是五服以内的亲属，就在国君的祖庙里接受婚前教育；如果已经出了五服，就在大宗子的家里接受这种教育；如今的婚礼教育同样也存在，只不过常是在具体的家庭中完成，家庭当中的长辈会对晚辈进行婚礼仪式的教育与传递，参与晚辈的婚礼仪式的程序策划中来，保证了整个流程按照规范化的行为准则进行，传承了中华文化中的传统习俗。

例如在婚礼前一日，男女方将分居在各自的家中，第二天一早，男方前去迎娶，女方的父母在家里铺筵设几，然后到门外拜迎女婿。男方进入女方家中，古

---

① 欧阳灿灿：《当代欧美身体研究批评》，北京：中国社会科学出版社，2015 年，第 83—85 页。
② 欧阳灿灿：《当代欧美身体研究批评》，北京：中国社会科学出版社，2015 年，第 96 页。
③ 郑带利：《龙胜县红瑶婚礼仪式的双重属性》，《文化与传播》2020 年第 04 期。

时候需宾主揖让升阶登堂，婿行再拜稽首之礼，新娘把雁放在地上，这表示是男方从新妇父母手里迎娶了新妇；当代则多是采用娶亲拦门的规则，新娘的亲朋好友在门外给予男方考验，最后男方才获得接新娘的机会，同样代表着男方从女方父母手中将新娘接过来。

现代婚礼中这样的仪式规则进行了适当的简化，更强调夫妇二人共同坐车、行礼和喝交杯酒，强调的是夫妇同心协力、相亲相爱，不分尊卑的文化内涵。

在婚礼仪式上，新人首先要祭拜天地、祖先和家长，意味着新人加入了一个新的共同体，并会祝福新妇早生贵子。在男方的婚礼上，新娘在见到新郎父母时，一定要吃一碗红枣莲子汤，寓意"早生贵子"；而在北方的婚礼仪式上，新人一定要吃一顿包得很小的饺子，寓意"子孙饺子"。[①] 这也体现了特定的仪式行为准则，也蕴含了礼乐的思想观念和中华传统的道德规范；在现代婚礼中对于天地祖先的重视程度有所减弱，但同样会向父母敬茶，表达对父母的尊敬和敬爱之情，在仪式当中同样会有体现夫妇二人结合，成为新的共同体的仪式，包括交换戒指、接吻、抛花束和敬酒等等，这些仪式同样在网络婚礼中也有着体现。[②]

总之，婚礼仪式的形式和内容都有着一定的变迁，但是婚礼仪式所要表述的内涵都在古今的仪式中有所体现。行为准则的传承表现了婚礼仪式中的文化世界——一生一世、百年好合，婚礼仪式流程中参与者各司其职，按照行为准则来扮演好自己的角色，在仪式媒介的符号意义之下完成了仪式的展演，新人不仅进行了一场极具规范性的礼乐传播实践，也完成了一项重要的人生仪式；参与者们聚集在婚礼仪式之中，以个体或是群体的身份对于婚礼仪式中空间、时间、符号道具、文化习俗等进行体验和吸收，产生了各自文化性的解读。对于婚礼仪式传播中的传播与共享，礼乐传播的观念、华夏文明的延续与传承，从而进一步促进社会整合都在这样一个"共同体"之间完整。这个共同体，通过参与婚礼仪式、遵守婚礼仪式的行为准则和程序、体验仪式的外在媒介，在真实的或是网络上有数字建构的传播场域中，共同完成了婚礼仪式的传播性分享。

总之，回顾承载着礼乐传播观念、中华民族传统习俗内涵的婚礼仪式，它既代表着中国人在人生中一个重要的时刻——婚礼中的价值追求、审美理想、价值观念、生命智慧，也融合了仪式符号、行为准则和程序化流程，及其基础上的社会整合逻辑。不论是传统的中式婚礼还是引入了西方文化的当代西方婚礼，但其

---

①　王丽娟：《东北农村婚礼仪式的象征意义》，《今日南国》2009 年第 4 期。

②　李晓云：《都市中的婚礼仪式变迁——以上海市区婚礼为例》，硕士学位论文，上海大学，2014 年，15—21 页。

实婚礼的性质都是一样的，本质上蕴含着人们对于生活的美好期盼，蕴含着希望家庭幸福、子孙满堂、夫妻和睦、男女不分尊卑等美好的期待与理想，成了一种精神符号，也成了中华文明象征性的载体。虽然今天有不同的个性化婚礼、云端婚礼、中西结合婚礼，但是婚礼的宗旨并未改变，在求同存异的基础上，婚礼仪式所反映出来的"天人合一""文明和谐"的理念，同样蕴含着"和而不同"的社会观，为社会的整合提供了逻辑印证与路径支持。婚礼仪式在历史进程中的演进纵使经历了中西融合、弃糟粕取精华等改变，但其在社会整合当中所体现的文明价值与人文意义都是礼乐传播机制及传播技术持久作用的结果，是人类传播活动的重要体现。

（本章作者：李畅 谢清果）

第十六章 象征隐喻：礼乐传播的
婚礼仪式符号释义

礼乐传播中使用的海量符号，使得儒家思想和道德观念迅速普及化和大众化。礼乐文化，是通过礼乐符号活动来规范现实生活中的社会等级秩序。在符号学视域下，婚礼仪式上可视听的一系列符号象征，经过历朝历代的传承沿袭，已成为华夏礼乐文化的集中展演和传播。婚礼是男女声明姻亲关系和社会契约的符号集合体，以身体力行的方式将"礼"的道德规范、行为准则转化为群体共享的文化意义，在共时的仪式中传承并延续华夏礼乐文明。本研究以婚礼仪式为例，探究"三书六礼""纳采用雁""共牢合卺"等婚礼礼俗符号的象征隐喻及其符号形式存在于当代文化传播语境中的嬗变和融合。

第一节 符号学视域下的礼乐传播

从传播学视角看，中国古代的礼乐活动携带着信息，成为中国历史上极具民族特色的重要传播活动之一。黄星民教授深入研究我国古代的礼乐传播现象，率先提出"礼乐传播"是中国儒家自觉地利用礼乐这一传播形式向全社会广泛地传播自己的思想观念的传播活动[①]。我们的先辈在传播技术落后的时代，借助了礼乐这一传播形式，向全社会广泛地传播自己的思想文化观念，展现出先辈高度的传播智慧和传播道德。人类社会的意义传播，在现象上表现为符号的交流。因此，人与人之间的传播活动首先表现为符号化和符号解读的过程[②]。礼乐传播本身也是一种符号化的过程，具体体现在礼乐的等级、方位，礼乐的服饰、不同的果肴等。礼乐传播中的物态符号都有其象征意义，诸如婚礼中的红喜字、花生、红枣、灯

---

① 黄星民：《礼乐传播初探》，《新闻与传播研究》2000 年第 1 期，第 27 页。
② 郭庆光：《传播学教程》，北京：中国人民大学出版社，2011 年，第 38 页。

笼，表示夫妻二人恩爱和谐的"妻子好合，如鼓瑟琴"①，以及表示夫妻关系柔顺和充满温情的蒲苇等。

一、礼乐传播是符号化的过程

人们生活在用符号建构的意义世界里，"符号"本身是一种载体，最重要的功能就是表达意义。"符号化"则是一种人们赋予"符号"意义和价值的过程，主要通过能够传达人类情感和价值观的各种艺术加工方式和手段。儒家在开展礼乐传播活动时，将抽象、理性的思想文化加以物化和感性化，使之能够被人们乐意接受或者轻易接受，从而达到向全社会广泛传播的目的。这种"符号化"的转化，不仅能够让儒家思想文化得以发展和大众化，而且有利于培养社会意识形态，甚至对构建传统文化礼制和伦理道德体系有着重大的意义。

由此可知，符号化是一定群体思想文化的感性化和具体化。符号的形成，用于凝聚某一群体的共同精神，能够满足建立公共生活空间的客观需要。当特定"符号"被某个群体或民族所掌握时，它能在无外力诱导条件下，让群体中的个体不自觉地接受该群体思想文化的影响，从而轻松解释和内化符号所蕴含的象征隐喻，使群体思想和文化内涵迅速普及化和大众化。礼乐传播中使用的海量符号，就是人类情感溢出和文化表达的固化形式。

符号的"解码"过程是动态的，符号表意的核心就在于解释者自身对符号意义的理解与诠释。皮尔斯符号学的核心是"符号三元构成说"，这一学说决定了符号意义的生产和传播是其符号学理论的中心视域②。人类作为认知主体，在生物学的感官上拥有多种感知通道，由此决定了符号系统的多元性，如语言符号、图像符号、声音符号、手势符号、触觉符号、气味符号等符号形式都可以成为隐喻的表现方式③。在象征结构方面分析，婚礼仪式上的所有可视听符号，如特殊的语言、曲调、行为、服装等符号和程式表达，都属于表层次结构；而隐藏在象征符号背后的文化精神和思想观念，如儒家礼教系统、婚育观念、伦理道德观念等，则是象征隐喻的深层次结构。婚礼仪式，已成为华夏传统礼乐文化的集中展演和传播。

二、礼乐文化是一套符号系统

在社会生活实践中，意义的沟通和共享都要依靠符号的功能。符号的形成与演变，离不开对事物的认知，即明察事物的形象特征和客观规律，在认知的基础

---

① 程俊英，蒋见元：《诗经注析》，北京：中华书局，1999 年重印，第 452 页。
② 赵星植：《论皮尔斯符号学中的传播学思想》，《国际新闻界》2007 年第 6 期。
③ 徐慈华，黄华新：《符号学视域中的隐喻研究》，《浙江社会科学》2012 年第 9 期。

上予之"命名"，从而由"名"衍生出名号、名位等。从这种意义上看，文化则是人类社会中所有的符号活动的集合。从卡西尔的符号学观点来看，整个礼乐的"文化形式都是符号形式"①，礼乐符号是礼乐文化的基本要素。民族文化是被整个符号体系所塑造的，同时符号也作为媒介传播着民族文化。而中国源远流长的礼乐文化，是中华民族所固有的文化特质。先辈用礼乐来表达特定的情感共鸣和思想文化，经过漫长的符号化、仪式化后，逐渐形成一整套的礼法符号系统，最终这套礼法符号系统又长久地规范限制着人类社会的表意活动。

从这种意义上加以阐释，整个礼乐文化可视为一套社会符号体系。礼乐文化，即是通过礼乐符号活动的集合来规范现实生活中的尊卑等级秩序②。这里指的尊卑等级，即是礼乐符号系统所承载的内涵意义。如根据周礼规定，不同身份等级的人，享用不同形式的舞乐。《论语·八佾篇》中记载："八佾舞于庭，是可忍也，孰不可忍也。"③这里的"佾"是奏乐舞蹈的行列，只有天子才能用八佾。孔子所终身推求的"礼"，其实就是通过建构各种"能指"（如玉器、礼器、礼仪服饰等），对"所指"（如身份等级、思想道德、文化观念等）进行区分或者象征表意，从而达成对个人的社会控制，最终建立合理的社会规范和社会秩序。

根据皮尔斯的符号学观点，所有符号都由再现体（representamen）、解释项（interpretant）和对象（object）三个要素构成。索绪尔的符号二元论与皮尔斯的符号三元论，由于讨论的都是符号现象，所以两者间存在关联对应——再现体即对应索绪尔所称的"能指"，解释项即对应"所指"。以玉器为对象，玉器的规格要求即为再现体，成为代表"礼"的礼器。但是玉器这些具体的事物本身并不是"礼"，而是传达"礼"的符号形式。正如玉器这一符号形式经过解释后，"礼"的意义得以实现，而"礼"作为解释项，是整个社会文化所接受的共同意义。

第二节 礼乐传播中的婚礼仪式

婚礼仪式是民族文化体系和国家社会结构的重要体现，是礼乐传播与符号象征的典型代表。在婚礼程式中，"人—符号—意义—文化"成为整个分析婚礼仪式的象征隐喻的框架体系。婚礼仪式中的符号编码，隐藏在整个过程中的方方面面，包括行为主体、物品客体、语言、声乐、动作等。婚礼仪式上可视听的一系列符

---

① ［德］卡西尔：《人论》，甘阳译，上海：上海译文出版社，1985 年，第 34 页。
② 祝东：《名与礼：儒家符号思想及其深层意识形态分析》，《兰州大学学报（社会科学版）》，2018 年第 3 期。
③ 杨伯峻：《论语译注》，北京：中华书局，2012 年，第 23 页。

号象征，经过历朝历代的传承沿袭，已成为华夏礼乐文化的集中展演和传播，在共时的仪式中传承并延续华夏礼乐文明。

一、万物之始：婚礼的根本地位

男女合婚，携手相伴，往往被认为是天地万物之合的象征。《礼记·郊特牲》曰："天地合，而后万物兴焉。夫昏礼，万世之始也。"[①]与之共通地，《礼记·哀公问》记载："天地不和，万物不生。大昏，万世之嗣也。"[②]基于男女两性的生理构造和自然属性，阴阳协调方能产生天地万物，因此展演男女婚嫁的婚礼仪式就成为人间百态和社会秩序的孕育滋养之源。《礼记·昏义》云："夫礼始于冠，本于昏，重于丧祭，尊于朝聘，和于射乡。此礼之大体也。"[③]在华夏民族的礼法制度中，冠礼是礼的开端，婚礼是礼的根本。由此可见，婚礼在中国社会长期的历史演变中占据根本地位，成为象征世界和社会现实的必要构成元素。

婚姻自古以来被称为"终身大事"，全世界任何民族都有其婚礼嫁娶习俗。在通常意义上，婚姻代表着男女结合的两姓关系，这是一种普遍社会行为，更是一种重要社会关系。正因为婚姻所代表的社会学意义，男女双方想要确定婚姻关系，就必须遵守社会礼法和风俗民情的规范，举行婚礼仪式，才能获得社会各界的认同。更进一步说，婚礼仪式还能够展现特定时代的民生民情。婚礼所呈现的仪容仪表、物品装饰等，能够展现一个民族的审美意识和文化价值；婚礼所包含的大量行为类符号，能够从微观层面展现一个国家的婚恋观、宗教观和道德观。在中国历史上，婚礼仪式对礼乐传播起到重要推动作用，其基于"礼"的文化精神，是建构关系和共享意义的集中再现和公开展演。总而言之，婚礼是价值观念、文化层面及其社会结构的折射，从中国传统婚姻仪式中可以解读出大量风土民情和文化内涵。

二、三书六礼：婚礼的符号载体

三书六礼是中国传统的婚俗礼仪，历史悠久可以追溯至周代。《礼记·昏义》曰："是以昏礼，纳采、问名、纳吉、纳征、请期，皆主人筵几于庙，而拜迎于门外。入，揖让而升，听命于庙，所以敬慎、重正昏礼也。"[④]"三书"是指在周代百姓在结婚过程中所使用的三种书面符号，包括聘书、礼书和迎书。"六礼"则是指

---

① 杨天宇：《礼记译注（十三经译注）》，上海：上海古籍出版社，2004 年，第 322 页。
② 杨天宇：《礼记译注（十三经译注）》，上海：上海古籍出版社，2004 年，第 657 页。
③ 杨天宇：《礼记译注（十三经译注）》，上海：上海古籍出版社，2004 年，第 817 页。
④ 杨天宇：《礼记译注（十三经译注）》，上海：上海古籍出版社，2004 年，第 815 页。

整个结亲过程中必须遵循的六种社会规范性礼节，包括纳采、问名、纳吉、纳征、请期和亲迎。从中国现代的婚俗礼仪中，大多还能依稀分辨出周代"三书六礼"的发展来源和历史痕迹，如聘礼、请期、亲迎等。"三书六礼"的婚礼仪式制度，反映了周代的婚俗礼仪，作为华夏传统的婚礼范式一直发展流传至今，成为中华民族婚礼礼仪的重要组成部分。

从符号学视域解读，"三书六礼"的各项内容分别是一个完整的符号表意过程，整体形成符号表意体系，共同折射出婚姻意义和社会文化意义。"三书"是婚嫁过程中使用的文书，起到传递嫁娶信息、确认婚姻关系的功能，是古代的华夏民族保障婚姻的有效文字记录。在这种意义上，"三书"是婚姻关系的重要符号载体。"六礼"的六项内容环环相扣，后一项紧扣前一项，循序渐进地将主观意愿编码进入整个符号的表意过程。"六礼"的符号象征程式，可以被简化为这样的表意过程①：发送者→符号信息→接收者。其一，符号表意的初始发送者通常是婚姻关系中的男方家。男方家发送出结亲意向后，如同信号一般，整个符号表意过程就开始了。其二，"六礼"环节的具体内容承载大量的符号信息，拥有美好寓意的隐喻象征，广泛地传达出对新婚夫妇百年好合、早生贵子的祝福。其三，在传播符号信息的过程中，终端接收者往往是婚姻的女方家。女方家接收符号信息后，对符号信息展开解读和阐释，一旦女方家拒绝接收意义的传达共享，这段姻亲关系则不能形成。以"纳采用雁"为例，古代纳采议婚以雁为礼，大雁就是一种符号信息，将男方的意图与祝愿很好地传达给女方。

婚礼的"三书六礼"，是华夏礼乐文化系统的编码规则的体现。先辈为了更广泛地宣告婚礼所代表的社会关系，为了更好地传播礼乐文化，自觉自发地创造和使用符号系统，最终将婚礼作为符号文化集合的表达载体。在社会文化结构中，婚礼符号体现了婚恋男女的规训程度和行为方式，既是社会经验和传统习俗集中表达，也是礼乐文明与自然世界的对照。婚礼的象征意义指向婚姻，却又大大超越婚姻范畴，象征承载着整个符号世界和华夏礼乐文明。

第三节　婚礼仪式符号的象征隐喻解读

婚礼仪式是由众多文化符号所构成的"文化集合"，婚礼仪式中的象征符号是人类传播活动的重要特征，它使人的思想、精神和价值观得到表达。在社会文化层面，我们的抽象概念系统大多是以隐喻方式建构的，符号隐喻只是这些概念系

---

① 胡易容，赵毅衡：《符号学—传媒学词典》，南京：南京大学出版社，2012 年，第 52 页。

统的外在表现。在符号学视域下，分析婚礼中重要符号的象征隐喻，探究其意指关系和指称关系，可以采用"对象—再现体—解释项"的全局性视角研究婚礼等传统礼制。作为古代重要礼制，婚礼背后隐藏着一套符号象征体系，可将其分为人物类、器物类、行为类共计三种。

一、人物类符号

婚礼仪式有许多拥有特定功能的人物角色，人物类符号以其特有的主观能动性发挥着重要的表意象征功能。在婚前的"六礼"过程中，男女婚配需要媒人在其中牵线搭桥。在正式婚礼仪式中，还有组织婚礼仪式进程的司仪、送嫁的小舅子、拉新人的人等。通常是旺夫的妇女或子孙满堂的婆婆来拉新人，表达着"希望新娘沾上她们的福气"的美好寓意。

在人物类符号中，媒人作为男女双方结亲的重要沟通桥梁，是其典型符号之一。《礼记·曲礼上》曰："男女非有行媒，不相知名。"[①]古代的媒人分为官媒和私媒，官媒制度追溯到周代就已出现。而私媒的产生远比官媒早，属于民间自发形成的提供婚姻缔结服务的人员，通常以女性居多，俗称媒婆。古代婚姻礼制讲究"父母之命，媒妁之言"，否则就会因为不合礼法而得不到世人的认可，甚至被定义为"淫奔"。正如《豳风·伐柯》里为大家所熟知的诗句："伐柯如何？匪斧不克。取妻如何？匪媒不得。"[②]从符号学的解释项角度分析，婚礼仪式中的媒人符号，象征着男女双方婚配以媒氏为介，合乎男女避嫌之礼法，拥有规范的婚姻程序，为父母、家族、社会群体所承认和祝福。

在古代婚礼仪式中，特别是在"三书六礼"的婚礼程式中，大部分符号的象征隐喻都依靠于媒人的中介作用。在婚礼仪式的全程符号表意中，媒人能够帮助结亲的夫家传递信息。结亲的夫家借助"媒人"这一人物类符号，向女方家提亲就是传达迎娶的意向，试图与女方家达成"两姓之好"。在"六礼"的六个环节中，无论是纳采求亲、问名，还是送聘礼至女方家（纳征），甚至最后到女方家迎娶（亲迎），都是通过媒人作为信息传递的桥梁。在此基础上，媒人作为人物类符号与其他符号形式相比有更强的主观能动性和说服力，因此媒人能够很好地促成男女双方家庭进行合理有效的沟通，最终达成"两姓之好"的共识。总之，古代婚制中媒人成为一种重要的人物类婚礼符号，有着独特的象征意义和符号功能。

①　杨天宇：《礼记译注（十三经译注）》，上海：上海古籍出版社，2004年，第14页。
②　程俊英，蒋见元：《诗经注析》，北京：中华书局，1999年重印，第428页。

二、器物类符号

在整个婚礼过程中，很多物品都是含有象征隐喻的符号。这些器物类符号是根据象形、谐音或自然属性来表达意义的，拥有"早日添丁""百年好合""成双成对""吉祥红火"的寓意等①。中国传统结婚信物有红枣、花生、桂圆、莲子等，铺新床时把这些放在叠被下，象征着早生贵子、多子多孙。婚房的装饰随处可见大红双喜字，双喜字由两个"喜"组成，代表好事成双、喜气加倍。除此之外，婚礼中新婚用品几乎都以喜庆的红色为主（红色礼服、红筷子、红对联等），物品花纹装饰常见"鸳鸯戏水"和"龙凤呈祥"的图案，包括喜宴时父母和客人给新婚夫妇的红包，这些都是给新人带来好运气和幸福生活的象征。

大雁是传统婚礼符号，在婚前的"六礼"环节中，纳采、纳吉和请期都以大雁为信物作为聘礼的部分。《仪礼·士婚礼》开篇曰："昏礼，下达，纳采用雁。"②从符号学视域分析，"大雁"是一类比喻式的符号，通过"符号曲喻"和"符号转喻"来表情达意③。符号曲喻的突出特征是象征符号与隐喻对象两者间有着类似的特质，"采纳用雁"正是因为"大雁"与"婚姻"之间的意义像拟，以大雁为聘礼"顺阴阳往来也"。大雁的习性特征是在秋季往南飞而在春季北返，这种候鸟很好地体现了自然规律，而男女婚配、阴阳调和也正是顺应自然规律的行为。符号曲喻以类似的特质为基础，符号与对象之间出于像拟而形成联想关系，最终使用符号的修辞在整个表意过程中形成很好的联结。周礼中的"纳采用雁"，能够以小见大地展现周代人"天人合一、顺应自然"的婚恋观和思想观。

在符号转喻这方面，转喻的替代关系普遍存在于象征符号体系中，通常是以部分代整体、具体代抽象、特殊代一般。符号转喻反映的是概念上的相关关系，意义表现主要靠邻近替代。在"纳采用雁"的符号表意过程中，男方用弓箭将大雁射下作为聘礼，让媒人拿到女方家里。此时，大雁作为器物类符号，成为男子勇武有力、身强力壮的转喻符号，在社会群体中拥有较为一致的符号解释项，间接证明了男子的求娶诚意及其有能力承担起养家糊口的责任。总之，以华夏礼乐文化为语境背景，婚礼物品成为孝敬仁德、情感追求、姻亲契约和社会关系的象征符号，最终建立起男女婚配形成家庭的社会结构。

---

① 樊水科：《乡村仪式传播初探》，《新闻知识》，2009 年第 7 期，第 68 页。
② 杨天宇：《仪礼译注（十三经译注）》，上海：上海古籍出版社，2004 年，第 25 页。
③ 孙娅娇：《周代婚礼礼仪及其当代遗迹——以'六礼''共牢合卺'为例》，《重庆广播电视大学学报》，2016 年，第 17 页。

三、行为类符号

婚礼仪式中还使用各种行为类符号，展现出古今先辈们的情感认同和思想观点，形塑出中国传统的行为规范和社会秩序。如婚礼中的两次祭拜仪式：一次是新妇出嫁时表示离家告别的祭拜行为，广而告之其作为娘家人的身份即将结束；另一次是新妇到达夫家时的祭拜行为，广而告之其作为夫家人的身份即将开始。在这两次祭拜之间，新妇至于两种模糊状态间，因此需要有福气的拉新人的人和小舅子的陪嫁，帮助新妇平稳度过这个身份转化阶段。上述两次祭拜都是重要的行为类符号，表意身份的界定和社会各界的认可，将这桩婚事告知先祖从而期盼得到先祖的庇佑。

除此之外，古时婚礼还将讲究"解缨结发"之礼。如《仪礼·士昏礼》所曰："主人（婿）入室，亲说妇之缨。"[①]缨是夫妻结亲的信物，表示该名女子已有婚配。女子在定亲之后用缨这种五彩丝绳来束发，一直到新婚之夜才由新郎解下。新郎解开新娘头上束发的"缨结"，接着剪下夫妻二人的一绺头发，用锦囊保存。"解缨结发"拥有符号表意功能，隐喻象征着夫妻二人永结同心。在民间风俗里，铺好新人的婚床后，长辈会请一位生肖吉祥的男童来跳床。"男童跳床"这一婚礼行为类符号，对新婚夫妻的婚姻生活寄予美好祝愿，其解释项为"早生贵子，早日诞下男丁"。

"共牢合卺"也是婚礼仪式中的重要礼节，这里的"卺"指的是一种味苦而不能食的瓠瓜。《礼记·昏义》曰："妇至，婿揖妇以入，共牢而食，合卺而酳，所以合体，同尊卑，以亲之也。"[②]其中，"共牢"也称"同牢"，"共牢而食"是指在婚礼仪式上夫妻对坐共食，代表着同甘共苦、患难与共。"同牢礼"完成后进行"合卺礼"。合卺礼是现代交杯酒的前身，古时将"卺"从中间划开，以之斟酒，夫妻各饮一半，随后再交换饮尽。"共牢合卺"作为重要的行为符号，起源于周代婚礼，解释为夫妻恩爱之意，蕴含着夫妻同体同心的婚恋观念和文化传统。

第四节 中西婚礼符号体系的传播与文化窥探

婚嫁礼制是一个国家的文化集合体，充分折射出民族文化和历史传统。分析婚礼仪式，离不开符号学诠释，更离不开社会文化在其中发挥的意识形态功能。不同国家存在文化差异，东方国家的文化重视集体性和社会关系，而西方国家的文化则更加重视个体性和个人理想。立足中西文化本位的差异，分析对比中西婚

---

① 杨天宇：《仪礼译注（十三经译注）》，上海：上海古籍出版社，2004年，第33页。
② 杨天宇：《礼记译注（十三经译注）》，上海：上海古籍出版社，2004年，第816页。

礼符号体系的特征，对中式婚礼在现代的发展继承拥有重要的现实意义。

一、集体宗法婚姻与个人神圣婚礼的中西之别

在中国的传统文化中，婚姻为伦常之本，"父母之命，媒妁之言"是必不可少的。中国的婚礼仪式带有相当浓烈的宗法礼教色彩，有利于稳固家庭、宗族制度，所以被历朝历代的封建统治者倡导推行。中国的文化价值观倡导集体主义，即个人利益服从集体利益，如有矛盾冲突则牺牲个人利益。具体体现在，个人选择应以家庭选择为主，家庭选择应以宗族选择为主。《礼记·昏义》中记载："昏礼者，将合二姓之好，上以事宗庙，而下以及后世也，故君子重之。"① 婚礼过程中的三拜九叩，"拜天地""拜高堂""拜家祠"等婚礼行为符号，无不表达对父母养育之恩的感怀，无不体现着中国传统婚姻观中对血脉传承和子嗣延续的重视。在中国的婚嫁礼制中，男女婚配的主要目的是传宗接代、振兴家业。男女双方婚姻的表意象征远超出个人范畴，代表的是两个家族的联结关系。

西方文化的主线是个人本位，重视个人价值和个人追求是西方文化的特点。男女二人陷入爱河，携手步入婚姻的殿堂，在互相的宣誓中共同组建家庭。西方国家的婚姻比较看重个人的自由意志，而不是父母、家族的意愿。相比于中国婚庆符号以"红色、喜庆、多子"为核心，美国的婚礼符号有着"旧、新、借、蓝"② 的说法。旧，是指婚礼中新娘要佩带旧物，如母亲穿过的婚纱或首饰，象征新人可以延续已婚长辈幸福的婚姻生活；新，是佩戴新的首饰来迎接全新的生活；借，是指向婚姻美满的朋友借来手帕此类随身用品沾沾好运；蓝，则是指新娘身上象征忠诚的蓝色头饰等饰物。西方的宗教信仰以基督教为主，在西方基督教徒的认知符号系统中，婚姻是上帝的馈赠，因此大多数西方人认为婚姻是男女双方自发自愿的承诺和奉献。西式婚礼是个人的神圣婚礼，在教堂庄严宣誓是最重要的婚礼符号，象征代表着婚姻契约的正式形成。

二、人前婚礼与神前婚礼的传播差异

正因为中国的婚礼仪式更多传达的是家族、集体的关系宣告，所以大多讲究排场和体面，要处理好与社会各界亲朋邻里的人情往来，体现出有中国特色的"人前婚礼"。中式婚礼是集体的狂欢，婚礼仪式上锣鼓喧天，鞭炮声声，祝福连连，整体上的气氛热闹非凡。婚礼传播仪式的场面越热闹和宏大，在特定文化语境下被解读为拥有更多的祝福和更高的社会地位。与中式婚礼相较而言，西式婚礼是

① 杨天宇：《礼记译注（十三经译注）》，上海：上海古籍出版社，2004 年，第 815 页。
② 舒亭亭：《由中外农村婚嫁民俗论中西方思维模式》，《农业考古》2009 年第 6 期。

充满个人追求和爱情理想的，讲究神圣、简单，被称之为"神前婚礼"。由于宗教信仰的原因，西方人认为男女双方在神的见证下结成伴侣才是最完美的，得到上帝的认可和祝福的婚姻才是最有效的，因而西式婚礼大多选择在教堂或其他较为安静的地方举行。在整个婚礼仪式期间，教堂里播放的婚礼进行曲是优美、浪漫、柔和的，除了牧师的主持基本没有其他的声音，婚礼在非常神圣严谨的氛围中完成。

三、天人合一与天人对立的文化差异

一个民族的文化价值、思维观念无不在婚嫁礼制和象征符号中表现出来。究其根本，中西婚礼符号系统的差异，来源于静态与动态的互动中，来源于"天人合一"与"天人对立"的文化思维差异。在长期的农耕环境与农业生产活动中，小农经济模式让中国人对土地、大自然天然怀有深厚的感情，先哲们在此基础上推演出"顺应自然、天人合一"的哲学思想。中国传统文化强调中庸之道与对立平衡，人们推崇谦虚知礼，追求随遇而安。这种思想理念具有显著的主观性和伦理性，因此，中国礼乐文化尊重传统，尊重自然，崇拜神明和祖先。新婚夫妇在婚礼仪式上要叩拜天地以表感激之情，祭拜先祖以传祝福之意。

与之相对地，西方文化提倡人应该致力于改造自然、征服自然，强调对立面的相互斗争转化。西方人则主张自然是有迹象可循、有规律可控的，从而积极地探索大自然的宝藏。我们称之为"天人对立"的文化价值观，即在人与自然的博弈中放大突出个人的能力，而非社会组织的力量。因此，西方人在婚姻上更加倾向于追求纯洁真诚、浪漫温馨的情怀。西方婚礼仪式不固守传统，敢于挑战权威。西方婚礼符号系统往往体现简单高效、求变常新。

上文分析了中国婚礼仪式的符号意义，也比较了中西媒礼仪式内在精神的差异。这里延伸思考婚礼符号于当代文化的嬗变与融合。

嬗变：化繁为简，存其精华。符号的形塑是发展变化的，符号的表意过程是开放包容的。婚礼符号体系经过历朝历代的传承，在当代的文化背景中得以嬗变和重构。传统婚礼制度在现代化的发展要求是"存其精华、弃其糟粕"。一方面，在现代社会中，男女地位平等，婚姻自由，"媒妁之言"逐步被弱化，封建枷锁被打破。"三书六礼"的婚礼程序由复杂烦琐日趋简化，顺应时代的快节奏发展趋势。在另一方面，婚礼符号体系中的象征寓意与美好祝愿依旧传承至今。例如，"共牢合卺"的行为类符号演变成现代的"交杯酒"与"夫妻分吃蛋糕"。中式婚礼中，婚庆用品千百年来都是以红色为主，喜宴时父母和长辈给新婚夫妇的红包依旧向新人表达着永结同心的祝福。而古时的官媒也并没有完全消失，官媒逐步发展成

为现代的民政部门，主要负责登记婚姻、签发结婚证书等。

融合：交流碰撞，中西合璧。千百年来的华夏礼乐文明，对中国婚礼仪式具备深远影响。随着婚礼形式的变迁、社会文化的发展，传统婚礼仪式受到新思潮的影响，展现出"中西合璧"的显著特征。在中西方文化的碰撞与交汇、对抗与融合中，中式婚礼逐步开始西化。现如今，越来越多的年轻夫妻热衷举办中西结合的婚礼，即融合西式的浪漫与中式的喜庆。例如，新娘同时穿象征"喜庆吉祥"的红色婚服和寓意"纯洁浪漫"的白色婚纱。新娘通常在婚礼仪式上穿白色的婚纱，而在婚宴上穿红色婚服敬酒。不仅如此，婚礼的具体符号形式也在不断地发生变化，婚礼的文化的内涵与外延得以丰富。随着改革开放让中国走向世界，中国灿烂悠久的礼乐文化引起全世界的瞩目，同时国人的思想观和价值观得到空前的解放，婚恋自由程度越来越高。

现如今，随着中国经济迅猛发展，中西方文化的碰撞交融成为全球化的真实写照。而婚礼符号的中西合璧，则是社会文化的一个缩影。在此过程里，中国婚礼符号保持着优秀的传统文化基因。即便是"中西合璧式"婚礼，但中华民族传承千年的礼仪制度，其符号表意和传播思想是没有改变的。与此同时，中国礼乐文明也在不断增加文化的出口，越来越多的中国元素和中国符号被西方人喜爱和接受。在当代中国文化体系中，婚礼符号的嬗变和重构，是基于求同存异的价值取向。为了更加合理有效地传播华夏礼乐文明，传承婚礼符号表意，中西的文化交流中应饱含着平等尊重、相互理解的成分，西式与中式婚礼的融合应是有机的、多元的和现代化的，以便更好地适应世界文化的发展趋势。

（本章作者：廖礼慧 谢清果）

第十七章　炎黄子孙：礼乐传播的黄帝祭祀组织演绎

　　"国之大事，在祀与戎"，祭祀中华民族的人文始祖轩辕黄帝自古以来就是国家重要的仪式。中国古代是礼治之邦，礼有"礼仪"和"礼义"双重含义。黄帝祭祀既是庄重的国家仪式，同时又是"夷夏之辨"的文化"礼义"。通过黄帝祭祀应当向民众传播"人义"，厚植家国天下情怀，培植中华意识。近代以来陕甘宁边区政府从1939年到1949曾经数次举行祭祀黄帝典礼，形成了新的革命礼仪传统，发挥了增强中华民族凝聚力作用的现代国家仪式作用。改革开放后，每年清明节在黄帝陵举行祭黄帝典礼，使祭祀黄帝有了不同于以往的中国特色社会主义新作用，成为筑牢中华民族共同体意识的重要政治仪式。从组织观的视角出发，通过黄帝祭拜仪式的例子从组织结构、符号建构等方面探讨祭黄礼仪的组织演绎与文化传承，多角度观察黄帝祭祀仪式的程式结构与演变流程，发掘其对礼乐文化的传播与传承，并阐述其当代价值和未来发展规划。

　　孙中山曾题祭黄帝写道："中华开国五千年，神州轩辕自古传。创造指南车，平定蚩尤乱，世界文明唯有我先。"毛泽东也曾为黄帝撰写祭文："赫赫始祖，吾华肇造，胄衍祀绵，岳峨河浩。聪明睿知，光披遐荒，建此伟业，雄立东方。"[①]这些祭词、祭文凝结着包容、笃实、创新、持重的黄帝精神，充分体现了黄帝作为中华民族人文初祖所创造的伟业，能够加强民族文化认同感、向心力与自信心，推动社会的发展和公民道德水平的提高。自古以来黄帝祭祀典礼都作为国家最重要的仪式之一，将人们以共同体的方式凝聚在一起，进行共享信息的表征，也实现

---

　　① 张友良书：《篆书毛泽东诗词六十八首》，西安：三秦出版社，2007年，第55页。

着时间上对社会的维系。①

第一节　作为仪式传播的黄帝祭祀典礼

中国向来被称为"礼仪之邦"，中国传统文化可以看作一种特别的礼乐文化。礼，用来区分贵贱，明辨尊卑；乐，令国家社会和谐和睦。其中，祭礼作为中国传统文化和礼乐文明的核心内容之一，广泛存在于"五礼"之中。"国之大事，在祀在戎"，周代时祭祀就已成为国家社会的头等大事。《礼记·祭统》中提道："凡治人之道，莫急于礼，礼有五经，莫重于祭。"② 由此可见祭祀文化的重要地位。

祭祀往往通过严肃庄重的礼仪典制来表达祭祀者恭敬虔诚的态度。供祀者的形象是对其生前事迹重新进行编码的体现，特别是要选取体现逝者功德的内容，通过各种符号向生者进行文化传播；祭拜者再通过追思的过程进行符号解码，从而洞察圣祖先贤想要传递给自己的文化与道义。祭祀仪式将精神符号转变为形象符号，再变成文化符号，成为文明与文化传播的重要方式，直至今日仍然受到人们的关注与重视。

所谓"万物本乎天，人本乎祖"③，祭祀活动中又以"祭祖"最为重要。祭祖活动既是"不忘其所由生也"④ 的表现，也可以凝聚民心，稳定统治。"余述历黄帝以来，至太初而迄"⑤，黄帝作为中华民族的人文初祖和中华文明的奠基人，被司马迁看作远古时代的第一帝王，人们也渐渐将黄帝看作中国祖神和圣王的信仰正统进行祭祀和缅怀。据《竹书纪年》所载，黄帝仙逝后由他的臣子左彻"削木为黄帝之像，帅诸侯朝奉之"，在舜的时期祭祀黄帝成了朝廷制度，西周周穆王成为第一个参加或主持黄帝祭拜仪式的天子，汉武帝则是第一个主持黄帝陵公祭的皇帝，为后来的黄帝陵公祭奠定了基础，直至今日，祭拜黄帝成了全国规模最大，影响最广的祭祀典礼之一。对人文始祖黄帝的祭拜成为记忆的仪式传播，通过建构历史记忆强化向心力，通过创造集体记忆增强民族凝聚力⑥，成为华夏儿女共同的精神信仰。

---

① 詹姆斯·W.凯瑞著，丁未译：《作为文化的传播——"媒介与社会"论文集》，北京：华夏出版社，2005 年，第 7 页。

② 王文锦：《礼记译解》，北京：中华书局，2013 年，第 705—727 页。

③ 王文锦：《礼记译解》，北京：中华书局，2013 年，第 333—363 页。

④ 王文锦：《礼记译解》，北京：中华书局，2013 年，第 677—705 页。

⑤ （汉）司马迁：《史记》，延吉：延边人民出版社，1995 年，第 330 页。

⑥ 张兵娟：《记忆的仪式：黄帝故里拜祖大典的传播意义与价值》，《郑州大学学报》（哲学社会科学版），2012 年第 4 期。

民国初期，祭祀黄帝陵是"统一大典"的重要内容之一，正是在这次祭黄典礼上，孙中山发表了"世界闻名，惟我有先"的祝词，大大提升了中华民族的文化自信。祭祀典礼省去了封建社会时期的繁文缛节，以鞠躬为礼，以花酒为祭品[1]，通过简约朴实的仪式表达革命朝气与民族情感。遗憾的是在袁世凯成为临时大总统后，祭黄仪式被逐渐遗忘在官僚政治中，并没有作为国家祭祀传统得到保护和延续。南京国民政府成立之后，在国土被日本侵占、民族危机严峻的背景下，将精力放在灭军阀，对抗共产党上，依旧未能重视黄陵祭祀，直到 1935 年才被列入国家级的祭祀典礼，1937 年到 1939 年由国共两党共祭黄帝，祭黄典礼由此成为两党对话的政治文化平台，通过政治权力的仪式化，塑造"黄帝"符号，迸发文化潜力，增强华夏儿女同根同源的民族凝聚力，发挥着在民族危难时期弘扬民族大义的仪式功能。[2]

1939 年至 1949 年，陕甘宁边区多次进行祭黄典礼，同样体现着对仪式政治的运用。[3] 在古代，黄帝通常作为帝王的形象被统治者祭祀，维护着封建王权的统治；但在共产党看来，黄帝是作为中华民族人文初祖的形象进行祭拜，目的是唤醒民族解放意识。祭黄典礼由党和政府主持，各界人士都可以广泛参与，共同营造一场集体性的庄严活动，让参与者身临其境，感受作为华夏儿女肩负的文化传承责任与保卫民族国家的使命。这是从"礼"到"仪"的转换，将古代中华民族文化精华与符合时代背景的符号与传播需求创新性结合，在陕甘宁地区帮助建成以毛泽东为首的权威体制，凝聚民族力量，阐扬民族大义，维护党与政府的领导地位，充分发挥着祭祀典礼的仪式象征的政治性作用。

第二节　黄帝祭祀典礼的组织结构与信息传播

人行动和生活在各种各样的社会关系中，扮演者不同的社会角色，按照特定的目标进行互动和合作，由此也就形成了社会组织，演绎着组织传播的过程，不断塑造着人们，并将他们整合到组织特有的文化范畴中。黄帝祭祀仪式也依赖于各类组织中的人们的互动与演绎，例如家族、乡社、职业社团等组织结构，都为祭礼的组织演绎提供了群体基础。

---

①　李俊领：《中国近代国家祭祀的历史考察》，硕士学位论文，山东师范大学历史文化学院，2005 年，第 133 页。

②　李俊领，殷定泉：《抗战时期的黄陵祭祀典礼》，《扬州大学学报》（人文社会科学版），2009 年第 5 期。

③　李俊领：《仪式政治——陕甘宁边区政府对黄帝与成吉思汗的祭祀典礼》，《中共历史与理论研究》2015 年第 2 期。

一、"以家本位"的华夏文化基础构成

人际关系学派主张用家庭来类比组织，重视家庭组织中的人际传播等非正式传播形式，认为组织成员应当像家庭成员一样获得归属感，得到安全、自我实现等方面的满足。[①] 在传统中国，家庭和家族是农业社会文明中最基层的组织单位，其中又以"父子"的关系最为重要，从血缘关系延伸到政治、文化、经济等方面的关系意义。血缘性的"小家"之上还有亲缘性、地缘性的"大家族"，再往上便是"国家"。家庭内部的信息遵循"上下"路径进行传播，即长辈对晚辈的教育督导，晚辈对长辈的尊敬顺从。"言传身教"成为家庭中最重要的传播方式。从言语规劝，到非言语（如身体示范等）规约，都体现着等级辈分层次之间的纵向传承。

从宏观上看，把国家当作一个大家庭，君主代表着父辈的绝对权威。《礼记·郊特牲》中提道："诸侯不敢祖天子，大夫不敢祖诸侯。而公庙之设于私家，非礼也，由'三桓'始也。"[②] 这体现出礼乐文明的等级思想，一个国家中天子、士大夫、诸侯等之间有着较为严格的等级之分。在传统封建王朝，君主通过与黄帝建立虚拟的"政治血缘"，使黄帝成为皇室专属的世系组源。在华夏族群里，黄帝就成了大家共同的古老祖先，凝结起一个前民族国家的充满想象力的文化共同体。因此才有"夷夏之辨""夷夏之防"等能够划分文化的界定概念，共属黄帝的传人就是其中一个界定标准。

因此在古代，黄帝祭祀是统治阶层的"家祭"，是代表天下作为一个家庭而言，由帝王代表家族中最重要、最核心的人来进行主持祭祀活动。不论是强调天子与黄帝的政治血缘，还是祈求黄帝庇佑风调雨顺、国富民强，整个文化符号传播的过程都是以统治阶层为主体，由皇帝向天子的百姓子民们传递黄帝的功德精神和祭祀仪式蕴含的文化意义。

祭黄帝仪式中传播的主体是统治者，主要通过庄重的非言语传播形式进行传播。《后汉书》有记载："先立秋十八日，郊黄帝，是日夜漏未尽五刻，京都白官皆衣黄，至立秋，迎气于黄郊，乐奏黄钟之宫，歌《帝临》，冕而执干戚，舞《云翘》、《育命》，所以养时训也"[③]，规定了黄帝祭祀的时日、衣着要求和乐舞内容。祭黄仪式在时日上需提前准备，礼制围绕家祭而来，例如设立祖宗牌位、修建宗祠庙宇供奉香火、准备祭文、进行乐舞等等，通过对祭祀时间、祭祀流程的慎重

---

① 陈力丹：《组织传播的四类理论》，《东南传播》2016 年第 2 期。
② 王文锦：《礼记译解》，北京：中华书局，2013 年，第 333—363 页。
③ 范晔：《后汉书》志第 5《礼仪中》，北京：中华书局，1973 年，第 3123 页。

选择和严格遵守，增强神圣性与礼序意识[①]，形成了以天子统治者为中心的自上而下纵向传播形式。

祭祀仪式传播的中心，也就是统治阶层掌握的资源最多，进行交流的频率最高，根据血缘亲疏由内向外进行延伸，百姓庶民参与传播的机会最少，但也深受流传的文字记录的影响。秦统一全国后，规定帝王坟墓称为"陵"，百姓坟墓称作"墓"，秦始皇之后形成了黄陵祭祀的公祭传统[②]，历代统治者在特定时节都要亲自或派遣官员前往黄陵进行祭祀。到了汉代，黄帝被尊为五神之一，上神信仰与皇权政治联系密切，祭祀要使用最高等级的礼仪，也要由皇帝本人亲自主祭。明代时期，"遣使访先代陵寝，仍命各行省图以进，凡七十有九，礼官考其功德昭著者……各制衮冕，函香币，遣秘书监丞陶谊等往修祀礼，亲制祝文遣之。每陵以白金二十五两具祭物，陵寝发者掩之，坏者完之，庙敝者葺之，无庙者设坛以祭，仍令有司禁樵采，岁时祭祀，牲用太牢"[③]。文献中提到公祭活动规定的礼制、祭文、祭物、场所和祭品，从中我们可以发现，祭祀的过程都是以中央统治阶层主导，平民百姓参与机会寥寥，只能成为被动的信息接收者。

总的来说，作为公祭的黄帝祭祀仪式将黄帝看作天子和百姓们共同的祖先，由历朝统治者组织祭祀程式，交由贵族官员辅佐完成，这种祖先崇拜成为古代国家的精神支柱之一。统治阶层很好地利用文化传播的手段和方式将黄帝打造成"皇家始祖"的象征符号，能够有效地联络成员，稳定社会秩序和教化大众。

二、民间祭祀的乡社组织与人际沟通

王怡红从关系视角提出人际传播的定义，她认为人际传播是在个体之间发生的，运用言语和非言语讯息，通过谈话与倾听进行意义交流和理解的互动、共通、互融的协商过程与合作关系，具有交往、沟通、对话的行为特征[④]。与依据血缘关系形成的"家庭"不同，乡社组织主要依靠地缘关系维系，特别是中国特有的乡土崇拜，自然地把邻近的人们联结在一起，人际沟通成为乡社组织成员传递信息最有效的方式。他们在乡社中形成独特的组织结构和行为规范，共同维护着精神信仰和成员利益。正因如此，进行黄帝民间祭祀最主要的群体便是黄帝陵附近的民众。

① 高小岩：《公祭黄帝大典与宗庙大祭：中韩传统庆典的当代意蕴》，《江苏师范大学学报》（哲学社会科学版），2016 年第 5 期。

② 田卫丽：《浅谈黄帝祭祀与中华民族的礼仪文化》，《社科纵横》，2015 年第 4 期。

③ 张廷玉：《明史》卷 50 志第 26《礼四》，北京：中华书局，1984 年，第 1291 页。

④ 王怡红：《论"人际传播"的定名与定义问题》，《新闻与传播研究》2015 年第 7 期。

相传在农历九月初九重阳节，也就是黄帝升天之日，黄陵附近的民众会自发地用虔诚的礼节祭拜黄帝。新中国成立后，1988年第一次有组织地举办了重阳民祭黄帝的活动。民祭仪式的设计继承了民间祭祖礼俗的传统，也充分体现着乡土中心和自然崇拜的观念。从时间上看，选择黄帝逸仙升天的日子作为祭日；从地点上看，选择黄帝安葬的陵园；从参与者的规模上看，由政府领导宣读祭文，选拔政界、文化界有影响力的人物担任主祭人，这是民主推举的程序；由乡社中的长者端贡品，体现自然的长老权威。此外，还有祭乐队、仪仗队、祭旗队等祭祀队伍，体现着对传统礼乐制度的尊重。

总的来说，乡社组织由年岁辈分占优势的长老和通过民主推举程序选拔的权威力量共同维系运营，而民间祭祀活动通过人际交流组织而来，提前商讨仪式程序，民众共同参与祭祀仪式，强化着乡社凝聚力。

三、"祖先崇拜"的信仰团体与文化传播

台湾学者李亦园说："中国的祖先崇拜是中国的民间宗教，一种普化的与西方宗教另据一格的宗教。"[①]祖先崇拜是对灵魂的崇拜和对鬼魂的敬畏。浙江缙云仙都一带流传着黄帝在民间的传说。东晋谢灵运《名山记》中说道："缙云山旁有孤石，屹然千云，高二百丈，三面临水，周围一百六十丈，顶有湖生莲花……古志云'黄帝炼丹于此'。"[②]《鼎录》中有记载："金华山（缙云山为其中一部分），黄帝作一鼎，高一丈三尺，大如石瓮，像龙腾云，百神螭兽满其中，曰'真金作鼎，百神率服'。"[③]正因缙云是传说中黄帝修炼之处，唐玄宗李隆基将缙云山改名"仙都"，民间百姓官员对黄帝的崇拜敬仰之情非常浓厚，此地居民也成为黄帝最虔诚的信仰团体，在江南民间进行着对黄帝的祭拜活动，以求风调雨顺，平安顺遂。东晋，在鼎湖峰下建有缙云堂，唐玄宗时为满足江南民间对黄帝的祭祀需求，改名为"黄帝祠宇"，成为后代前往缙云祭祀黄帝的场所。直至今日，缙云仍将黄帝看作祖先神灵进行祭拜以求保佑，在祭祀仪式中将做好的物品呈给神明，将人与人之间的物品交换形式也用于人与神明的互动过程中。随着时代的进步，人们祭拜黄帝的初衷逐渐从祈求庇佑变为继承与弘扬黄帝作为"人文初祖"的精神与功德。

在信仰团体的祭拜活动中，巫术是不可缺少的仪式，也是这类原始宗教最普遍的传播手段。比如计算挑选吉日吉时举行祭祀活动，如今缙云轩辕黄帝祭典选

---

① 李亦园：《人类的视野》，上海：上海文艺出版社，1997年，第214页。
② 王达钦：《缙云县古代乡里丛考》，中国缙云新闻网，2015年3月20日，http://jynews.zjol.com.cn/jynews/system/2015/03/20/019149570.shtml.
③ 虞荔纂：《鼎录》并序，北京：中华书局，1985年，第2页。

在上午 9 点 50 分进行，9 是最大个位数，与黄帝的身份符合。此外，黄帝祭祀典礼还有道教文化的介入，利用自然环境营造特定场景，实现文化的传播。例如缙云轩辕黄帝祭典采用"两仪阵法"，即现场到会者组成八卦阵形按顺序祭拜，体现着道教的"阴阳"思想。

黄帝在率领先民从野蛮时代过渡到文明的过程中展现了无所不能的智慧与才华，在民间，成为由神仙故事构成的另一套叙事系统。作为古代社会下层的庶民，有着下层的信仰，即直面现实生活寻求的健康平安，五谷丰登，通过祭祀活动建立与神明黄帝之间互动的桥梁，建构人与虚幻的精神世界的联系，让人们摆脱现实的苦痛，也能够推动祖先崇拜文化与祭祀文明的继承与传播。

第三节　黄帝祭祀与筑牢中华民族共同体意识的组织符号建构

社会组织是由个体依据所在团体共有的某个明确目标而进行组合合作的团体，其中的成员按照组织结构、协作分工等内容承担相应的社会角色，不断进行群体间互动。[①] 卡尔·威克认为，互动是组织的核心现象，它是组织得以存在的基础之一[②]。吴予敏曾提到，社会组织的形成是不同角色的社会人进行符号传播的结果。个体经过称谓系统、神话系统和规约系统的教育，学会属于该社会组织的符号传播方式，才能逐渐由天然独立的自我演化成担当某一社会角色的自我。[③] 祭祀仪式的组织过程中也充分体现着称谓、神话和规约符号系统的设计特色，推动着黄帝祭祀文明以组织的形式不断传承与传播

一、祭黄仪式的称谓系统建构

称谓系统与社会组织特定的等级关系相对应，决定着成员们在组织内的活动结构、秩序、传递信息的渠道和进行决策指挥的过程。特别是在公祭仪式中，系统的职能管理机构和负责官员都体现着组织中"称谓系统"的特色。

以两汉时期的祭祀仪式为例，从中央到地方设置专门的机构进行规划管理，中央管理祭祀事宜的最高职能部门是"太常"，具有"掌礼仪祭祀。每祭祀，先奏其礼仪；及行事，常赞天子"（《续汉书·百官志二》）的重要职责，《太平御览》中也提到"太常，社稷郊畤，事重职尊，故在九卿之首"，可见"太常"在两汉中

---

①　吴予敏：《无形的网络——从传播学的角度看中国的传统文化》，北京：国际文化出版公司，1988 年，第 32 页。

②　李晓灵：《试论延安〈解放日报〉的组织传播特色及其影响》，《社科纵横》2006 年第 5 期。

③　吴予敏：《无形的网络——从传播学的角度看中国的传统文化》，北京：国际文化出版公司，1988 年，第 32 页。

央官制中处于核心地位，居于"九卿之首"，执掌祭祀事务，与皇帝联系密切，非常神圣。太常的主官叫作"太常卿"，也称"太常"，总领属下诸多负责祭祀的职能部门，也需要亲自在祭祀活动中担任礼职。"太常主导赞助祭，皆平冕七旒，玄上纁下，华虫七章"①，每逢祭祀，太常也会同京兆尹"同典斋祀"②。"太常"之下，还设有负责祭祀事物的神职部门"太祝"，负责祭祀牲品的"太宰"，负责祭祀乐舞的"太乐"，负责卜筮祭祀日期、仪式程序等活动事宜的"太卜"与"太史"，皇家诸庙寝园的祭祀、上食等食物管理则由诸庙寝园的"食官"负责。由此可见，两汉时期的国家祭祀活动很受重视，也有严密的行政组织机构进行规划管理，在太常的领导下，各部门传递信息，相互合作，方方面面体现着对礼文化的尊重和仪式的沿袭。

　　除了作为九卿之一的"太常"外，东汉时期的"三公"也在祭祀礼制中承担各自的礼仪职责。例如在《续汉书·百官志一》中记载道："太尉，凡郊祀之事，掌亚献；大丧则告谥南郊。司徒，凡郊祀之事，掌省牲视濯，大丧，则掌奉安梓宫。司空，凡郊祀之事，掌扫除乐器，大丧则掌将校复土。"这表明了东汉三公在国家祭祀中的地位。特别是司徒负责查验祭祀所用的牺牲情状是否肥美，盛装祭品的器物是否清洁、司空负责查验乐器是否完备，反映着对祭祀态度是否虔诚的重视。在朝廷重要官员的属官中，也有负责祭祀事务的官职，例如太尉府的"户曹"、掌奉皇太后的长信少府、掌奉皇后与太子的詹士属下都有"祠祀"官职。总之，在中国古代，祭祀礼神是国家大事，人们都以能够承担一定的祭祀事务为荣，中央便以"太常"为领导、"太祝"为具体负责部门设置了严谨的祭祀管理官职，命以不同称谓区分，同时，在祭祀过程中如有人手不走，也可随机应变，例如《汉旧仪》中提道："监祠寝园庙，调御史少史属守，不足，丞相少史属为倅，事已罢"③，可见御史人手不足，可从丞相府小吏中抽调人员辅佐祭祀事宜。

　　在中央，主要是太常、太祝在领导着祭祀职能机构；在地方，便是郡国县官府主导的山川、方仙庙祠等祠祭机构负责地方祭祀管理职能。地方祭祀活动的祠庙、人员大多由地方负责，最基层的祭祀管理官员是"庙佐""卒史"④，他们主要负责看管祠庙，但是地方祭祀机构的设立、祭祀活动的规模都要经过太常备案，因此中央的太常对地方的祭祀活动有着监督管理的权力。

---

　　① 《太平御览·职官部》引《汉阳仪》，孙星衍等辑，周天游点校：《汉官六种》，北京：中华书局1990年，第88页。

　　② （西汉）东方朔著，傅春明辑注：《东方朔作品辑注》，济南：齐鲁书社，1987年，第99—111页。

　　③ 孙星衍等辑，周天游点校：《汉官六种》，北京：中华书局，1990年，第40页。

　　④ 王柏中：《两汉国家祭祀制度研究》，博士学位论文，吉林大学，2004年，第145页。

两汉时期的黄帝祭祀活动主要是"郊祀"的形式，特别是西汉前期，将黄帝看作五帝之一进行祭奠，主要地点是位于雍地的"五畤"。汉文帝时受到方士与神仙思潮的影响，在长安城郊设置五帝庙与五帝坛，祭祀的时日经过司礼官依据"古礼"而定，皇帝三年一郊祭，祠官每年也要负责春祷、冬赛等祭祀活动，车马牛羊等牲口都可当作祭品。总的来说，两汉时期的祭祀仪式有着完备的组织体系，对于黄帝的祭祀同样严谨规范，建构了一套从中央到地方全面的职能部门和称谓体系，各层级的官员相互配合，重视礼制与乐舞的结合，推动黄帝祭祀仪式的发展。

二、祭黄仪式的神话系统建构

神话系统的构建对该社会文化下的历史形态与未来发展有重要影响因素，能够建立组织的信仰和独特的价值观。在古代中国，由于宗法制度，即血缘地缘影响下的氏族关系，长期影响人们的行为准则，使得家族血缘关系令祖先的崇拜凌驾于神话之上，甚至将祖先看作神圣不可冒犯的神灵。王权的维护也依靠于祖宗的荫蔽而能获得合法性的稳定。由此也建构了一种以祖先和血缘关系为中心的神话逻辑目标。黄帝祭祀仪式得以组织的前提是形成了对祖先黄帝崇拜的文化。

先秦时代，由于早期宗教灵魂与阴阳五行等思想的混杂，将黄帝看作天神进行祭祀。战国时代的阴阳五行与神仙方术对后世祭祀活动产生重要影响。如秦汉祭奉的上神都带有五行色彩，把一年分为四季五时来安排祭祀活动。两汉时期采用的"郊祀"形式，也正是因为它有神化君权的作用。东汉五郊迎气祭祀五帝的乐歌中，只有黄帝与另外四帝不同。《续汉书·礼仪志中》有言："至立秋，迎气于黄郊，乐奏黄钟之宫，歌《帝临》。"表明迎气黄郊所用的乐歌为《帝临》，表现黄帝作为中土神的重要和特殊地位。除乐歌外，祭祀黄帝所用的乐舞也与众不同："至立秋，迎气于黄郊，……舞《云翘》、《育命》"（《续汉书·礼仪志中》），表明祭祀黄帝同时进行《云翘》和《育命》两舞的表演，是东汉国家最高等次的郊祀形式，采用乐舞搭配的方式，是对黄帝作为神的地位的重视，也是对传统礼乐文明的继承，同时更体现着黄帝"主吐含万物"（《白虎通义·五行篇》）的地位。唐代时黄帝陵庙祭祀纳入唐代国家常规祭祀仪式[1]；宋代黄帝庙被重点保护，同时规定中央对黄帝庙的祭祀应三年一次[2]；元世祖统一中原后设立"三皇庙"供奉医家的祖师，三皇庙模仿孔子庙而建，设立很普遍，和各县的社稷坛与孔庙"三足鼎立"，黄帝以"医祖"的形象在民间广受祭拜；明清时期继续沿袭官方陵祭，民间

---

[1] 何炳武、方光华：《黄帝的祭典》，西安：三秦出版社，1998年，第29—30页。
[2] 何炳武、方光华：《黄帝的祭典》，西安：三秦出版社，1998年，第30页。

将黄帝当作药王、医祖祭祀的形式。总之，将黄帝看作华夏儿女共同的祖先和神灵祭祀，有利于维护民族认同感、荣誉感和使命感，使黄帝成为树立君主权威，维护社会稳定，敦行伦理教化的重要形象。

三、祭黄仪式的规约系统建构

规约系统可以看作社会组织日常活动演习的礼仪，也是对称谓系统和神话系统的重复强调和肯定。在祭祀活动中，礼仪需要借助物质手段和特定程序才能完成，也需要设置一定的规矩形成约束，体现出对等级关系和职业使命的重视。例如，现代的黄帝陵祭祀仪式，受到中央领导指示进行活动共规范化、程序化，并最终成为规格最高、影响最大的祭祀典礼。现代黄帝陵的建设大量运用象征中华民族起源、历史、文化、大一统以及其他共同记忆的符号，强化了黄帝陵作为中华民族象征和全球华人认同的地位。例如祭祀广场两侧各摆放九个青铜大鼎，南侧摆放八对青铜簋，继承了古代最高级别祭器"九鼎八簋"的用法。[①] 祭祀仪式由七项内容组成，击鼓鸣钟、敬献花篮的环节都由中央和地方官员、港澳台同胞和海外侨胞代表进行，象征着国家和民族的符号，官员上台的顺序也展示着国家行政机构以及中央和地方的等级关系。随后的恭读祭文、乐舞告祭环节，都继承着古代祭祀礼仪的传统，传递出厚重的历史感与仪式感。

祭祀礼仪关乎黄帝权威与国家信仰的神圣性，需要通过规约系统形成对成员的制约，主要通过称谓系统和神化系统进行约束。总之，规约系统严肃而全面，古今祭祀仪式中的规约系统也体现着对礼仪的尊崇，符合社会对宗法等级制度的维护要求。

第四节 作为当代重要政治仪式的黄帝祭祀仪式传播新传统

德国哲学家卡西尔在《人论》中提道："我们应当把人定义为符号的动物。"[②] 人的主体活动是符号活动[③]，人们创造和使用着符号，符号能够连接人与文化的沟通之路。从图腾文化到祖先祭祀，都是人们在用符号塑造着精神支柱和典礼仪式，从而开展多种方式的文化传播。欧美国家的祭祀仪式往往源于基督教等宗教，采用十字架、耶路撒冷等神或物作为祭祀的标记符号。与西方的祭祀文化不同，中华民族祭拜的人文初祖始终是人而非神，如今将黄帝祭祀上升为国家祭拜的活动，

---

① 王旭瑞：《黄陵祭祀：公祭与民祭》，硕士学位论文，中央民族大学，2006年，第34页。
② [德]卡西尔著，甘阳译：《人论》，上海：上海译文出版社，1985年，第3页。
③ 蒋建国：《仪式崇拜与文化传播——古代书院祭祀的社会空间》，《现代哲学》2006年第3期。

充分体现着民族创造力与时代精神。[①] 黄帝祭祀的礼仪在经过不断变迁演化之后，它的文化传承与传播功能也发生着改变。

一、黄帝祭祀仪式变迁的特点

首先是黄帝祭祀由古代的"皇统"逐步变为"国统"，体现着参与者规模的扩大。古代黄帝是皇室的"政治血缘"，天子通过与黄帝建立联系以巩固统治；近代黄帝符号脱离了"皇统"的脉络，被改造为中华民族的"共同始祖"，被纳入民族传承的"国统"脉络，成为中华民族共同认同的历史符号。

随后是仪式的程式由繁复变得简约。现代黄帝陵祭祖仪式分为七项内容，仪式简洁化，弱化了象征"专制""宗法"等符号，象征"官方""传统""民族国家"的符号被强化。例如祭礼中的上香、奠酒礼被取消，传统的鸣炮礼改为击鼓鸣钟，且击鼓34通。乐舞告祭部分场面宏大，传达深厚的历史感。

祭祀仪式的传播方式也由单一变得多元。在古代，黄帝祭祀仪式注重人伦教化，通过黄帝祭祀仪式宣传黄帝英勇事迹，站在高处教化民众要尊崇始祖，潜移默化地让百姓服从教令。西周时期，天子庶民都可祭祀，但是《诗经》《周礼》《史记》等古文献记载只有周天子和贵族才配举行祭祖活动，士阶层以下的祭祀活动缺少记录传播的途径。如今，传播载体更加丰富，无论是官方的还是民间的祭祀活动都有多元的传播途径进行分享教化，现代社会仍坚持的传统仪式传达的则更多是恭敬之心而非事事顺从。

最后，黄帝祭祀礼制的传播功能更加偏向文化层面。封建王朝把黄帝的崇拜和祭祀作为统治的工具，通过礼乐教化和神秘的仪式来神化君主的统治权威，巩固尊卑有别的等级秩序。从近代开始，祭祀黄帝的仪式通过庄重肃穆的氛围提升人们作为炎黄子孙的神圣感，增强华夏儿女对国家和民族的认同。在唤醒文化记忆、增强民族凝聚力、增加向心力等方面发挥着不可替代的力量。

二、黄帝祭祀的当代价值

张茂泽指出，黄帝祭祀已经不再是祭祀神灵的带有宗教色彩的活动，而是缅怀先贤、感恩祖先的人文的、理性的仪式[②]。黄帝祭祀仪式从古代传承至今日，仍有浓厚的文化意蕴与深刻的时代价值。

首先，对黄帝的祭祀能够强化华夏儿女的民族意识，提高民族凝聚力。黄帝驯养使用牛马，发明车船，养蚕缫丝；黄帝也发明文字，制定历法，发展文娱。

---

① 许嘉璐：《把拜祭黄帝上升为国家级拜祭》，《光明日报》2015年9月7日第16版。
② 张茂泽：《黄帝和黄帝祭祀》，《华夏文化》，2015年第4期。

在黄帝时代，无论是物质文明还是精神文明都取得了伟大成就。黄帝文明形成文化纽带将华夏儿女紧紧团结在一起，让中华儿女不忘本、不忘根，增强民族凝聚力和认同感，推动团结的中华民族生生不息的发展壮大。

其次，对黄帝的祭祀能够传承优良传统，弘扬民族精神。炎黄二帝已经成为中华民族的精神象征，其中蕴含的自强不息、厚德载物、艰苦奋斗的精神推动着中华儿女坚韧不拔，努力奋斗。如今，对黄帝的祭祀活动可以全民参与，共同祭拜，仪式庄严神圣，传递的黄帝精神深深感化民众，推动华夏儿女对祖先精神的继承，对民族精神的弘扬。

最后，黄帝祭祀能够成为沟通海峡两岸儿女、海内外华人的桥梁，对两岸具有统一的政治作用。马英九曾在台湾五次遥祭黄帝陵；2019年新郑黄帝故里拜祖大典举办前夕，中国国民党荣誉主席吴伯雄、台湾新北市市长侯友宜、中国文化大学教授邱毅等台湾政界、学界知名人士对"三月三、拜轩辕"的活动表达祝福。海峡两岸同根同源，然而近年来也一直有"台独"干扰着两岸统一的进程，令人痛心。黄帝是华夏儿女共同的人文始祖，对黄帝的祭祀能够唤起两岸同胞对共同祖先的怀念，推动台湾同胞对民族文化的了解，在血浓于水的事实面前，坚定民族团结大义，以求早日完成祖国统一的大业。

祭祀黄帝有悠久的历史和的传统。黄帝祭祀仪式从古到今通过称谓、神化和规约系统进行建构，有着丰富多样的组织形式。礼乐文明也在生机勃勃的组织中得以传承和传播。现代社会对黄帝的祭奠与缅怀保留着古代原始礼仪的同时做出了迎合时代的改变，未来也希望优秀文化能够借助现代技术和文明，适时而变，令传统礼乐文明在创新中获得不断发展的机遇与动力。

（本章作者：翟婷玉　谢清果）

第十八章　君子如玉：礼乐传播的《诗经》玉器传播功能

玉器是礼的重要载体，承载着礼制，并承担着对礼的传播。作为礼的传播媒介，玉器本身具有礼的内涵及传播功能。《诗经》是礼文化典籍之一，其诗篇中出现的大量玉器，具有传播礼文化的功能。《诗经》中的玉器是对礼文化的彰显与实践，体现出对礼文化的传播。在政治传播中担负着沟通天地人神、明确政治秩序的功能；在内向传播中作为君子修身的旨归，使得其人如玉，符合礼制期望；人际传播中以玉器作为馈赠，表达对人际关系，包括政治关系、社会关系、婚姻关系等的期待。

玉文化是华夏文化的源头之一，与礼文化相互渗透。玉器是礼的重要载体，承载着礼制，并承担着对礼的传播。作为礼的传播媒介，玉器本身具有礼的内涵及传播价值。中国被誉为礼仪之邦，"'礼'成了中国文化之根本特征和标志"，中国的"礼"为"中国物质文化和精神文化之总名"，"礼文化是任何民族都曾经过的原始阶段的文化"①"礼"以事天地之神，辨君臣上下长幼之位，别亲疏之交，"礼"作为天下教化之本，作为行为处事是准则，具有普及性，周公推广礼制，使之成为"衡量社会生活一切事物的准绳"，并为后世"百姓形成一致化的生活习性打下坚实的基础"，"形成共同信仰的基础"②。礼制的一个重要体现即礼器，器以藏礼，礼载于器，玉器、陶器、青铜器等皆是重要的礼器。其中玉器"作为区别贵族内部等级的标志物，成为体现礼制的物质载体"③，"神玉""礼玉"之器及"赠玉""佩玉"之行为集中体现了世人对敬天祀神、王权权威、人际和谐、道德境界的追求，成为社会政治与日常生活的重要内容。

---

① 邹昌林：《中国礼文化》，北京：社会科学文献出版社，2000年，第14、20页。
② 谢清果：《华夏传播学引论》，厦门：厦门大学出版社，2017年，第202页。
③ 喻燕姣，方刚：《中国玉器通史·夏商卷》，深圳：海天出版社，2014年，第7页。

《诗经》是礼文化的重要典籍，是中国第一部诗歌总集，位列五经之一，其中蕴含着丰富的礼制思想，郑玄《毛诗大序》曰"正得失，动天地，感鬼神，莫近于诗"，此正是礼制之功，"《诗》亦是礼"①。《礼记》等礼制文献有大量引《诗》的现象，说明《诗》对于礼的重要意义。本文透过《诗经》的部分篇章，探讨其中的玉器对礼文化的传播意义。

第一节 作为"礼"文化传播媒介的玉器

玉器是先秦礼器的一种，作为"礼"的传播媒介，玉器具有其独特的传播价值。繁体"禮"字本身，经王国维考证，豆上成串的物体就像是玉在容器中的情形，礼与玉的密不可分由此可见一斑。玉器在《诗经》中是礼文化的传播载体，具有传播礼的功能。

一、文字文本的阐释视角

礼、器、玉单字本身皆有通神、礼神、神异的内涵，作为人神沟通的媒介，并以此尊享世人推崇、瞻仰。《说文解字》对礼、玉、器等做字义解释②曰："礼，履也，所以事神致福也。"即"礼"以事神之举向神祈求降福于人。"玉，石之美，有五德，润泽以温，仁之方也，鰓理自外，可以知中，义之方也，其声舒扬，专以远闻，智之方也，不桡而折，勇之方也，锐廉而不技，絜之方也。"玉作为美石，被人赋予仁、义、智、勇、絜的美德，从而具神性、人性，据有道德隐喻的意义，作为人们道德期冀的载体。"器，皿也，象器之口，犬所以守之。""犬，狗之有县蹄者也，孔子曰视犬之字如画狗也。"可见犬是狗的一种，是颇有灵异色彩的一种生物，经常被视为可以超越时空，具有消灾驱邪的能量动物，"人死后，亡灵也是由狗引导和护送"③。由犬所守护的"器"也具有连接生死，沟通天人的媒介意义。玉之为器，一方面具有玉的隐喻功能，另一方面也是先人敬天、尊祖的崇礼信仰与价值追求的折射。

玉与王两字通用，由大量王字旁的玉器字符可见一斑，古玉最初为王者所拥有所利用，出于礼制建设、政治统治的目的，用于天子礼神祭祀，被视为神器。在历史的发展过程中，玉器的拥有与使用范围都有极大地扩展，不仅用于政治交

---

① 邹昌林：《中国礼文化》，北京：社会科学文献出版社，2000年，第22页。
② [汉] 许慎撰，[宋] 徐铉校订：《说文解字》，北京：中华书局，2011年第7、10、49、203页。
③ [英] 胡司德著，蓝旭译：《古代中国的动物与灵异》，南京：江苏人民出版社，2016年，第297页。

通，也用于社会沟通，才成为日常政治、社会、生活之器。玉器作为礼器的一种，被嵌入礼制的框架之中，而礼制的规章制度，承担着教化百姓、规范行为、维护社会秩序及政治等级等功能。"凡治人之道，莫急于礼，礼有五经，莫重于祭"[1]，祭祀是礼制用于制人的手段，祭祀所用之玉器是对礼制的彰显。玉琮是一种祭地的礼器，形制内圆外方，中通贯直，结合天圆地方的观念寓意为"把天和地相贯通起来"，"可以说琮是天地贯通的象征，也便是贯通天地的一项手段或法器"[2]。玉藏于石，石采于山，"古代的山也是神巫沟通天地的大道"，"神山是神巫上下天地的阶梯"[3]。因此，玉礼器被赋予了媒介沟通的功能，并能够作为一种传播媒介，传播礼文化，服务于礼制的推行。随着玉的使用范围的扩大及拥有人群的普遍化，玉作为媒介的传播功能也随之扩展，在政治建构、君子修身、人际互动等方面多有体现，最终体现为对礼制的实践。《诗经》中的玉器，表现出既有通神的功能，又有传递政治立场、个人修养、人际关系等传播意义。

二、玉器的传播特性阐释

玉器在古人心目中是一种具有特殊意义的存在，上至帝王将相，下至黎民百姓，无不对之满怀喜爱与崇敬之情，在《诗经》中有充分体现，作为一种传播媒介，具有独特的隐喻传播特性。

（一）玉器：作为玉德的隐喻媒介

玉器作为一种传播媒介，其本身承载着具有丰富内涵的信息，在传播的过程中，完成意义的传递，并发挥出影响传播的独特功能。麦克卢汉提出"媒介即信息"，即媒介本身含有丰富的信息，波兹曼提出"媒介即隐喻""媒介即认识论"，即媒介用一种隐蔽的方式暗示一种不可抗拒的信息认知。在这个意义上，玉器则可被视为一种具有隐喻的信息媒介。

礼制社会中的人们赋予玉器以意义，延伸玉德的意义，以玉之德作为君子之德的隐喻。《礼记·聘义》言："君子比德于玉焉：温润而泽，仁也；缜密以栗，知也；廉而不刿，义也；垂之如队，礼也；叩之其声清越以长，其终诎然，乐也；瑕不掩瑜，瑜不掩瑕，忠也；孚尹旁达，信也；气如白虹，天也；精神见于山川，地也；圭璋特达，德也；天下莫不贵者，道也。"[4] 以玉的意义作为约束，以君子之

① 王文锦译解：《礼记译解》，北京：中华书局，2018年，第631页。
② 张光直：《中国青铜时代》，北京：生活·读书·新知三联书店，2013年，第303页。
③ 张光直：《中国青铜时代》，北京：生活·读书·新知三联书店，2013年，第307页。
④ 王文锦译解：《礼记译解》，北京：中华书局，2018年，第852页。

德比于玉德，在特定的情境下自觉地或不自觉地以此作为思想和言行规范。"玉德说背后的古老信仰要素是，玉器既能够体现天神的超自然存在，也能够体现祖灵的存在"①，说明玉德通神、通祖的功能，此外具有通人、修身的功能，作为一种媒介，通过隐喻功能实现信息传播。

（二）玉德：隐喻下的意义传播

"君子"体现礼制社会对人的道德期待，上至君王，下至普通知识分子，以君子之德作为追求，玉被赋予君子之德的全部意义，也是礼制的要求。玉媒介的传播功能体现在政治传播、人内传播、人际传播等方面，都围绕玉德的内涵而展开，或以玉德为约束，或以玉德为归宿，或以玉德为期待，"将伦理纲常巧妙地借由玉器进行传播、渗透"②，使礼制内化于心，外化于行，通过玉德思想实现政治治理、社会教化，实现风化天下。

玉器是一种社会稀缺财富，根据经济基础决定上层建筑的原则，拥有玉器意味着拥有权力，玉器是拥有者身份与地位的象征，是统治阶级的符号标志，统治阶级利用玉器达到实现并维护统治权力的政治传播目的，以玉德隐喻政治传播的内涵，统治者以玉德作为对自身的德性标榜及对被统治阶级服从统治的道德约束，同时也作为对政治气候的隐喻。在内向传播方面，君子以玉德作为君子之德风的隐喻，并以之作为君子修身养性的手段和目的。在人际传播方面，以玉德作为对人际互动行为主体的德行准则及其人际关系期待。以上不同的传播形式，均以玉德作为传播的隐喻。玉器是礼的载体，玉德由礼制赋予，作为对礼文化的彰显与实践，对礼文化进行传播。

《诗经》中的玉器种类多样，出现的场合不一，所体现的传播对象、传播功能各有不同，概而言之，或沟通天人、规范秩序，作为政治传播枢纽，发挥玉器行不言之教的礼制治理功能；或作为个人修身的目标、路径，或作为人际传播的表达载体，发挥玉器的礼制价值。

第二节　沟通和谐，君子成仁——玉器作为政治传播网络的枢纽

玉器是彰显礼制的一种器物，既是一种礼乐载体，也是一种礼乐符号，在政治传播网络的结构中，一方面作为祭祀重器，连接天地人神，一方面彰显并维护政治等级秩序，在古代政治传播过程中，承担着重要使命。

---

① 叶舒宪：《玉石神话信仰与华夏精神》，上海：复旦大学出版社，2019 年，第 150 页。
② 张兵娟、刘佳静：《器以藏礼：中国玉器的传播功能及其当代价值》《现代传播》2019 年第 2 期。

一、天意与人愿：神玉沟通天地人神

玉石被赋予神性，玉石制器具有事天地、通诸神、祭先祖的功能，也是玉器的最初的意义。"玉代表神灵，代表神秘变化，代表不死的生命"，"华夏先民凭借精细琢磨的玉器、玉礼器来实现通神、通天的神话梦想"①。玉具有灵通之性，常常被用来祭祀祈神。祭祀是礼的重要内容，"'礼'是颇为繁多的，其起源和其核心则是尊敬和祭祀祖先。所谓'周礼'其特征确是将以祭神（祖先）为核心的原始礼仪，加以改造制作，予以系统化、扩展化，成为一整套习惯统治法规"②。在祭祀的过程中，玉器是必不可缺的礼器。《云汉》云："靡神不举，靡爱斯牲，圭璧既卒，宁莫我听？"③郑笺曰："言王为旱之故，求于群神，无不祭也，无所爱于三牲，礼神之圭璧，又已尽矣，曾无听聆我之精诚而兴云雨。"其中圭璧用来祈神求雨，以圭璧通神，将其视为天人沟通的媒介，向神传达自己的诉求。"济济辟王，左右奉璋。奉璋峨峨，髦士攸宜。"（《棫朴》P364）郑笺曰："祭祀之礼，王裸以圭瓒，诸臣助之，亚裸以圭瓒。""奉璋之仪峨峨然，故今俊士之所宜。"是为描述君王行祭祀之礼及威仪，圭璋为祭祀之礼器，祭祀场面宏大。《越绝书》有言"玉亦神物也"，可见玉具有通神礼神功能的神圣媒介，在礼神祭祀之中，出现巫玉、礼玉、祀玉。

《周礼·春官·大宗伯》载古人以玉制作六种礼器，用以礼祭天地及四方，苍璧、黄琮、青圭、赤璋、白琥、玄璜，分别礼祭天地与东南西北，以玉器为媒介，向天、神传达人的礼遇之心、敬畏之情，向天、神祈求达成自身的愿望。"巧笑之瑳，佩玉之傩。"（《竹竿》P88）为巫傩人士佩玉的情形。巫傩均为神职人员，掌握祭祀天地鬼神的仪式，巫傩佩玉使得其被赋予更强大的通天通神的能力。"上古三代王权源于神权，这一时代的王者亦来于巫。"④王者具有沟通天地的神权。君王统治天下要做到顺天应人，才能得天下久安，所谓顺天，必然要与天建立沟通联系，察知天意，方能顺天而行，具有通神之性的玉自然担负起这个使命。"最高意义的天和社会普遍意义的礼，是整个政治传播活动中最基本的政治信息。"⑤无论祭祀天地鬼神，玉礼器在神圣的仪式典礼中都扮演着重要角色，参与者必须严格恪守礼仪规范，不敢有任何毫懈怠，万一有丝毫差池，将会惹怒祭祀对象而被降临

① 叶舒宪：《玉石神话信仰与华夏精神》，上海：复旦大学出版社，2019年，第20页。
② 李泽厚：《中国古代思想史论》，北京：生活·读书·新知三联书店，2019年，第3—4页。
③ ［汉］毛亨传、郑玄笺，［唐］陆德明音义，孔祥军点校：《毛诗传笺》，北京：中华书局，2019年，第424页。本文引《诗》及郑笺均出于此，不再详注，仅在文中标明篇名及页码。
④ 张碧波：《巫觋·王者·文化人》《学习与探索》，2007年第1期。
⑤ 张明新，陈佳怡："上下交而其志同"：〈论语〉中的政治信任建构》《新闻与传播研究》2020年第1期。

灾祸。

二、献赐之礼：以玉规范政治秩序

赐玉、献玉是一种政治沟通行为，以玉为媒，是对政治关系及政治秩序的规范。赠礼被视为"是一种政治行动"，"通过这一行动从战争、敌对过渡到联盟、和平"。① 玉器具有等级制，是身份地位的象征，中央与地方或天子与诸侯之间通过赐玉与献玉表明政治态度，明确政治秩序，以维护礼制规定的差序等级，使得各在其位，各司其职，使家国天下按照礼制的规范运转。"赐尔介圭，以作尔宝。往近王舅，南土是保。"（《嵩高》P429）郑笺认为此诗是尹吉甫赞美宣王之作，是时天下太平，宣王能够建国，与诸侯建立亲善的关系，赏赐申伯，以得其守土尽责。所赐介圭及暗含政治身份等级。郑笺曰："圭长尺二寸谓之介。非诸侯之圭，故以为宝。诸侯之瑞圭，自九寸而下。"可见，按照礼制，圭并非诸侯之物，得之于赏赐必贵之为宝。"厘尔圭瓒，秬鬯一卣，告于文人。"（《江汉》P439）此诗主题与《嵩高》相似，亦为尹吉甫赞美宣王之作：宣王兴衰拨乱，使召公平乱淮夷，"九命赐圭瓒、秬鬯"，赐之以圭瓒，以此表明立场与等级地位。"韩侯入觐，以其介圭，入觐于王。"（《韩奕》P434）此诗亦是赞美宣王之作，诸侯觐见宣王，"奉享礼，贡国所出之宝"，按照礼制，圭并非诸侯之物，即便为其国所出，非王赐诸侯不能占有，理当进献与天子，以表白对天子的忠诚之心。《礼记·礼器》载："诸侯以龟为宝，以圭为瑞，家不宝龟，不藏圭，不台门，言有称也。"② 即明确对于诸侯而言，以龟为国宝，以圭为国家信物，"瑞"本义即以玉为信，对于大夫而言，则不能以龟为宝，不能藏圭，明确身份等级与拥有器物的一致，否则便有违礼制，将会受到礼法的裁制。

诸侯只能通过君王赏赐才能拥有圭，并以之作为君王与诸侯之间的国家信物，个人不能私藏。圭成为"按照人的意愿，服从统治阶层并约束规范自己言行的一种重要信物"③。"憬彼淮夷，来献其琛。元龟象齿，大赂南金。"（《泮水》P484）"琛"为从玉之珍宝，为淮夷之人献宝以示归顺臣服。"陟则在巘，复降在原。何以舟之？维玉及瑶，鞞琫容刀。"（《公刘》P395）郑笺认为是百姓热爱公刘，进而进献玉瑶容刀之佩，以进献之物表达对公刘的拥戴之心。在政治传播的过程中，

---

① ［法］马塞尔·莫斯著，汲喆译，陈瑞桦校：《礼物——古代社会中交换的形式与理由》中译本导言，阿兰·嘉耶撰，北京：商务印书馆，2019年，中译本导言第12页。

② 王文锦译解：《礼记译解》，北京：中华书局，2018年，第280页。

③ 欧阳摩一：《中国玉器通史·战国卷》，深圳：海天出版社，2014年，第93页。

"媒介不仅是信息传播的载体，而且其形式影响着社会控制的效能与面向"①。通过献玉、赐玉，玉媒介将其本身内含的礼文化内容，传递给对方，传授双方作为行为主体，在价值观念和行为规范上达成默契，以实践共同维护现有的权力秩序，彼此成全，促使双方君子成仁的政治目标的实现。

三、玉器对政治合法性的建构与维护

在政治传播的过程中，玉器赋予君王与天地鬼神沟通的能力，使王权得到广泛认可，符合礼制并得以稳固。强调天、神的地位与敬天尊神的立场，是建构王权合法性的必然路径。天、神主宰政治及一切，天子王权只有受命于天才能获得政治合法性，只有基于天命基础，王权才能获得天下臣民的认可与拥护，上至天子，下至臣民百姓，无不唯天命是尊。"据江晓原先生统计，在《诗经》中，明言'天命'的有十处之多，此外还有未明言却实指其意的。"②君王代表天下、百姓与天、神沟通，是对其王权合法性的展示及验证，使天的意志能够下达于人，使人的意志能够上达于天，玉被赋予沟通天人的神力，统治者借助玉的神力，被视为能够更好地实现信息传播效果。玉器作为身份、地位的象征，规范君王与臣民、诸侯之间的等级秩序，彰显礼制规范，以玉为媒，对玉器的由下而上的献或由上而下的赐是对礼制的传播方式，也是礼制之下的政治传播活动，体现出对君权的维护。

献礼是一种朝贡行为，在朝贡"这种规训行为中，天朝的威严与礼仪文明得到有效的传播"③，献礼是对天子地位、政权合法性的认可，并以所献之物表达对王权的归顺与效忠。天子赏赐代表圣德所施，表达怀柔四方的天威，赏赐者作为信息传播者，以玉器为媒介，向作为信息接收者的受赏者传递了统治、安抚、规约等信息。玉器内涵玉德，是比较直观的政治传播载体，传授双方在共同的意义空间中，信息被误读的可能性降低，信息传播的有效性提高，并以玉为媒进行信息传递，建立权力的合法性、政治等级秩序。"普天之下，莫非王土，率土之滨，莫非王臣。"（《北山》P302）对玉器的献赐实现了对君、臣政治地位、等级秩序的强化。

---

① 徐燕斌：《中国古代的政治传播与社会控制述略——基于媒介史的视角》《现代传播》2017年第10期。

② 白文刚：《中国古代政治传播研究》，北京：中国社会科学出版社，2014年，第28页。

③ 白文刚：《中国古代政治传播研究》，北京：中国社会科学出版社，2014年，第247页。

第三节 其人如玉，君子知礼——玉器作为内向传播的修身旨归

中国传统文化自古以人比玉，以玉喻人，其人身如玉、德如玉、行如玉是君子修身养性的追求。古人热衷佩玉、用玉，《礼记·玉藻》"君子无故玉不去身，君子于玉比德焉"①。"内向传播是认知主体以自我为对象，以固有的信息和现实的新信息为操作内容，以应对环境为目标，而实现的对自我认知、自我改造的过程。"②因此，内向传播包括对自我的认知及在此认知基础上为达成目标而进行的行为选择。从内向传播的角度审视，其人如玉，君子知礼成了君子内向修身、德性养成的准则，并推己及人，即希望他人也能够成为如玉君子。君子之所以成为君子，需要经过一番磨炼，犹如玉之所以成为玉需要经历一番打磨。

一、以玉养德：玉与君子德性的隐喻

自我认知是内向传播的起点。个体通过对自我的认知与定位来进行修身，从而以玉的品德来作为规范，规约自己的德性及言行，同时以玉隐喻对个人修身的期望，因此，通过个体内向传播活动，实现君子如玉的期望。"言念君子，温其如玉。"（《小戎》P162）"生刍一束，其人如玉。"（《白驹》P251）君子、贤人的德性像玉一般温润，具有玉德之美。"彼其之子，美如玉。美如玉，殊异乎公族"（《汾沮洳》P141）即赞"是子"之德，方玉润认为"彼其之子"，"身居贵胄，德复粹然，而又能勤与俭，毫无骄奢习气，殊异乎公族辈也"③。由此，玉德作为君子之德的隐喻一目了然。在此隐喻之下，人们对君子之德有了更直观的认识和了解，君子能够更好地认识并规范自己。"乃生男子，载寝之床，载衣之裳，载弄之璋。"（《斯干》P256）郑笺曰"男子生儿卧于床，尊之也……玩以璋者，欲其比德焉。"男权社会，男子作为尊者，幼时便被寄予厚望，期望其德如玉。

对于贤人君子既然有了德性如玉的社会期待，意欲成为贤人君子者，便需要按照这般期待重新认识自我，对自己有了恰当的认知，修身养性便能做到有的放矢。"人内传播的本质即原有信息和新接受的信息之间的碰撞"，"通过人内传播，人能够在与社会他人的联系上认识自己，改造自己，不断实现自我的发展和完善，从而使得自己能够更好地适应社会的需要，处理好各方面的关系"④。德性的形成不仅需要个人修养，更需要他者的认可，即符合礼制要求。与他者达成一致的规约，

① 王文锦译解：《礼记译解》，北京：中华书局，2018年，第379页。
② 谢清果：《内向传播视域下老子的自我观探析》《国际新闻界》2011年第6期。
③ ［清］方玉润撰，李先耕点校：《诗经原始》，北京：中华书局，2017年，第243页。
④ 陈力丹，陈俊妮：《论人内传播》《新闻与传播研究》2010年第1期。

进行自我审视，在自我认知的基础上审视社会规范与他者期待，通过"慎独"内向传播，"不断涵养自己，改造自己，由凡入圣"①，使君子的自我认识与礼文化及角色期待合而为一。

二、切瑳琢磨：玉与君子的修养方式

基于对玉德的认识及对君子之德的期望，君子以此作为重新认识自己的标准，并以此为目标加强自身修养，成为真君子。玉之所以成为玉，与君子成其为君子，其成就的路径互为参照，在自我修养锤炼的过程中，突破自身的局限与弱点，健全身心，更好地在社会发展过程中体现自身价值。

正视自身的不足与缺陷是养成君子之德的基础。"白圭之玷，尚可磨也"（《抑》P414）即认为白圭不是完美无瑕的，也是有瑕疵的，但是其中的瑕疵可以经过打磨而使之无暇，白圭如此，君子亦如此，君子不是与生俱来的，是后天养成的。"艰难困苦，玉汝于成"即为一个人要成就一番事业必然要经历一定的磨砺与考验，实现由糙石到美玉的蜕变。人要成为彬彬有礼的谦谦君子，需要修养的手段与过程。"有匪君子，如切如瑳，如琢如磨。"（《淇奥》P79）郑笺认为："治骨曰切，象曰瑳，玉曰琢，石曰磨。道其学而成也，听其规谏以自修，如玉石之见琢磨。"直言君子的修养方式。又曰："有匪君子，如金如锡，如圭如璧。"（P80）郑笺认为："金锡炼而精，圭璧性有质，圭璧亦琢磨，四者亦道其学而成也。"方玉润认为此言君子之学问，"切瑳以究其实，琢磨而至之精"，玉石之饰具有尊严威仪之象，"金锡则比其精纯，圭璧而方兹温润，均各带其仪容以赞美之"②。

君子是怎样炼成的？犹如治玉，要经历一番雕琢，切瑳琢磨即是君子养成的必由之路，使君子的内在修养与学问，如金锡圭璧，并具有威仪，以符合礼制之下的君子形象期待。《礼记·大学》："如切如瑳者，道学也。如琢如磨者，自修也"③，此即君子治学修身要历经的过程。

三、"是用大谏"：王者如玉的成就路径

《诗经》来源于采诗官民间采诗，内容来源广泛，深刻反映民风、民情、民生，作为周天子的施政参考，施政者自我意识到兼听则明、偏信则暗的重要性与必要性，才有采风之举的政治意义。君子是礼制的制定与守护者，肩负着一定的政治使命与社会使命，君子为更好地履行使命，必然需要做到耳听八方，广泛地采纳

---

① 谢清果：《作为儒家内向传播观念的"慎独"》《暨南学报》（哲学社会科学版）2016年第10期。
② （清）方玉润撰，李先耕点校：《诗经原始》，北京：中华书局，2017年，第172—173页。
③ 王文锦译解：《礼记译解》，北京：中华书局，2018年，第807页。

臣民谏议之辞，了解国情、民情，使社会现实内化于个人认知，经过内向传播反作用于社会，服务于国运民生与礼制建设。

广纳谏言是如玉君子的养成之道，一方面主动纳谏是君子之举，体现君子的胆识与担当；另一方面坦然接受谏言则需要君子海纳百川的胸怀与气魄，有容乃大，无论对于纳谏者还是受谏者，都体现君子之德，进而以此滋养君子之德。人内传播从本质上而言"是一种与他人互动的内在化，也就是与他人的社会联系或社会关系在个人头脑中的反应"①，因此，君子在养成的过程中不能与世隔绝，而是在广泛与他者与社会发生联系的过程中，把他人的建议、态度及环境的需要内化为自身的思考与言行，从而成为社会意义上的君子。通过广纳谏言，使君王具有如玉之德，具有君子之德，以此统治教化天下，是为天下福祉。"王欲玉女，是用大谏。"（《民劳》P403）郑笺认为此诗乃"召穆公刺厉王也"，"玉者君子比德焉。王乎，我欲令女如玉然，故作是诗，用大谏正女"。厉王为政不仁，百姓陷于水深火热之中，非君子之所为，穆公谏言以规劝。是以君子务必能够广纳谏言，思考他者的谏议之辞，避免一意孤行而远离君子之正道，以此严守礼制。

"自我不是本能地发展起来的，而是通过与他人的互动的社会过程而得到发展的。"②对于他人的言行、社会的反馈，在个人思想认识中有所反映，经过内向传播，实现对信息接收、处理，在内化于心的前提下外化于行。

四、玉器情境中"主我"与"客我"的互动

对于君子佩玉之制，《礼记·玉藻》记载曰"古之君子必佩玉，右徵、角，左宫、羽，趋以《采齐》，行以《肆夏》，周还中规，折还中矩，进则揖之，退则扬之，然后玉锵鸣也。故君子在车，则闻鸾和之声，行则鸣佩玉，是以非辟之心，无自入也。"③对于君子佩玉之音声及君子的进退行止做出规范，是以玉振之音喻君子之德，君子进退行止与玉振之音声和谐，闻玉振之声，则自觉摒弃邪思恶念进入君子之心，使玉德与君子之德一致。"佩玉将将，寿考不忘。"（《终南》P166）以玉振之声劝诫勿忘修君子之德。"佩戴玉器的男性将自我界定为'君子'，要求自身的言语行为都要谨守礼制。君子将自身的品格和玉的特征相比拟。"④通过"主我"与"客我"的互动，实现君子内向传播渠道中的自我修养过程。

---

① 薛可，余明阳主编：《人际传播学》，上海：同济大学出版社，2007年，第77页。
② 陈力丹，陈俊妮：《论人内传播》《新闻与传播研究》2010年第1期。
③ 王文锦译解：《礼记译解》，北京：中华书局，2018年，第378页。
④ 张兵娟，刘佳静：《器以藏礼：中国玉器的传播功能及其当代价值》，《现代传播》2019年第2期。

内向传播即传播主体在接受外部信息的刺激之后，对外部信息所产生的自我认知、行为反应。米德认为："他人的态度构成有组织的'客我'，然后有机体作为一个'主我'对之作出反应。"①根据米德"主我"与"客我"的理论，玉德的社会评价和社会期待构成君子的"客我"，君子意识到"客我"的存在，以之作为自我行动的旨归，构成君子的"主我"，即自我修养，"客我"与"主我"互相推进，玉德推动君子的自我修养，君子通过自我修养实现玉德。以"客我"警醒"主我"的自我修行，"主我"通过自省、慎独等回应"客我"，"儒家的内省说强调了道德修养方面的自律性和自觉性原则，也为广大士子提供了具有普遍意义的内向传播方法"②，"自省常是由他人对我的某种态度所引起的，很像是一种对他人态度的'镜像'反馈"③。"客我"的期待之下，君子通过"主我"进行内内向传播，实现"自我互动"，通过这种互动，使与他人的社会的联系反映在心灵中，以"自我"的经验、认知、思考、行动，对社会、他人的期待的意义进行解读、修正、重组，在此基础上完成内向传播，表现为君子沿着玉德的路径不断地加强自我修养，摒弃邪念，成为社会、他人所期待的如玉君子，言行举止符合礼制的规范。

孟子曰："故天将降大任于斯人也，必先苦其心志，劳其筋骨，饿其体肤，空乏其身，行拂乱其所为。"成大事者，必须经历磨难，不经一番磨砺，何以成大器？成君子者亦然。玉德是君子之德的修养目标，君子以玉德为标准来认识自我、规范自我，在与他者、社会互动的过程中不断地锤炼、调整自我的认识和言行，知书而达理，认识并认同礼制规范，最终成为礼制社会下符合礼制规范的君子，以实现内圣的目标。

第四节　投桃报李，君子行礼——玉器中人际传播的关系期待

古代玉器是一种连接人际关系的器物媒介，在人际关系的建立、维系上发挥着重要作用。以玉德作为对人际关系的道德期待，对人际的关系做一种象征，同时暗示双方的个人道德修养，即个人道德及其人际关系与玉德具有一致性，均要符合礼制要求，人际关系的建构基于礼制基础，是君子行礼的表现。

---

① [美]乔治·H.米德著，赵月瑟译：《心灵、自我与社会》，上海：上海译文出版社，2020年，第199页。

② 谢清果编著：《华夏传播学引论》，厦门：厦门大学出版社，2017年，第59页。

③ [美]彼得·L.伯格，托马斯·卢克曼著，吴肃然译：《现实的社会建构：知识社会学论纲》，北京：北京大学出版社，2020年，第40页。

一、志同道合：君、臣、民之间的和谐

君、臣、民之间的和谐关乎政权的稳固，以玉来表现居于不同政治地位的君、臣、民之间的关系更为形象可感，在国家政治组织中进行人际传播，建构权力组织中的人际关系。礼制是一种至高无上的权力，君王权力与其人际传播共同受制于礼制，"规章制度让组织中的人际传播受到权力游戏的约束"[1]，礼制的约束使政治组织中的人际传播犹如戴着镣铐舞蹈，从而使镣铐之下的舞蹈更能够中规中矩而深得人心，举止协调而赏心悦目。"颙颙卬卬，如圭如璋，令闻令望。岂弟君子，四方为纲。"（《卷阿》P399）即圣王与贤臣之间，以礼义相互交流切磋，臣对君表现出敬顺之态，志气则高朗而自信，犹如珪璋一般，既有美好的声誉，又有良好的威仪，德与行相得益彰，是为君臣之间关系和谐，君爱臣，臣敬君，君臣之间惺惺相惜，关系融洽以同心共治。"天之牖民，如壎如篪。如璋如圭，如取如携。"（《板》P405）郑笺认为："王之导民以礼义，则民和合而从之如此。"此乃君王以礼义教导天下百姓，百姓因礼义教化而归心于君王统治，君民同心，天下大治，以珪璋寓"言相合"，以示君民之间关系和谐。

君、臣、民之间不仅是统治与被统治的关系，更是相互成全的关系，"水能载舟亦能覆舟"，君为臣民之君，臣民成就君王，臣民在君王的治理之下成就自我，君王以仁爱治天下，爱天下臣民，臣民以忠顺以报之，拥护其为君王，君、臣、民关系和谐才能各安其位，各司其职，各取所需，才有海清河晏，天下大治。以玉德约束、规范君、臣、民之间的政治关系，更具有礼制社会的治理意义。

二、礼尚往来：玉器彰显的人际关系

赠礼是一种人际行为，玉器以礼物的形式，用于人际的馈赠。礼物，顾名思义即能够承载礼的物品，又"来而不往非礼也"，因此，人际的礼物具有交互性。这种交换可以是换取实物的交换，也可以是换取情感的交换。"彼留之子，贻我佩玖。"（《丘中有麻》P105）郑笺认为此篇"思贤也，庄王不明，贤人放逐，国人思之"，既是贤人，必是道德高尚之人，所赠之"玖"即玉名，石之次玉者。郑笺曰："留氏之子，于思者则朋友之子，庶其敬己而遗己也。"其馈赠源于敬重，是一种对情感的代言，所赠之物即是对双方德性、情感的不言而喻。"我送舅氏，悠悠我思。何以赠之？琼瑰佩玉。"《渭阳》（P170）此诗为康公思念母亲而不得见，得见舅氏如见其母，临行之际，赠之车马玉石，以所赠之物表达对舅氏的情感以及对未来关系的期待。"投我以木瓜，报之以琼琚""投我以木桃，报之以琼瑶"，"投

---

① 胡河宁：《组织中的人际传播：权力游戏与政治知觉》，《新闻与传播研究》2008 年第 3 期。

我以木李，报之以琼玖"（《木瓜》P93）。郑笺认为此诗乃示齐卫之交好，齐桓公救卫于狄人之败，赠之车马器服，卫人作此诗以表达厚报之思。"诗无达诂"，方玉润则认为"此诗本朋友寻常馈遗之词"①。后人更多地按照方氏的观点，视之为人际的馈赠往来。诗中所赠之物为普通木瓜、木桃、木李，回赠之物为精美玉制品，回赠之物的价值远高于所赠之物，可见回赠者对于赠者的感激之情，莫斯把这种现象视为"呈献与高息回献的循环"②，并事关身份与荣誉。礼物的交换"是一种仪式，对于交换双方来讲，其意不在于礼物的物质内容，而在于礼物所附着的形式意义"③。通过礼物的馈赠—接受—回赠的行为循环，完成自我认同、他者认同、消除不确定性，建立人际关系安全感，赠予者与接受者之间分享某种特定的情感，建构思想、行为的一致，达成一种属于"我们"的共同体，在礼物所承载的意义中完成互动。

"以礼为人际传播的规范，就可以在人际传播互动中约束人的行为。""在古代人际传播思想中，礼是人的一切传播行为的规范。"④人际交往的言行举止都在礼的规范下进行，通过这种规范，建立共同的认识与行为，减少人际矛盾，化解人际冲突。玉器作为人际的礼物交换，更多地赋予人际关系以道德期待，把玉德比于人际的交往道德，使人际关系的建构与维系能够符合礼制要求，以此作为君子行礼的体现，成就君子之交。

三、琴瑟和鸣：婚姻中的夫妻之礼

婚姻爱情是《诗经》的主题之一，其间不乏男女之间以玉表意、以玉喻爱情的篇目，以赠玉、饰玉等表达在礼制规范之下对婚姻爱情关系的向往。"俟我于著乎而，充耳以素乎而，尚之以琼华而。俟我于庭乎而，充耳以青乎而，尚之以琼莹乎而。俟我于堂乎而，充耳以黄乎而，尚之以琼莹乎而。"（《著》P129—130）郑笺认为"时不亲迎，故陈亲迎之礼以刺之"，方氏与此观点大抵一致。古人婚娶遵守六礼，《礼记·昏义》纳采、问名、纳吉、纳征、请期、亲迎之礼，以示对待婚姻的庄重、恭慎，亲迎"表示夫倡妇随，男先于女""子承命以迎"⑤。亲迎之礼也是为了表明夫妇同心，夫妇一体之意，是礼制规范，亲迎之时，所饰玉器，以示婚姻如玉，是对婚姻中夫妻关系、家族关系、姻亲关系的期望。"昏礼者，将合

---

① ［清］方玉润撰，李先耕点校：《诗经原始》，北京：中华书局，2017年，第188页。
② ［法］马塞尔·莫斯著，汲喆译，陈瑞桦校：《礼物——古代社会中交换的形式与理由》，北京：商务印书馆，2019年，第45页。
③ 闫伊默：《"礼物"仪式传播与认同》，《国际新闻界》2009年第4期。
④ 胡河宁等：《中国古代人际传播思想中的关系假设》，《安徽史学》2006年第3期。
⑤ 王文锦译解：《礼记译解》，北京：中华书局，2018年，第820页。

二姓之好，上以事宗庙，而下以继后世也，故君子重之。"①是以对婚娶中的不亲迎之行，有悖君子之道君子之德，以亲迎之礼刺之，以彰显礼制。"知子之来之，杂佩以赠之。知子之顺之，杂佩以问之。知子之好之，杂佩以报之。"（《女曰鸡鸣》P113）方玉润认为此诗乃"贤妇警夫以成德""贤夫妇相警戒之词""相夫以成内助之贤"②，上引为诗之第三章，乃妻子辅佐夫君之辞，目的在于使夫君能够亲贤乐善而成其德，成为人中君子。对此目的诗中未着明示之词，读者知其深意全在于玉佩之属。丈夫以杂佩赠之、问（遗）之、报之，即以玉暗示自身的品格，也表达对妻子的期望：希望妻子能具有如玉之妇德，修习妇言、妇容、妇功，相夫教子，夫妻之间能够琴瑟和鸣。

"是故妇顺备而后内和理，内和理而后家可长久也。故圣王重之。"③可见人妻的道德品性于家于国的重要意义，圣王、君子不得不重视。"将翱将翔，佩玉琼琚"，"将翱将翔，佩玉将将"（《有女同车》P114）。其中佩玉极力凸显威仪之隆，配饰之盛，以示双方关系影响之大、意义之重。在婚姻中，玉器发挥规范夫妻关系的意义，使夫妻之间能够按照礼制结合，婚后在家庭、家族事务中明礼、行礼。

四、玉器作为人际沟通纽带

无论是君臣、朋友、夫妻，其间的人际传播发生在礼制的规范之下，通过一定的人际传播活动建构相应的人际关系，"建立在关系本位上的重情理、重伦理规范的中国式人际传播"④，实现人际协作，满足社会心理需求，也必须建立在礼制的基础上。

人际传播建立在自我认知、社会认知与传播对象相互认知的基础上，玉器是建立并体现这种认知的媒介。人际传播过程中，传受双方互为彼此心灵的传播期待和传播体验，即受传者是传播者心中对自我的想象，也是传播者个人的写照，在人际互动的过程中，传受双方更好地把握自我，获得他人对自我的认识和评价，并产生相应的情感与行动。"华夏人际传播之礼最终的落脚点是通过君君臣臣、父父子子、亲亲友友关系的和谐，来维持整个社会秩序。"⑤在政治关系、社会关系、家庭关系中，玉器是关系建立并维系的媒介，通过玉器媒介，关系双方对关系的认识和评价会自觉或不自觉地以玉德作为约束，传播者传达出对对方的期待，受

---

①　王文锦译解：《礼记译解》，北京：中华书局，2018年，第820页。
②　（清）方玉润撰，李先耕点校：《诗经原始》，北京：中华书局，2017年，第211页。
③　王文锦译解：《礼记译解》，北京：中华书局，2018年，第823页。
④　谢清果：《华夏传播学引论》，厦门：厦门大学出版社，2017年，第123页。
⑤　谢清果：《华夏传播学引论》，厦门：厦门大学出版社，2017年，第129页。

传者根据自身的经验解读传播者的意图，规范自己的行为以投入"关系"之中，以玉德为规约实践人际互动。

以玉为媒介打开人际沟通之门，以玉德作为对人际关系的规范，并作为对人际双方君子之德的期望，因此，人际关系的维系更多需要道德关切。"人际关系的本质是道德关系……中国古代的人际关系主要靠道德调节"①，以符合礼制规范的道德标准，比之于玉德，协调、维系人际关系。玉向来被赋予通天的功能，"天人合一的神话中介物"②，人际传播中以玉作为人际沟通的代言，含有把个人情志以玉为载体，告知于天，对人的承诺也是作为对天的承诺，接受天、人的监督，实有此情苍天可鉴的深意。

综上所述，玉器是礼的符号，是礼的传播媒介，也是礼的传播内容。玉的通神之性及等级性体现礼制要求，赋予政治统治于玉德，畅通政治传播的渠道，使政治氛围和谐有序；以玉作为君子之德的隐喻，体现君子之德以及君子的修养过程符合礼制的道德标准；在人际交往的过程中，以玉作为建构、维系人际关系的桥梁，赋予人际关系以玉德，以符合礼的规范。

（本章作者：陈瑞 谢清果）

---

① 肖群忠：《中国古代人际关系现象、特点及其现代意义》，《西北师大学报》（社会科学版）1994 年第 5 期。

② 叶舒宪著：《玉石神话信仰与华夏精神》，上海：复旦大学出版社，2019 年，第 96 页。

第十九章　引诗论政：礼乐传播的
《诗经》舆论传播功能

《诗经》产生于先秦采诗观风制度下，是民意的载体，具有民间性；同时，《诗经》还是对贵族子弟进行礼乐教化的重要载体，成为贵族表意的载体，因此，《诗经》成为先秦社会的舆论工具，体现了礼乐传播的舆论功能。礼乐传播通过祭祀礼仪缓解对天灾人祸的恐惧心理进行舆论维稳；通过礼典仪式凝聚人心、鼓舞民众，营造了积极和谐的舆论环境；通过礼仪进行道德伦理教化和社会控制的舆论规范；通过礼仪进行颂扬天命、宣传君权天授的舆论引导以维护政治统治；礼乐传播将情感附着于礼乐仪式，引发了民众情感共鸣与认同，促进了舆论传播。可见，《诗经》舆论传播具有公开性、公共性、广泛性的特征。

在西方中，"舆论"一词主要用"public opinion"进行表达，直译为"公众的意见"。英国思想家托马斯·霍布斯在 1651 年出版的《利维坦》最早使用了"public opinion"这个词语，霍布斯反对君权神授，主张君主专制，他在专著提到的"舆论"更多是议员通过在议会中的辩论所形成的一致性意见，而不是公众性的意见。而真正启发现代"舆论"概念的是法国思想家、哲学家卢梭的著作《社会契约论》，在这本书中他首次将"公众"与"意见"结合组成了"舆论"（opinion publique）一词。作为资产阶级革命代表和平民阶层代言人，他宣扬天赋人权，反对君主专制，倡导人民主权思想，其社会政治哲学所追求的最高目的是人的自由与平等。

20 世纪以来，随着社会现实和理论研究的发展，西方产生了现代舆论观，这种舆论观的一个显著特点是与实用主义哲学思潮密切联系。[①]1992 年美国新闻评论家和作家李普曼发表了他的著作《公众舆论》，这本书被公认为是传播学领域的奠基之作，第一次对公众舆论做了全景式的描述。在书中，李普曼对舆论的定义

---

① 黄建新:《近现代西方舆论观的嬗变》,《复旦学报》（社会科学版）1995 年第 3 期。

是"外部世界的这些特征，我们简单地称作公共事务。这些特征与他人的外部世界的这些特征，我们简单地称作公共事务。这些特征当然与他人的表现有关，只要他人的表现与我们的表现相抵触，就会受到我们的左右，或者引起我们的关注。他人脑海中的图像——关于自身、关于别人、关于他们的需求、意图和人际关系的图像，就是他们的舆论。这些对人类群体或以群体名义行事的个人产生着影响的图像，就是大写的舆论。"①

在中国历史典籍中"舆论"的最早使用见于魏晋时期陈寿所作的《三国志·魏书·王朗传》。②当时孙权在遣子为质这件事上言而无信，魏文帝曹丕就想要以此为由发动战争讨伐吴国，时任御史大夫和司空官职的王朗就上疏劝谏文帝，认为此举可能会因舆论不畅通而招致非议：

> 往者闻权有遣子之言而未至，今六军戒严，臣恐舆人未畅圣旨，当谓国家愗于登之逋留，是以为之兴师。设师行而登乃至，则为所动者至大，所致者至细，犹未足以为庆。设其傲很，殊无入志，惧彼舆论之未畅者，并怀伊邑。臣愚以为，宜敕别征诸将，各明奉禁令，以慎守所部。

这里的"舆论"指的是"舆人之论"。"舆"字源于甲骨文，从字形上可以看出是四个人用手合力推动有轮子的车，在古代指车。在《说文解字·车部》当中有记载，"舆，车舆也，从车舁声"。③"舆人"则是指造车的人。《周礼·考工记》曰："攻木之工，轮、舆、弓、庐、匠、车、梓"，"舆人为车"。舆人在当时的社会阶层当中是下等人，这一点可以从《左传·昭公七年》中的记载体现出来："天有十日，人有十等，下所以事上，上所以共神也。故王臣公，公臣大夫，大夫臣士，士臣皂，皂臣舆，舆臣隶，隶臣僚，僚臣仆，仆臣台，马有圉，牛有牧，以待百事。"④再后来，"舆人"逐渐引申为处于被统治阶级地位的普通百姓，如《左传·僖公二十五年》："秦人过析，隈入而系舆人"，当代学者杨伯峻注："舆人，众人也"。⑤《后汉书·杨震传》中"乞为亏除，全腾之命，以诱刍荛舆人之言"表明

———————

①　李普曼：《公众舆论》，上海：上海人民出版社，2004年，第21页.
②　夏保国：《先秦"舆人"考论——中国"舆论"概念的历史语源学考察》，《学习与探索》2011年第6期
③　（汉）许慎撰，（宋）徐铉校新勘：《说文解字》（现代版），北京：社会科学文献出版社，2005年，第806页
④　赵凯：《秦汉时期的舆论及其社会影响》，博士学位论文，中国社会科学院研究生院，2003年，第126页
⑤　夏保国：《先秦"舆人"考论——中国"舆论"概念的历史语源学考察》，《学习与探索》2011年第6期

在汉代"舆人"和"刍荛"一样都是指代百姓，因而舆论也就是代表了被统治的下层民众的意见。①

在近现代"西学东渐"的时代浪潮中，西方人文社会科学影响着中国的思想家、文学家们。林语堂所著《中国新闻舆论史》一书较早地概述了中国舆论演变过程，从古代和近现代两个部分探讨了中国古代的文人学者和普通大众的舆论批评状况以及近现代新闻事业状况。书中记载，中国近现代最早的舆论研究成果是梁启超的《舆论之母和舆论之仆》，其中写道："舆论者，寻常人所见及者也"，"从国民多数之意见，利用舆论以展其智力"，即舆论是多数人较为一致的意见的结合。②作为新闻传播学的重要概念，在中国新闻学发展期间，有诸如徐宝璜、戈公振、邵飘萍等多位学者都对"舆论"进行了一些论述，而随着我国学术界对舆论日益深入的研究，学者们对舆论下了众多的定义。其中有广义的定义——

"舆论，是显示社会整体知觉和集体意识、具有权威性的多数人的共同意见。"③

"舆论就是社会中特定群体对特定事件表现出来的特定意见。"④

"舆论是社会公众对涉及个人利益事件的意见的自由表达和传播而形成的共同意识取向。"⑤

也有相对比较狭义的定义——

"舆论是社会群体对近期发生的、为人们所普遍关心的某一争议的社会问题的共同意见。"⑥

"舆论是公众对其关心的人物、事件、现象、问题和观念的信念、态度和意见的总和，具有一定的一致性、强烈程度和持续性，并对有关事态的发展产生影响。"⑦

"舆论是公众关于现实社会以及社会中的各种现象、问题所表达的信念态度、意见和情绪表现的总和，具有相对的一致性、强烈程度和持续性，对社会发展及有关事态的进程产生影响。其中混杂着理智和非理智的成分。"⑧

无论是对舆论狭义的概念还是广义的概念，都一致地认为舆论主体是社会公众、群体，而舆论则是社会公众、群体表达的意见、态度、信念，由此可见舆论

① 丁阳：《汉代教化对民间舆论的导向作用》，硕士学位论文，广西师范大学，2012年，第73页
② 夏保国：《先秦舆论思想探源》，博士学位论文，吉林大学，2009年，第327页
③ 刘建明：《基础舆论学》，北京：中国人民大学出版社，1998年，第252页
④ 胡钰：《新闻与舆论》，北京：中国广播电视出版社，2001年，第265页
⑤ 李广智：《舆论学通论》，哈尔滨：黑龙江教育出版社，1989年，第40页
⑥ 喻国明：《中国民意研究》，北京：中国人民大学出版社，1993年，第240页
⑦ 孟小平：《提示公共关系的奥秘——舆论学》，北京：中国新闻出版社，1988年，第71页
⑧ 陈力丹：《舆论学——舆论导向研究》，北京：中国广播电视出版社，1999年，第129页

是具有力量的，它的力量来自舆论主体本身数量的庞大。

第一节 《诗经》：先秦社会的舆论工具

《诗经》是中国古代诗歌的开端，是最早的一部诗歌总集，收集了西周初年至春秋中叶的诗歌。作为周代礼乐制度的产物，《诗经》无比真实客观地为后人展示了周代的生活面貌与宗周礼乐文明，它作为先秦社会的舆论工具，体现了礼乐传播的舆论功能。

一、《诗经》的民间性

先秦统治者对民间舆论的重视催生出"采诗观风"制度，这种制度最早确立在周代，朝廷会派遣专门的采诗官定期到各地收集诗歌，并且对诗歌进行整理、艺术润色，经过乐官编曲后演奏给天子听，这样天子即使身在朝堂也可以体察民间疾苦，了解政令下达后的效果。《礼记·王制》说："天子五年一巡守（狩）……觐之诸侯，问百年者就见之，命太师陈诗以观民风。"《汉书·食货志》说："孟春之月，群居者将散，行人振木铎徇于路以采诗，献之大师，比其音律，以闻于天子。"《诗经》正是在先秦采诗观风制度下产生的，其中汇编了采诗官从全国各地收集来的民间歌谣，可以说是最早的民意调查和社会调研材料。因此，不同于先秦时代创作的《大学》《中庸》《论语》等由受过良好教育的上层阶级知识分子创作，《诗经》中含有大量来自民间的作品，具有很强的民间性，是当时民意的集中反映，使其成为统治者了解民间疾苦和政令效果的舆情工具。

《诗经》是民意表达的载体，诗中含有大量的反映社会现实的讽喻诗、政治诗和战争诗。其中有对统治阶级荒淫无耻、道德沦丧进行批判、揭露，如《秦风·黄鸟》就是对秦穆公任好死后，殉葬者多达一百七十七人这件恶行的控诉，诗中表达了对活人殉葬制的满腔愤怒，以及对秦国贤者殉葬的惋惜。其中还有对徭役制度下统治者对民众剥削的不满，如《魏风·硕鼠》直接将奴隶主剥削阶级比作贪婪可憎的肥胖老鼠，并发出警告"无食我黍！"，表达了民众对剥削者贪得无厌又寡恩的愤懑。如此的讽喻诗在《诗经》中比比皆是，通过讽刺来揭露、批判、告诫社会中不平等现象，真实记录了当时腐朽黑暗的社会现状，对统治者的统治起到了监督、警醒的作用。另一方面，《诗经》宣扬了君权神授的君王统治正统性，通过对君王正面形象的描写维护其统治权威，如《雅》和《颂》中有众多篇章歌颂了君王的功绩和德行，巩固了天子的威权，让民众臣服于其统治之下，使整个社会都处于礼法约束下，得以保持良好的社会秩序。

二、《诗经》的贵族教育载体性

古代贵族们举行各种礼典仪式需要遵循严格的规范礼仪，参与到仪式中的人在仪容行止上都要合乎礼法的标准，因此"国之子弟"——即未来的国家精英，必须接受礼仪的演习，学习《诗经》与学乐成为礼乐教化的重要内容。

《周礼·春官宗伯》说："大司乐掌成均之法，以治建国之学政，而合国之子弟焉。凡有道者，有德者，使教焉。死则以为乐祖，祭于瞽宗。以乐德教国子，中、和、祇、庸、孝、友；以乐语教国子，兴、道、讽、诵、言、语；以乐舞教国子，舞《云门》《大卷》《大咸》《大磬》《大夏》《大濩》《大武》。"① 在周代，贵族阶级们依照诗歌的特性总结了一套完备的教育模式，大司乐是执掌全国学政的最高官僚，负责统率乐师及大师等学官，形成上下有序的教育层次。此外，周代诗教还采取了诗与乐相结合的方式进行多样化教育。《墨子·公孟》所说的"诵诗三百，弦诗三百，歌诗三百，舞诗三百"，正是描述以多种方式学习《诗经》以及在各类典礼场合中使用《诗经》的景象。

《诗经》不仅是礼仪教育、乐舞训练的教育宝典，更是儒家进行诗歌文本教育的经典。孔子曾经这样评价《诗经》："不学诗，无以言。""兴于诗，立于礼，成于乐。"孔子教育弟子读《诗经》作为立言、立行的标准，让弟子们通过吟诵《诗经》来掌握语言的精妙、通晓政治技巧和培养道德情操。由于《诗经》的内容契合儒家学说的价值观，因此被奉为儒家经典，书中蕴含了语言艺术的精华，以《诗经》为教材既能提高写作能力，也能提升与他人沟通的言谈能力，吟咏和学习描绘美好事物的诗歌也能激发人性向善的一面。因此，《诗经》作为周代礼乐文化的重要组成部分，一直代代流传，被视为辅礼而行、施行教化的工具，起到舆论引导作用。

三、《诗经》是贵族表意的载体

《诗经》广泛地应用在当时的朝觐、会盟、燕飨等各种礼典中，是每个礼典不可分割的内容，赋《诗》、歌《诗》自然成为礼典中的重要组成部分。② 在日常交往和生活中，贵族流行赋《诗》、歌《诗》、引《诗》以展现自己的贤能才华与守礼知礼。

清人劳孝舆《春秋诗话》将《左传》当中言《诗》者分为五类：一曰赋《诗》，

---

① 金荣权：《周代礼乐文化与〈诗经〉的传播》，信阳师范学院学报(哲学社会科学版)2015年第1期

② 江林：《〈诗经〉与宗周礼乐文明》，博士学位论文，浙江大学，2004年，第195页

二曰解《诗》，三曰引《诗》，四曰拾《诗》，五曰评《诗》。①其中赋《诗》绝大部分是在朝觐、飨燕等礼典上用乐赋《诗》，或以《诗》明礼，或赋《诗》言志，充分体现了《诗经》乐与礼的密切关系。②在春秋时期，以礼乐制度为基础形成的贵族政治形态中，特别崇尚在政治外交辞令中优雅地引用《诗经》进行表达，这使政治也具有了艺术的儒雅。政治家们将各种各样的政治诉求通过《诗经》中的篇章委婉地传达出来，在场饱读诗书的上流阶层人士往往能够心领神会，一场具有政治色彩的宴饮最后演变为一场诗会。相传晋国流亡十九年的公子重耳离开楚国后，来到秦国，想要借助秦穆公的力量回国即位，秦穆公也有此意，便举办了一场宴会。重耳吟诵了《河水》，以大海宽广赞誉秦国国力强盛，并表明自己对秦国领导的服从。秦穆公随后就吟唱了"小雅"中的《六月》作为应答。《六月》全诗写的是周宣王时期，外敌进犯，大臣尹吉甫奉命征战，从准备出征到大胜归来的全过程，秦穆公引用《诗经》含蓄表达了双方合作的意向。

在隆重特殊的重要场合或仪式上贵族们吟咏化用《诗经》来表达政治意向，不仅可以展现自身贤能才华，还使《诗经》扩大了传播范围，产生了广泛的影响力，由此也有助于舆论的传播。

第二节　《诗经》的礼乐传播社会舆论功能

周公"制礼作乐"，总结了商朝的经验，确立了以嫡长子继承制为宗法制的核心内容，并制定了一系列严格的礼仪制度，用以定亲疏、决嫌疑、别同异、明是非，成为社会的典章制度和道德规范。这些典章制度常常是贯串在各种礼仪的举行之中，依靠礼仪的仪式来加以确立和维护的。为了满足周人祭祀礼仪中乐的需要，一大批祭祀诗歌应运而生。《诗经》创作的时代与周代礼乐文明在时间上完全是契合的，作为周代礼乐制度的产物，《诗经》无比真实客观地为后人展示了周代的生活面貌与宗周礼乐文明。同时，《诗经》又是先秦社会的舆论工具，因此具有礼乐传播的社会舆论功能。

一、通过祭祀礼仪缓解对天灾人祸的恐惧心理进行舆论维稳

周代祭祀礼仪起源于原始时期宗教祭祀活动，"一切宗教都不过是支配着人们日常生活的外部力量在人们头脑中的虚幻的反映，在这种反映中，人间的力量采

---

① 劳孝舆：《春秋诗话》卷一，北京：商务印书馆，1936年，第1—17页

② 江林：《〈诗经〉与宗周礼乐文明》，博士学位论文，浙江大学，2004年，第195页

取了超人间的力量的形式"。① 在科学还很落后的人类发展早期，人们无法从科学的角度来解释很多自然现象，电闪雷鸣、狂风暴雨、山崩地裂等极端自然气象与地质现象都使弱小的先民们感到恐惧与敬畏。人们"日出而作，日入而息，凿井而饮，耕田而食"，在长期农业生产中形成了适应农业生产、生活需要的农耕文明。在生产力低下的古代，农业生产与自然环境息息相关，耕种作为农民唯一的生存手段，旱灾、水涝、瘟疫、饥荒等一系列天灾人祸都会导致农业生产无法维持，人民的基本生存受到威胁。于是，为了缓解这种对天灾人祸的恐惧心理，稳定住民心民意，人民赋予天、地、风、雷、雨、山川、河流等自然环境乃至统治者、祖先以神性，人民相信周围生存环境所发生的变化都受到来自神灵超自然力量的控制。于是正如《左传》所言，"山川之神，则水旱疠疫之灾，于是乎禜之；日月星辰之神，则风霜雨雪之不时，于是乎禜之"，先民们通过祭祀礼仪这一媒介与神灵、祖先进行对话、交流，以消除对自然灾害与人为祸患的恐惧心理，同时人们也将风调雨顺、五谷丰登、人丁兴旺、灾消病除等对现实美好生活的祈愿寄托在这些祭祀仪式中。

正因为祭祀礼仪与人民的生产生活与精神信仰息息相关，所以祭礼，又称吉礼，在宗周礼乐制度中位列吉、凶、宾、军、嘉五礼之首，占据着极为重要的地位。《诗经》中祭祀诗占据了很大的篇幅。其中《大田》便是农事祭祀中人们向田祖农神传达心愿的描写：

> 大田多稼，既种既戒，既备乃事。以我覃耜，俶载南亩。播厥百谷，既庭且硕，曾孙是若。
> 既方既皁，既坚既好，不稂不莠。去其螟螣，及其蟊贼，无害我田稚。田祖有神，秉畀炎火。
> 有渰萋萋，兴雨祈祈。雨我公田，遂及我私。彼有不获稚，此有不敛穧，彼有遗秉，此有滞穗，伊寡妇之利。

祷告者向神灵祈求了庄稼挺直健壮成长、没有害虫祸害幼苗、雨水丰沛的心愿。

人们相信神灵与人的对话是双向的，神也会对诚心祷告的民众谕示。《诗经》中的《既醉》描述的就是祭祀官代神接受酒食等祭品后传达的神灵指示。

正是与神灵的往来沟通，人民相信只要心怀肃穆庄严之心祭祀，控制万物的超自然力量便会庇佑他们，从而达到消除恐惧、寄托愿望的舆论维稳作用。

---

① 恩格斯：《反杜林论》，《马克思恩格斯选集》，北京：人民出版社，1995 年，第 667 页

二、通过礼典仪式凝聚人心、鼓舞民众，营造积极和谐的舆论环境

在周代农耕生产是国家的主要经济来源，农田是人民赖以生存的生产资料。一代一代农民在耕种中发展出农耕技术与文化，形成了一系列与农耕相关的祭祀礼仪，《诗经》中就有许多农事祭祀诗。农民们举行雩祭以祈求雨水丰沛，祭祀土地神与谷物神——社稷以祈求粮食满仓、五谷丰登，供奉农神、田祖以祈求耕种顺利、粮食丰收，祭祀祖先神以求得庇护与保佑，祭祀渗透到农业生活的各个方面，在每一个农事环节都离不开祭祀。

周代以农业立国，农业发展是国家繁荣兴盛的根本，统治者对农业生产极为重视与关心，为了鼓励民众生产，调和统治阶级与民众的关系，带动人民的劳动积极性，就制定了"籍田礼"这一礼制。天子、诸侯、公卿、大夫和各级官员等贵族阶级都会携带农具到农田里亲自参与农业劳动，进行象征性的耕种，以表达对农事的重视与关心，鼓舞民众积极投入到耕种生产中。《诗经·周颂》中的《载芟》《噫嘻》《臣工》都描绘了籍田礼。农事祭祀诗中对集体耕种的劳动场面、丰收场面及祭祀场面的描绘，都给人一种宏大辉煌、激动人心的感觉，人民劳动热情高涨，促进了劳动生产率的提高和产量的增加。

为了争夺土地、人口等生产资料与生存空间，部落之间、国家之间纷争、冲突不断，乃至演变为兵刃相向的战争。军事实力也成为国家强大与否的重要标志，军事行动、狩猎活动也逐渐制度化、礼仪化。军礼是师旅操演、征伐之礼，包括了出师祭祀、誓师、凯旋、论功行赏、师不功、校阅、田猎等等仪式。比如田猎就是天子和诸侯按照一定季节时令所举行的一种大型打猎活动，主要是为了借着打猎的名义来校阅军队、习武演习，同时也是彰显炫耀国家强大的军事力量，威慑敌人，增强天子威信和号召力。《小雅·车攻》就详细描绘了君王出猎的威威场面：

我车既攻，我马既同。四牡庞庞，驾言徂东。
田车既好，四牡孔阜。东有甫草，驾言行狩。
之子于苗，选徒嚣嚣。建旐设旄，搏兽于敖。
驾彼四牡，四牡奕奕。赤芾金舄，会同有绎。
决拾既佽，弓矢既调。射夫既同，助我举柴。
四黄既驾，两骖不猗。不失其驰，舍矢如破。
萧萧马鸣，悠悠旆旌。徒御不惊，大庖不盈。
之子于征，有闻无声。允矣君子，展也大成。

　　第一章是总写车马盛备，将往东方狩猎。战马精良，猎车牢固，字里行间流露出自豪与自信。第二、三章点明是在圃田和敖山狩猎。人欢马叫，旌旗蔽日，显示了周王朝的强大声威。第四章主要写诸侯来会。个个车马齐整，服饰华美，显示了四方来朝、国家稳定的政治状况。第五、六两章描述射猎的场面。诸侯及随从士卒均武功高强，射箭百发百中。暗示周王朝军队无坚不摧、所向披靡。第七章写田猎结束，硕果累累，大获成功。第八章写射猎结束整队收兵，称颂军纪严明。

　　无论是鼓励经济生产的农事祭祀礼仪，还是展现军事实力的军礼，都以浩大的仪式场面鼓舞民众、凝聚人心，营造了积极和谐的舆论环境。

三、通过礼仪进行道德伦理教化和社会控制的舆论规范

　　《诗经》作为礼乐教化的重要载体，其中蕴含着周代礼制思想，其中就包括"以别异立天下之序"的思想，基本原则为"尊尊"与"亲亲"，即等级性和血源性。礼强调了君臣父子、兄弟夫妇、士农工商各有职分，尊卑贵贱有别，亲疏长幼有序，各治其事的社会规范，其核心在于忠孝。"尊尊"即是维护宗周礼治等级关系，奴隶和平民必须无条件服从奴隶主贵族，将长幼尊卑、亲疏贵贱的宗族伦理和政治等级紧密结合起来，形成了界限分明的等级层次关系。如《诗经·小雅·北山》中"溥天之下，莫非王土；率土之滨，莫非王臣"体现了宗周礼法等级秩序中周天子至高无上的地位与子民对天子的无条件服从。"亲亲"即是西周宗法制中以血缘关系为纽带调整家族内部关系，以血统远近区分亲疏，实行嫡长子继承制。"亲亲"作为处理家庭人际关系的准则，要求父慈子孝、兄友弟恭，将家庭成员团结起来，维护家庭内部秩序，避免纷争，从而"以亲亲致天下之和"。如《小雅·常棣》就描绘了兄弟齐集、亲情和睦的友好家庭氛围：

　　　常棣之华，鄂不韡韡。凡今之人，莫如兄弟。
　　　死丧之威，兄弟孔怀。原隰裒矣，兄弟求矣。
　　　脊令在原，兄弟急难。每有良朋，况也永叹。
　　　兄弟阋于墙，外御其务。每有良朋，烝也无戎。
　　　丧乱既平，既安且宁。虽有兄弟，不如友生？
　　　傧尔笾豆，饮酒之饫。兄弟既具，和乐且孺。
　　　妻子好合，如鼓瑟琴。兄弟既翕，和乐且湛。
　　　宜尔室家，乐尔妻帑。是究是图，亶其然乎？

诗中将棠棣花比作兄弟，抒发了对兄弟亲情的赞颂，也展现了以血缘关系为纽带的家庭人伦。以"遭死丧则兄弟相收；遇急难则兄弟相救；御外侮则兄弟相助"三个场景描写充分表现出兄弟之情比朋友之谊更加深厚，即使有些许口角，也会一致抵御外侮。最后更是以兄弟齐聚、琴瑟和谐的和谐宴饮场景劝诫兄弟友爱才是家族和睦、家庭幸福的基础。

此外，礼乐文明还崇尚"以自律求天下安"的思想，强调个人良好的道德品行，即个人自愿自觉地遵守道德规范和伦理秩序，在不同场合均能循规守礼地规范言行举止。在礼乐文化中对统治的君王的道德要求尤为重要，强调君王具有美德，能被民众自愿拥戴。同样，而品行高尚的君子将会成为众人的楷模与榜样，如《小雅·南山有台》：

南山有台，北山有莱。乐只君子，邦家之基。乐只君子，万寿无期。
南山有桑，北山有杨。乐只君子，邦家之光。乐只君子，万寿无疆。
南山有杞，北山有李。乐只君子，民之父母。乐只君子，德音不已。
南山有栲，北山有杻。乐只君子，遐不眉寿。乐只君子，德音是茂。
南山有枸，北山有楰。乐只君子，遐不黄耇。乐只君子，保艾尔后。

将桑、杞、栲、枸、莱、杨等比喻为国家所拥有的具备各种美德的君子贤人，表达对君子崇拜歌颂，以及祝愿君子长寿的衷心祝福，展现了君子巨大的道德魅力与人格吸引力。

周代便是凭借礼的原则来治理国家的，礼制思想渗透进各种礼仪仪式中，进而完成道德伦理教化，"礼"实际上成为道德规范的行为体系和社会控制的尺度准绳。若人不知礼守礼，便会受到非议，受到舆论谴责，因此礼乐传播起到了道德规范、舆论监督的作用。

四、通过礼仪进行颂扬天命，宣传君权天授的舆论引导以维护政治统治

民众们对天灾人祸由于无法进行科学解释，因此产生了恐惧感和神秘感，为了慰藉精神和寄托祝愿，他们相信有一种来自天、地、祖先的超自然神秘力量在操控着世间万物，其中天是最至高无上的神，为万物的主宰，大自然的一切力量都是天所赋予的。对上天进行祈求和祭祀便成为最重要的祭祀仪式，即郊天之礼。《礼记·礼器》注："郊，祭天也。"而郊天之礼被周天子所垄断，诸侯没有权力祭祀。天子自称受命于天，因此，对天帝的祭礼相当重视，可以说是重祭巨典。统治者通过对天的祭祀和供奉，营造与天最接近的环境实现与天神的沟通，祈求国

富民强，表明君权神授，天子的权力是获得天神认同的，这使得天子的统治地位合法化、神秘化、制度化，统治者通过舆论引导使民众甘愿服从，从而维护统治的稳定性。

周代宗法制等级森严，因而祭祀礼仪也赋予不同阶级以不同的权利。如《礼记》所述：

> 天子祭天地，祭四方，祭山川，祭五祀，岁遍。诸侯方祀。祭山川，祭五祀，岁遍。大夫祭五祀，岁遍。士祭其先，凡祭，有其废之，莫敢举也；有其举之，莫敢废也。非其所祭而祭之，名曰淫祀。淫祀无福。天子以牺牛，诸侯以肥牛，大夫以索牛，士以羊豕。支子不祭，祭必告于宗子。

> 天子社稷皆大牢，诸侯社稷皆少牢。

根据阶级地位不同，天子、诸侯、大夫、士的祭祀对象依次缩减，处在最低的等级则没有权力祭祀天地。在祭品方面，不同阶级也有不同的等级差异。统治者正是通过礼器、祭品、礼仪的特权来获得并彰显统治的合法性。

《诗经》中有许多诗篇都颂扬天命，赞颂周公及先王之德，体现了天子至高无上的权力，以舆论引导人们深刻感受到等级差异，增强对统治者权力的认可，并恪守自己所在的阶级。如《周颂·时迈》：

> 时迈其邦，昊天其子之。实右序有周。薄言震之，莫不震叠。怀柔百神，及河乔岳。允王维后！

《大雅·大明》：

> 有命自天，命此文王，于周于京。赞女维莘，长子维行，笃生武王保右命尔，燮伐大商。

《大雅·皇矣》：

> 皇矣上帝，临下有赫。监观四方，求民之莫。……帝谓文王，予怀明德。不大声以色，不长夏以革。不识不知，顺帝之则。

五、将情感附着于礼乐仪式，引发民众情感共鸣与认同，促进舆论传播

礼乐作为一种融合了诗、乐、舞于一体的艺术形式，具有一定的观赏性，庄严和谐的礼乐、华美的服饰、精致的礼器、整洁的礼容、文雅的行止使得礼乐文化天然地带有审美属性，令参与仪式的人身心得到愉悦满足，并在审美观赏的过程中将礼仪传达的思想内化于情感之中，再通过日常生活中与他人的交往传播出去。礼乐由情感而发，同时礼乐又规范着人的情感道德，并借由仪式激发出情感，这情感由于仪式活动的渲染而具有一致性，即参与仪式的人们对"礼"这一规范性的表征符号产生了情感认同与共鸣。礼仪可以激发情感，同时人们也可以借礼仪抒发内心情感。如《小雅·鹿鸣》：

　　呦呦鹿鸣，食野之苹。我有嘉宾，鼓瑟吹笙。吹笙鼓簧，承筐是将。人之好我，示我周行。

　　呦呦鹿鸣，食野之蒿。我有嘉宾，德音孔昭。视民不恌，君子是则是效。我有旨酒，嘉宾式燕以敖。

　　呦呦鹿鸣，食野之芩。我有嘉宾，鼓瑟鼓琴。鼓瑟鼓琴，和乐且湛。我有旨酒，以燕乐嘉宾之心。

这诗是君王宴请群臣时所唱的歌，自始至终洋溢着欢快的气氛，描绘了宴会上嘉宾琴瑟歌咏及宾主之间互敬互融的情形。在朝堂之上，君臣之间恪守尊卑之礼，等级森严，形成了思想情感上的隔阂。而设置燕飨之礼，便是要沟通上下之情，拉近君臣之间的感情，以便君王可以聆听臣子的忠告，从"呦呦鹿鸣"的起兴到"鼓瑟吹笙"的音乐伴奏，渲染了整个宴会上君臣和睦、和谐愉悦的情感氛围。燕飨之礼既传达了统治者求贤若渴的情感与虚心听取臣子谏诤的意愿，又安抚了群臣，使得他们心悦诚服，激发了群臣自觉为君王统治服务的忠君之情。

礼典仪式作为一种集体性活动，承载的不是作为个体的情感，而是一种集体性的情感共鸣和认同。它使得个人找到一种精神归属感，获得心灵的净化和灵魂的升华，而在日常交往中，人民又将这种内化的道德情感传递出去，促进了舆论的传播。

六、引诗论政

从西周开始，及至春秋、战国时期，《诗经》都是贵族子弟必备的教育文本，等这些贵族子弟入仕后引诗论政，便成为流行风尚。征引《诗经》中的名句加以谏诤、劝谏，制止君主的错误行为或是提出自身关于国家政事的意见、建议，既能展现劝谏者的贤能才华，又含蓄地表达逆耳之言，且用《诗经》之句类比，也增强了言语的说服力，可以满足现实语境中的表达需要。在引诗论政中，《诗歌》便成为士大夫表达舆论的工具，引用得巧妙还可以促进舆论的传播。

引诗论政的例子在史书中比比皆是，《左传》就有记载。昭公二十六年，齐国有彗星降临，古人认为这是不祥之兆，齐景公就打算使巫祝禳来消灾。晏子就引用了《大雅·文王》中"惟此文王，小心翼翼。昭事上帝，幸怀多福。厥德不回，以受方国"的句子，用作正面例子，表示如果君王像文王一样没有违背天德，四方之国都会归顺，还怕什么彗星呢？晏子又引用《诗经》中的"我无所监，夏后及商。用乱之故，民卒流亡"作为反面例子，表示君王如果像夏、商的暴君那样失德，导致政治混乱、百姓流离，即使派巫祝禳灾也是于事无补。齐景公听从了晏子的劝告，打消了使巫祝禳的打算。由此便可看出，《诗经》在士大夫表达政治主张，发表舆论意见中起到了十分重要的作用。

第三节　《诗经》舆论传播的特征

从上节所论述的《诗经》舆论功能，我们可以得出《诗经》舆论传播的基本特征：

一、公开性

先秦统治者对民间舆论的重视催生出"采诗观风"制度，这种制度最早确立在周代，朝廷会派遣专门的采诗官定期到各地收集诗歌，并且对诗歌进行整理、艺术润色，经过乐官编曲后演奏给天子听，这样天子即使身在朝堂也可以体察民间疾苦，了解政令下达后的效果。《礼记·王制》说："天子五年一巡守（狩）……觐之诸侯，问百年者就见之，命太师陈诗以观民风。"《汉书·食货志》说："孟春之月，群居者将散，行人振木铎徇于路以采诗，献之大师，比其音律，以闻于天子。"种种记载，均佐证了采诗观风制度的存在。当时的采诗官拿着木铎、金铃这种用来警示众人的响器行走在道路上公开地收集诗歌民谣，收集好诗歌后再配好音律、修饰雅化，由乐官演奏给天子听。因此，《诗经》的创作与传播都是公开进行的。

《诗经》中涉及的礼包括吉礼、凶礼、宾礼、军礼、嘉礼五大类。这五大类礼涵盖社会生活的方方面面，涉及国家大事乃至人们的日常生活。礼乐传播的受众广泛地分布于天子、诸侯、大夫、士及庶人等社会各阶层，礼仪都是在光天化日、民众聚集时进行的，因此礼乐传播具有公开性。

二、公共性

礼乐的教化在纵向上贯穿了人的一生，在人生的重要阶段的每一个仪式，如冠礼、婚礼、丧礼等人生之礼，都教导着人们适应身份角色的变化，承担起角色的责任与义务，以礼仪规范的束缚促进个人的道德成长。礼乐在横向上则包括了神事和人事两大方面，一类是与国家政权和社会意识形态相关的大型祭祀典礼，另一类是贵族、士大夫日常生活中的行为交往礼仪。①

男女结为婚姻关系的婚礼。《豳风·伐柯》："伐柯如何？匪斧不克。取妻如何？匪媒不得。伐柯伐柯，其则不远。我觏之子，笾豆有践。"

周天子册命受命的诸侯的封国赐命之礼。《周颂·赍》："文王既勤止，我应受之。敷时绎思，我徂维求定。时周之命，於绎思。"

西周法天而治思想下的祭祀天地之礼。《周颂·昊天有成命》："昊天有成命，二后受之。成王不敢康，夙夜基命宥密。於缉熙！单厥心，肆其靖之。"

感受先祖厚德伟业的祭祀祖先之礼。如《大雅·下武功》。

哀悼死亡的丧祭之礼。如《唐风·葛生》。

诸侯定期朝见周天子的朝觐之礼。

祈谷的农耕之礼。《周颂·思文》："思文后稷，克配彼天。立我烝民，莫菲尔极。贻我来牟，帝命率育，无此疆尔界。陈常于时夏。"

君王的巡狩之礼。如《周颂·时迈》

这些礼仪涉及的都是与人民生活生产与国家政事息息相关的议题，也是民众与统治者普遍关注的议题，具有舆论的公共性。

三、广泛性

《诗经》作为我国第一部诗歌总集，无论是在时间纵向维度上，还是在横向维度上，《诗经》中所蕴含的礼乐文化的传播力与影响力都是极为广泛的。

"礼"在殷商时期已经出现，及至西周发展成为一整套以维护宗法等级制为核心的礼制。周礼经过不断充实、发展，内容非常庞杂，涉及政治、经济、军事、教育、行政、司法、宗教祭祀、婚姻家庭、伦理道德等方面。从国家层面上看，统治者依照"礼"所确立的社会等级秩序和道德规范来治理国家，"礼"是周天子治国的首要准则；从个人层面上看，社会中的各种人际关系都要靠"礼"来理顺，社会生活中的言语、仪容和行为以"礼"为规范，处理各种事情和判断是非都要以"礼"为准则。因此，在礼乐传播的社会舆论特征在横向上具有广泛性。

---

① 刘国芳：《〈诗经〉宴饮诗与周代礼乐文化》，硕士学位论文，西北师范大学，2007年，第44页

礼乐文明是中国古代文明的重要组成部分，在数千年的中华文明史上产生了重大而深远的影响，至今仍有其强大的生命力。孔子特别推崇周公，《述而》中孔子叹道："甚矣，吾衰也！久矣吾不复梦见周公。"然而，春秋时代随着社会形态的演变和政治格局的变迁，逐步出现了"礼崩乐坏"的局面，于是孔子将旧的礼乐典章制度加以改造，寻求新的理论依据和心性道德的支撑，对礼乐做出新的解释和理解。他创造性地以"礼乐"为核心建立起儒家思想体系，"礼乐"成为儒家思想的核心价值观念。孔子所开创的儒家学派是中国最古老、最博大、最富影响力的学派，也是我国上古以来礼乐文化传统的集大成者。儒家学说不仅受到历代统治者的提倡和尊崇，而且几乎得到社会各阶层的认可和信奉。礼乐文明中"仁""义"道德规范的引导与教化，早已深深地铭刻进中华文明之中。因此，礼乐传播的社会舆论特征在时间纵向维度上具有广泛性。

（本章作者：罗术妹 谢清果）

第二十章 名教自然：礼乐传播的异化与反思

"名教与自然之辨"是魏晋时期士人探讨的玄学核心论题之一，但它不独是形而上层面的思辨或是"本体论层面的兴趣"，而是身处其中的"名教中人"切实的生命体验与现实关怀。名教是礼乐教化传播的制度化发展，自产生其就带有明确的政治功用。魏晋是中国历史上最为黑暗与动荡的时期之一，面对名教的功利化与工具化导致的社会道德的沦丧，有志有识的士人开始了对名教纲常与人的自然之性之间关系的深刻反思与论辩，实质上是对名教异化为道德活动与文化秩序中否定与消解力量的批判，以及对教化传播中人的主体性的反思。

黄星民教授首倡"礼乐传播"的本土传播学研究，将"礼乐传播"定义为"中国儒家自觉地利用礼乐这一传播形式向全社会广泛地传播自己的思想观念的传播活动"[①]。"礼"是"依靠国家的权力及其借助国家推行的教化，以及社会的制裁力和个人的道德修养共同来维持政治、社会秩序的一种治理构架，一个文明的制度体系"[②]；而"乐"是"融诗、歌、舞为一体的""一种礼制秩序（关系）形塑的'媒介'和礼文化生成的实在力量"[③]。《礼记》释礼之源头有言：圣人作"礼"，本是"为礼以教人。使人以有礼，知自别于禽兽"，因此"礼制"的重要功能在于"维护和协调人伦、等级关系，从而达到社会的稳定和统治的巩固"[④]，也即《礼记》所言"道德仁义，非礼不成，教训正俗，非礼不备。分争辨讼，非礼不决。君臣上下父子兄弟，非礼不定。宦学事师，非礼不亲。班朝治军，莅官行法，非礼威严不行。祷祠祭祀，供给鬼神，非礼不诚不庄。是以君子恭敬撙节退让以明礼"（《礼

---

① 黄星民：《礼乐传播初探》，《新闻与传播研究》2000 年第 1 期。
② 彭林：《中国经学》第十八辑，桂林：广西师范大学出版社，2016 年，第 11 页。
③ 谢清果，张丹：《礼制起源——中国古乐的媒介功能观新探》，《郑州大学学报（哲学社会科学版）》2019 年第 5 期。
④ 杨志刚：《中国礼仪制度研究》，上海：华东师范大学出版社，2001 年，第 2 页。

记·曲礼上》)。可以说，"礼"本身就意味着教化①，而"教化与道德纲常之间是传播与信息的关系，而信息需要通过外显的形式来传播，这个'外显'的形式与媒介之一就是所谓的'礼乐'"②。概言之，"礼乐"是儒家进行教化传播以实现其道德治世理想的传播媒介。

"礼"始上古时期巫史传统，殷商时期开始出现"礼治"倾向，"越出了日常生活行为模式和祭祀庆典仪式的范围，具有了政治法律制度的意义"③，"礼，国之干也"(《左传·僖公十一年》)。殷商灭亡后，周代鉴于其灭亡教训、同时为了证明取代商的合理性，从而更加重德治。周公制礼作乐，开启西周灿烂的礼乐文明，奠定华夏文明精神状态的底色，正如梁漱溟先生所言："中国数千年风教文化之所由形成，周孔之力最大。举周公来代表他以前那些人物；举孔子来代表他以后那些人物；故说'周孔教化'"④。孔子承周公之志，感叹"郁郁乎文哉，吾从周"(《论语·八佾》)，终生致力于宣传"克己复礼"的治世主张。在孔子那里，"礼"是外在的形式，其内容与核心是"仁"德，面对许多无仁德之内涵而空有礼之形式的现状，孔子感叹道："人而不仁，如礼何？人而不仁，如乐何？"又如孔子论当时社会的"孝道"时所言："今之孝者，是谓能养。至于犬马皆能有养；不敬，何以别乎？"(《论语·为政》)在孔子这里，礼本于"仁"，"仁"是内在于人的道德情感："为仁由己，而由人乎哉？"(《颜渊》)"仁"在孟子处有了更明确的描述："恻隐之心，仁之端也"(《孟子·公孙丑上》)，"今人乍见孺子将入于井，皆有怵惕恻隐之心，非所以内交于孺子之父母也，非所以要誉于乡党朋友也，非恶其声而然也"(《公孙丑上》)，可见"仁"就是发端于人内心的道德情感，"非由外铄我也，我固有之也"(《告子上》)。所以"礼"的来源是人内心本有的道德情感，礼是用来表达和传递道德情感的媒介与形式："在儒家看来，道德是在人与人交往的具体行为中实现的，这些行为的共同模式则为礼。礼是相互尊重的表达，也是人际关系的人性化形式。"⑤

第一节　礼的名教化：礼乐传播媒介异化的开端

"异化"是指人类创造的东西反过来控制人的状态，媒介异化依照马克思对劳

---

①　张兵娟，刘佳静：《中国礼的教化传播思想及当代价值》，《郑州大学学报（哲学社会科学版）》2019 年第 5 期。

②　张惠芬：《中国古代教化史》，太原：陕西教育出版社，2009 年，第 3 页。

③　汤勤：《孔子礼学探析》，《复旦学报（社会科学版）》1999 年第 2 期。

④　梁漱溟：《中国文化要义》上海：上海人民出版，2011 年，第 99 页。

⑤　陈来：《中华文明的核心价值》，北京：生活·读书·新知三联书店，2015 年，第 44 页。

动异化的分类，也可分为"媒介产品的异化""媒介活动本身的异化""媒介组织与媒介从业者的异化""媒介组织与其他参照物之间的异化"，其中，"媒介产品的异化"是指媒介产品在传播者制造过程中或受众使用过程中，背离了初衷，偏离了方向或走向了对立面的状况与情形；"媒介活动的异化"是指媒介活动"由于媒介自身及外界原因，使这些活动脱离了最终目的，成为一种否定、消极甚至是破坏性的负面力量"。①

"名教"的原义是"名分之教，和礼教是分不开的"，"传统典籍在使用'名教'一词的时候，有时用其狭义——同于礼教，有时用其广义——同于儒教"②。名教源出孔子的"正名"思想，"名"指的是社会等级关系和人伦关系中的位分，即"等级名分"之义；"教"即教化之义，"名教"就是使人安于名分地位、遵守等级秩序的教化形式。张锦波对冯友兰、胡适、陈寅恪、汤用彤、唐长孺、庞朴、余英时诸位先生对"名教"的专门学术性研究进行梳理后发现，除了胡适先生"将'名教'理解为'崇拜写的文字 的宗教''信仰写的字的神力，有魔力的宗教'之外"，其余前辈学者一般都是将"名教"理解为"以儒家的纲常伦理、政治规范为核心的封建礼教体系及其政治、社会教化活动"③。

一、名教的产生及其政治功用性建构

就"名教"出现的时间，张造群先生考证认为："在历史上产生广泛影响的'名教'一词虽然在晋初才出现，但从观念形态来说，名教在先秦时已存在、发展；从现实影响来说，名教产生于西汉初期，形成于东汉中叶。可以说，名教伴随着专制政府独尊儒术、表彰'六经'的步伐由理论层面进入实践领域，但从人们的思想观念和行为表现来看，名教真正对社会产生重要作用是在东汉。"④

名教纲常自董仲舒"深察名号"（《春秋繁露·深察名号》）以教化万民而起，在他看来，教化如同铸造堤防，"凡以教化不立而万民不正也。夫万民之从利也，如水之走下，不以教化堤防之，不能止也。是故，教化立而奸邪皆止者，其堤防完也；教化废而奸邪并处，刑法不能胜者，其提防坏也"⑤，而名教教化的合理性与合法性诉诸"天"，"天之为人性命，使行仁义而羞可耻，非若鸟兽然，苟为生，苟为利而已"（《春秋繁露·竹林》）。

① 栾轶玫：《异化理论与媒介批判》，《国际新闻界》2003 年第 3 期。
② 韦政通：《中国哲学辞典》，台北：水牛出版社，1991 年，第 276—277 页。
③ 张锦波：《名教与自然之辨初探——基于生存论层面的考察》，博士学位论文，复旦大学，第 16 页。
④ 张造群：《礼治之道——汉代名教研究》，北京：人民出版社，2011 年，第 14 页。
⑤ 苏舆：《春秋繁露义证》，北京：中华书局，1992 年，第 319—320 页。

"名教"以三纲五常等为其内容，具有全社会教化的功能，但并不完全等同于道德规范。何麟先生在分析传统社会"五伦关系"指出，君臣、父子、夫妇这些人伦关系都是"相对的、无常的"，如果一方未尽其道，那么另一方自然也可以不尽其道，但这种相对而无常的人伦关系作为社会关系的基础，对于统治者来说是不稳定的，比如君不君时，臣自然可以不臣，所以"三纲说要不就相对关系的不安定，进而要求关系者的一方绝对遵守其位分，实行单方面的爱，履行单方面的义务。所以三纲说的本质在于要求君不君，臣不可以不臣；父不父，子不可以不子；夫不夫，妇不可以不妇。换言之，三纲说要求臣、子、妇尽单方面的忠、孝、贞的绝对义务，以免陷入相对的循环报复，讨价还价的不稳定的关系之中。韩愈'臣罪当诛兮天王圣明'一句诗，虽然目的在表彰周文王'三分天下有其二，仍臣服殷朝'的忠，且受到程朱嘉赞推崇，就因为能道出这种片面的忠道"[1]。谭嗣同先生批判"名教"时也有言："中国积以威刑钳制天下，则不得不广立名为钳制之器。如曰'仁'，则共名也，君父以责臣子，臣子亦可以反之君父，于钳制之术不便，帮主不能不有忠孝廉节等一切分别等衰之名，……忠孝既为臣子之声名，则终必不能以此反之。"[2]

可见，"名教"作为政治制度化了的道德规范，但其中的道德性却是"单向度或不对等的"，它要巩固的是"名教"关系中的双方在地位、权利与义务方面的单向性和绝对性，以此维护统治秩序与社会结构的稳定。李宗桂先生在考察"三纲"说时指出："董仲舒综合孟、荀、韩以及《吕氏春秋》的有关思想，从父子、君臣、夫妇、长幼、朋友'五伦'中提取父子、君臣、夫妇'三伦'，并进一步将彼此之间的支配和被支配的关系，规定为绝对不变、永世长存的，从而确定了封建社会政治生活和家庭生活的基本道德准则，为建立并巩固封建专制主义的社会政治秩序制造了理论根据"[3]。徐复观先生说："后世的暴君顽父恶夫，对臣子妻之压制，皆援三纲说以自固自饰，且成为维护专制体制，封建制度的护符，而其端实自董仲舒发之。"[4]因此，"名教化"了的礼乐教化传播，已并不完全是通过礼仪行为的规约而提升个体内在道德修养的境界，其目的也并不指向个体在道德境界上的自我实现和社会人心的和谐，而是以政治需要取代人伦温情，意在令人在被先赋的"名分"位分上享受权利或履行义务，进行自我规训和规训他人，以维护社会统治的稳定和长久。"礼本于仁"，而从应"本于仁"的"礼"被带有政治工具性目的

---

① 贺麟：《贺麟选集》，张学智编，长春：吉林人民出版社，2005 年，第 147 页。
② 谭嗣同：《谭嗣同全集》下册，北京：中华书局，1954 年，第 299 页。
③ 张造群：《礼治之道——汉代名教研究》（序言）北京：人民出版社，2011 年，第 5—6 页。
④ 徐复观：《两汉思想史》第二卷，上海：华东师范大学出版社，2001 年，第 252 页。

地"名教化"开始，就已经内含着被异化的危险了。

二、既是传播者又是传播受众的"名教中人"

士人阶层作为"掌握知识与文化思想的精英阶层"①是礼乐教化传播中的传播者群体，同时也是接受礼乐教化的受众群体中的一部分。"士"在两汉之际有了新的变化，"通过汉武帝开始的察举制、独尊儒术及其相关措施，以知识、道德为基本素养、以治国平天下为人生抱负的士人，获得了参与社会政治管理的有效资格，并由此而被社会所吸纳。以政治为核心，推及于经济乃至家族等方面，先前以个体的'游士'状态存在着的'士'，不仅获得了越来越稳固、切实的政治、经济利益，而且从观念和实践上被嵌入错综复杂的社会人际关系网络之中，从而演变为士大夫，并趋向于士族化。这股原先游离于社会体制之外的力量，在汉代终于作为一个重要单元被逐渐组合于社会结构之中，固着在一个基本确定的关系位置上"②，这种"被嵌入"可以通过进入仕途而被官僚体系吸纳，也可以是通过授徒讲学等方式进行教化传播。而这些以明经入仕的汉代士大夫，对他们而言"儒学义理作为根深蒂固的信仰"使他们"总是乐于为心中那自教育而来的古典理想和先圣陈义寻找实现的可能性，或据以改造社会"③。而汉代设立太学，使士人"可通过官方认可的方式成为'士大夫'，并且在官方认可的国家机构（如太学等）汇聚成某种'群体的声音'，进而影响着国家和整个社会的精神文化和道德教化风气等"④，这对社会教化传播有着重要意义。正如张造群先生所说："汉代太学对于教化最突出的贡献，就是用儒学思想培养了大批负担教化任务的官吏。……太学的学生认真研习儒家学说，通过考试可以按成绩授以一定的官职，从而把儒家推广到全国各地，以教化民，以教训俗，实现了太学的'教化之本原'的作用。"⑤而地方官学由受到儒家名教教化的士大夫阶层出身的地方官员所设，同样起着推行儒家礼乐教化，以治化一方、移风易俗的作用。再论私学，其经师本身亦出身于同受儒家思想教化的知识分子群体。两汉时期的官学与私学、中央与地方共同交织成覆盖全社会的教化之网。而士大夫群体不仅是教化传播的主体，也是名副其实的"名

---

① 刘振东、耿兆辉：《中国古代文化载体的历史滥觞与知识传播的发展衍化》，《河北大学学报（哲学社会科学版）》2019 年第 1 期。

② 于迎春：《秦汉士史》，北京：北京大学出版社，2000 年，第 1 页。

③ 于迎春：《秦汉士史》，北京：北京大学出版社，2000 年，第 144 页。

④ 张锦波：《名教与自然之辩初探——基于生存论层面的考察》，博士学位论文，复旦大学，2012 年，第 40 页。

⑤ 张造群：《礼治之道——汉代名教研究》（序言），北京：人民出版社，2011 年，第 196 页。

教中人"①。

　　"名教"在两汉时期经过统治者与士人阶层的建构和传播普及，到了魏晋南北朝时期已然成型，成为当时社会中人"日用而不知"的集体意识。魏晋南北朝作为"世族统治时代"，"世族是这个时段的决定因素"②，西晋时世族随着制度变革而演变为"士族"。士族在经济方面要维护家族利益、增强家族生存能力，如建立"通财"③关系；在政治上则利用九品中正制控制人才选拔，以及凭借官职权力影响政府政策。士族结成以血缘关系为基础的稳固而紧密的宗族"命运共同体"。对于魏晋士族来说，要维系门第的延续，要凝聚宗族内部成员的认同，基于人伦关系的名教纲常礼法则是培养这种凝聚力的保障之一。

　　魏晋时代是门阀士族当政的特殊时期，他们一方面利用名教作为工具掌控平民阶层进行残酷剥削，另一方面掌控人才选拔制度"九品中正制"的解释权等政治权力而排斥寒门庶族向上层的流动，以至于"上品无寒门，下品无势族"的社会现象。传播的权力掌握在取得相应"名"之人的手中，官方舆论和民间舆论场中的"合法性"也来源于依名教纲常所定的"名分"与"名位"。谭嗣同先生对此批判道："俗学陋行，动言名教，苟若天命而不敢渝，畏若国宪而不敢议。……忠孝既为臣子之专名，则终必不能以此反之。虽或他有所据，意欲话诉，而终不敢忠孝之名为名教之所出，反更益其罪，……施者固泰然居之而不张，天下亦从而和之曰：'得罪名教，法宜至此'。"④

第二节　名教与自然：异化的媒介与反思中的主体性

　　魏晋时期，两汉以来的"天人感应"神学体系崩溃，儒家经学衰微，以"名教"为核心的统治也在实际的政治和社会生活中已严重暴露出其虚伪性与功利性，社会动荡而纷争不断，世族之间的政治斗争造成的政治黑暗不仅威胁到下层平民的生存，也危及士人的生存。面对社会中种种矛盾的严重激化，士人作为享有文化传承与知识传播权力的精英阶层，开始了探寻理想与现实、个体与社会、政治与人生等等命题纾解之道的尝试与努力。党锢之祸后，名士言论受到高压，臧否

---

　　①　张锦波：《名教与自然之辩初探——基于生存论层面的考察》，博士学位论文，复旦大学，2012 年，第 31 页。

　　②　蒙思明：《魏晋南北朝的社会》，上海：上海世纪出版社，2007 年，第 1 页。

　　③　通财：或由富宗分钱谷给贫宗以解决生活困难，或由宗族官僚分俸禄给宗族成员，或分土地给贫宗耕种，或收葬孤宗死亡者，或出资材为本宗培养人才。见朱大渭、刘驰、梁满仓、陈勇：《魏晋南北朝社会生活史》，北京：中国社会科学出版社，1998 年，第 48—49 页。

　　④　谭嗣同：《谭嗣同全集》下册，北京：中华书局，1954 年，第 299—300 页。

人物议论朝政的"清议"逐渐转变为谈玄论道的"清谈"。何晏与王弼开启"正始之音"，王弼援道入儒，祖述老庄，建立"以无为本"的哲学体系，崇尚"本无"的魏晋玄学自此而始。自然与名教之辩是魏晋玄学的核心问题之一，汤用彤先生认为"魏晋'一般思想'的核心是自然名教之辨，而对此核心问题的探讨则又是围绕着圣人观念而展开的"①。名教与自然之辩的开展经历了三个代表性的阶段：王弼的"名教本于自然"论、嵇康与阮籍的"越名教而任自然"论、郭象"名教即自然"论。但值得注意的是，名教、自然之辩并非纯思辨层面的理论探讨，其实质"并非某种社会历史观，而是传统社会中个人对其'在中'的社会历史本身及其'在中'的生命存在本身的根本性思考，它所关注的问题不是儒道之争或天人关系，而是'名教'中个人之存在本身的问题"②。

一、王弼："名教本于自然"

王弼"名教本于自然"论源出其"以无为本"的基本观点。王弼言"天下之物，皆以有为生，有之所始，以无为本。将欲全有，必反于无"③，而"自然"则是"无称之言，穷极之辞也"④，换言之，"自然"就是"无"的本性，"法自然者，在方法方，在圆而法圆，于自然无所违也"⑤，名教是"有"的层面，它应本于"无"，也就是"名教"出于"自然"。名教与自然的关系是"子"与"母"的关系："仁义，母之所生，非可以为母。形器，匠之所成，非可以为匠也。"⑥如果"名教"不是因"自然"而为之，那么便是"舍其母而用其自，弃其本而适其末，名则有所分，形则有所止"⑦。因此王弼对当时社会中名教沦为虚伪矫饰的名利工具的现象深恶痛绝："崇仁义，愈致斯伪"，"巧愈思精，伪愈多变，攻之弥甚，避之弥勤"（《老子微旨略例》）。道德行为本应发端于人自然而然的情感，礼则是基于人自然情感而制的教化传播媒介，"夫喜、惧、哀、乐、民之自然。感物而动，则发乎声歌。所以陈诗采谣，以知民志风。既见其风，则损益基焉。故因俗立志，以达其礼也"⑧，当礼教异化后，就丧失了其对社会文明秩序建构与人类发展的积极力量，而沦为对人类文明发展的否定和消解的力量。"由于注意形式，讲仁义博施的人，

---

① 汤用彤：《魏晋玄学论稿》（导读），上海：上海古籍出版社，2001年，第33页。
② 张锦波：《名教与自然之辩初探——基于生存论层面的考察》，博士学位论文，复旦大学，2012年，第117页。
③ （晋）王弼：《王弼集校释》，楼宇烈校释，北京：中华书局，1980年，第110页。
④ （晋）王弼：《王弼集校释》，楼宇烈校释，北京：中华书局，1980年，第65页。
⑤ （晋）王弼：《王弼集校释》，楼宇烈校释，北京：中华书局，1980年，第75页。
⑥ （晋）王弼：《王弼集校释》，楼宇烈校释，北京：中华书局，1980年，第198页。
⑦ （晋）王弼：《王弼集校释》，楼宇烈校释，北京：中华书局，1980年，第95页。
⑧ （晋）王弼：《王弼集校释》，楼宇烈校释，北京：中华书局，1980年，第625页。

往往是在那里赤裸裸地追求虚名，因此引起了人民的怨恨；提倡礼义的人，反而毫不掩饰地和别人争权夺利，这样也就使人民争夺不已；所表彰的一些所谓忠信的人，实际上是一些假名节之士；制定了许多刑法来限制老百姓，然而人民却想出更多的逃避刑法的办法。"① 名教纲常成了束缚人和统治人的异化力量，原本作为文化传播主体的人却丧失了主体性，而沦为名教的奴隶。这也是王弼慨然而叹"夫仁义发于内，为之犹伪，况务外饰而可久乎！"② 的原因所在。

需要注意的是，在玄学家们"名教与自然之辩"论题中的"自然"并非今天所说的"自然"，即人的动物性。现代语境下的"人的自然属性"是相对于"人的社会属性"而言的，而在玄学家那里，道德情感也是人之"自然"，因为"人"已经是经过人文化成之后的"人"，因此仁义已经"内化于主体，使之与主体的深层意识融合为一，从而成为人的第二天性（自然）"③。但尽管王弼强调将道德规范内化为人之自然本性，在自然基础上谈名教，但他同时也认为"夫镇之以素朴，则无为而自正；攻之以圣智，则民穷而巧殷。故素朴可抱，而圣智可弃"④，并没有重视在名教的教化传播中作为传播主体的人的理性之重要性，这也是沿袭自汉代的天人关系意识形态的传统，名教的终极合法性仍来自"天"，而非人的文化建构，正如杨国荣先生指出："尽管王弼注意到了应协调当然与自然，但并没有完全从理论上解决自然与当然的统一问题。"

二、嵇康：越名教而任自然

正始十年，司马懿发动政变，史称高平陵事变，牵连者达五千余人。作为正始之音开启者的曹氏集团成员何晏身死，被夷灭三族，王弼的家族亦受到牵连。此时名教进一步成了司马氏集团铲除异己的工具。以阮籍、嵇康为首的士人有感于当时政局的黑暗，不愿与司马氏集团沆瀣一气，在政治高压下选择以狂放不羁的姿态来应世。相比王弼以寻找调和的方式来反思名教的价值合理性与批判名教教化传播实践的取向，嵇康对名教的批判则更为激烈，面对更为严重的社会道德沦丧的现实，他们对"自然"的理解与阐释也更为广泛和深入。

---

① 北京大学哲学系中国哲学教研室著：《中国哲学史》（第二版），北京：北京大学出版社，2003 年，第 155 页。
② （晋）王弼：《王弼集校释》，楼宇烈校释，北京：中华书局，1980 年，第 94 页。
③ 杨国荣：《善的历程——儒家价值体系研究》，上海：上海人民出版社，2005 年，第 162 页。
④ （晋）王弼：《王弼集校释》，楼宇烈校释，北京：中华书局，1980 年，第 198 页。

（一）任自然：传播主体性的高扬

对于儒家推崇的六经之教，嵇康在《难自然好学论》中指出："六经以抑引为主，人性以从欲为欢，抑引则违其愿，从欲则得自然。然则自然之得，不由抑引之六经，全性之本，不须犯情之礼律。故仁义务于理伪，非养真之要术；廉让先于争夺，非自然之所出也。"[①] 在他看来，六经以抑制和引导的方式施行教化，实际上是违背了人的自然天性和本来意愿的，因为人性"从欲"，"从欲"方得自然。但这里的"欲"并非是欲望之欲，而是指人的意愿，所谓"从欲为自然"是指人自愿去做的事才是自然，而儒家六经的仁义廉让如果不是人发自内心去遵从的，就是反自然的了。因此他说行仁义如果是虚伪矫饰，廉让如果是出于争夺的目的，那就都不是自然而然的了。

事实上，嵇康明确反对以欲为"性"、以欲为"自然"的观点。他在《答难养生论》有言："子之所以为欢者，必结驷连骑，食方丈于前也。夫侯此而后为足，谓之天理自然者，皆役身以物，丧智于欲，原性命之情，有累于所论矣。夫渴者唯水之是见，酗者唯酒之是求。人皆知乎生于有疾也。今若以从欲为得性，则渴酗者非病，淫酒者非过，桀跖之徒皆得自然。"[②] 在嵇康看来，若以欲为自然反而是"役身以物，丧智于欲"，因为"夫嗜欲虽出于人，而非道之正"。他以嗜欲比作树木身上长的蝎虫，虽然是树木身上长出来的，但却对树木并无好处，而且蝎虫盛则树木朽，过多的欲望就会导致人身体的朽败甚至死亡。可见在嵇康那里，"自然"已经是在人的社会属性层面了。

那么他的"任自然"是任何种"自然"呢？嵇康在《释私论》中谈到作为古代士人向往的理想人格"君子"时说："夫称君子者，心无措乎是非，而行不违乎道者也。"能做到这样，是因为"气静神虚者，心不存乎矜尚；体亮心达者，情不系于所欲"[③]，不把褒奖、夸赞（世人的评价）放在心上，就能"越名教而任自然"，不被名教形式所宰制，而是"自然而然"、不掺杂虚伪狡饰的功利性目地参与进人文社会的互动中；不被外物所役使而执着于欲望和索求，就能看透贫富贵贱而通晓人情物理，如此则与道无违。

并且嵇康认为"任自然"并非所有人都能做得到，而是需要一定的心和智，"至于措身失理，亡之于微，积微成损，积损成衰，从衰得白，从白得老，从老得终，闷若无端。中智以下，谓之自然。纵少觉悟，咸叹恨于所遇之初，而不知慎

---

① （晋）嵇康：《嵇康集注》，殷翔、郭全芝注，合肥：黄山书社，1986年，第266页。
② 戴明扬：《嵇康集校注》，北京：人民文学出版社，1962年，第188页。
③ 戴明扬：《嵇康集校注》，北京：人民文学出版社，1962年，第234页。

众险于未兆^①，"中智以下"之人已经"纵少觉悟"了，"只是顺任自然的感性欲求，总是逃不出'嗜欲'之累的。原始的自然并不能持久。因为原始的自然只是合自然，而不是任自然。合自然是自发的，任自然是自觉的"^②。

（二）声无哀乐：媒介客体性的确认

稽康"越名教而任自然"的反对礼乐媒介异化的思想还体现在他对于"乐教"的看法中。乐在古典社会中的含义并不同于今天所讲的音乐，《乐记》区分声、音、乐时言："感于物而动，故形于声。声相应，故生变，变成方，谓之音。比音而乐之，及干戚羽旄，谓之乐。"（《礼记·乐记》）而就"乐"而言，"金石丝竹，乐之器也。诗，言其志也；歌咏其声也；舞，动其容也。三者本于心，然后乐器从之"（《礼记·乐记》），换言之，谈到乐时指的是融合了乐器演奏、歌、舞的统一体。"圣人制礼作乐"之"乐"便是乐教之乐，乐承担着教化功能。春秋战国时期社会纷争不断而导致"礼崩乐坏"，"社会动荡和理性世界的开放，加之礼、乐之间严苛的权力映射关系被肢解，客观上为'乐'之媒介偏向从使用属性跨越至符号属性，提供了滋生的土壤"，礼乐制度丧失社会整合功能，"只剩徒有形式的虚文"^③。正如孔子的喟叹："礼云礼云，玉帛云乎哉？乐云乐云，钟鼓云乎哉？"（《论语·阳货》）

稽康在《声无哀乐论》中借秦客之口发问："闻之前论曰：'治世之音安以乐，亡国之音哀以思。'夫治乱在政，而音声应之。故哀思之情，表于金石；安乐之象，形于管弦也。又仲尼闻韶，识虞舜之德；季札听弦，知众国之风。斯已然之事，先贤所不疑也。今子独以为声无哀乐，其理何居？"^④秦客被视作儒家乐教观的代表，主张"声有哀乐"，代表了当时对"乐教"的主流认知，"治世之音安以乐，亡国之音哀以思"典出《礼记·乐记》"治世之音安以乐，其政和；乱世之音怨以怒，其政乖"，认为乐教的运行原理是"致乐以治心"，而"声使我哀，而音使我乐"，乐本身能影响人的情感，因而"德音"能调和人的情感、遏制人的欲望，因此"声有哀乐"。这种理解乐教的观念实际上是认为乐作为媒介本身即具有主体性，因而能对人进行教化。

但稽康却提出"声无哀乐"，认为音声发之于自然："音声之作，其犹臭味在

① 戴明扬：《稽康集校注》，北京：人民文学出版社，1962年，第152—153页。
② 蒲长春：《"名教"与"自然"：稽康的伦理观及其矛盾》，《广西社会科学》2004年第7期。
③ 谢清果，张丹：《礼之起源：中国古乐的媒介功能观新探》，《郑州大学学报（哲学社会科学版）》，2019年第3期。
④ 戴明扬：《稽康集校注》，北京：人民文学出版社，1962年，第196页。

于天地之间。其善与不善，虽遭遇浊乱，其体自若也，而不变也。岂以爱憎易操、哀乐改度哉？"①声音与人的情感无关，与政治和意识形态更无关，嵇康将声音视为"自然之和"，而音声之与人心是"殊涂异轨""不相经纬"的。"声音自当以善恶为主，则无关于哀乐。哀乐自当以情感而后发，则无系于声音。名实俱去，则尽然可见矣。"②声音只有好听与不好听之分，而没有哀乐之分，哀乐源自传播主体——人的情感，而非作为传播媒介的声音，音声只具有表达情感的媒介作用，情感在人，而非在于音声。基于《礼记·乐记》中对声、音、乐三者的区分："声"出于自然，"音"是声的规范性、秩序性组合，"乐"加入了乐器与舞蹈，音和乐都具有表达情感的媒介功能。正因为认识到乐具有情感传播的媒介功能，而"夫音声和比，人情所不能已者也。失故古人知情不可放，故抑其所遁；知欲之不可绝，故因其所自"③，因此可以通过"乐"来引导人的"情"和"欲"，即嵇康所言"为可奉之礼，制可导之乐"的礼乐互用以使百姓"将听是声也，必闻此言；将观是容也，必崇此礼。

嵇康以"生无哀乐"来看待圣人"制礼作乐"，并非是反对乐教而主张放任人的欲望与秩序的混乱，而是强调乐教的主体在人，而非在于乐这种媒介，是人制乐而行教化，而非乐成为教条来挟制人的主动性。换言之，教化传播的主体性在与人，而非当时已经异化了的作为媒介的名教抑或乐教。

二、郭象：名教即自然

名教与自然经历了竹林玄学时期的尖锐对立后，又在郭象处达到了融合统一。郭象在《庄子注》中将"自然"界定为："谁得先物者乎哉？吾以阴阳为先物；而阴阳者即所谓物耳。谁又先阴阳者乎？吾以自然为先之；而自然即物之自尔耳。吾以至道为先之矣，而至道者乃至无也；既以无矣，又奚为先？然则先物者谁乎哉？而犹有物，无已。明物之自然，非有使然也。"④"自然"即"物之自尔"，是事物本然的规定性，而非外力强加作用下的规定性。这似乎是矛盾的，因为在今天看来，"人是各种社会关系的总和"，人的伦理道德规范性是在社会中形成的，而非"生而知之"。但正如前文所述，在郭象这里同王弼和嵇康，"自然"已经被置于人的社会属性维度中了，已经是"人之异于禽兽者几希"（《孟子·离娄下》）。郭象要说的是，自然是物之"自性"，这个自性是人文化成的"自性"，是已经内

① 戴明扬：《嵇康集校注》，北京：人民文学出版社，1962年，第197页。
② 戴明扬：《嵇康集校注》，北京：人民文学出版社，1962年，第200页。
③ 戴明扬：《嵇康集校注》，北京：人民文学出版社，1962年，第223页。
④ 郭庆藩：《庄子集释》，北京：中华书局，1961年，第764页。

涵仁义的自性，"夫仁义自是人之情性，但当任之耳"（《庄子·骈拇注》）。因此郭象说"礼乐离性"则"徒得形表而已"（《马蹄注》）。

而郭象在论及"名教"时有言："夫知礼义者，必游外以经内，守母以守子，称情而直往也。若乃矜乎名声，牵乎形制，则孝不任情，慈不任实，父子兄弟，怀情相欺，岂礼之大意哉！"[①]他所要批判的"名教"是名声、形制，是徒有其表而无真情实感的"孝""慈"，这样的"名教"导致的结果就是"名教中人"的"怀情相欺"。郭象批判当时虚伪矫饰的名教，却并非是要否定名教本身，"名教即自然"事实上是说"名教"之治应当以人为主体，而不是反客为主让"名教"成为主体，因为"名教之本"是人的仁义之性，它出于人之"自性"："夫明安尊卑先后之序，固有物之所不能无也，非但人伦所尚也。"[②]

"名教即自然"的表述是在本体论层面论及名教与自然的关系，而非生成论，这与他所持的"万物独化于玄冥"（《齐物论注》）的哲学本体论以及当时的玄学理论本身的发展有关。事实上，针对名教与自然的关系，郭象所要表达的与王弼无异：仁义范畴内涵于人的天性中。只是表述上更进一步，郭象以名教为自然的根本内容，这也是对嵇康与阮籍"越名教而任自然"思想在社会上引起的放荡堕落风气的纠偏。但是，郭象也并非主张回归名教对人的绝对宰制，相反，他主张名教并不具有绝对和恒常不变性，而应根据传播实际而随时调整："夫礼义，当其时而用之，则西施也；时过而不弃，则丑人也。"[③]从王弼到郭象，都屡次提及名教异化后的弊端，"礼义之弊，有斯饰也"（《田子方注》），"仁义有形，故伪形必作"（《徐无鬼注》）。郭象还指出名教异化后甚至会成为暴君残害天下的权力工具："暴乱之君，亦得据君人之威以戮贤人而莫之敢亢者，皆圣法之由也。向无圣法，则桀纣焉得守斯位而放其。"（《胠箧注》）面对名教三纲五常的核心"君为臣纲"，郭象却提出自然高于君命："夫真者，不假于物而自然也。夫自然之不可避，岂值君命而已哉！"（《大宗师注》）

郭象主张"万物各反所宗于体中，而不待乎外"（《齐物论注》），"任其自成，万物各得自为"（《天下注》），是对人的主动性与自我价值的肯定，这种"注重从内部寻求事物发生、发展的原因，突出主体自身的力量，这在封建社会中是一种极有意义的思想"[④]。

---

① 郭庆藩：《庄子集释》，北京：中华书局，1961年，第167页。
② 郭庆藩：《庄子集释》，北京：中华书局，1961年，第470页。
③ 郭庆藩：《庄子集释》，北京：中华书局，1961年，第516页。
④ 吕锡琛：《郭象认为"名教"即"自然"吗？》，《哲学研究》1999年第7期。

马克思在《1844 年经济学哲学手稿》中对异化劳动这样解释:"不仅意味着他的劳动成为对象,成为外部的存在,而且意味着他的劳动作为一种与他相异的东西不依赖于他而在他之外存在,并成为同他对立的独立力量,意味着他给予对象的生命是作为敌对的和相异的东西同他相对立。"[①]人与动物的区别在于"动物的生产是片面的,而人的生产是全面的;动物只在直接的肉体需要的支配下生产,而人甚至不受肉体需要的支配也进行生产,并且只有不受这种需要的影响时才进行真正的生产……动物只是按照它所属的那个种的尺度和需要来建造,而人却懂得按照任何一个种的尺度来进行生产,并且懂得怎样处处把内在的尺度运用于对象;因此,人也按照美的规律来建造"[②]。人的本质是能够自由地创造事物和价值,礼教是人创造的产物,目的是使人的交往更加有序与和谐、使人的社会更安定和美好,礼教的异化却会使它成为争名夺利的工具和手段,甚至成为杀人的屠刀,最终阻碍人的本质的实现。魏晋时期社会尖锐的矛盾冲突、政局的黑暗与统治者的残暴、社会道德的堕落与价值的丧失,使既作为礼教传播者又作为受众的"名教中人"开始了对"名教"的虚伪矫饰与成为功利工具现象的批判,更重要的是,他们对置身封建礼教中人的主体性的反思与人的意愿的重视。归根结底,他们并不是要反抗礼教本身,而是要回归孔子所倡导礼的本质——"人而不仁,如礼何?人而不仁,如乐何?"让礼乐回归传递真情实感、建立道德认同、构建文化秩序的媒介作用,让人回归为媒介真正的主宰。

(本章作者:董熠 谢清果)

---

① 马克思:《1844 年经济学哲学手稿》,北京:人民出版社,2000 年,第 53 页。
② 马克思:《1844 年经济学哲学手稿》,北京:人民出版社,2000 年,第 78 页。

第二十一章　黔中屯堡：礼乐传播的社会符号表征

黔中屯堡的形成源于朱元璋的南征北调之举，屯堡人随屯军由江南迁移而至，生活生产方式亦军亦农。黔中屯堡社会形态在政治、历史变迁中能够较好地保存，除了经济因素，更得益于其礼乐文化符号系统的传承及其独特的传播结构。黔中屯堡社会中的地戏、祭祀、生活礼俗、古诗文等，无不深受传统礼乐文化符号表征的浸润，体现出中国礼乐文化的因素，其礼乐文化符号传播的偏心圆结构、时空诉求、风吹草偃的进程等特点，以及深植于礼乐文化中族群认同、社会教化、政治自保等传播效果，共同促成了黔中屯堡的数百年不衰的景象。

明代军事屯田的生产组织是以屯为基本单位，在边地为防御敌人的侵略，合几个屯或屯所，建立一个屯堡[①]。黔中屯堡的形成源于明太祖朱元璋的南征北调之举。为了统一并稳固西南地区，朱元璋广设军屯，黔中腹地作为入滇之咽喉，军屯的设置在军事战略上显得尤为重要。据《安顺府志·风俗志》载："屯军堡子，皆奉洪武敕调北征南……散处屯堡各乡，家人随之至黔。""屯堡人即明代屯军之裔嗣也。"由此形成了贵州颇具特色的屯堡社会，世代生活其中的屯堡人不是当地百姓，而是随屯军迁移而来。范增如的《明代普定卫戍屯官兵原籍考》考证黔中军屯人家的原籍多在江苏、安徽、江西三省区。[②]他们闲时耕种，战时出兵，属于一种亦军亦农的生活生产方式，是贵州颇具特色的族群之一。至今经过600余年的积淀，屯堡文化在世代传承中得到了极好的保存。

在全球化的背景下，民族、地域的文化研究越来越受到重视，彰显地区特色成为应对全球化的有力举措。"黔中屯堡文化是目前国内最具特色的一种地域文

---

① 王毓铨：《明代的军屯》，北京：中华书局2009年，第186页。

② 范增如：《明代普定卫戍屯官兵原籍考》，文见《学术视野下的屯堡文化研究》李建军主编，贵阳：贵州科技出版社，2009年，第93页。

化"①，吸引了大批学者，集中在贵州学者群，并得到当地政府的支持与重视，近20年来取得了尤其丰硕的研究成果。如从社会学的角度展开研究：孙兆霞等著《屯堡乡民社会》在大量的田野调查的基础上，侧重于对屯堡社会的考察和描写，并对屯堡乡民社会的现代发展提出思考，《屯堡社会如何可能——基于宗教视角的考察》对屯堡社会宗教与社会生活的关系问题进行阐释。从文化及文学的角度：朱伟华《建构与生成——屯堡文化及地戏形态研究》在对屯堡文化、经济进行探讨的基础上侧重于对地戏的研究；《黔中屯堡民间文学与传统文化研究》的研究对象扩展至屯堡的山歌、花灯、民族文化交融及传统文化教育等方面。论文集的编撰：李建军主编，贵州省屯堡研究会、贵州省屯堡文化研究中心编《学术视野下的屯堡文化研究》、《屯堡文化研究》（多卷本）等，对大量学术论文进行汇编。学位论文：中央民族大学博士留学生卢百可学位论文《屯堡人：起源、记忆、生存在中国的边疆》从历史与叙事的角度，系统地梳理了明代、清代、民国、当下的屯堡人及屯堡社会的发展与变迁。研究资料汇编：安顺市政协编《安顺文史资料（第二辑）·屯堡文化专辑》，包含屯堡文化的形成和发展、屯堡家谱家族村寨名人简介等大量基础资料，为屯堡研究者提供了极大的便利。此外，《六百年屯堡——明王朝遗民纪事》《河里的石头滚上坡——贵州安顺屯堡民居》等以生动的形式对屯堡的风土人情进行图文并茂的呈现。综上研究成果可见，鲜有学者从传播学的角度进行研究，研究内容鲜有涉及屯堡的古诗文。

　　在政治的风云变化中，为何黔中屯堡社会形态能够得到较好的保存？首先经济因素必不可缺。王毓铨《明代的军屯》对于内地少数民族地区的屯田，以贵州为例，指出："贵州设都司，建卫所，开置屯田，早在洪武十一年，在正统六年以前，贵州等二十卫的屯地池塘共达九十五万七千六百余亩，所收子粒，据说足给军食。"② 由此可见中央政府对于贵州军屯势力在物质上给予的充分保障。同时，"贵州的屯田赋税并不重，赋税不重就不会出现军士民户逃亡，其聚落的文化强势就不但不会被分化瓦解，反而会更强"。③ 来自江南的屯堡人，带来了较为先进的生产力文化，能够获得物质上的自足。政府在经济上的优待，物质生活上的充分保障，促使远徙而来的屯堡人形成落地生根安居乐业的观念。此外更应该得益于屯堡社会的文化形态、时空格局、传播结构等。本文拟从黔中屯堡社会中礼乐文

---

① 朱伟华：《建构与生成——屯堡文化及地戏形态研究》（导言），桂林：广西师范大学出版社，2008年，第1页。

② 王毓铨：《明代的军屯》，北京：中华书局2009年，第26页。

③ 朱光文：《朱元璋南征之谜与安顺屯堡文化》，参见《屯堡文化研究》2010卷，李建军主编，贵阳：贵州人民出版社，2011年，第90页。

化的符号表征传统及其传播的角度，探讨黔中屯堡社会形态及其文化得以百年长存的根源。

从符号学角度而言，屯堡文化本质上是一整套中华礼乐文化在黔中地区的在地化符号表征，具体说来，无论是屯堡地戏、祭祀，还是生活仪式、古诗文等形式的一系列符号化呈现，从而建构中华礼乐文化在黔中地区以屯堡文化的独特样传播形态。我们力图透过对它的礼乐符号表征系统的深入剖析，从而展现其背后的意义网络。

第一节　黔中屯堡文化的礼乐符号表征

黔中屯堡社会数百年不衰，得益于其自身的文化构成。黔中屯堡社会形成于江南地区的军民迁移，在六百余年的历史中始终恪守儒家文化的传统，自身形成一整套独特的文化、礼仪、习俗、信仰、娱乐方式等，其中体现出大量的礼乐文化的因素，并在屯堡社会内部得到广泛认同、遵守和传播，对屯堡社会的稳定存续产生决定性的影响。黄星民《礼乐传播初探》中认为："礼乐传播中的'礼'，主要指的是在各种场合下举行的各种礼仪；礼乐传播中的'乐'，不仅只是音乐，还包括诗歌、舞蹈等艺术形式。"[①]丁鼎认为："礼的本质是'序'，即等级、秩序；乐的本质是'和'，即和合、和谐。"[②]结合这样的界定，本章将立足屯堡地戏、祭祀、生活仪式、古诗文等礼乐文化传播的多元符号载体，探讨屯堡社会的礼乐文化的符号表征与传播过程。

一、人与神同乐：屯堡地戏中的礼乐符号

地戏即"跳神"，是屯堡村寨特有文化艺术形态，是公认的屯堡的文化标签。郑正强《屯堡民俗奇观——地戏》中认为黔中地戏是由"明初戍屯的将士从江淮故地引入并发展起来的"[③]。"地戏起源于军傩"的观点恰恰体现了地戏礼乐精神的渊源。"傩"是一种有一定组织、一定仪式、一定规模的一种驱逐疫鬼的活动，《周礼》对"傩"有明确记载。《周礼·夏官司马第四·方相氏》曰："方相氏掌蒙熊皮，黄金四目，玄衣朱裳，执戈扬盾，帅百隶而时难，以索室驱疫。""大丧，先柩。

---

① 黄星民：《礼乐传播初探》，《新闻传播与研究》2000 年第 1 期。
② 丁鼎：《儒家礼乐文化的价值取向与中华民族精神》，《山东师范大学学报》（人文社会科学版），2014 年第 6 期。
③ 郑正强：《屯堡民俗奇观——地戏》，参见《安顺文史资料（第二辑）·屯堡文化专辑》，第128 页。

及墓，入圹，以戈击四隅，驱方良。"①《周礼》介绍了蒙着熊皮、戴着面具、着玄衣朱裳、拿着武器戈与盾舞动的方相氏，带领行百隶行傩法驱逐疫鬼、精怪，保一方安宁。此驱疫傩仪发生于宫廷，细分当为宫廷傩，属宫廷仪式。而军傩与宫廷傩的最大区分即在于傩仪所举行的场所不同，在精神内核上同根植于礼乐文化。《论语·乡党》曰："乡人傩，朝服而立于阼阶。"朱熹注认为"傩虽古礼而近于戏"②，肯定了傩的古礼性质，"朝服而立"体现其严肃庄重性。屯堡人在军傩元素的基础上，结合江南母源地的文化记忆，在特殊的历史时期及特定的生存处境中，根据族群生存及情感的需要，在屯堡社区内创造了形式独特的屯堡文化形式——地戏，是为对傩之礼乐内涵的传承。

地戏的演出不设舞台，一般就地而跳，以说唱为主，或有舞蹈为伴，伴奏的乐器采用的是铜锣、皮鼓等打击乐器，不染丝弦，不惹柔靡，一般一锣一鼓。打击乐器以其便于携带、发音铿锵激昂等特点，曾被广泛用于军旅之中，适用于军旅中鼓舞士气、激发斗志。地戏的伴奏乐器锣鼓等体现了屯堡人与军事活动的关联及亦农亦军的生存境况，同时作为礼乐元素嵌入屯堡文化之中。项阳《以乐观礼》视鼓吹乐（打击乐器与吹奏乐器）为"礼乐重器"，"进入国家礼制之中"，"汉魏以降，鼓吹成为国家礼仪所必备"③。鼓吹乐作为国家礼制中的礼乐重器，能够突破阶级的局限，突破宫廷的范围，下移地方与民间，使之成为普天之下不论贵贱都能使用的礼乐。于是"地方百姓在接衍传统文化中的五礼观念之时，其所能够接触到的更多是国家礼乐中上下相通的鼓吹乐形态"④。能够打通朝野的鼓吹乐器为屯堡地戏能够以打击乐器锣鼓作为伴奏提供了可能性。作为非语言传播符号的锣鼓，以"乐"的形式成为地戏文化系统中的重要部分，是礼乐传播的重要载体，也体现出与礼乐文化的内在协同性。

地戏的表演者在演出过程中，不论性别与角色，一律面蒙青纱。由于地戏的演出不设舞台，观众常于高处观看，因此面具置于额上而非覆与面部，以为观者呈现更好的视觉效果，而为裸露的面部遮以青纱。地戏表演者所戴的面具又被称为"脸子"，是地戏的关键要素、精髓之所在。"脸子"的制作极为考究。根据《地戏面具雕制艺术概观》的记述：（"脸子"）"在制作时有一套宗教仪式。匠人开凿之前要用禽血祭奠工具，口念一些祝祷的词语。当面具制作完毕后，要举行庄严的

　① 杨天宇：《周礼译著》，上海：上海古籍出版社，2004年，第451页。
　② 朱熹：《四书章句集注》，北京：中华书局，1983年，第121页。
　③ 项阳：《以乐观礼》，北京：北京时代华文书局，2015年，第139页。
　④ 项阳：《以乐观礼》，北京：北京时代华文书局，2015年，第20页。

'开光'仪式，将面具供于神龛上，用鸡血点在上边，赋予其神性。"[①]朱伟华认为"地戏中的正将往往被视为神，认为他们有驱逐恶魔之威，有赐福纳吉之力"[②]，由此寄寓了人们的美好愿景。"脸子"制作过程中这一整套的宗教仪式赋予其以神秘色彩和象征意义，屯堡人认为面具代表神灵，体现了"宗教性礼乐"[③]的特征。而带上"脸子"青纱遮面进行表演的人，已经是超越了个体，而成为富有寓意的被神化了的英雄的化身，是被敬仰被崇拜的对象，在娱人的同时也达到娱神的重要目的，借此实现人际关系、天神与生人关系的和谐与沟通，是原始礼乐文化的折射。

　　"脸子"的不同人物角色造型，整体上体现出一种写实、夸张与节制并存之美，以面部表现不同的人物形象，避免对人物面相的过度扭曲与变形，使之在夸张的基础上而不失真实。此外，头盔和耳翅也是"脸子"重要组成部分。头盔包括龙凤装饰、吉语装饰、星宿装饰等，耳翅犹如垂肩之双耳，造型与图案与头盔相互映衬，能够达到浑然一体而不突兀的效果。"脸子"整体呈现的浑然之美正是符合礼乐传统的美。李泽厚认为礼乐传统视角下的美是一种儒家所谓"发乎情止乎礼义"的包容的和谐的美，"乐从和"，"乐"追求适度地相互调节、协同、沟通和均衡[④]。地戏作为一种艺术形式，其关键要素"脸子"呈现的和谐之美恰恰体现礼乐之美。"脸"即"面"，普通脸子又可理解为面子、脸面，现代汉语中二者意义相近，而在中国传统文化语境中，脸子、面子的含义又远远超越脸、面的实指范围而具有更多的社会意义及文化意义。谢清果教授认为面子是华夏人际传播的独特媒介，行为符合"礼"的规范便会有一定的颜面，便会有面子[⑤]，即面子的获得来源于对"礼"的遵守。戴上"脸子"开始地戏表演的屯堡人即刻代表神的形象，实现了人与神的角色转换，在表演中满足了娱人与娱神的角色期待，实现了受众驱魔与祈福的心理期待，在与族群的互动中得到认可，获得个人的尊严与荣誉，在尊礼的基础上获得面子、脸面。地戏之"脸子"与传统文化之面子相呼应，体现出面具"脸子"就其本身意义而言与"尊礼"的一致性。

　　① 李端丕：《地戏面具雕制艺术概观》，参见《安顺文史资料（第二辑）·屯堡文化专辑》，第190页。

　　② 朱伟华：《建构与生成——屯堡文化及地戏形态研究》（导言），桂林：广西师范大学出版社，2008年，第230页。

　　③ 褚春元：《礼乐文化与象征——对两周礼乐文化的象征性艺术精神之考察》，合肥：安徽大学出版社，2017年，第49页。

　　④ 李泽厚：《美学三书·华夏美学》，天津：天津社会科学院出版社，2007年，第206、215页。

　　⑤ 谢清果：《华夏传播学引论》，厦门：厦门大学出版社，2017年，第104—105页。

二、敬神与尊祖：屯堡祭祀中的礼乐符号规范

祭祀之风在中国古代社会由来已久，成为滋养中国古代传统文化的沃土。李泽厚认为礼"起源和核心则是尊敬和祭祀祖先"①。《周礼·春官宗伯第三·大宗伯》曰："大宗伯之职，掌建邦之天神、人鬼、地祇之礼以佐王建保邦国。""以吉礼事邦国之鬼神示。"②大宗伯是掌管对天、地之神即人鬼的祭祀之礼的官职，将古礼分为吉、凶、宾、兵、嘉五大类，将吉礼用于祭祀，并将吉礼即祭祀之礼置于五礼之首，可见统治阶级对祭祀的重视与推崇。《礼记·祭统》曰："凡治人之道，莫急于礼。礼有五经，莫重于祭。"③"祭"为"礼"之重要内涵，为治国、治人之头等大事。纵观春秋时期的历史活动，"祭祀当为两周礼乐文化的核心"④。黔中屯堡社会中祭祀之风极为盛行，成为屯堡人生活中必不可少的组成部分，其中规模最大最为隆重的祭祀活动集中在春节和清明节，分别是祭神活动"抬汪公"及祭祖活动"上坟"。江南地区移民而来的黔中屯堡人，把对江南礼乐文化的记忆融入屯堡生活，其祭祀活动带有明显的文化移植的痕迹。

"抬汪公"举行于春节后正月间，不同村寨时间不一。汪公史有其人：朝廷中人，忠君爱民，义正英勇，深受百姓敬仰。在政府奖掖和民间附会流传的基础上，人们对汪公的态度由爱戴转为一种信仰，汪公的形象完成了由人到神的转变。后人为其修祠建庙，作为神明崇拜祭祀。江南地区迁移而来的屯堡人把母源地的汪公信仰移植入了屯堡社会，为汪公建庙塑像，定期祭祀，作为自身对母源地文化的认同，以此作为寄托故土之思的形式，也向朝廷彰显了身为屯军的政治姿态。汪公庙作为"抬汪公"祭祀活动的核心公共空间，要举行完整的仪式，公祭是整个仪式的重头戏，有仪式主持、唱念赞词、鸣锣击鼓奏乐鸣炮、三跪九叩等，"整个程式跟中国传统的祭祀礼仪包括宫廷的祭祀礼仪相类似"⑤。接下来有宗族祭祀，最后是村民献祭。在汪公庙中的祭祀完成后次日抬汪公巡游。巡游路线始于汪公庙，沿中心大街至"神台"，最后返回庙堂回归本位，整个祭祀活动结束。巡游之前在有一场祭祀，巡游仪仗盛大，众多表演队各有千秋。对信仰神祭祀本身即是一种礼乐文化，巡游过程突破庙堂的祭祀场域，更是以一种无声的语言，对屯堡人信仰的张扬及宣誓，是对汪公精神及其所代表的礼乐文化要素的认同与接受，

① 李泽厚：《中国古代思想史论》，北京：生活·读书·新知三联书店，2017年，
② 杨天宇：《周礼译著》，上海：上海古籍出版社，2004年，第274—275页。
③ 王文锦：《礼记译解》，北京：中华书局，2018年，第631页。
④ 褚春元：《礼乐文化与象征——对两周礼乐文化的象征性艺术精神之考察》，合肥：安徽大学出版社，2017年，第96页。
⑤ 郑正强：《安顺吉昌屯迎春盛会——"抬亭子"》，参见《安顺文史资料（第二辑）·屯堡文化专辑》，第199页。

也是基于自身政治身份的一种自我激励、族群建设的行为。

族制是中国古代文化的重要内容，族制之下有孝悌等人伦之规范，以承奉养、祭祀之责。《礼记·祭统》曰："孝子之事亲也，有三道焉：生则养，没则丧，丧毕则祭。养则观其顺也，丧则观其哀也，祭则观其敬而时也。"[①] 强调古者"孝"的原则，恭敬并定期的祭祀是其中之一。屯堡人重祭祀，祭祀活动多样、频繁、持续时间长，除了家庭祭祀、宗族祭祀之外，规模最大、影响范围最广也最为隆重的当为清明节上坟。最具地域特色的清明节"上大众坟"的祭祀对象为入黔始祖或同姓始祖，在天南地北开枝散叶的屯堡人，都要回乡祭祖，祭祀队伍极为庞大。组织者会做好各项准备工作的分工安排，在祭祀前筹集资金，各家出份子钱，购买物资，在大众坟茔附近生火做饭，供祭祀参与者就地聚餐。大众坟的存在源自屯堡特殊的社会结构。"屯堡社区的社会结构不是单纯以血缘或地缘为基础，而是发生学意义上的地缘关系与后来族群内通婚形成的准血缘关系二者结合的产物。"[②] 屯堡社会形成于移民，共同的母源地及移民地构成了屯堡社会的地缘因素，在地缘的基础上，圈内婚姻产生新的血缘关系。费孝通在《血缘和地缘》中认为："血缘和地缘的合一是社区的原始状态。""血缘是身份社会的基础，而地缘却是契约社会的基础。"[③] 屯堡社会的地缘关系是从政治或军事里发展来的，其约定的是屯堡人对源自母源地文化的屯堡文化的认同、接受与遵守，清明节上"大众坟"是对血缘和地缘共同建构的屯堡祭祀文化的写照，是礼乐传统中祭祀文化的体现。

三、边缘中的主流：屯堡生活礼俗中的礼乐符号传承

古时屯堡在黔中，周边多是少数民族，即便有汉族，也鲜有来往，且与周边民族处于对立状态，社区处于相对封闭、孤立的状态，同时在政治上与朝廷关系微妙，有着日渐边缘化的趋势，整体而言是在少数民族聚居地处于边缘状态。而作为江南汉族移民群，其自身的文化与汉文化的传统、官方正统文化是一致的，代表着官方主流文化。因此表现出处境的边缘化及文化的主流化。屯堡人对其母源地的礼俗文化进行迁移，坚持传统，恪守礼仪，在生活的重要场合注重礼仪与仪式，此处视之为生活礼俗，如贯穿人一生的诞生礼、成人礼、婚礼、丧葬礼等。

屯堡诞生礼是宣告和庆祝新生命诞生的礼仪，尤其是一个家庭的第一个孩子，庆典隆重。生子庆贺的习俗由来已久，《礼记·内则》载："子生，男子设弧于门左，

---

① 王文锦：《礼记译解》，北京：中华书局，2018年，第632页。

② 孙兆霞等：《屯堡乡民社会》，北京：社会科学文献出版社，2005年，第47页。

③ 费孝通：《乡土中国·乡土重建》，北京：群言出版社，2016年，第80、85页。

女子设帨于门右。三日始负子，男射女否。"①《礼记·射义》："男子生，桑弧蓬矢六，以射天地四方。天地四方者，男子之所有事也。"②《诗经·小雅·斯干》"乃生男子，载寝之床。载衣之裳，载弄之璋。其泣喤喤，朱芾斯皇，室家君王。乃生女子，载寝之地。载衣之裼，载弄之瓦。无非无仪，唯酒食是议，无父母诒罹。"③表达了古人以悬挂有象征意义的"弧"（木弓）、"帨"（配巾）等物件，给予不同的物质养育条件，以庆祝新生命诞生的，并根据新生儿的性别，结合社会文化及时代风尚，赋予不同的角色期待。屯堡社会以"做大客"作为诞生礼的主要内容和形式载体。"做大客"是夫家和娘家联合操办，邀请并答谢亲朋对新生儿的美意的仪式，参与者多为女性成员。其间包括送礼、宴请等庆贺内容，表达人们对新生儿及其家庭的美好祝福和期盼，完成新生儿诞生的信息撒播及生存意义空间的建构。参与群体包括血缘关系下的亲属及地缘关系下的邻里。吕思勉在《中国文化史》族制中认为"一姓的人口渐繁，又行外婚之制，则同姓的人，血缘不必亲，异性的人血缘或转向接近"④，新生儿的诞生，使婚姻结合的两姓家族之间有了血缘关系，是连接两姓家族血缘的纽带，强化家族联结。"做大客"恰是这种关系的确认与整合，女性的主导地位也体现出姻亲结合下的家族互动关系。

屯堡成年礼以"剃头"仪式为载体。剃头的日子要结合父亲与儿子的生辰八字来推断吉日。做好充分的准备，经过念经、剃头、换新衣、拜忏、念经、八仙桌、分发食物⑤等环节，完成剃头仪式，并结合仪式进行宴请。头发自古具有象征意义，无论是"身体发肤受之父母，不能有所损毁"的孝道意义，还是"留头不留发"的政治、民族认可的意义，头发都有其寓意。屯堡人经过"剃头"仪式也象征着从幼年到成年的过渡，随之而来的是家庭、社会责任的担当。《礼记·曲礼上》有"男子二十，冠而字"⑥，意思是举行冠礼，并赐以字。冠礼，就是把头发盘成发髻，谓之"结发"，然后再戴上帽子，《说文》认为"冠，弁冕之总名也，谓之成人"。男子行冠礼说明他到了成人年龄，可以婚娶。行冠礼"筮日筮宾"，对于吉日选择与参与嘉宾极为讲究。《礼记·内则》曰："女子……十有五年而笄。"⑦女子年满十五为及笄，表示已经成人可以嫁人。屯堡的"剃头"与《礼记》中的

①　王文锦：《礼记译解》，北京：中华书局，2018年，第350页。
②　王文锦：《礼记译解》，北京：中华书局，2018年，第841页。
③　程俊英：《诗经译注》，上海：上海古籍出版社，2019年，第198页。
④　吕思勉：《中国文化史》，厦门：鹭江出版社，2014年，第27页。
⑤　孙兆霞等：《屯堡社会如何可能——基于宗教视角的考察》，北京：社会科学文献出版社，2016年，第225页。
⑥　王文锦：《礼记译解》，北京：中华书局，2018年，第16页。
⑦　王文锦：《礼记译解》，北京：中华书局，2018年，第358页。

冠礼、及笄具有相对一致的意义空间，都是作为成年的象征符号。以"头发"作为象征符号而开展的成人礼可谓古今一致、异曲同工！不同的是《礼记》中的成年是可以婚配的年龄，而屯堡社会的"成年"是不同人生阶段的过渡——从幼年到青年的，意味着更大的活动空间与更多的责任，与婚姻尚没有直接的关联性。如果说诞生礼是对个体存在的一种宣告与接纳，成年礼则是对个体独立的一种认可。

婚姻是不同种族、地域、文化背景的人们生活亘古不变的主题，自古"合两姓之好"，"结秦晋之好"，以传宗接代最为宗族重视。就嫁娶而言，传统文化中向来有严格的程序、仪式、禁忌等规范，也是礼乐文化的重要内容。《仪礼·士昏礼》中记述了士娶妻成婚的礼节仪式，即六礼：纳采、问名、纳吉、纳征、请期、亲迎，涵盖了从提亲到迎亲全过程的顺序及礼节，在礼制的约束下，一度成为约定俗成的规范。屯堡人对传统的婚姻习俗极为讲究，遵守着古老仪式的既定传统。李尚林《五官屯人婚嫁之"六礼"》通过田野调查，对五官屯屯堡人的婚配过程之"六礼"梳理为：一礼媒人介绍、二礼回口信、三礼发八字、四礼订婚、五礼送日子（报佳期）、六礼接亲，与《仪礼》中成婚之六礼具有相对应的关系，可见其对传统婚姻礼节仪式的集成，只是随着时代、地域及婚配对象的不同，在具体内容上有所不同。屯堡人婚礼的仪式在嫁方与娶方分别举行，均办酒宴请，接受亲朋贺喜。婚礼的礼节和仪式在很大程度上是建立在屯堡人共通的意义空间基础之上的，是一种象征性的社会互动行为，是来自个体重组下一种新的社会单位、家族地位的建构。中国历来是一个尚礼社会，"礼是社会公认合式的行为规范……维持礼这种规范的是传统"①。屯堡社会的婚姻礼仪是对传统之"礼"的继承与延续，礼的推行依靠传统力量推动。

丧葬礼是对生命终结之人举办的礼仪，"是一种完全他历的礼俗，而且与信仰密切相关"②，与灵魂信仰、祖先崇拜的思想密切相关，充满着神秘感与宗教气息。礼仪以死者为核心，聚集着最亲近的人及亲朋邻里，彰显的是活着的人的孝道及聚合力。屯堡人的丧葬礼仪尤为复杂冗长，过程中颇多讲究与忌讳，其与诞生礼、成人礼、婚礼贯穿人的一生，共同根植于浓厚的传统礼乐文化的土壤，是屯堡人生活礼俗的重要内容。

四、家与国之情怀：屯堡古诗文中的礼乐符号精神

屯堡古诗文是指明清时期屯堡人所创作、流传的以及非屯堡人创作但与屯堡相关的古文、古诗等文学作品。目前研究者对屯堡古诗文鲜有涉足，成果罕见。

---

① 费孝通：《乡土中国·乡土重建》，北京：群言出版社，2016年，第55—56页。
② 陈华文：《民俗文化学》，杭州：浙江工商大学出版社，2014年，第190页。

《安顺文史资料汇编》列出《屯堡古诗文选辑》一部分，内容包括散文、古诗、楹联等，笔者将以此为依据对屯堡古诗文中所蕴含的礼乐精神略做探讨。总体而言，屯堡古诗文中的礼乐精神主要体现在于家尚"和"、于国尚"忠"两个方面，具有浓郁的家国情怀。家与国是礼乐社会中"夫妻""父子""君臣"宗法等级制度的产物，强调家庭和谐、忠君爱国。蕴含着浓郁家国情怀的古诗文中是屯堡人精神、情感的内向表达与外向传播的有效载体。

屯堡古诗文中彰显出对家庭和谐的推崇。胡纲作《顾夫人俞氏圹志》出土于九溪村，俞氏乃征南将领顾成长子顾统之妻。文中记载俞氏"自幼有淑质""在家以孝闻"，与丈夫"相敬如宾""良多内助"，"奉舅姑至谨，待婢妾以恩，衣服饮食务从简朴"[①]，对于俞氏"孝""贤""俭"的品质给予嘉奖之词，主夫人的此等品质使得家族中的长幼、尊卑秩序得以维护，是促使家族和谐的基础。屯堡人赵侃《郭太夫人李氏墓志铭》为右军都督府都督佥事郭贵嫡母所作，文中记述太夫人之德如"天性慈爱，端谨诚庄，事舅姑尽孝敬，睦姻戚以柔和……奉蒸尝必丰腆，待婢妾务宽容，妇道母仪为缙绅家楷范"[②]，对于郭太夫人李氏孝敬公婆、相夫教子、柔和宽容的秉性给予美誉之词，可见其对传统礼乐制秩序的遵从与维护。自礼乐文明诞生以来，开启了男尊女卑、男女有别的格局，在一个家庭中也有"男主外女主内"分工，女性的活动空间一般囿于经营家庭的范围内，以父慈子孝、夫妻和睦、兄友弟恭、其乐融融的"家庭和谐"作为终极目标，因此女性往往以此作为日常行为的准则，以实现家庭中的人际和谐。"人际和谐是儒家和谐理论的重要组成部分，人与人的和谐是社会秩序稳定的基础……儒家的礼乐秩序则是以'仁'作为其理论出发点的。"[③]有了家庭的和谐，才有社会及国家的和谐，家和国昌盛不无道理。在儒家思想视野中的传统家庭人际传播中，"中庸是方法，仁义是内容，礼乐是形式"[④]。如前文所提到的顾氏、郭氏家庭中的主母品性端庄，富有慈爱之心，是以平和中正的原则，对上之尊长及对下之婢妾，皆能投之以爱人的仁爱之心，宽严相济，宽容而大度。能推己及人，恪守妇道，完成社会、时代所赋予的角色期待，使庞大复杂的家庭人际关系处于一种和谐的状态，实现家族和谐昌盛。

屯堡古诗文也彰显出对国家对朝廷的忠君爱国之心。程正声《补修宗谱序》追述其祖上"上则报效于朝廷，有义士之果烈；中则出镇于边疆，有君子之遗风；下则施训于士卒，有仁人之徽号……不意水西苗变，正公弟兄遂奔安俊之南五官

---

① 参见《安顺文史资料（第二辑）·屯堡文化专辑》第 395 页。
② 参见《安顺文史资料（第二辑）·屯堡文化专辑》第 396—397 页。
③ 谢清果：《华夏文明与传播学本土化研究》，北京：九州出版社，2016 年，第 165 页。
④ 黄星民：《礼乐传播初探》，《新闻与传播研究》2001 年第 1 期。

屯而居之，至今十数代矣"①。程氏祖上效忠朝廷，镇守边疆，训兵有道，水西苗变，国之忧患，毅然出征，于五官屯安营扎寨，以示震慑之威，进而安居，世代守卫，其忠君爱国之心天地可鉴。秦敬《圆通寺记》中通过对话的形式，记述征南将领顾城的功勋业绩如："出镇贵州，累次征战，大建勋业，昭昭在人耳目。前后四十余年蒙列圣眷顾之隆，满门显贵光荣无比。公感恩图报，修寺以为祝延圣寿之宇，此亦天保臣子之意。且公精诚布于上国，仁德著于遐方，何功不立，何夷不化？"②肯定顾成之赫赫功勋及承蒙圣恩，也肯定其知恩图报之举，其精诚、仁德，足以在蛮夷之地立下不世功勋。纵观顾成之一生及其后人，镇守于西南一隅，为朝廷除暴乱保安宁，居于屯堡世代繁衍，世代忠君爱国。文章以义正辞言的语言反驳质疑之人，使之羞愧而退，更增强了作者言辞的说服力及可信度。《安顺青龙山汪公庙楹联》曰"受皇恩而封越，血食万年"③，大有皇恩浩荡、万死不辞之气势。魏承枞《冬日游粮仓洞》曰"丞相天威远，蛮方战垒平，凭栏一眺望，阡陌正纵横"④，描述了朝廷威严远播及战后南蛮之地阡陌纵横、秩序井然的和平安宁的景象。黔中屯堡的将领及屯堡人打入少数民族聚居地区，在其军事生涯及日常生活中履行了守疆卫国的使命，对南蛮之地少数民族的叛乱之行得以及时掌握并及时平乱，促使西南地区臣服，配合朝廷完成大一统的战略目标。《论语》有言曰"虽之夷狄，不可弃也。"朱熹注之曰："之夷狄不可弃，勉其固守而勿失也"。⑤ 由此可见，夷狄之地也是朝廷辖区中不容放弃的一部分，而统治者要对夷狄进行管辖治理，务必首先使之臣服，其次"用夏变夷"⑥，即用华夏礼仪对蛮夷之地少数民族进行治理，以确保封建君主专制政体下皇帝的专制权力及国家太平，从而实现蛮夷与华夏一家、夷夏一体的政治目标及政治秩序，使之归属于同一个中央政府的管辖。由此可见，屯堡古诗文中蕴含着屯堡礼乐文化的精神内核，洋溢着对忠君爱国思想的宣扬，对忠君爱国者的褒扬，对礼乐思想的发扬。

第二节 黔中屯堡礼乐文化的符号传播特点及传播效果

黔中屯堡社会礼乐文化的符号传播特点及其所达到的传播效果促使其社会结构和社会形态的稳定，是其数百年长存的关键所在。

---

① 参见《安顺文史资料（第二辑）·屯堡文化专辑》，第 399 页。
② 参见《安顺文史资料（第二辑）·屯堡文化专辑》，第 398 页。
③ 参见《安顺文史资料（第二辑）·屯堡文化专辑》，第 402 页。
④ 参见《安顺文史资料（第二辑）·屯堡文化专辑》，第 406 页。
⑤ 朱熹撰：《四书章句集注·论语》，北京：中华书局，1983 年，第 146 页。
⑥ 朱熹撰：《四书章句集注·孟子》，北京：中华书局，1983 年，第 260 页。

一、黔中屯堡礼乐文化的符号传播特点

黔中屯堡礼乐文化符号由于其所处的时代性、地域性、传承性、政治性等特点，无论是在传播结构、传播诉求还是在传播进程上，都呈现出为实现自身长期存续需要的传播特点。

（一）传播的偏心圆结构

随着历史的发展，黔中屯堡社会的礼乐文化在传播的过程中不断地变化发展着。其传播结构正是吴予敏《无形的网络——从传播学的角度看中国传统文化》中提出偏心圆型的"历史—传播结构"，吴予敏认为"传统中国的文化遗产和经验的传承活动大体是按此结构进行的"，"整个历史性的传播活动犹如按着滚雪球式的方式在进行。只是时代决定了这种传播总是越来越远地脱离开原来的文化核心，但是却又不能彻底脱离这个核心"。[1]黔中屯堡的礼乐文化在历史的传播过程中，不断融入新的时代内容，以适应变化了的时代的需要，但是其礼乐文化的源头依旧根深蒂固不容撼动。就其成年礼"剃头"仪式而言，随着时代的发展，男性的剃头仪式相对独立、正式，比较受到重视，而女性的成年礼更多地受到忽视，甚至很多合并入其他礼仪中。历史变迁之下，头发、发型越来越多地失去了其原有的象征意义而更加地自由随意，以"剃发"为载体的成年仪式正在不断被弱化与消解，但却并未消失，而在变化中是倔强地延续着。屯堡人自来实行族群内婚姻，不与屯堡外的人通婚，随着时代的发展，其原有通婚圈的局限一定程度上被打破，但无论族群内部婚姻还是与族群外部建立婚姻关系，其原有的婚姻礼仪仍旧被恪守，体现出传统礼乐文化的规范力。"历史的运动仍然受到时间的一维性的支配，每一层新的传播活动都意味着对遗产的偏离，但是，无论这偏离在实际走得多么远，又不能彻底摆脱遗产的制约。"[2]无论传播情境如何变化，传统文化的约束力不可能消失，传播的内容不会出现历史的断裂。黔中屯堡社会历经六百余年，几经朝代更迭、历史变迁却能岿然不动，其礼乐文化的偏心圆传播结构功不可没。陈力丹提出"身—家—国—天下的社会生活传播结构"[3]，而贯穿在这个传播结构始终的文化形式便是"礼乐"，"礼乐"是偏心圆结构中核心约束力所在。因此，国非

---

① 吴予敏：《无形的网络——从传播学的角度看中国传统文化》，北京：国际文化出版公司，1988年，第212页。

② 吴予敏：《无形的网络——从传播学的角度看中国传统文化》，北京：国际文化出版公司，1988年，第221页。

③ 陈力丹：《论孔子的传播思想》，《新闻与传播研究》1995年第1期。

一家一姓之国，而天下乃天下人之天下，"礼乐"乃天下人之"礼乐"，恪守礼乐传统，便获得天下的一席之地。在意识形态一元化的社会，守本固元是文化形态得以存在和延续的根本。而礼与乐正是这个文化形态的本与元，守住了这个本与元，就是把握了生存的根本。在此基础上，黔中屯堡社区在朝代更迭、政治变动中得以世代延续。

（二）传播的时空诉求

黔中屯堡社区具有空间上的封闭性和时间上的延续性，二者相互影响能够达到一种相对平衡。黔中少数民族在阶级压迫之下不断掀起武装动乱，成为朝廷的一大内忧，屯军肩负着平叛的责任。屯军的屯田，大多夺自当地居民和土司①，势必造成屯堡人与当地人之间的矛盾与对立。在此情形下，加之语言沟通的障碍，肩负着政治使命的屯堡人安于屯堡之内，与周边土著鲜有往来，免于被同化而能更好地保持自身文化单纯性。肩负政治使命、自带母源地区域优越感的黔中屯堡人，具有"华夷之防"的民族本位思想，不屑于与当地少数民族来往。屯堡人移民而来，处于一种事实上的弱势地位，"华夷之防"有助于增强其文化自信，同时与官方及正统建立联系，以心理和思想上的强势弥补现实处境中的弱势倾向。谢清果教授《华夏文明与传播学本土化研究》认为夷夏之防是一种文化上的自我防卫，是一种维护礼仪秩序的行为②。为了彰显自身的优越性，维护内部管理秩序，屯堡社会形成了独特的时空传播诉求。屯堡的建筑由石头建成，每一户堪为一个战斗据点，整个村寨俨然军事阵地，于内纵横交错，于外相对独立，屯堡自身的军事防御性质，使其形成空间上的内向聚敛性即外向的排他性。就婚姻而言，"黔中屯堡人自来就有严格的通婚圈，实行族群内通婚，不与少数民族和非屯堡人通婚，是其婚姻制度的核心"③。其通婚圈的限定使得传统得到普遍认同和保存，礼乐秩序得以践行，并具有了强大的生存空间以确保其传承不衰。

英尼斯在《传播的偏向》中认为："中国的文字给行政管理提供了基础，它强调的是按照空间来组织帝国，但无法满足时间上的要求，因此中国总是暴露改朝换代的问题。"④"在西方文明中，稳定的社会需要这样一种知识：时间观念和空间观念维持恰当的平衡。"⑤在英尼斯看来，时间的偏向与空间的偏向要达到一种平衡，

---

① 王毓铨：《明代的军屯》，北京：中华书局 2009 年，第 91 页。
② 谢清果编著：《华夏文明与传播学本土化研究》，北京：九州出版社，2016 年，第 284 页。
③ 孙兆霞等：《屯堡乡民社会》，北京：社会科学文献出版社，2005 年，第 148 页。
④ [加]哈罗德·英尼斯：《传播的偏向》，北京：中国人民大学出版社，2003 年第 40 页。
⑤ [加]哈罗德·英尼斯：《传播的偏向》，北京：中国人民大学出版社，2003 年第 53 页。

才能带来文明或政治上的长盛不衰。英尼斯推崇口语，认为口语是时间偏向的媒介。黔中屯堡人是一个重视口头传统的群体，口语被视为群体身份的标志，很好地传承了母源地的语言及表达特征，成为日常信息传播的主要媒介。英尼斯认为："口头传统的灵活性，使希腊人在城邦体制下求得了空间观念和时间观念的平衡。"① 希腊城邦与黔中屯堡在结构与功能上有相似之处，同是相对独立的辖区，具有政治、军事功能，部分由移民建立。由此关照黔中屯堡，在传播的时间偏向上主要依赖于其口语传播，在传播的空间上，由于其明显的地域特点，以口语为媒介的传播主要集中在屯堡内部，能够与活动空间达成相对一致。"对空间问题的强调与对开疆辟土的关注相伴生。"② 屯堡人以屯田作为生活的物质来源，在对屯田的占有与控制上存在一种空间上扩张的欲望与现实，部分屯田来自对周边民众的侵占。这种在空间上的扩张即表现为英尼斯所谓的传播的空间偏向。因此以屯堡为核心区域，以其控制的屯田为地域空间，形成了一种以空间利益为主导的空间束缚型文化，坚持江南母源地口语习惯，在传播诉求上达到时间与空间的平衡协调，才有了"活化石"一样的黔中屯堡。

（三）"风吹草偃"的传播进程

"风吹草偃"语出于《论语·颜渊》：季康子问政于孔子曰："如杀无道，以就有道，何如？"孔子对曰："子为政，焉用杀？子欲善，而民善矣。君子之德风，小人之德草，草上之风，必偃。"③ 在此基础上，黄星民教授提出传播的"风草论""以风喻信息传播，以草喻受众"④。谢清果教授认为"'风草论'之'风'突出传播过程的风化功能"，"'风化'指的是中国传统政治伦理文化通过学校教育等方式灌输于社会成员的过程，它更多强调的是文化推广的循序渐进过程"，"传播者通过'礼'来推动'风化'的大力推广"⑤。"风吹草偃"在黔中屯堡社会的传播内容为礼乐文化，传播载体体现为仪式与信仰，传播进程体现为潜移默化，传播效果最终体现为情感的认同与政治的归附。屯堡人本是命运共同体，但在中央集权的封建政体之下不可避免地存在等级之分，等级制之下的命运共同体采用什么样的手段实现共存共荣是一个关乎存亡的重要问题。承载着礼乐文化内涵的仪式和信仰是屯堡人自我治理的最终选择，治理过程则循序渐进。"风吹草偃"正是通过

---

① ［加］哈罗德·英尼斯：《传播的偏向》，北京：中国人民大学出版社，2003 年第 56 页。
② ［加］哈罗德·英尼斯：《传播的偏向》，北京：中国人民大学出版社，2003 年第 56 页。
③ 朱熹撰：《四书章句集注》北京：中华书局，2007 年，第 138 页。
④ 黄星民：《礼乐传播初探》，《新闻与传播研究》2001 年第 1 期。
⑤ 谢清果，陈昱成：《"风草论"：建构中国本土化传播理论的尝试》，《现代传播》2015 年第 9 期。

潜移默化的传播进程，通过循序渐进的礼乐教化，实现"风化风行"的传播效果，"风行指的是文化普及后在社会成员中引起的认同盛行现象"①，群体共识由此达成。"个体改变其信仰并非屈服于理性辩论，而是需要为之提供合适的社会环境。仪式提供了这种环境"，"仪式的诱导能力主要依赖于它令人们心悦诚服的能力"②。因此"风吹草偃"也是一种情感传播的模式。行君子之风，泽被于民，民感佩于君子之德而自发归附，"吸附效应是道德传播的核心目标"③。黔中屯堡社会掌权者的德治体现为仪式的建构与呈现。各类活动仪式成为生活的重要部分，仪式具有一种潜在的感召力，掌权者通过对仪式的建构与组织、呈现，建构了官方的话语体系与治理网络，通过仪式的感召力，潜移默化引导民众采取符合仪式规制的行为，并作为群体约束力，从而不自觉地投入政治势力的权利框架中，没有暴政与强权，君子之德风以柔和的方式潜入人心，春风化雨，获得了政治控制的韧性与张力，从而维护着地方政治影响力与生命力，屯堡的存续与发展均得益于此。

二、黔中屯堡礼乐文化符号的传播效果

黔中屯堡在其数百年的传承与发展过程中，始终坚守着礼乐文化传统，并反作用于其屯堡人的生活，形成了其独特的价值空间。屯堡场域中的礼乐文化传播极大地促进了屯堡社区中族群关系的整合、族群身份的认同及文化守望，同时也是身负政治、军事使命的屯堡人在政治旋涡中进行自我保全的一种路径。

（一）"无形的文化契约"：人际传播中族群情感连接的纽带

黔中屯堡人尚礼，人际不可避免地发生"礼尚往来"的传播事实，传递出一种"礼节的讯息"，陈力丹认为"这种讯息显示的是一种无形的施与报的要求。为了保持和发展某种既定的关系，一旦一方施予（从好话到实际的好处），不用再说什么，它本身就传达了一种礼节性的讯息：另一方至少要对等地给予回报"④。宴请活动是这种施予与回报的集中体现，是人际传播的重要形式。屯堡人的诞生礼、成人礼、婚礼、丧葬礼等具有礼仪形式的活动都伴随着宴请，是屯堡人崇尚礼尚往来的心理及行为的直接体现，也是屯堡社区内部人际礼乐文化内容传播的重要形式。江林在《〈诗经〉与宗周礼乐文明》认为饮食之礼传递着礼乐文化精神，强

---

①　谢清果、陈昱成：《"风草论"：建构中国本土化传播理论的尝试》，《现代传播》2015 年第 9 期。

②　[美]大卫·科泽：《仪式、政治与权力》，王海洲译，南京：江苏人民出版社，2018 年第 111、115 页。

③　邵培仁、姚锦云：《传播模式论：〈论语〉的核心传播模式与儒家传播思维》，《浙江大学学报》（人文社会科学版）2014 年第 4 期。

④　陈力丹：《试论人际关系与人际传播》，《国际新闻界》2005 年第 3 期。

调同姓宗族之间的共同利益以加强宗族内部团结，消解矛盾与冲突。[①]屯堡人的宴请活动也具有同样的意义，一方面体现出其礼乐文化的渊源，另一方面在化解矛盾的同时加强族群内部人际彼此联系，增进感情，通过人际传播加强屯堡人在少数民族地区的生存软实力。

宴请的发生过程中，宴请人往往根据参与宴请的人数多寡、场面热闹与否来判断宴请的成功与否及个人在社区中的地位。以丧葬为例，屯堡社区中流传着一句"人死饭甑开，不请自家来"的熟语，即某家一旦有人过世，将不计成本敞开饭甑请人吃饭，而街坊邻居应当不请自来方能显出热情。对于丧事主家而言，打开饭甑招待街坊邻居，街坊邻居来者是客，来者即被视为是对主家丧葬事务的参与与支持，是受到主家的期待与欢迎的。对于参与的街坊邻居而言，积极参与别人家的丧事，也是为自家留条后路，在自己面临丧事时，获得相应的参与与支持。宴请的参与者多，场面热闹，说明主人家有面子、有人缘、群众基础好，是对主人家为人处世的极大考验。"众人对丧葬礼仪的参与，是建构文化意义从而反过来使个体获得人生意关怀和实现社会关联的公共活动。"[②]在相互参与的过程中，对人气的重视是重视礼尚往来的一种体现。"人总是生活在具体的文化氛围中的，因而人际传播中会有一种无形的'文化契约'，决定着人际关系，并影响传播的内容、情感的表露，尽管传播双方或多方并没有实际签订什么契约，规则却是潜在的。"[③]对于丧葬事务的相互参与是一种约定俗成的人际传播形式，一方面通过氛围的制造消解主人家的悲伤，通过广泛的支持使主人家得到心理安慰，也使得主人忙于招待来者而避免沉溺于丧亲之痛；另一方面加强了族群内部的联系，使平日里为生计奔波的人，在这个特殊的场合，为了礼尚往来，放下手中的活计，聚集在一起，加强情感联结与彼此了解，有助于营造互帮互助、团结协作的社区氛围，促进形成族群的内向聚合力。只有联结紧密的族群才能够获得足够的生存空间，屯堡人正是通过对重要场合的相互参与与支持，通过礼尚往来，加强内部族群关系的整合及族群力量的凝聚，获得强大的外向生存空间。在这个意义上而言，宴请已远远超越了请吃饭的初级层面，而是以人际传播的形式，促进族群礼乐文化的建构与维系。

---

① 江林：《〈诗经〉与宗周礼乐文明》，上海：上海古籍出版社，2010年，第159页。

② 孙兆霞等：《屯堡社会如何可能——基于宗教视角的考察》，北京：社会科学文献出版社，2016年，第245页。

③ 陈力丹：《试论人际关系与人际传播》，《国际新闻界》2005年第3期。

（二）无声的教化力量：传播仪式下的族群身份的认同与文化守望

屯堡人的婚丧嫁娶及祭祀等活动都有着约定俗成的活动仪式，并通过仪式强化共同的身份及文化背景，获取族群身份的认同，表达对江南母源地的文化守望，这种仪式也是屯堡礼乐文化传播的呈现载体，在传播的过程中，"经过这一套象征意义的行为及程序结构来规范、调整个人与他人、宗族、群体的关系"①，以无声的传播仪式承载着社会教化的目标。

费克斯认为礼仪（仪式）是指"组织化的象征活动与典礼活动，用以界定和表现特殊时刻、事件或变化所包含的社会与文化意味"②。屯堡社会内部不同活动的传播仪式恰是屯堡人建立并维护社区秩序的方式。屯堡人肩负着朝廷赋予的政治使命自遥远的江南迁移至少数民族聚居的黔中，他们有着相同的政治境遇、地域标签、生存处境，在生存及繁衍的过程中，族群身份的认同借助于传播仪式的形式完成。詹姆斯·凯瑞传播的仪式观认为"其（仪式）核心是将人们以团体或共同的身份召集在一起的神圣典礼"，"它强调的是创造一个有凝聚力的世界"③。通过仪式这样一种具有神圣色彩的传播形式，建构一种共同的群体行为，形成共同的族群文化，从而确立族群的内聚力及秩序，提高族群的生存及延续能力。黄星民认为"媒介的力量不仅在于它提供真实的内容，更在于它提供真实内容的形式……人们可以从参与这个仪式中获得满足感和安全感"④。屯堡人参与各项屯堡活动，借助于传播仪式的形式，参与屯堡的文化建构及维护。仪式是一种传播形式，也是一种传播媒介，仪式和媒介本身也是一种文化形式，具有教化的力量。黔中屯堡社会的各项仪式本身即是其地域文化的体现，可被视为一种无声的教化方式，通过民众对仪式的参与，可以从中接收信息，获取并分享共同的场域体验和情感体验，建立个体归属感，从而获得个体的安全感和满足感，通过对不同仪式的定期重复，不断地吸引新的认同力量，强化作为群体的文化记忆，使群体信仰与情感趋同，维护仪式下的群体和谐。共同的族群文化的建构及维系需要族群的整体参与，从而赋予族群内部每一个个体主动积极参与的责任意识。就清明祭祀而言，已经奔走四方的屯堡人无论身居何处、身份地位如何，都会及时赶回家乡参与祭祀互动，空间的缺位意味着族群文化维系及认同的责任缺位，更进一步则是身份

① 谢清果，林凯：《礼乐协同：华夏文明传播的范式及其功能展演》，《新闻与传播评论》2018年第6期。

② ［美］约翰·费克斯等：《关键概念：传播与文化研究词典》，李彬译，北京：新华出版社，2004年第243页。

③ ［美］詹姆斯·凯瑞：《作为文化的传播》，丁未译，北京：中国人民大学出版社，2019年，第40、77页。

④ 黄星民：《从礼乐传播看非语言大众传播形式的演化》，《新闻与传播研究》2000年第3期。

认同及身份归属的疏离，这在黔中屯堡社会是每一个屯堡后人极力避免发生的。黔中屯堡各项仪式活动与其母源地文化密切相关，对仪式的重视与坚守，是屯堡人寄寓故土情结的一种方式，立志于他乡即故乡的安居乐业，通过仪式活动，传播出屯堡人对母源地文化的守望与执着。

　　（三）不容置疑的政治表白：隔空传播以求在政治旋涡中自保

　　所谓隔空传播是指信息的传播者与传播对象有一定的空间距离，信源无法于瞬间直接到达信宿并解码来完成传播活动，难以实现及时的信息互动。在这个传播过程中，信息要经过曲折甚至较长的时间距离，才能突破空间距离，到达最终的传播对象。完成这个传播活动的载体可能是人际口语，使信息在时空中撒播，经过人际长时间的口耳相传，最终到达传播对象。而在这个传播过程中，存在不同人的不同解码的行为及对初始信息的误读误传的现象，存在较多不可控因素。因此对信源性质的把控尤为关键，即对信源内涵的单一性的把控，使之能够尽可能避免可能存在的误读。此外可以经过文字传播，在文字传播的过程中，虽然也需要跨越时空距离，但被误读的可能性明显降低。黔中屯堡人对朝廷的政治表白主要表现为对信仰隔空传播的形式。

　　黔中屯堡势力是中央朝廷出于政治、军事的考虑，安置在黔中腹地的棋子，在空间上远离朝廷，而在现实中需服务于朝廷战略，受制于朝廷管理监控。黔中屯堡能够在远离中央的西南地区延续百年，能够在诡谲多变的政治漩涡中自我保全，与其执着的政治表白密不可分。相对于朝廷的隔空控制而给予隔空表白的回应，通过建构并世代传承独特的屯堡社会礼乐文化，通过信仰、文学、仪式等形式，表达对朝廷的忠心耿耿，获得朝廷的认可和信任。抬汪公即是其重要的表白形式之一。黔中屯堡人普遍尊奉"汪公"。汪公原名汪华，隋末唐初人，祖籍徽州绩溪人，被封为忠烈王，立庙祭祀。黔中《汪氏宗谱》记载：洪武十四年，傅友德师师征南至贵州山羊岩，遇敌人顽抗而不能进，赖汪公显灵大获全胜，顺利进军终克服云贵。明太祖以其忠贞为国，追封为灵显大帝。[①] 神话后的汪公显灵助阵朝廷大军征南之战，获得皇帝钦封，被视为国家正统教化。汪公是朝廷南征胜利的象征和寓示，以道德的形象嵌入政治教化的体系中。汪公的形象内涵具有明晰性与单一性，不容易在传播的过程中被有意或无意地曲解。黔中屯堡人对汪公的信仰恰是对朝廷的表白：以汪公为楷模，助力朝廷的征南大计，忠于朝廷，镇

---

　　① 孙兆霞等：《屯堡社会如何可能——基于宗教视角的考察》，北京：社会科学文献出版社，2016年，第320页。

守一方，至死不渝。忠君爱民的汪公作为正义的化身、道德的楷模由江南迁移至黔中，根植于屯堡人的思想中，促使形成朝廷需要的、认可的价值观。黔中屯堡人为汪公立庙建祠，使之潜移默化地发挥着正统教化的作用，同时也是向朝廷表达着自身作为移民不忘来处、不忘使命、不忘归属的决心。通过文化信仰，明确正统，向朝廷表白心迹，使之能够在与当地少数民族对立的处境中获得立身之所，在远离庙堂的边陲能够保持朝廷的信任，从而获得自我保全。此外，如前文所述，屯堡古诗文中也处处流露出对朝廷的表白。因此，通过文化的形式做政治态度及立场的表白，是屯堡人大智慧的体现，朝廷接纳了屯堡人的表白，使之能够百年延续不衰，使独特的黔中屯堡及其文化形态得以传承至今。

（本章作者　谢清果　陈瑞）

后　记

　　"礼乐传播"这一概念源于厦门大学新闻传播学院黄星民教授1986年的硕士学位论文《初探礼乐传播》。该学位论文后来经整理成《礼乐传播初探》《从礼乐传播看非语言大众传播形式的演化》等文章发表在《新闻与传播研究》上，从此，礼乐传播成为华夏传播研究最具标志性的本土传播理论。黄星民老师突出的贡献便是扩展对大众传播的认知，认为非机器媒介时代，也存在大众传播，中国古代的礼乐传播便是大众传播的重要形态。

　　我也有幸，蒙黄星民老师垂爱，正是他把原来做哲学研究的我引进到新闻传播学院来从事华夏传播研究，从而让我有机会开启了奇妙的学术之旅。或许，正是因为华夏传播研究具有跨学科研究的特点，即文史哲与传播学的交叉对话是从事该研究领域的基本要求。放眼当今中国传播学界，曾经在华夏传播研究领域表现突出的余也鲁、郑学檬、孙旭培、李敬一、李彬、尹韵公、戴元光、黄鸣奋、黄星民、吴予敏、邵培仁、杨立川、杨柏岭、潘祥辉、李红、张兵娟、姚锦云等几代学者往往都有跨学科学术背景或者跨领域研究的特点，尤其都有一个共同的特点，那就是对中华优秀传统文化爱得深沉。

　　华夏传播研究这一领域与中国传播学一同成长，是传播学中国化的重要方向。该领域已经和正在集聚了一批有志于坚持"中华文化立场·全球传播视角"的学者，他们坚持不懈地在求索中国人独特的传播智慧，剖析中国的传播思想，努力构建具有中国特色、中国风格、中国气派的"华夏传播学"，以形成能与欧洲传播学和北美传播学相媲美的传播学"中华学派"。这一条注定充满荆棘的道路。一方面中华五千年文明的精神与智慧，需要学者涵泳其中，历久弥香；另一方面，基于西方传统的传播学，也需要学者去深入领会，抽丝剖茧，以便从领悟哪些传播理论、传播方法是具有全人类共通的，哪些具有地方性特色。这一点对于理解中国和世界都是一样的。我们既不必对西方的传播学顶礼膜拜，也不要对华夏传播学盲目自大。我们只要坚持只有根植于中国悠久历史和深厚现实的传播学研究，才是真学问的信念，也才会赢得世界传播学界的认同与尊重。华夏传播学的研究注定是要在中西对话与参照的语境中审思，既不能使华夏传播学成为西方传播学的注脚，也不能让西方传播学成为华夏传播学的垫脚石。正确的态度应该是以西方传播学为磨刀石。一方面大胆对西方传播学存疑，另一方面也积极参考西方传播学的视角与方法，进而去开拓创新。我们不因自身的不足而妄自菲薄，更不因他者的批评而踟蹰不前。唯有本着"成功不必在我"和"久久为功"相结合的精神，以"黄沙百战穿金甲，不破楼兰终不还"的气概，把华夏传播学推向前进。

本书是我带领研究团队在前辈学者基础上的探索，希望能够在礼乐传播研究领域有所推进，尤其是能够起到抛砖引玉之效，即吸引更多的优秀学者继续探索，从而先构建起华夏礼乐传播论、华夏情感传播论等一个个华夏传播理论，最终构建起华夏传播学的宏大理论体系。这样的体系或许需要几代人的努力，但希望就在脚下，就在当下。

本书是首先由我拟出写作大纲，然后请各位合作者依据基本思路撰写具体写作提纲，再经我指导修改后，撰写初稿。初稿形成后，我再多次指导修订，并最终由我统稿而成。每章作者都在章末注出。感谢各位合作者的勠力同心，使本书能够成为记录我们探索过程的一个脚印，但愿也能够充当引发各位学界先进深入研究的铺路石子。

感谢黄星民老师的开创性贡献，感谢本书所引论著作者的卓越思想，感谢贵州师范大学的陈瑞老师不辞辛苦帮助对文稿格式等做了初步的梳理。

2021 年是"十四五"规划的开局之年，也是中国共产党的百年华诞和厦门大学百年校庆的喜庆之年，请容许我们将这部作品献给这个伟大的新时代，献给中国共产党，献给厦门大学。

谢清果

于厦门淡然斋

2021 年 2 月 5 日